AF723462

Bettina Dahse

Romy Schneider

Meine Mutter hatte *kein* Verhältnis mit Hitler

Biografie & Widerschrift

© 2020 Bettina Dahse

2. Auflage, geänderte Fassung

Cover: Jennifer Schattmaier, www.schattmaier-design.com
Coverfoto: AF archive / Alamy Stock Photo und Privatarchiv Bettina Dahse
Übersetzung aus dem Französischen: Antje Bonhage, Michael Mahn
Korrektorat: Friederike Krickel, www.autorenservice-krickel.de
Satz: publish4you, Engelskirchen
Verlag: Bettina Dahse, c/o Schmidt, Rautensteig 4, 16348 Wandlitz OT Basdorf
Druck und Verarbeitung: inpuncto:asmuth druck + medien GmbH

Das Werk, einschließlich seiner Teile, ist urheberrechtlich geschützt. Jede Verwertung ist ohne Zustimmung des Verlages und des Autors unzulässig. Dies gilt insbesondere für die elektronische oder sonstige Vervielfältigung, Übersetzung, Verbreitung und öffentliche Zugänglichmachung.

ISBN 978-3-9488100-30

Für Monique und für Horst

Für Mapetite, Ma Chérie und Ma Jillie,
die Wesen aus einer anderen Welt, die beim Verfassen
der Bücher treu zu Füßen lagen …

ROMY SCHNEIDER

»Am glücklichsten war ich immer, wenn ich allein war.«
Das war einer ihrer präzisesten Sätze, denn vor der Kamera war sie wirklich allein.

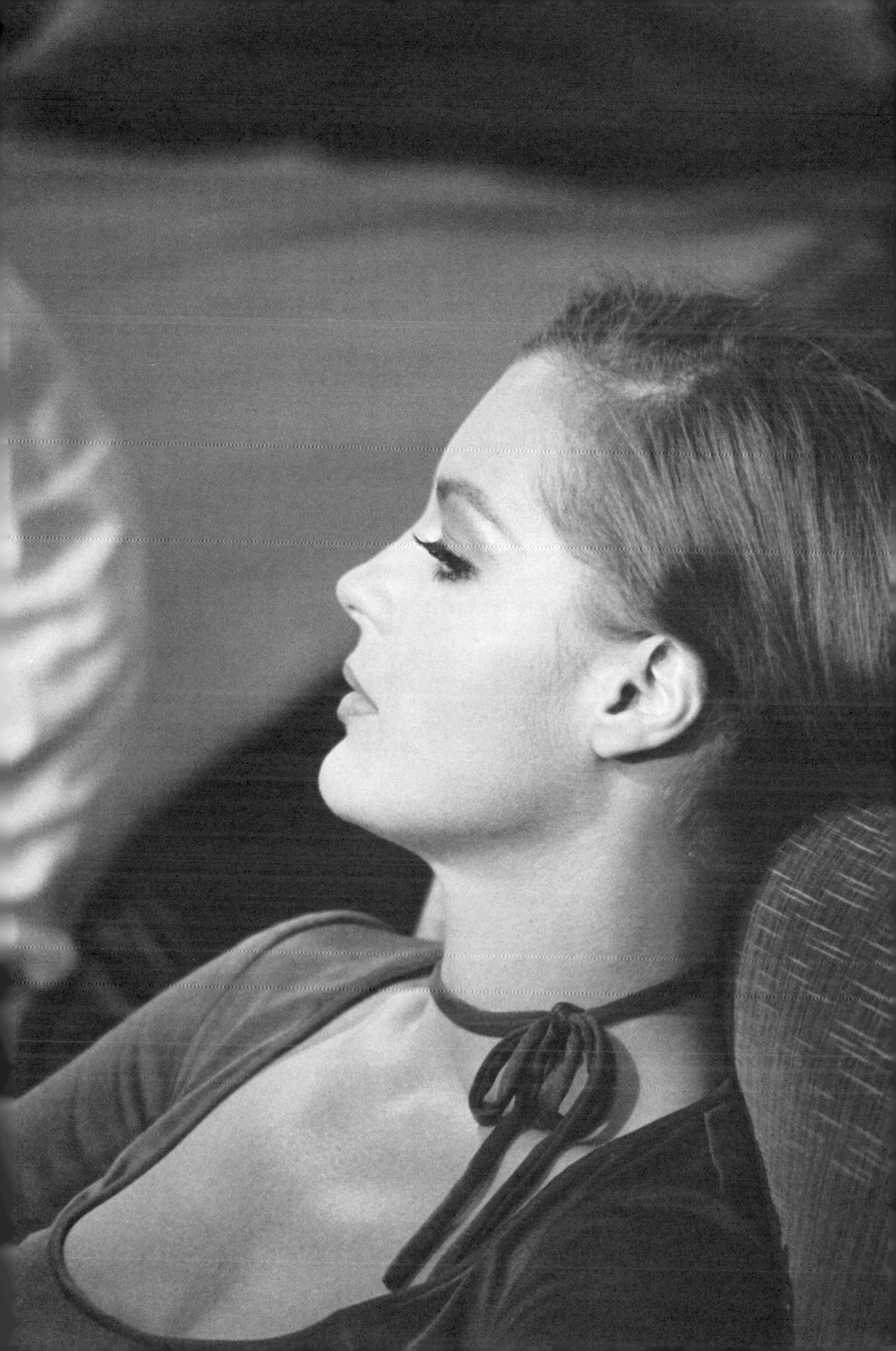

Inhalt

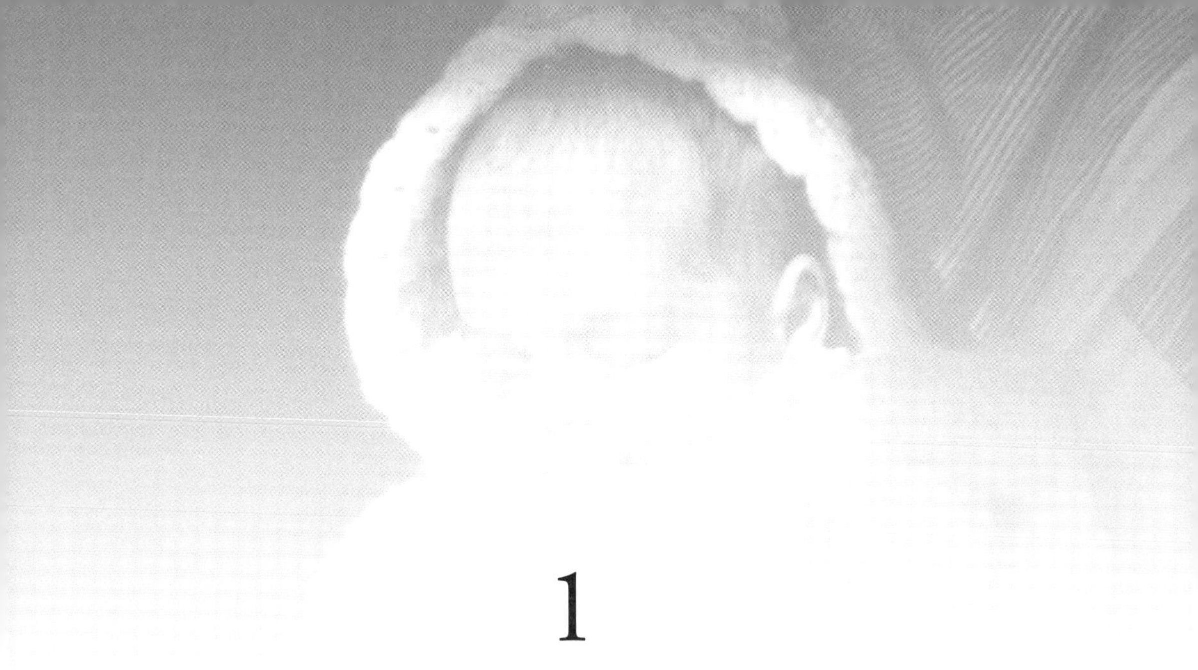

1

EIN TAXI GLEITET DURCH DIE NACHT

Ein Taxi gleitet durch die Nacht. Es ist Freitag, der 23. September 1938. Verdunkelungsnächte in Wien. Kurz nach 1 Uhr tauchen drei Personen aus dem Haus der Reithlegasse 9 in das undurchdringliche Schwarz der Straße ein, besteigen das Taxi. Es sind dies die Burgschauspielerin Rosa Albach-Retty, ihr Sohn Wolf Albach-Retty und seine hochschwangere Frau Magda Schneider. Die Wehen haben bereits eingesetzt, die Fahrt geht ins Billrothkrankenhaus.

»… stockfinster und unheimlich! Krieg oder Frieden! Was wird werden?!«, schreibt Magda Schneider nur wenige Tage später über diese Stunden in ein Fototagebuch mit Leineneinband, *»Krieg oder Frieden!«* hat sie mit blauer Tinte dick unterstrichen.

Magda Schneider liegt endlos in den Wehen, gegen 21.30 Uhr wird Primarius Dr. Michalitsch hinzugerufen, es besteht Lebensgefahr für Mutter und Kind, die Patientin bekommt Lachgas und später eine Narkose. Am Ende dieses Tages, erneut in tiefschwarzer Nacht, im Kreißsaal des Rudolfinerhauses, um 22.05 Uhr, wird das Kind Rosemarie Albach geboren!

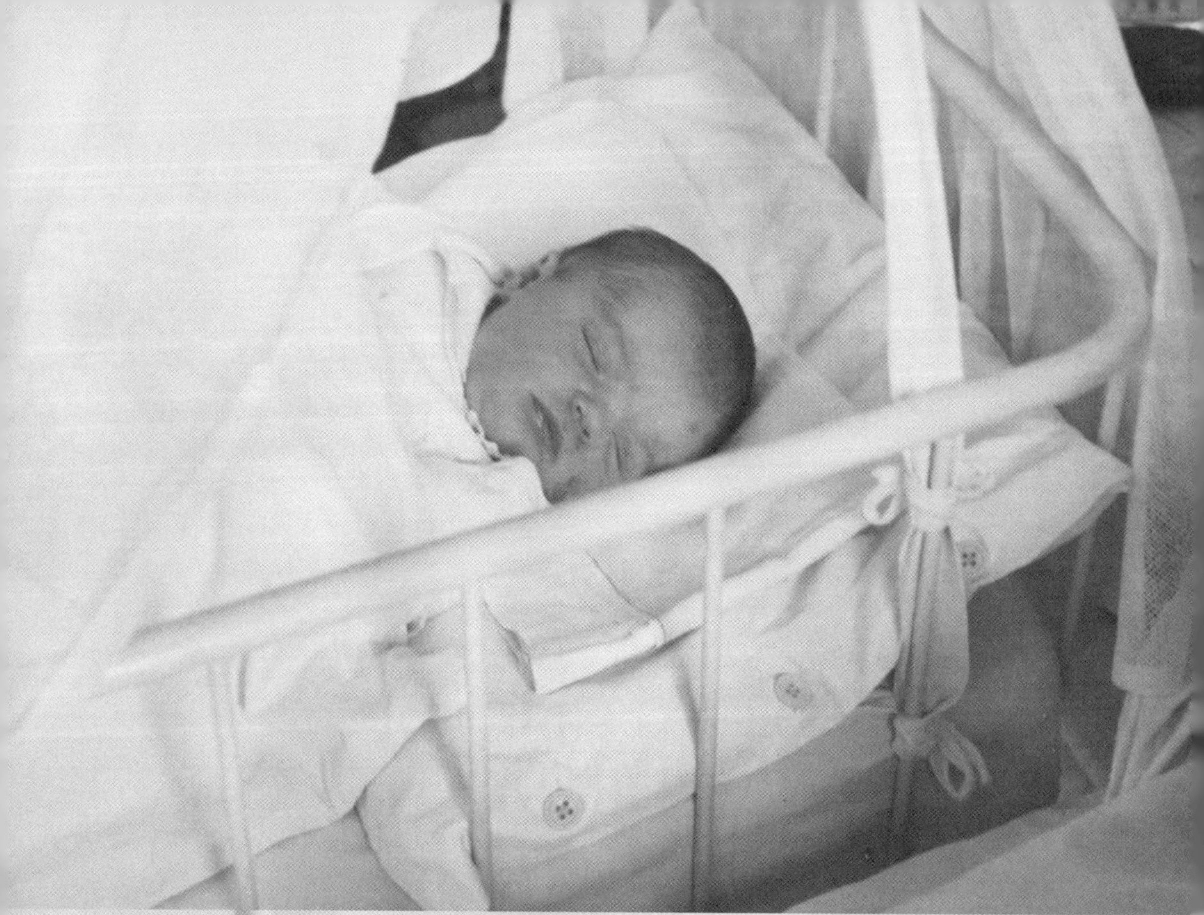
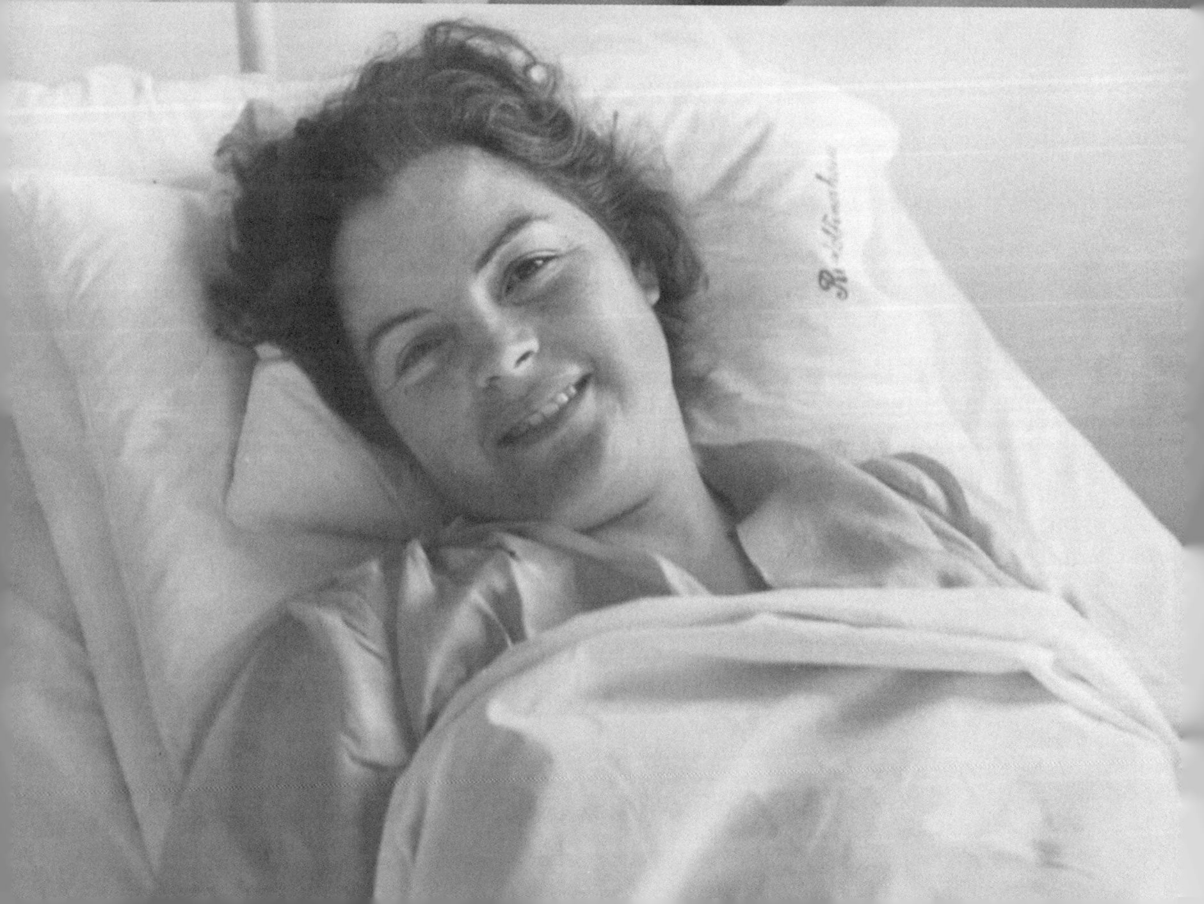

Es ist eine schwere Geburt. Ein Forceps. Rosemarie Magdalena Albach wird im Wiener Billrothkrankenhaus in dieses Leben geholt. Die erwachsene Romy hat in einem ihrer emotionalsten Briefe an ihre Mutter geschrieben: *»Ja – so ne Zangengeburt! manchmal, beim Anmalen meines so scheenen ›Pouems‹ – (schreibt man dieses ausländische Wort so? Ja? schau' ich auf diese kleine Narbe von der Zange, die mir geblieben ist, wie Du weißt und dann denk ich halt, nicht nur in dieser Stunde hast du ihr weh' getan - - - und es sollte doch wenigstens nur in dieser Stunde gewesen sein - - - wenn's auch später nie bewusst war!«*

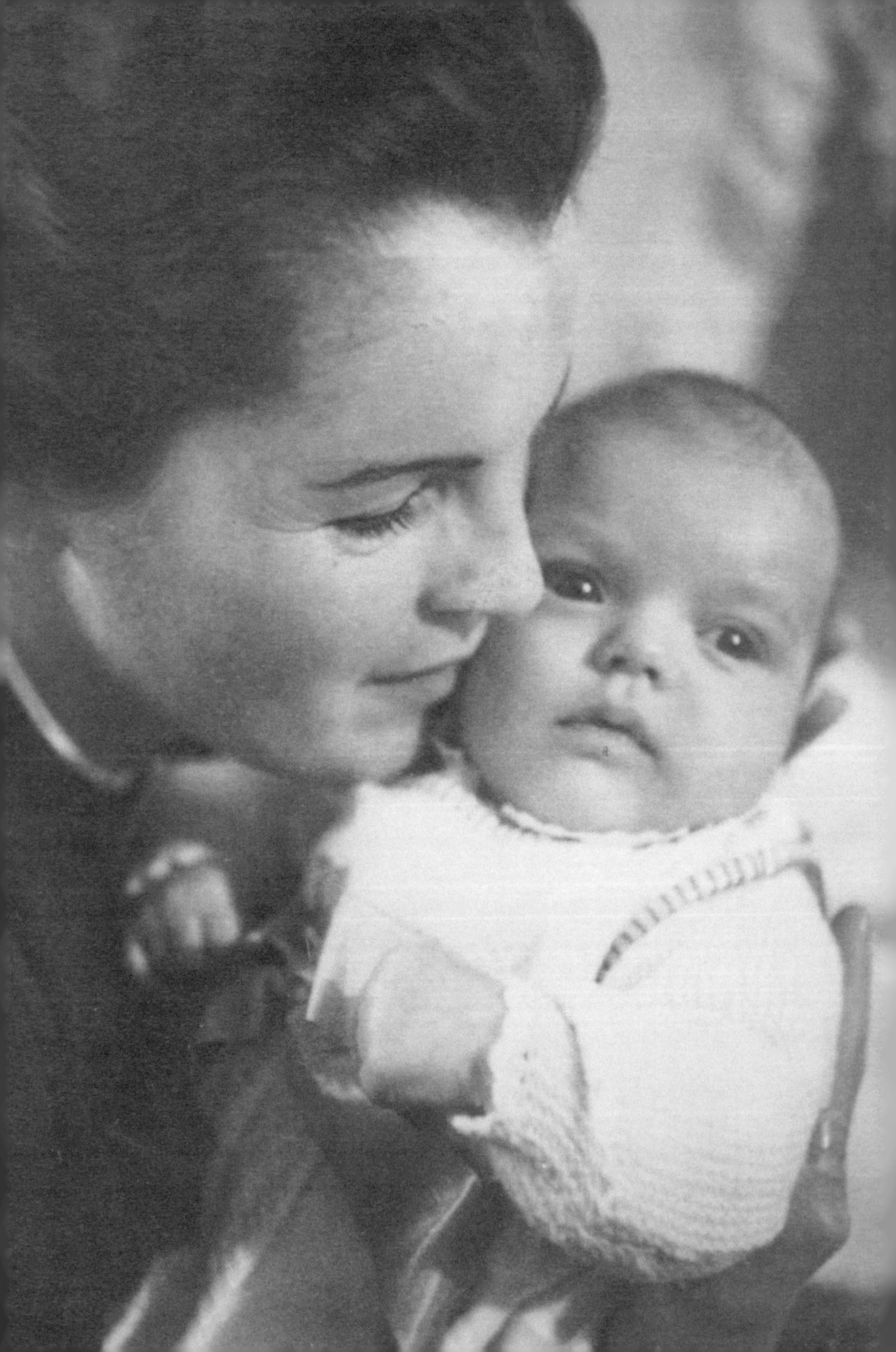

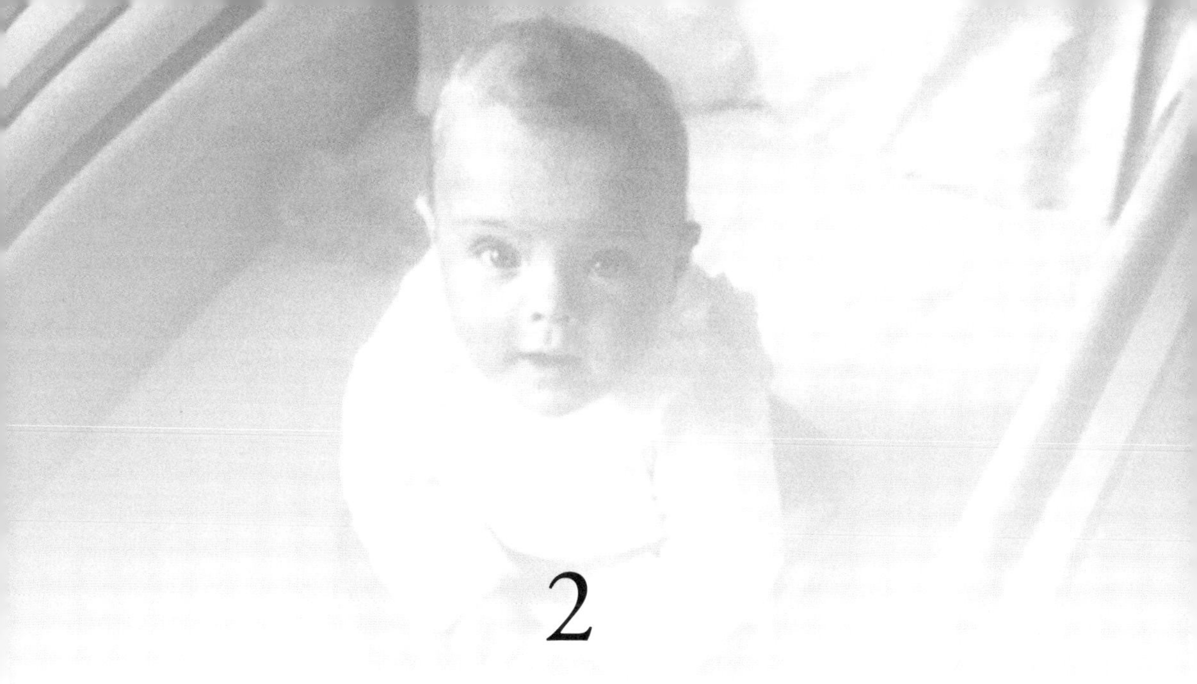

2

»JE SUIS SEULE« ICH BIN ALLEIN – ROSEMARIE ALBACH

»Das Erschreckende an Romy war, dass sie Schwierigkeiten hatte, die richtige Distanz zu jemandem zu finden. Sie war entweder zu nah, oder zu abweisend. Und zwischen diesen beiden Polen oszillierte sie. Und das wurde dann immer stärker … Das ging ganz schnell hintereinander«, diese tiefgründigen Worte Mathieu Carrières, ihres Kollegen und Drehpartners aus dem letzten Film »Die Spaziergängerin von Sans-Souci«/1982, sind nah dran an Romys oftmaliger Verfassung. Wo rührt das her? »Seule«, das ist das Wort, das sie später so oft auf ihre französischen Zettel kritzelte, »Je suis seule« – »Ich bin allein«. Auch das Kind Rosemarie Albach war *allein*.

Die Kindheit ist gigantisch, atemberaubend, sie ist nicht unbeschwert, Rosemarie Albach bleibt nicht unversehrt. Sie ist Kriegskind, Scheidungskind, Filmstarkind, Internatskind, Filmkind. Auf dieser Tangente liegt ihr Glück, ihr Unglück.

In den ersten Tagen ihres Lebens entsteht bereits ein opulentes Bildarchiv, das Rad aus Bildern dreht sich also schon, das Klicken des Auslösers einer Kamera ist wie ein mitgebrachter, tickender Urrhythmus, der den Schlaf dieses Kindes durchwirkt, der nie mehr verstummen wird. Allein die Existenz dieses Materials hebt alle Erfindungen, alle Fälschungen auf, unter einer trüben, blutleeren, schmierigen Schicht liegt unversehrt die Urfassung, der Originalton. Man findet in ihr etwas vom tatsächlichen Sein des Kindes. Das, was man sieht, unter der »Oxydationsschicht«, dem Firnis, ist Rosemarie Albach.

Im Park zwischen den Septemberbäumen des Wiener Billrothkrankenhauses geht Wolf Albach-Retty lange mit seiner Kamera, er fotografiert das Haus, die Bäume, das offenstehende Fenster, hinter dem Magda letzte Nacht ein Kind zur Welt gebracht hat. Das kleinste Detail hält die Kamera fest. Und es ist, als freue auch er sich unsagbar über die Geburt seiner Tochter.

Mit einer blütenweißen Haube auf dem Kopf, in Rotkreuztracht, steht am Abend des 1. Oktober 1938 eine gut ausgebildete Kinderschwester, ein Fräulein aus Anif (bei Salzburg) in der Tür der Geburtsstation des Rudolfinerhauses, Schwester Hedwig. Bereits am nächsten Tag, einem Sonntag, wird das Kind nachmittags um halb vier in der Kapelle des Hauses auf den Namen *»Rosemarie Magdalena«* getauft. Rosemarie, das ist die Vereinigung der Vornamen der beiden Großmütter, Rosa und Maria, Magdalena ist der zweite Vorname ihrer Mutter, zur Taufpatin wird *»Großmutter Roserl«* ernannt. Aus »Mariengrund« kommt ein Brief für »Leni« und »Rosmarie«, seit dem Anruf ihres Schwiegersohnes aus Wien sind Magdas Eltern schlaflos und können das Eintreffen der *»kleinen Rosmarie«* kaum erwarten. Für sie ist die Reise nach Wien zu beschwerlich. Seit Wochen hat Magda die Ankunft des ersehnten Kindes vorbereitet, bereits im Juni kam aus der »Paradiesbettenfabrik« München, Theatinerstraße, ein Riesenfrachtgut aus Wickelpolstern in blauweiß, ein »Kinderbett 175 elfenbeinfarben«, Leibdecken, eine Badewanne »Golding«, Daunenplümo, »Peterle-Bettbezüge«, ein Kinderwagen etc., alles ist vorbereitet.

Doch Mutter und Kind bekommen Fieber, *»Ich bin sehr unglücklich darüber – das Kind tut uns sooo leid«*, schreibt Magda an einem Dienstag, es ist der 11.10.1938. Als Datum des Klinikaustritts ist der 4. Oktober verzeichnet, die nächsten Tage verbringt die junge Familie in Wien, in der Reithlegasse 9. Dort erfährt Romy in einer Zinkwanne die Freuden des ersten Bades (Freitag, 7.10.1938), ein Professor Reuss schaut regelmäßig nach der kleinen Patientin, der Gesundheitszustand bessert sich rasch, Magda notiert weiter: *»Rosmarie trinkt 6 Mahlzeiten 100 gr. Durchschnitt von mir.«* Als das Kind stabil genug erscheint (*»Dr. Hassnau erlaubt uns morgen zu reisen.«*), verlässt Magda mit dem Neugeborenen das politisch aufgeheizte Wien. Es ist der 19. Oktober 1938, es ist Romys erste Reise in die Schönau: *»Große Aufregung – Mutter muss auf die Probe – Vater bringt uns an die Bahn – Zug 20. Min. Verspätung – Vater springt noch vom fahrenden Zug ab – Rosmarie ist so brav u. schläft immer, ich stille 2 mal im Coupé – es geht alles gut. Wolf holt uns in Salzburg mit Jonny ab. Wir fahren zu Primar Wimberger – er untersucht Rosmarie genau & ist sehr zufrieden mit ihr.«* In »Mariengrund« herrscht Herzklopfen, *»große Freude bei den Eltern – reizender Empfang für Rosmarie«.*

Dieses erste Heimkommen hat etwas von einem lebenslang leuchtenden Bild. Weihevoll, friedlich, ganz ohne Schmerz. Rosemarie wird gekrönt mit einem schlichten Kranz aus frischen Wiesenblumen »Mariengrund«, die Großeltern haben ein Gedicht verfasst: *»Herzlich Willkommen«*, die Tür des Kinderzimmers ist mit bäuerlichen Blumen geschmückt. Es ist ein Bild, das Romy Schneider nie gesehen hat, aber seine Violenz, sein Ernst und seine Leichtigkeit haben sie trotzdem begleitet. Später konnte sie diesen Moment ihres Lebens, dieses eigene reale Traumbild sehen, rekonstruieren, anhand der Aufzeichnungen ihrer Mutter. Das friedvolle Bild ihres Todes, die endgültige Entspannung auf ihrem Gesicht, ist jenes Bild, das dieser Sequenz am nächsten kommt. Es sind also zwei nichtvorhandene Abbilder einer millionenfach Fotografierten, einfache, unglamouröse Bilder, die in Art ihrer Entsprechung und Klarheit das Wesentliche enthalten, nicht existierende Aufnahmen, die mehr aussagen als jedes andere Bild von ihr, zwei Bilder, die den Kreis schließen.

Dieser heile Kokon, »Mariengrund«, in den Magda das Kind verbringt, in einer unheilgeladenen Zeit, in Kriegszeit, ist wie eine Art Postament. Die spätere Stärke, die unwirklich anmutende, grandiose Lebensleistung Romys besitzt ohne Frage hier ihre besondere Abkunft. Wer hatte in diesem kaputten Deutschland von 1938 bis 1945 oder in den Hungerjahren danach eine heile Kindheit? Privat dachte Romy Schneider oft an *»meine schöne Kindheit«*, posthum machten »Biografen« ein schauriges schwarzes Loch aus der Kindheit. Die zu heilen, traumländischen Bilder reizen. Selbst heute noch.

Bei Alice Schwarzer liest sich das Ankommen der kleinen Rosemarie so: *»Nach vier Wochen verfrachten die Eltern, Magda Schneider und Wolf Albach-Retty, das Kind nach Berchtesgaden, in ihr Landhaus Mariengrund.«* (Alice Schwarzer »Romy Schneider Mythos und Leben«/1998/Kiepenheuer &

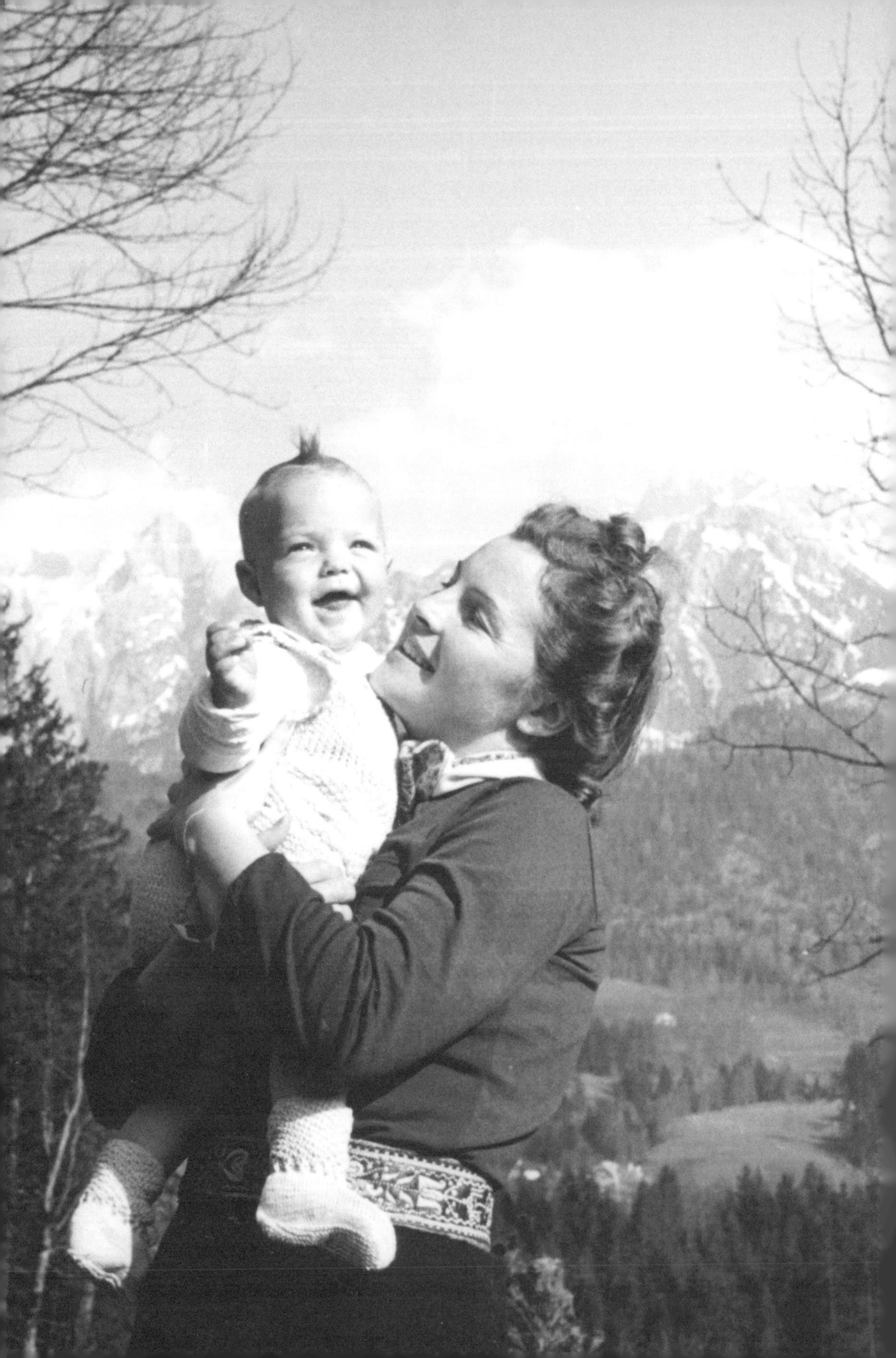

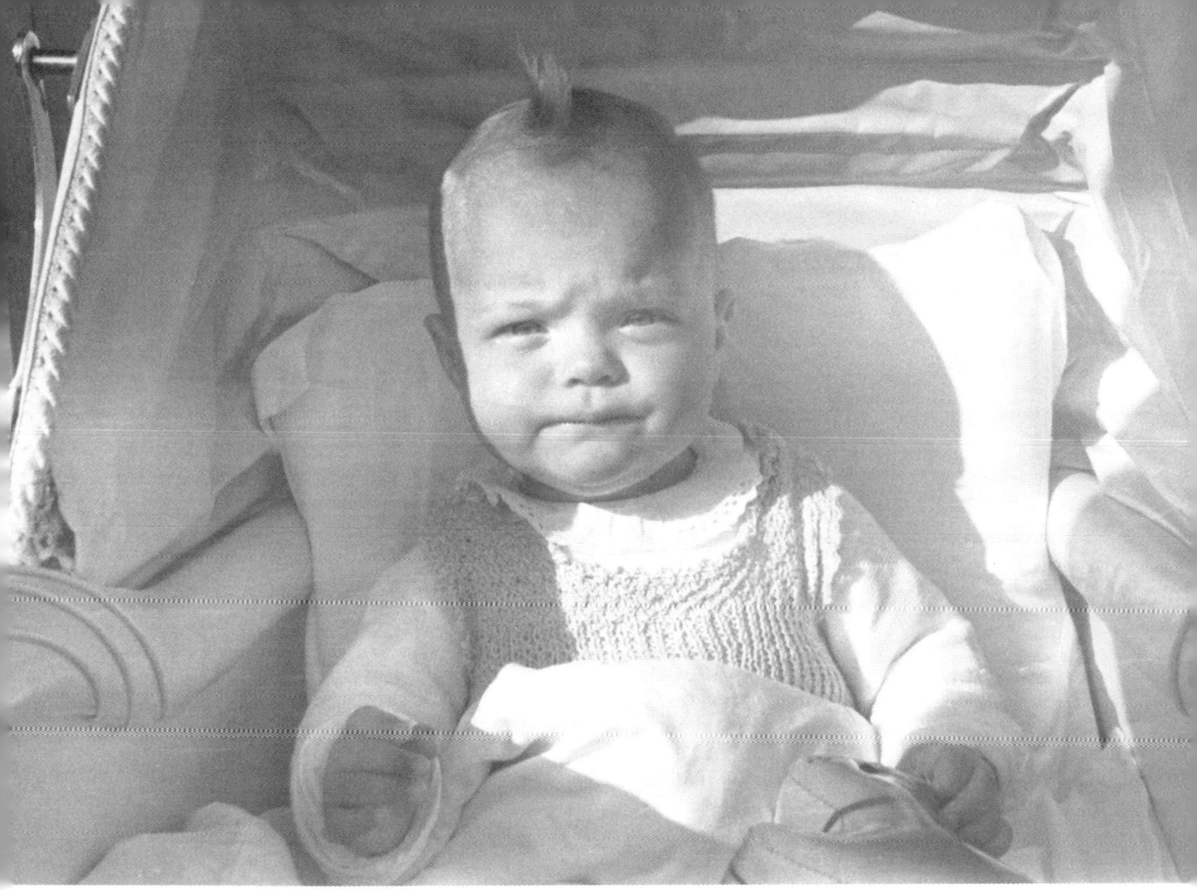

Witsch), auch sonst hat sie über das Kind nicht allzu viel zu berichten, außer ein paar Anekdoten, die sie zumeist bei Magda Schneider abgeschrieben hat.

Der private Raum ist privilegiert, ihre Lebenswirklichkeit ist einfach. Aber diese Einfachheit in der Welt der kleinen Rosemarie ist unglaublich beseelt. Ihr erstes Staunen gilt den Märchenfiguren über ihrem Bett *»eine nach der anderen«* betrachtet sie, *»dabei macht sie ganz große Augen und schaut ganz verwundert, als ob sie nachdenken wollte«* (15.2.1939, Schwester Hedwig). Der simple Zauber dieser klaren Räume mit den Holzdielen ist ebenso Herkunft, der Urstoff des Menschen Rosemarie Albach, wie jener Schöngeist und Bilderreichtum des Innenlebens, der musisch-romantisch, träumerisch ist. Diese Verdichtung aus Schnörkeln, Farben, Poesie – schlicht und bescheiden – findet später auch ihre Entsprechung. Es gibt ein großes Behütetsein, ein funktionierendes, sicheres Netz der Familie, so gut es eben in Kriegszeiten möglich ist. Die Trennungen von Mutter und Tochter, das sind zuerst einzelne wenige Tage (11. bis 14. Dezember, Tournee »Frau am Scheideweg«) –

»Habe aber schreckliche Sehnsucht nach dem Liebchen« (Magda) –, später dann Wochen. In allen biografischen Abhandlungen wird vergessen, dass es zu dieser Zeit durchaus üblich war, dass ein Kind von seinen Eltern, zeitgleich aber auch von einem Kindermädchen, seinen Großeltern, meist noch von der halben Nachbarschaft erzogen wurde. Auch wuchsen wohl die meisten deutschen Kinder des Jahrgangs 1938 fernab ihrer Väter auf, ob diese nun an der Front oder, wie im Fall des Hauses Schneider-Albach, in Filmateliers weilten, ist für den Fakt der viel zitierten Abwesenheit der Eltern völlig unerheblich. Romy hat also keineswegs in einer ungewöhnlichen, aber erst recht nicht in einer bemitleidenswerten Situation gelebt, im Gegenteil. Der Anbruch des Lebens ist ein Liebesentwurf. Einer, der dreiundvierzig Jahre wie ein Wasserzeichen mit ihr war. Selbst die Hunde im Garten – Barry, der riesige Bernhardiner und Bauxi, das winzige weiße Wollknäuel, die ihre Kindheit flankieren – würde sie später, als erwachsene Frau, immer als das i-Tüpfelchen eines glücklichen Zuhauses suchen, aber nur flüchtig finden.

Die Welt von »Mariengrund« dreht sich um Baby Rosemarie. Schwester Hedwig, die bald in kindlicher Phonetik des Wortes »Schwester« von Romy »Deda« genannt wird, trägt *»unsere Prinzessin«* (Deda) auf Händen, sie geht auf in ihrer Hingabe an das kleine Wesen. Sie schläft in Rosemaries Zimmer, ist toujours in ihrer Nähe. Von Anfang an verfallen am Ende alle ihrem Charme, Rosemarie ist bereits im Strampelsack mit Zwergenhäubchen und *»Spielhöschen, bestickt mit Hundchens, Hühner, Entlein«* (Magda) eine auratische Persönlichkeit, der man bedingungslos mit den Augen folgt. *»Sehr lustig ist das Engelein auch immer in der Nacht … so von 3 – 4h in der Früh haben wir es jetzt immer sehr fidel und was kann ich machen, ich kann nur zuschauen und lachen, man kann dem süßen Lausdirndel nicht bös sein.«* (9.3.1939, Hedwig)

Bereits in den Dreißigerjahren standen die Schaulustigen mit Blick über die Gartenhecke »Mariengrund«, um einmal »Filmstarleben« live zu sehen, bis 1996, bis zum Tod Magda Schneiders, fanden sich täglich Besuchertrauben am Gartentor ein, *»Gestern waren eine Menge Zaungäste hier, mit denen unterhält sie sich prächtig, sie lacht und winkt und spuckt, so daß die Leute hellauf lachen …«*, schreibt Schwester Hedwig am 19. August 1939 über Rosemarie.

»Heute ist sie schon so 2m ganz alleine gelaufen auf einmal fängt sie an zu stolpern u. plumps liegt sie am Boden u. in einer Sekunde steht sie schon wieder. Sie

ist so süß wenn sie so im Gras herumkugelt nur muß ich da recht achtgeben im Nu hätte sie den Mund voll Gras gestopft sie ist so flink und lebhaft … Am Abend wenn sie müde wird dann ruft sie immer ma – ma – ma, pa – pa – pa, grad als wollte sie Ihnen Gute Nacht sagen.« (5.7.1939)

Die Psychologie spricht von Deprivation, lateinisch deprivare, bedeutet es »berauben«, etwa der Abwesenheit der Mutter, der Abwesenheit des Vaters. Nach diesem Mangel und Entzug in der Kindheit kommt es häufig zu Symptomen wie Angst, Depression, Schuldgefühlen oder exzessiven Liebesansprüchen. Man kann nicht negieren, dass ihre privaten Intentionen dahingehend auffällig waren. Die Textur ihres Lebensfadens ist geteilt, hochverletzlich und zart, gleichzeitig stark und unzerstörbar. Sie bekommt die ungeteilte Aufmerksamkeit aller, die Liebe und Wärme des jeweils Anwesenden, zwischen den Drehpausen auch die ihrer Mutter, aber sie verliert diese geliebten Menschen immer wieder. *»An dem Tag, wo Du fortgefahren bist und mir solange nachgewunken hast …«*, schreibt Rosemarie Albach zehnjährig voller Sehnsucht ihrer Mutter hinterher. Später, als Romy Schneider selber von Film zu Film, von Rolle zu Rolle hetzt, erlebt sie diesen Zwiespalt ihren eigenen Kindern gegenüber, mit ebenso großen Schuldgefühlen wie einst ihre Mutter.

»Oma und Opa Schneider« sind wie die immer anwesenden Schutzheiligen »Mariengrunds«, Magdas Eltern vergöttern ihr erstes Enkelkind, widmen ihm einen Großteil ihrer Zeit, Romy geht also von Hand zu Hand. Die Berichte Dedas und Magdas sind von einer großen Faszination für *»diese kleine, wilde, zornige, süße Person«* (Schwester Hedwig), *»sie ist zauberhaft, so zärtlich, so süß & lustig und unbeschreiblich lebhaft. Sie schnellt im Bett herum wie ein Fisch«*. (Magda) Aber *»Mausi«*, wie Magda das Kind nun häufig nennt (auch ein *»Romi«* mit kurzem »i« taucht bereits am 9. November 1938 in Magdas Babyfototagebuch erstmalig auf), weiß bereits mit wenigen Wochen, was sie will und setzt dies auch unter allen Umständen durch. Schwester Hedwig: *»Sie benimmt sich wirklich wie zwei Lausbuben.«*

Manchmal ist auch Wolf auf »Mariengrund«, oft nur für einen einzigen Tag: *»Am 18. Mai besuchte uns auf 1 Tag der Pappi«* (Magda), doch wenn der Papi kommt, macht Rosemarie schon mal *»›ein Schnoferl‹, denn sie hat ja so lange keinen Mann gesehen …«*, gelegentlich wagt auch er den Ausflug in die nicht für ihn gemachte Welt, steht überraschend mit einem Auerhahn in der

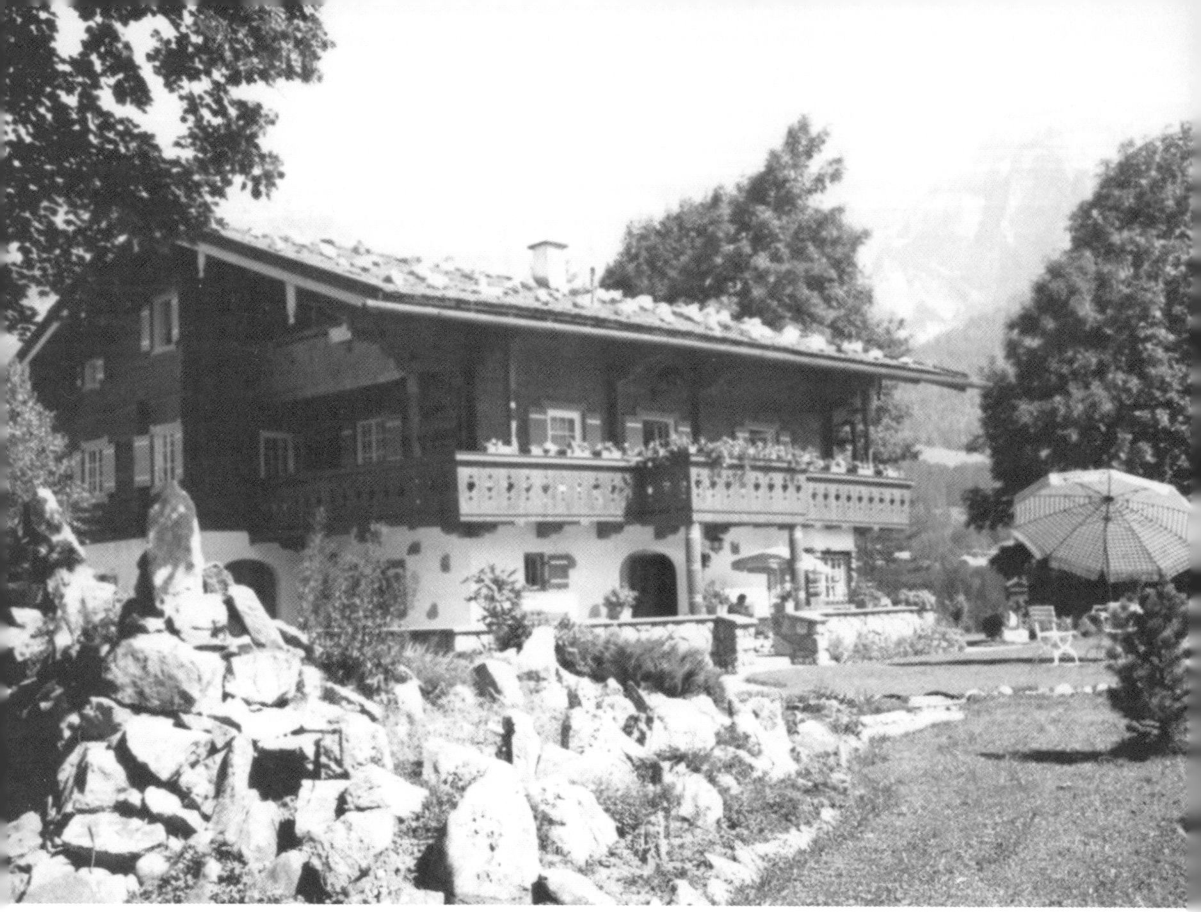

Schlafzimmertür. *»Mausi ist aber gegen Männer sehr ablehnend. Sie erkennt ihn natürlich nicht und weint gleich … früh um 8h als wir beide im großen blauen Bett hoppsassa machten.«* (Magda) Der schöne Papi, der eigentlich ein »homme à femmes« ist, lebt episodisch die Augenblicke eines Vaters, gibt sich erdenkliche Mühe, solange er sich jeglicher Verantwortung entziehen kann. Sein prächtiger Humor, den er seiner Tochter vererbt, überdeckt seine Unbeholfenheit, aber mehr noch seinen bereits vollzogenen Rückzug. Die Nachrichten, die Wolf Magda sendet, wenn er allein in Schönau ist, drehen sich um Rosemarie und die Jagd: *»Heute morgen habe ich der Schwester beim Toilettemachen unserer kleinen Erzherzogin geholfen! Ich glaube es ist leichter mit einem bengalischen Königstiger, der drei Wochen gehungert hat, fertig zu werden, wie mit Deiner Tochter!«*

Mit schönem Wortgeklingel hält W.A.R. den Schattenriss einer Familie am Leben, für ihn bereits eine Parallelwelt, in die er ein- und austreten kann,

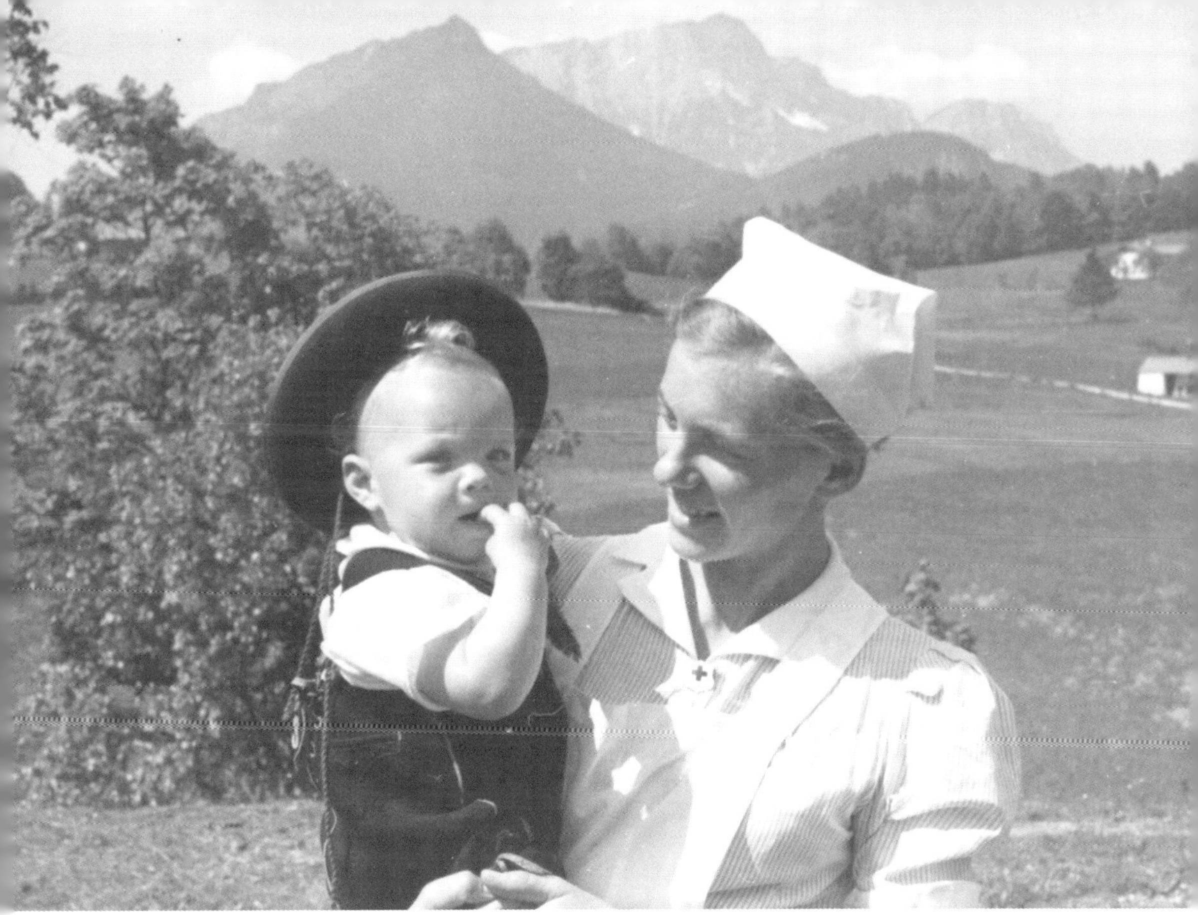

wie er will. Unterschrieben ist sein Brief mit: *»Immer, Immer Dein Wolf … Goldig Geliebtes!«*, allerdings nutzt er die Gelegenheit dieser Stunden, verführt das Kindermädchen, dieses wiederum wird anschließend aus Scham lebenslang einen Komplex Magda Schneider gegenüber hegen.

Mit kurzer Lederhose und Gamsbarthut, trotzdem unnachahmlich elegant, so steigt Wolf Albach-Retty am liebsten auf die Berge, frönt seinem blutigen »Sport«. Später, aber wohl ausschließlich in Erinnerungen, wird es gemeinsame Momente gegeben haben, der Sonntagspappy, der während dieser kurzen Heimspiele eher als ein Possenreißer als ein erziehender Vater in Erscheinung tritt – *»… wenn der Pappa spuckt, lacht sie und freut sich schrecklich«* (Deda) –, erinnerte sich seinerzeit auch daran, wie er die Tochter in Begleitung seiner Jagdfreunde in einen Rucksack steckte und mit dem Fahrrad in den Wald fuhr. Das inzwischen legendäre Foto »Romy Schneider im Jagdrucksack ihres Vaters« entstammt einer ganzen Serie, allerdings offenbart der Turnus der Bilder, dass Herr Albach auf »Mariengrund« immer schön im Kreis fuhr. So wird es sich wohl eher um ein paar Fahrradrunden für die Kleine auf dem Grundstück gehandelt haben, denn dass er sich auf der Jagd mit einem Kleinkind belastet hat, ist mehr als unwahrscheinlich.

Der Tochter selbst fehlte die veritable Erinnerung an diese seltenen Tage *»Mami, Pappi, u. Romy«*, weil sie zu klein war. Die Fotoschüsse sind elementar und lyrisch, ihre Momente sind fraglos rar. Erst im März 1963, vierundzwanzigjährig, trifft Romy durch ein Arrangement des Filmteams der Otto Preminger Produktion »Der Kardinal«, in Wien am Rande der Dreharbeiten im »Café Landtmann«, ihre beiden Eltern wieder: *»Das ist das erste Mal, dass ich meine Eltern zusammen sehe.«* Surreal, fast gemäldehaft wirken die wenigen Bildstreifen vom Juni 1939, die Vater und Tochter zeigen. Wie in unwirklichen Traumbildern steht Wolf Albach-Retty unter den Sommerbäumen »Mariengrund«, mit seinem glücklichsten Lächeln hält er die kleine Romy auf dem Arm. Auch die Fotografien ›Mutter, Vater, Kind‹ inmitten der Margeritenwiese wirken wie eine Illusion, wie arkadische Standbilder der Sehnsucht. Nur diese ganz frühen Kindheitsszenen erzählen von der Anwesenheit des Vaters. Als fände man in diesen Rückblenden tatsächlich die Zeit, Ostern 1940, Romy, in einem kleinen weißen Wollmantel, Albach-Retty zupft am Kind, legt für das Foto ihre blonden Locken. Man sieht Magda, die Wiener Großeltern und im Hintergrund das Kindermädchen in der Schwesterntracht.

Hier lassen sich die Bruchstücke zusammenfügen, es sind dieselben Bilder, die Romy Schneider als junges Mädchen, als erwachsene Frau im Kopf hatte, wenn sie an ihre Kindheit dachte. Es sind dieselben Bilder, die sie sich im größten Lampenfieber, das es für sie gab, auf Theaterboden in Frankreich etwa, an den Spiegel ihrer Garderobe steckte oder einsam, fremd und *»lonely«* im kalten Hollywood von 1963, zu Zeiten der Kennedy-Tragödie, als sie während der Dreharbeiten von »Good Neighbor Sam«/ »Leih mir Deinen Mann«/1963 einen Luxusbungalow am North Wetherly Drive in Los Angeles bewohnte.

1941, am 21. Juni, kommt in Wien Rosemaries Bruder Wolf-Dieter zur Welt. Magda und Wolf beugen sich im Billrothkrankenhaus staunend und stolz über ihren Sohn, doch die Fotos täuschen, bereits hier kriselt die Ehe, Magda kennt längst die Namen ihrer Kolleginnen, eine beträchtliche Sammlung kinderloser Filmschönheiten, mit denen Wolf deutlich mehr anfangen

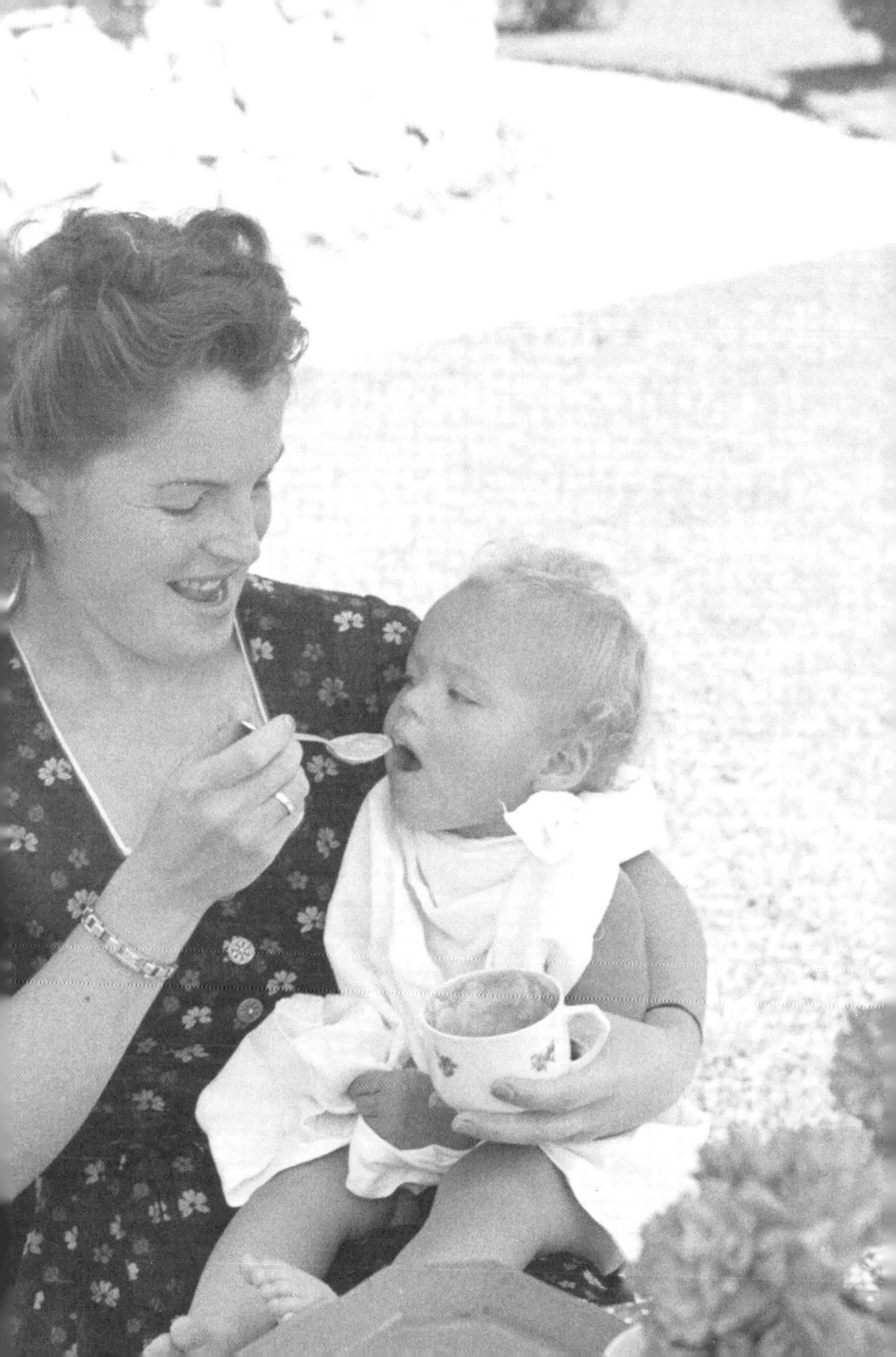

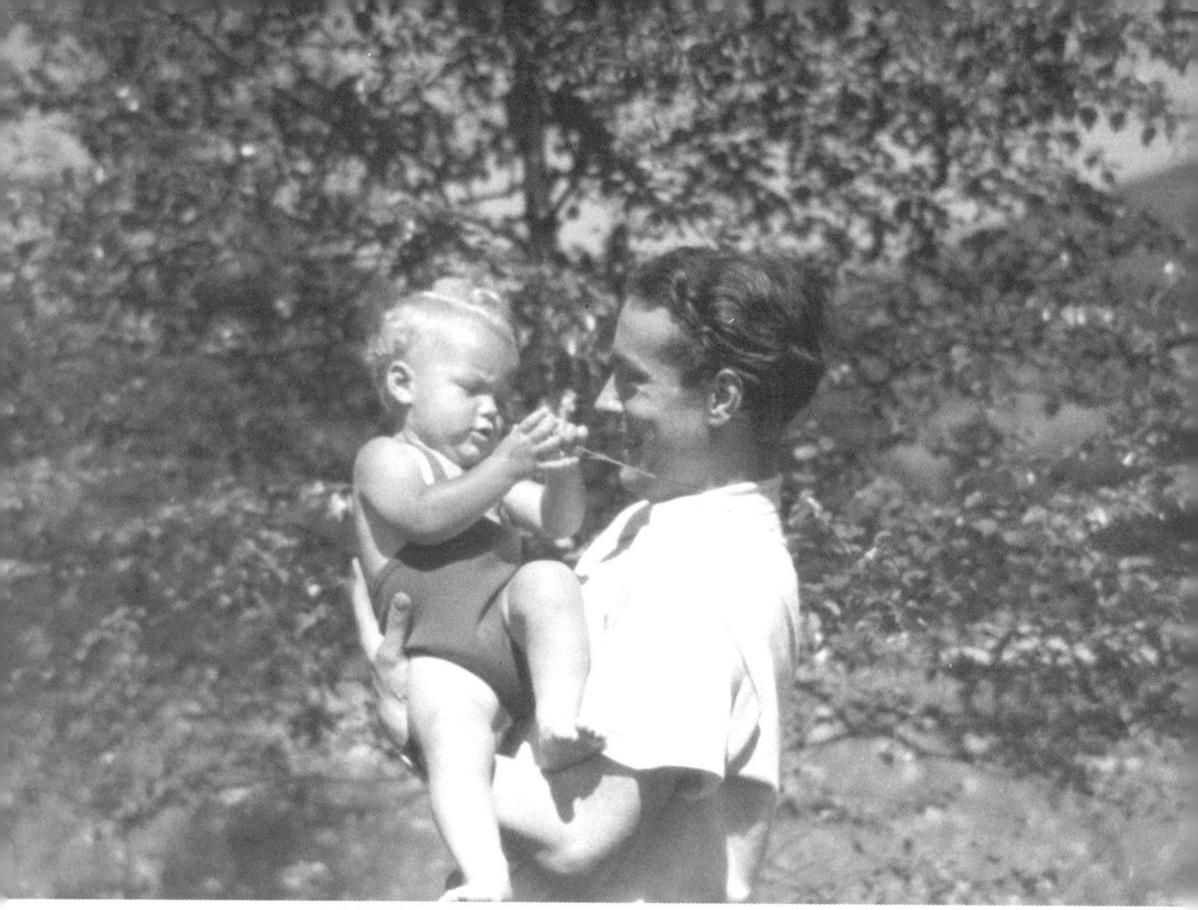

kann als mit seinen beiden kleinen Kindern. Magda leidet, und für sie haben *»die fünf schrecklichsten Jahre meines Lebens«* längst begonnen.

Sie bringt ihren Sohn nach »Mariengrund«, einer Freundin schreibt sie, *»wie glücklich ich über mein Pärchen bin«.* Weniger glücklich scheint erst einmal Rosemarie. Auf einem Foto der freudigen Ankunft ihres Bruders, neben dem strahlenden Gesicht ihrer Mutter und dem Neugeborenen, erschrickt man über ihr Unglücklichsein. Ihr fragender, unfroher Blick direkt in das Objektiv der Kamera sprengt das Foto, zeigt ihre Angst. Dieses auch einsame Kind ist weitaus mehr: *Sie* ist der geborene Mittelpunkt. Kein vernachlässigtes Kind, das endlich wahrgenommen werden will, sondern ein Kind, das ständig und immer: alleinselig machender *Mittelpunkt ist* und sein wird.

Sie möchte nichts und niemanden teilen, in den nächsten Jahren nutzt *»das kleine Zornbingerl«* (wie Deda Romy manchmal liebevoll nennt) ihre Vorherrschaft unbarmherzig aus, dirigiert den kleinen Wolfi wie es ihr gefällt und geht gar nicht zimperlich mit dem fast drei Jahre Jüngeren um.

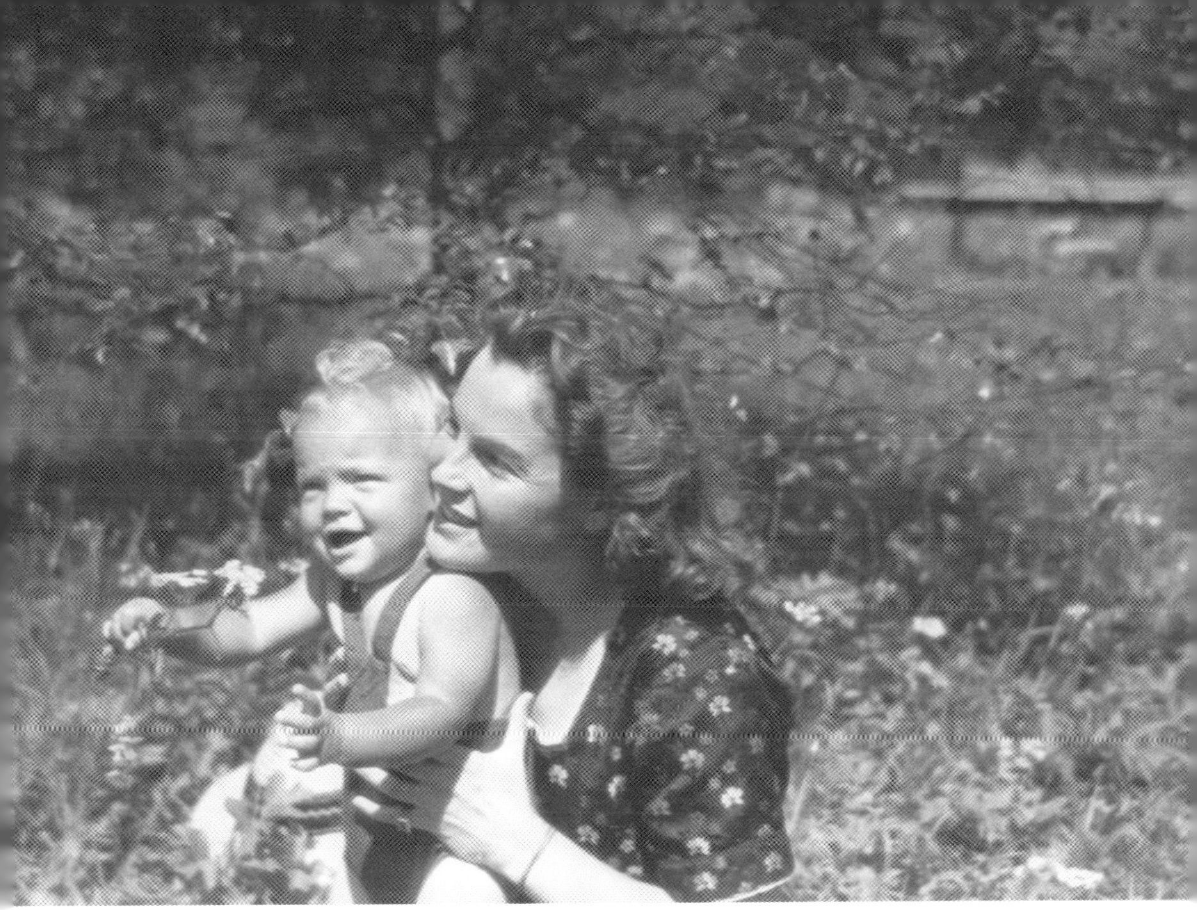

Dieses Selbstbild von sich nimmt sie mit, diese Herrschaft sozusagen, die über den Mann. Sie war nie ein Mädchen im herkömmlichen Sinne, sie verströmt schon hier sich selbst, sie hat von Anfang an alle Fäden in der Hand. Bei ihr gibt es nichts Ungefähres, sie ist autark, couragiert und selbst in ihrem präsissihaften Prinzessinnenkleid, einem blauen bajuwarischen Dirndl, herausgeputzt wie eine kleine, liebliche Elfe mit Blumen im Haar, wirkt sie eher burschikos und sehr tough. Ihr Selbstverständnis ist noch dasselbe, als sie etwa später in ihren wichtigsten Filmen in Frankreich reihenweise ihre männlichen Drehpartner verunsichert, in der Arbeit mit den Regisseuren Claude Sautet und Andrej Zulawski, Machos wie Yves Montand zum Beispiel, oder Fabio Testi, mit der ihr eigenen deftigen Ironie und mit leisem Spott destabilisiert.

Beide Kinder sind die Regenten eines Paradieses, sie laufen nackt und sonnenverbrannt durch riesige Blumenwiesen »Mariengrund«, sie leben fast anarchisch eine absolute Freiheit, bewegen sich traumwandlerisch zwischen den

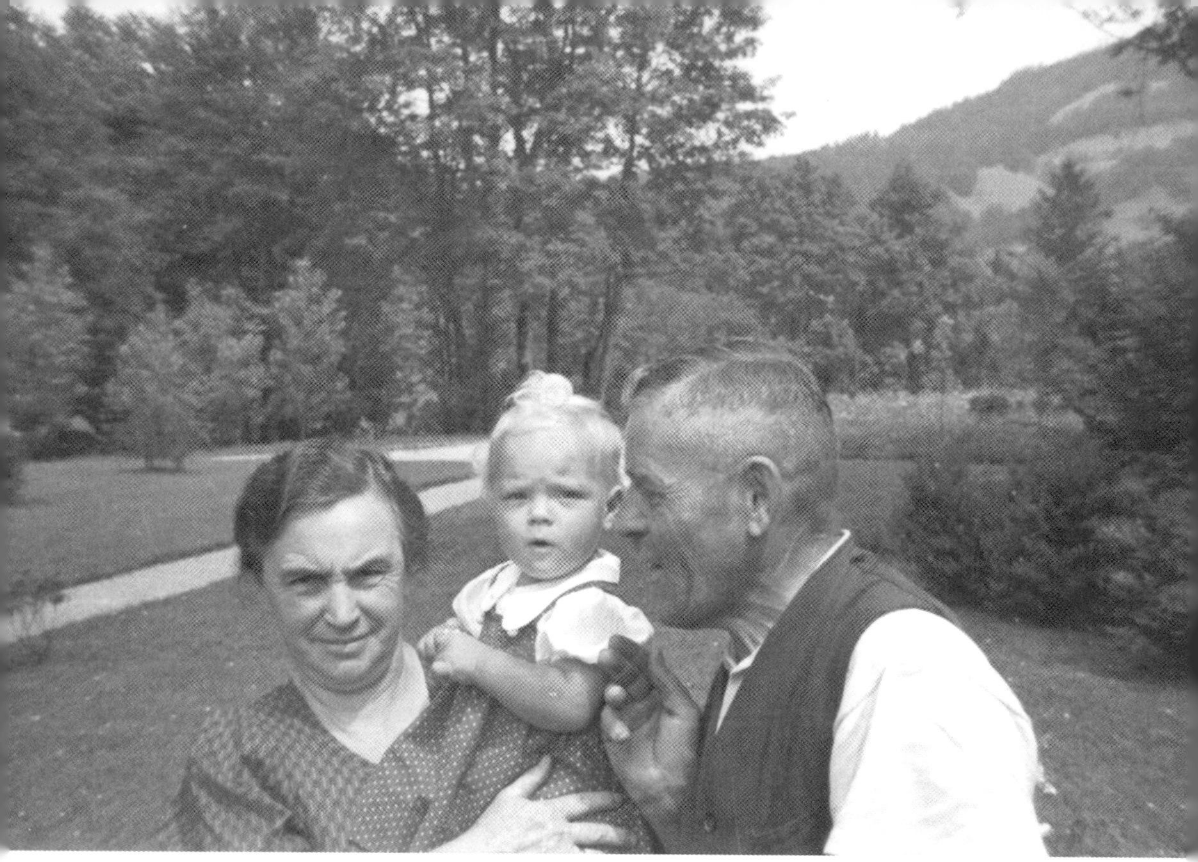

Elementen. Außerhalb dieses Elysiums wütet Hitlers barbarischer Krieg. Geerdet und sinnlich ist diese Welt, das Gedächtnis dieses Friedens ist für immer im Gesicht Romy Schneiders. Selbst im geschundenen Gesicht bleibt ein Überbleibsel dieses Friedens.

Wasser ist eine frühe Allegorie. In ihren wichtigsten Filmen taucht sie daraus wieder auf, phönixhaft aufsteigend, wie etwa 1968 unter Jacques Deray »Der Swimmingpool«, oder 1961, als sinnlich perlend Wassertropfen ihre schöne Rückenlinie herabrinnen und Luchino Viscontis atemberaubende Kamerafahrt in »Boccaccio 70« die neue Romy zeigt. Anfang der Vierzigerjahre existiert auf »Mariengrund« ein Alpinum aus Steinen, Gebirgspflanzen und Wasser, der Brunnen an der Hecke, mit dem immer fließenden Quellwasser (den Brunnenkopf ziert das Konterfei ihres Großvaters Xaver), wird ebenso zum Ort ihrer frühen Spiele. Mitte der Fünfzigerjahre werden hier ganze Fotostrecken für Homestories des jungen Filmstars Romy produziert.

Die Nahaufnahmen der Kindheit bezeugen ihre frühe Anmut, sie löst etwas aus, sie beherrscht das Bild – une belle belle petite Rosemarie. Sie, die

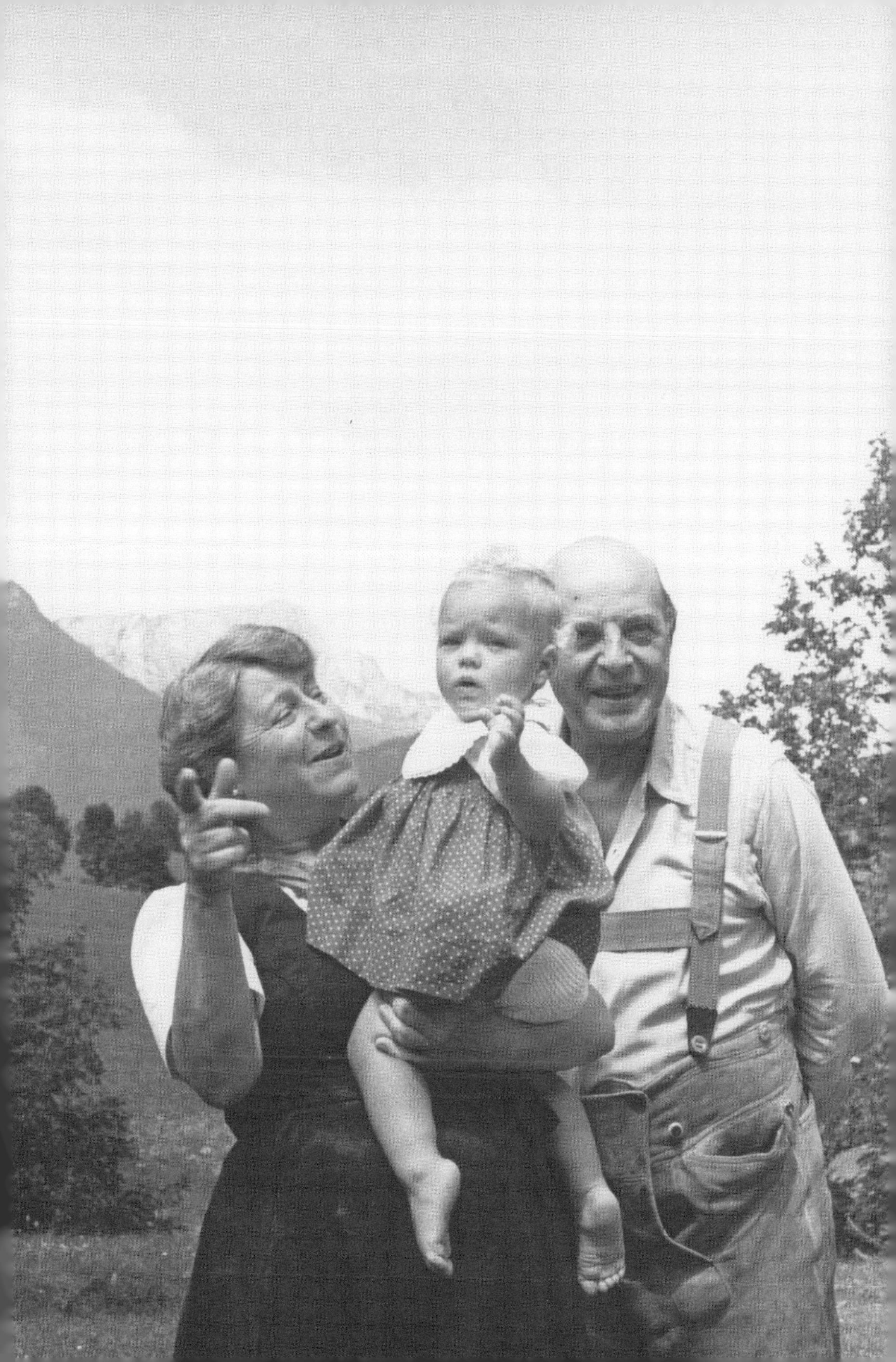

bereits eine extreme Aufmerksamkeit gewohnt ist, findet Anregung und Bleibe in der Welt der Maskierung, der Lust des Verkleidens, der Geschichten, des Inszenierens, des sich Betrachtenlassens, des Betrachtens. Der Taumel durch die Schönheit der Bilder, wenn wir sie anschauen und sie nach all der Zeit fast blutvoll finden, wie in einem Riss der Zeit. Was wir sehen, das war einst ihr realer Taumel durch ein heiles, fast pastorales Land. Romy reflektiert alles. Sie beobachtet genau die Menschen um sie herum, die Gesichter. Die der Ankommenden, der Bleibenden, der Vorübergehenden, die der Abfahrenden.

Die Kindheit, die bisher selten betrachtet wurde, hinterließ gewaltige Bilder. Die vielleicht ikonischsten dieser Zeit: Rosemarie mit einer Rose, leuchtend, in Farbe, beim Staunen und dann dieses Sommerbild, das ganz für ihre Kindheit steht, die kleine Romy, in der Weite einer Gänseblümchenwiese, zwischen Löwenzahn und Berghängen, unter einer riesigen weißen Filmwolke, strahlend und blond in einem bunten Dirndl mit weißer Schürze.

Ihre Einsamkeit ist nicht die Einsamkeit der anderen. Sie lebt den immanenten Widerspruch. Sie kann nicht allein sein, ist aber allein am glücklichsten. Betrachtet man Fotos ihres Lebens, etwa jene der großen Tische mit vielen Menschen, so erscheint sie nicht selten, trotz und inmitten vieler Personen um sie herum, wie mit einem Zirkel gezogen, in einem Kreis und *allein*. Es ist eine irgendwie mitgebrachte Fremdheit, ein Abseits … das sie in Sekunden ganz traurig, ganz glücklich machen kann.

Auch in »Mariengrund« dreht sich oft eine ganze Welt um *»das hübscheste Kind von Berchtesgaden«*, das manchmal mit einem einzigen Lächeln seinen gesamten »Hofstaat« regiert. Im Garten, rings um den Swimmingpool verteilt, liegt der Sonntagsbesuch. Die »kleine Königin« beim Sonnenbaden, eine etwa sechsjährige Romy, die den Rummel um sie herum huldvoll genießt, als alle restlos bemüht sind, den Liegestuhl, in dem sie liegt, zu reparieren. In Momenten wie diesen erfährt Rosemarie, das Kind, dass sie mit einem Blick, einem Augenaufschlag, die Dinge, die Menschen um sie herum manipulieren kann. Mit kindlicher Weisheit entdeckt sie, dass sie eher die Erwachsenen meint, auf den Fotos inmitten einer Kinderschar ist sie hingegen verstummt und leidet irgendwie. Betrachtet man jene Fotos, die das Kind Rosemarie in einer Gruppe zeigen, so sieht man eine gewisse Art von Traurigkeit, als Teil der Menge fühlt sie Schmerz, wartet auf Erlösung, was bei ihr *ungeteilte* Aufmerksamkeit bedeutet. Ein einziges Mal in ihrem Leben wird sie auf diese, ihre exzessive Erwartung, auf die von ihr eingeforderte ungeteilte, absolute Hingabe treffen, diese Liebe hält bis an ihr Lebensende. Es ist der Moment, als Rosemarie Albach einer Kamera begegnet.

In der Anwesenheit, gleichermaßen in der Abwesenheit ihrer Eltern, ist Entscheidendes im Leben des Kindes Rosemarie passiert. Unbewusst zielsicher wandelt sie zwischen den offenen Schubladen ihrer Mutter, die ganze Meere von Fotos vor ihr ausschütten, zwischen Schuhen, Kleidern, Filmstarutensilien und den fast zukunftsgeladenen Luftspiegelungen aus Traumbildern, die über der Kindheit liegen. Sie sitzt allein vor dem dreitürigen himmelblauen Schminktisch im Schlafzimmer ihrer Mutter, bemalt ihr Kindergesicht.

»Ich bin gekommen, da ist sie schon in die Schul gegangen. Zu dem Zeitpunkt haben die Kinder noch in einem Zimmer geschlafen, die Schiebetür zu meinem Zimmer stand immer auf«, erinnert sich Trude, das zweite Kindermädchen im Haus »Mariengrund«. *»Sie war ein sehr zierliches Kind, ich hab ihr immer ein Kranzerl ins Haar geflochten, bei ihr sind dann immer so liebe Lockerln an der Seite rausgekommen, die Magda war ganz begeistert von der Frisur. Die Augen waren quicklebendig und voller Schalk. Die Romy hat immer irgend was vorgehabt. Einmal bin ich ins Zimmer gekommen, da hat sie grad kräftig in den Fenstervorhang geschnäuzt, ich musste so lachen, aber trotzdem schimpfen. Es waren zwei herrliche Kinder! Den Vater hab ich nie gesehen. Romy hat nie von ihm gesprochen. Die Mami war die Hauptperson, die Mami war das Wichtigste in ihrem Leben. Die Freude auf die Mami war das Größte. Sie haben den reinsten Tanz aufgeführt: ›Die Mami kommt, die Mami kommt! Heut kommt die Mami!‹ Der Wolfi und die Romy hatten immer gleiche Kleider, gleiche Hüte. Wenn die Mami da war, haben wir uns die Romy beim Baden geteilt, sie wurde in eine Blechwanne gesetzt und abgeschrubbt, aus großen Bademänteln haben wir kleine gemacht, mit Kapuze … Abendgebet war immer!… In diesem schönen Garten, in diesem schönen Haus aufzuwachsen, mit Großeltern, einem Kindermädchen … ich seh' sie noch, auf den Barry, den großen Bernhardiner, sind sie draufgekraxelt und geritten, mit dem Barry konnten sie alles machen. Ich erinnere mich, damals war der große Speicher, und da waren jede Menge Bilder, Schachteln voller Fotos. Und da hat sie manchmal gern gekramt. ›Das ist die Mami!‹ Wenn sie ihren Vater sah, keine Reaktion … Ich war immer hinter ihr her, dass sie ja nicht gar zu viel aus den Schränken ihrer*

Mutter ausräumte, all das Zeug, was sie zum Verkleiden brauchte. Später ihr Sohn David war ihr ganz ähnlich. Ein richtiger Treibauf, aber köstlich, er war wie die Romy vom Temperament. Er ist oft bei uns im Schwimmbad geschwommen, einmal waren wir auf dem Dachboden, da stand ein alter Koffer. ›Was ist denn da drin in dem Koffer?‹ fragte David neugierig. Als wir reinschauten, fanden wir für ihn ein Winnetou-Kostüm. Abends rief Magda an: ›Der David zieht das gar nicht mehr aus, ich glaub, der geht sogar schlafen damit!‹ «

Dieses frühe Bild von ihr, Rosemarie, das Kind, das Mädchen, geschminkt, im Star-Look der Mutter auf einem ausgetretenen Kuhweg, auf dem Weg ins Kino, es ist das expressivste, das am schärfsten umrissene, das verräterischste Bild von ihr, eine Art Wegmarke. Alles liegt auf einer Linie, das Haus ihrer Kindheit und das Kino, beides elementare Schutzräume. Lebenslang wird sie diese einfache Gerade suchen (und die Liebe am Wege). Rosemarie, dieses träumende Kind, das *»stimmungsmäßig immer gut drauf war«* (Trudi), überzeichnet die Starkarten ihrer Mutter mit roten Kussmündern, skurril anmutend ist, dass *sie* es ist, die Verehrer, die Zaungäste ihrer Star-Eltern im Garten »Mariengrund« empfängt, freundlich lächelnd für die Erinnerungsfotos von Frau X und Herrn Y posiert, von diesen Leuten bereits als kleiner Star angehimmelt wird. Anschließend geht sie Hand in Hand mit Sissy, ihrer ersten und engen Schulfreundin, ins »Kino-Wunderland«, über die Welt des Zelluloids und seine Gesichter redet sie ohne Punkt und Komma: *»Mit roten Backen sind wir dann wieder rausgekommen aus dem Kino und haben bis tief in die Nacht den ganzen Film erzählt in Magdas Himmelbett, bis wir einschliefen.«* Und Sissy erinnert sich an das Spiel der Freundin, das Himmelbett war *»wie ein Schoß für sie«*, sagt sie. Und die erste Bühne. Großvater und Großmutter, Wolfi und Sissy waren die staunenden Gäste im großen Theatergarten »Mariengrund«, bis Romy wieder ausrief: *»Geh'n ma, geh'n ma ins Kino!«*

Das blaue Himmelbett bezeichnet Sissy als den *»Schauplatz unserer Kindheit«*, sie erinnert sich: *»Wenn die Mutter nicht da war, haben wir oft in dem Bett geschlafen. Das war ihr kleines Reich. Sie war dann lieber in dem Schlafzimmer ihrer Mutter, mit dem Himmelbett und dem Schminktisch.«* Und schon damals existiert das absolute Bedürfnis der Ernsthaftigkeit einer Freundschaft. Wenn sie an jemanden glaubte, dann wollte sie alles restlos teilen, wollte des anderen ganz sicher sein. Sissy: *»Romy hat immer die Zweisamkeit gesucht – nicht eine große Gruppe, sondern die Zweisamkeit. Und in der Zwei-*

samkeit ist sie dann aufgegangen – mit Späßen und Spiel. Mit mehreren zusammen, das wollte sie nie. Wir waren eigentlich immer allein. Der Wolfi manchmal … Sie wollte eigentlich immer nur eine Person – dann wurde immer Theater gespielt.« Sissy über Romys damaliges Äußeres: *»Faszinierend an ihr waren ihre Haare. Der Haaransatz, sie hatte eine leichte Naturwelle. Und die Augen – die schönen Augen hat sie immer gehabt. Romy war immer adrett gekleidet, salzburgerisch. Sie war eitel. Als Kind war sie eitler als dann später: … Kompliziert hat sie dann Frankreich wahrscheinlich … ein bisserl gemacht.«*

Der Film und der Tod nimmt ihr die geliebten Menschen – 1951 stirbt ihre Oma Maria Schneider, die Kindermädchen wechseln. Ein Foto gibt ganz genau Auskunft, was ihr fehlt. Auf einem Kinderfoto »Mariengrund« sieht man Rosemarie seltsam verzaubert, romantisiert, vielleicht sechsjährig, mit einem Schwärmen im Gesicht, da hatte der Sonntagsbesuch, ein Soldat, sein Mädchen geküsst. Das hat sie scheinbar unendlich vermisst, die Bilder der Liebe im Leben.

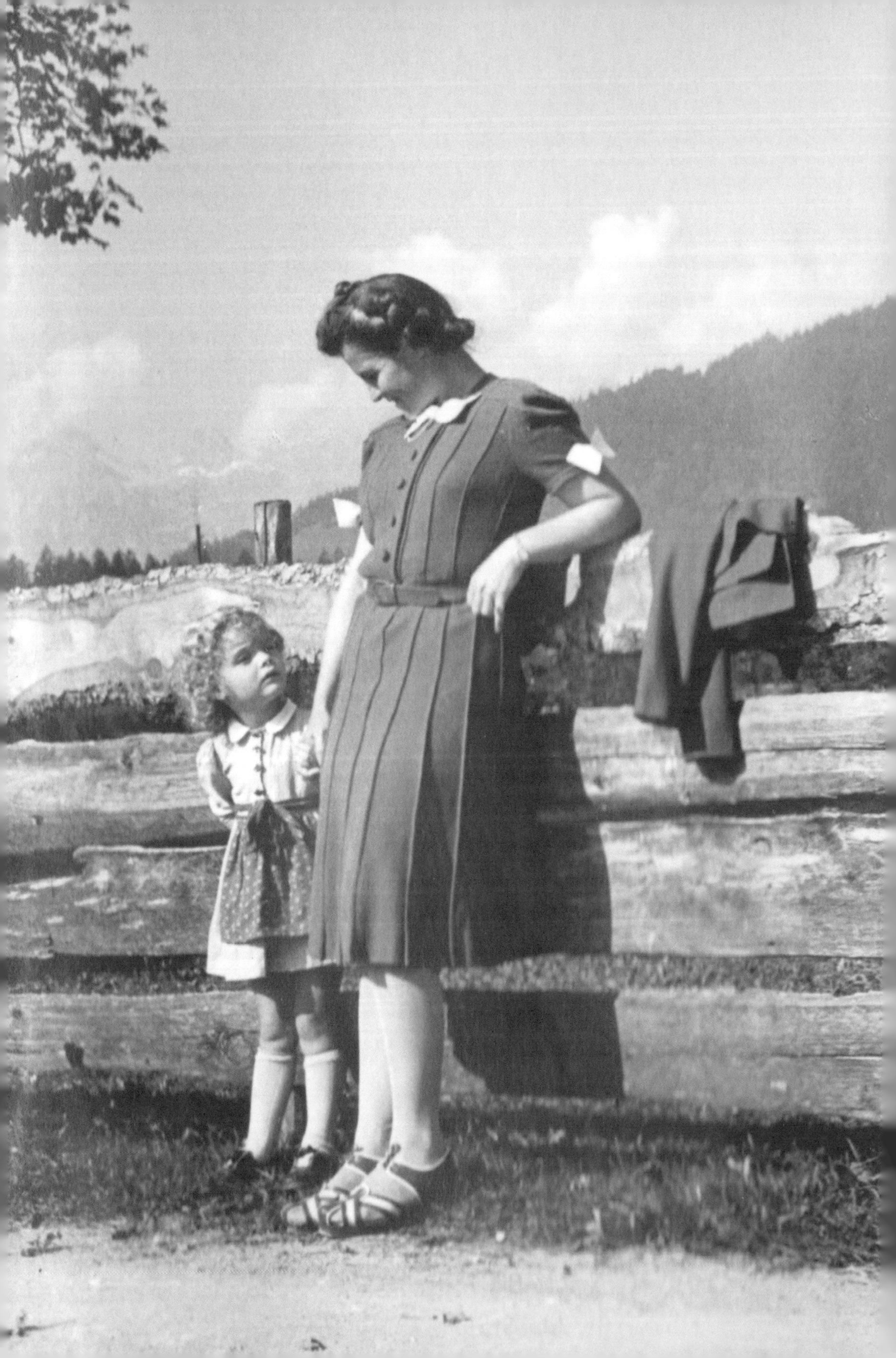

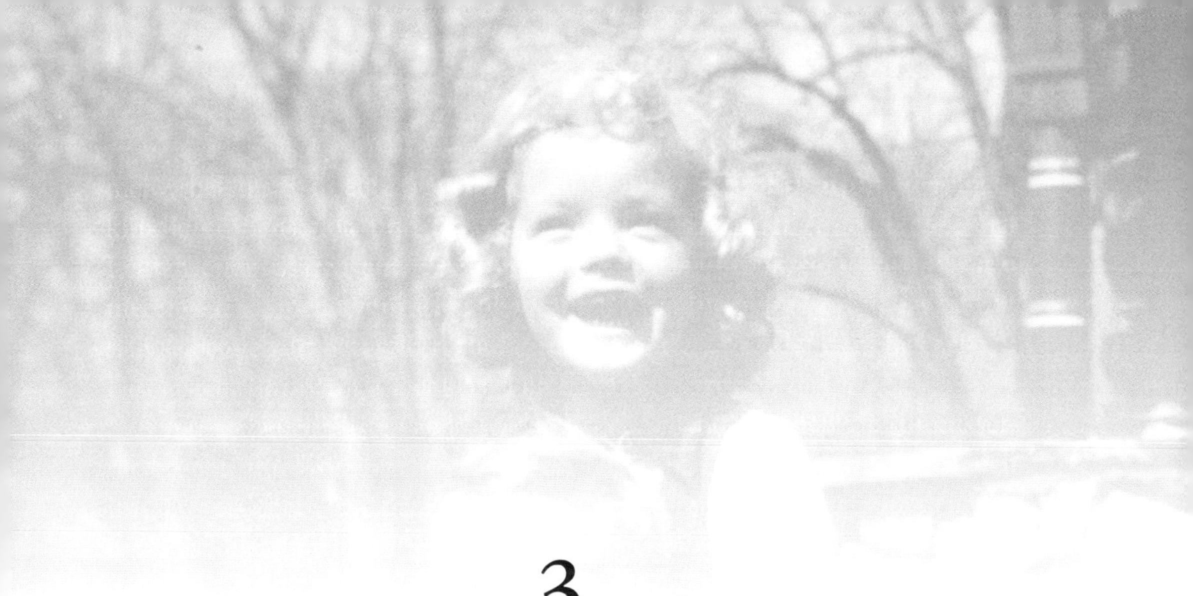

3
DIE BRANDSTIFTERIN

Siebzig Jahre und achtzig Jahre später, jeweils zu medialen Großereignissen, da ist das »schönste Kind von Berchtesgaden«, »die schönste Prinzessin der Welt« (David), »das schönste Gesicht ihrer Zeit«, da ist die »Schauspielerin des Jahrhunderts« (»Le Parisien«/1999), Romy Schneider, längst Jahrzehnte tot, tritt eine Art Brandstifterin auf den Plan. Die Autorin Alice Schwarzer. Sie wird keinerlei Probleme haben, Romy Schneiders Mutter wehzutun, Romy Schneider wehzutun (*»und es sollte doch wenigstens nur in dieser Stunde gewesen sein - - -«* hatte Romy Schneider in Anspielung auf die Schmerzen ihrer Geburt an ihre Mutter geschrieben), sie hat keine Probleme, die Toten zu verraten.

»Meine Mutter hatte ein Verhältnis mit Hitler«, in Variation tönt die Märchenfrau von »Bild«, punktgenau zu runden Geburtstagen – deklamatorisch, ja ganz und gar marktschreierisch, zumeist via »Bild« über die beiden toten Stars. Neben der »Bild«-Berichterstattung, der Dauerpräsenz auf den Talkshow-Sofas der Republik, aber auch als gern gesehener Gast und Quiz-Füchsin im Fernsehen ist Alice Schwarzer dem bundesdeutschen Publikum vor allem als Herausgeberin der »Emma« und als selbst ernannte und streitbare Expertin in Sachen Frauenbewegung in Erinnerung.

Die Königin der Deutungshoheit, die moralische Instanz des Landes, schwer behängt mit allen Ehrungen der Republik, die möglich waren, »Bundesverdienstkreuz am Bande« (1996), »Bundesverdienstkreuz Erster Klasse« (2005), usw. … bis zum »Bambi« (2004), einem Film- und Medienpreis, den Romy Schneider, selbst nach 58 Filmen, nur von Weitem zu sehen bekam, stolperte trotz (Bundes)Krone. Sie fiel tief, aber bereits noch im freien Fall stellt sie mit schrillem Ruf sicher, dass sie das »Opfer« sei, macht »die Anderen« verantwortlich, wer auch immer das ist.

In einem Schweizer Depot ruhten Schwarzers Millionen. Laut Schweizer »Sonntagszeitung« hatte die Frauenrechtlerin zuletzt einige Millionen bei einer Privatbank angelegt. Irgendwann, nachdem Selbstbezichtigung und Panik in illustren Verdienstordenskreisen die Runde machten, erstattete auch sie Selbstanzeige. Die in Rankinglisten des »Cicero« (Magazin für politische Kultur) oft zur »wichtigsten weiblichen Intellektuellen« der BRD Erhobene, zahlte 200.000 Euro Steuern plus Säumnisgebühren für zehn Jahre nicht versteuerter Zinsen nach.

Der Star der Feminismus-Szene war jahrzehntelang Protegé der linken »Tageszeitung«, trotzdem kommentiert das Blatt gleich nach Bekanntwerden der Vorwürfe: *»Alice Schwarzer ist kein Opfer. Sie ist die reichste Feministin Deutschlands. Sie hat die Hybris der Reichen an den Tag gelegt. Und sie hat betrogen. Uns alle«* und zieht das Fazit: *»Alice Schwarzer ist eine Steuerbetrügerin größeren Ausmaßes.«* (Alice Schwarzer und die Steuer – Das privilegierte Opfer, 9.2.2014) Das Amtsgericht Köln erließ 2016 Strafbefehl gegen sie, Alice Schwarzer ist wegen Steuerbetruges vorbestraft.

Nun ist sie wieder da, steht mit erhobenem Zeigefinger und deutet auf andere, was in genauerem Sinne ja ein irgendwie hochgradig paradoxer Akt ist. Erschreckend peinlich ist nicht nur die Tatsache, dass sie seit den 1980er Jahren ein Schweizer Konto besitzt, mindestens genau so peinlich ist, dass sie diese Straftat zu einer Steuerflucht aus politischen Gründen ummünzte, da die »*Hatz*« auf sie zu groß wurde. Die »taz« schrieb dazu 2016: *»Schwarzer schreckt also nicht davor zurück, sich als politisch Verfolgte aufzuplustern – und sich damit implizit mit den Opfern im Dritten Reich zu vergleichen.«*

Was sie selbst betrifft, ist sie ausgesprochen dünnhäutig, übersensibel. Alice Schwarzer ist zudem auch noch fassungslos, dass »Der Spiegel« tatsächlich über ihre Steuerflucht berichtet, während sie sehr viel Empathie für sich selbst aufbringt, vermutet sie doch glatt politische Interessen und wittert eine Medienkampagne gegen sie. Sie reagiert, wie gehabt, mit Angriffslust und den bekannten Denkmustern, nennt es »Rufmord, »Denunziation«, »Dammbruch«, »Persönlichkeitsverletzung«.

Die Frau, die sich mit dem »Rufmord« anderer, mit schwersten Lebensbildverzerrungen Prominenter in die pralle Hitze der Scheinwerfer stellte und gar nicht genug bekommen konnte, echauffiert sich in großem, larmoyanten Wehklagen allen Ernstes darüber, dass über ihren Betrug berichtet wird? Die Berichterstattung des »Spiegel« nennt sie »illegal«.

Persönlichkeitsrechte bei anderen scheinen für sie schlicht nicht zu existieren. Die allen Menschen zustehenden postmortalen Persönlichkeitsrechte, so auch die Magda Schneiders, stellte sie über ihre Rechtsverteidigung sehr infrage. Dieser Schutz bewahrt den Verstorbenen vor wahrheitswidrigen Entstellungen seines Lebens- und Charakterbildes (BGHZ 50,133,NJW 1968, 1773 – Mephisto). Der postmortale Persönlichkeitsschutz verliert erst an Bedeutung, wenn das Bild des Verstorbenen verblasst ist und die Erinnerung an ihn erlischt. Das war bei Magda Schneider nicht der Fall.

So wie es hunderte »Freunde« des einsamen Weltstars Romy Schneider gibt, die in der Todesnacht vorbeischauten, die in der letzten Nacht mit dem Star telefonierten, genau so erweiterte sich der Kreis der »engsten Freunde« nach dem Tod ins Unermessliche. Zu Lebzeiten wäre sie glücklich gewesen über so viele Kümmerer, über so viel Nähe. Und wie sie sie alle verstanden haben.

Zur Ehrenrettung der Alice Schwarzer muss man sagen, sie hat nie behauptet, eine enge Freundin des Stars gewesen zu sein, wie das andere taten. Aber sie empfindet sich noch nach über vierzig Jahren ihrer Stundenbekanntschaft mit Romy Schneider als deren Medium, genau genommen als Zwischenträger des Ungesagten. Immer wieder trat sie als Gedankenleserin, Vorkämpferin der Transkommunikation, als anerkannte Kaffeesatzleseexpertin in dafür besonders empfänglichen Medien auf.

Seit dem Erscheinen ihres Werkes »Romy Schneider – Mythos und Leben«/1998/Kiepenheuer & Witsch verbreitet sie teilweise Fakten über Romy Schneider und ihre Familie, die ihrer überbordenden Fantasie entspringen, Romy Schneider ist *ihr* Thema geworden, als gehöre sie ihr, als sei ROMY ein Stück von Alice.

Die Phantasmen, die Dogmen ihrer Schrift sind schal und platt, es handelt sich bestenfalls um Kitsch, der erst durch den Brandbeschleuniger der Provokation und Sensation verkäuflich wird. Von Romy hat sie möglicherweise nur marginal etwas verstanden, die Erkenntnisse sind schlicht und viel zu oft abgeschrieben. Romy wird ihr *Fetisch!* Alle feministischen Themenkomplexe kann Alice am Beispiel des Stars ausbreiten, diskutieren, abarbeiten. Missbrauch, die Unterdrückung der Frau, das Patriarchat, nichts davon trifft auf Romy Schneider zu, aber egal! Es ist Alices Thema, und um das an die Frau und vor allem an den Mann zu bringen, braucht sie und benutzt sie diesen fremden Nimbus, dieses zarte (starke!) Menschenkind mit seinem Feenstaub, seine Provenienz. Romy Schneider trug den Strahlenkranz vor allem in den Siebzigerjahren auf dem Kopf, nicht immer glücklich, so wie es hätte sein können, also ist es ideal für die Feministin, sich gerade an ihr abzuarbeiten, an einer Erfolgreichen, die mit ihrem Unglück durch alle Gazetten Europas gereicht wurde. Sie ist die ideale Romy-Versteherin. Was für eine Narretei, so wird die Antifeministin Romy Schneider paradoxerweise für feministische Thesen der 1970er Jahre hingestellt. Die ganz und gar freie Frau, Romy Schneider, wird zu einem verlogenen Andachtsbild Schwarzers. Da das Bild nie in einen Rahmen passt, das Bild irgendwie »lebt«, muss Schwarzer ständig schneiden, korrigieren, auffrischen, wenden.

Im Allgemeinen ist von den Toten kein Einspruch, keine Einstweilige Verfügung zu erwarten, so wurde der Bart des Surrogats immer länger, die Feministin strickte immer weiter an ihrer Idee, setzte immer noch einen drauf. Den Kulminationspunkt erreichte Schwarzer im Jahr 2018! Ihr Pfandstück ist jeweils das ominöse Tonband. Ein wundersames Ding, das immer gerade dann Ungeheuerliches in die Welt schreit, wenn es verstummt, wenn es (kunstvoll) angehalten ist. Alice hält den Gral der Gaukelei und fixen Traumgesichter fest in der Hand, wirft die »Maschine« an. Das Ding könnte eigentlich *alles* sagen, vorausgesetzt es wird (theatralisch genug) angehalten. Wundersam ist auch, je mehr Jahre ins Land gehen, desto mehr will es uns erzählen, das Ding, desto genauer, desto dramatischer wird alles. Frappierend und grandios zugleich!

So trug es sich zu, dass der 80. Geburtstag der großen Legende, der Jahrhundertschauspielerin Romy Schneider, in den Medien der Bundesrepublik Deutschland zu einem Alice-Schwarzer-Enthüllungsfestival verkam und auch gefeiert wurde! Alle machten mit, von »stern« bis »Brigitte«. Romy Schneider wurde zu Ehren *ihres* Geburtstages auf Adolf Hitler reduziert. Die Mutter, obwohl die gar keinen Geburtstag hat, gleich mit! Das heißt, obwohl die Tochter Geburtstag hat, ist die Mutter das Epizentrum der medialen Aufmerksamkeit. Das muss man erst einmal hinbekommen. Die Scharfmacherin des öffentlich-rechtlichen Fernsehens verteilt Halluzinogene, und die koinzidenten Medien der Bundesrepublik schlucken das und sprühen Funken.

Wenn Romy Schneider hörbar im Mitschnitt des Bandes mitteilt: *»Da ist nichts, da gibt es nichts zu sagen«*, wortwörtlich: *»ich kann das nicht bestätigen«* (»Ein Abend mit Romy«/arte/2018), dann hat das Medium was im Hinterkopf. Dann hagelt's die Transformation, dann rattert es im Ätherkanal, mitten aus dem Reich der Parawissenschaften: »Romy dachte sich wohl … Romy glaubte …« Weiß Schwarzer überhaupt, was für ein Schatz sie ist? Welche übernatürlichen Fähigkeiten sie ihr Eigen nennen darf?

Im September 2018 wird mittels Verführung und Hypnosespiel großflächig ein Brandsatz gelegt. Die Journalistin hatte schon ganz andere Dinge aufgeheizt, auf den nackten Sprengkörpern standen Namen wie »Newton« oder »Kachelmann«, die Bomben platzten bereits des Öfteren via »Bild«. Oft zu Jahrestagen, oder an Tagen besonderer (medialer) Hinrichtungen geht mit der Verfasserin zahlreicher feministischer Publikationen der Gaul durch. In diesem Fall ist es der »Nazi«-Gaul.

Romy sei *»Das Kind von Nazi-Eltern«* gewesen, wirft Alice Schwarzer in den Ring! Was sind eigentlich »Nazi-Eltern« und was sind sie in diesem ganz speziellen Fall? Welcher Verbrechen wurden sie angeklagt?

Die Autorin bleibt im Vagen, ihren eigenen Behauptungen auf den Grund zu gehen, ist nicht so ihr Ding. Einen Sprengsatz zünden und weg. Sendeanstalten hinterfragen nicht. So ist es auch schon 1998 zum Erscheinen ihres Buches geschehen, obwohl das kleine Büchlein erstaunlicherweise zu einem Viertel aus (zumeist seitenlangen) Fremdzitaten besteht. Laut Zitatrecht erscheint die Veröffentlichung, unabhängig vom teilweise fragwürdigenden Inhalt, somit bedenklich, da der Bundesgerichtshof klare Grenzen setzt, in welchem Umfang Zitate übernommen werden dürfen, damit sie den Anforderungen der urheberrechtlichen Privilegierung der Zitatefreiheit entsprechen. Denn Zitate dürfen nicht ein derartiges Ausmaß erreichen, dass sie nicht mehr lediglich eine in dem zitierenden Werk vertretene Ansicht stützen, sondern dieses Werk über weite Strecken selbstständig tragen. Das heißt, ein Zitat sollte nur die eigene Ansicht, die vorgetragene These stützen, aber nicht ein eigentlicher Textbeitrag sein, etwa weil man es nicht hätte besser sagen können oder es sich sehr hübsch liest. (BGH, GRUR 1982, 37 [40]). Obwohl es wenig Inhaltliches aufzuweisen hat, wird das Werk Alice Schwarzers in der gesamten Mainstream-Presse wie ein herausragender biografischer Geniestreich, ein bedeutender Leitfaden über das Leben und Wirken der Schauspielerin Romy Schneider behandelt, nicht selten an erster Stelle genannt! So gut sind Schwarzers Kontakte in die Chefetagen der Mediengruppen.

Das Schwarzer-Stück, rhetorisch kommt allzu viel aus der Dampfplauderei (man könnte auch sagen, aus dem Gulli). So macht sich die Biografin nicht die Mühe, gravierende Fehler zu korrigieren. Der Leser wird desinformiert, die mit bundesrepublikanischen Kultur-Literatur-Ehrenpreisen Überhäufte, 2004 bekam sie die »Goldene Feder« der Bauer-Verlagsgruppe, 2005 wurde sie »Journalistin des Jahres«, verkohlt ihre Leser ordentlich: *»Romys Pause nach der Trennung ist lang. Erst ein Jahr später dreht sie wieder, ›What's new Pussycat‹ mit Clouzot als Regisseur. Die Arbeit zwischen ihr und ihm wird zur Katastrophe für beide. Zu ihrem Glück bekommt Clouzot einen Herzinfarkt und muss für ein Jahr aussetzen. Die Dreharbeiten werden abgebrochen.«* (»Romy Schneider – Mythos und Leben«/1998/Kiepenheuer & Witsch) Jemand bekommt zu eines anderen »Glück« einen Herzinfarkt? Dass »What's New Pussycat« eine Filmkomödie aus den USA ist, die unter der Regie von Clive Donner entstand, ist Alice unbekannt, bzw. sie verwechselt das Werk mit dem 1964 gedrehten Film »L'Enfer/Die Hölle« von Georges-Henri Clouzot, auch sonst geht sie an keiner Stelle irgendwo in die Tiefe, dieses nicht einmal Kratzen an der Oberfläche des von ihr gewählten Themas ist ihrem Werk (über weite Strecken) immanent.

Die Jubiläumsausgabe 2018 *»von Alice Schwarzers großer Biografie mit aktuellem Vorwort«,* mit der nun auch Frankreich beglückt wird, wird vom Verlag noch einmal ordentlich beweihräuchert: *»Keine Biografie ist Rosemarie Albach-Retty alias Romy Schneider jemals so nahe gekommen wie diese.«* Sieht man einmal von der Großmäuligkeit und Koketterie dieses Eigenlobs ab, so bleibt trotzdem die Frage, warum bei der etwas spärlichen Eigenarbeit am Text, der ganz sicher nicht zu einer »großen Biografie« gereicht, weder der Verlag noch der Superstar des Verlages – Alice Schwarzer – den Namen »Romy Schneider« in dieser kleinen Hymne (auf Alice Schwarzer) richtig schreiben können! Weder Magda noch Romy trugen je das »Retty« im Namen. Ein Mensch mit diesem Namen hat nie existiert.

Seitenlange Fremdpassagen finden Eingang in das Werk Alice Schwarzers. »Ich, Romy Tagebuch eines Lebens«/Langen Müller/1988 nennt sich die unautorisierte Zusammenwurstung von Presseartikeln, Illustriertenfolgen, Interviews, veröffentlichten Zetteln und Briefen, Auszügen aus dem gestohlenen Kindertagebuch (das 1982, direkt nach dem Tod des Filmstars, unerlaubt beim Burda-Verlag veröffentlicht wurde), raubkopierten Fotos. Es entstand ein Fragment, eine »Zitategrube« ohne Wahrheitsgehalt.

Zur Recherchearbeit der Biografin Alice Schwarzer erfährt der geneigte Leser von der Autorin selbst: *»Es ist darum besonders schwierig, die Texte von Romy Schneider selbst, die ihr ganzes Leben lang sehr viel geschrieben hat, anhand der Originaldokumente zu verifizieren. Was von ihr kursiert, sind die bereits zu ihren Lebzeiten publizierten Tagebuchauszüge oder aber posthum veröffentlichte Dokumente und Briefe …«* (Alice Schwarzer, »Romy Schneider Mythos und Leben« Kiepenheuer & Witsch/1998) Ja, der Leser verneigt sich, es muss tatsächlich eine Schweinearbeit gewesen sein, zwischen all den Yellowpress-Artikeln, der heiligen Quelle »Bild«, den Büchern der anderen, den Filmen der anderen … den roten Faden zu behalten und die Melange durch die Beimischung von frauenrechtlichen, ideologischen, missbrauchsgegenständlichen »Emma«-Themen zu etwas Eigenem werden zu lassen.

Michael Jürgs, der 1992 einen biografischen Roman mit fließenden Grenzen zwischen Fiktion und Fakten schrieb, »Der Fall Romy Schneider«, äußerte sich nach dem Erscheinen des Schwarzer-Werks »Alice Schwarzer Romy Schneider Mythos und Leben«/1998 genau diesbezüglich und geht in seinem Interview selbst von einem Textklau aus, wenn er sich in der »taz« vom 23.9.1998 mit folgender Aussage wiedergeben lässt: *»Das ist schließlich Alice Schwarzers Problem, wenn sie die Hälfte aus meinem Buch abschreibt.«* Auf juristische Schritte verzichtete er, scheinbar, weil er nicht mittrommeln wollte, bei einer *»PR-Maschine, die prima läuft«*.

Die Frage ist doch auch: Warum wagte sich die Autorin nicht 1977, oder etwa in den folgenden Jahrzehnten, mit »Meine Mutter hatte ein Verhältnis mit Hitler …« aus der Deckung, denn da lebte ja Magda Schneider noch und hätte ihr höchstwahrscheinlich auf die Sprünge geholfen, wie seinerzeit der

Biografie-Fälscherin Hildegard Knef. Damals prangten an jedem Kiosk große »Bild«-Lettern *»Warum lügen Sie Frau Knef?«* … Ein *»Warum lügen Sie Frau Schwarzer?«* konnte damit umgangen werden, das muss wohl auch Alice Schwarzer gewusst haben. Warum hat die Autorin nie Magda Schneider selbst konfrontiert mit ihren schweren Vorwürfen *»gut braun«* und ein *»Nazi«* zu sein?

Romy Schneider sprach früh von den *»Schweinen von der Presse«*, gemeint waren jene Journalisten von 1958, dem Zeitpunkt des Zitats. Ihren Fluchtreflex, ihre Wut bewahrte sie sich zeitlebens, noch während ihrer letzten Dreharbeiten in Berlin, als der Wagen der Produktion sie vom Hotel »Steigenberger« in die Filmstudios fährt, erzählt sie ihrem letzten Regisseur Jacques Rouffio und ihrem engsten Mitarbeiterstab ganz offen und ohne Angst vom Hass derjenigen, die sie jagten. Die Szenen der Verfolgung, der Bösartigkeit einer gewissen Presse hat sie nie vergessen. Für die Schlagzeilen rund um ihre Geburtstage hätte ihre Vorstellungskraft nicht gereicht. Man benutzt die Mutter, will aber die Tochter treffen. Auch Neid kann sich energetisch erhalten. Dieser irre unvergängliche Ruhm einer Romy Schneider ist auch im Jahre 2018 noch suspekt.

Alice Schwarzer muss bei Abschrift aus dem Jürgs-Buch scheinbar irgendetwas falsch verstanden haben, denn bei ihr wurden Teile des biografischen Romans gleich biografischen Fakten gehandelt und als Basiswissen für das eigene Werk benutzt. Auch die »Quick« ist so ein wichtiges Standardwerk für Alice Schwarzer bei der Arbeit an der Schneider-Biografie, nicht weniger bedeutend die »Bunte«, aus der Originalzitate Romy Schneiders entstammen sollen, so verrät es der »Textnachweis« in Schwarzers Buch.

Christiane Höllger, Romy Schneiders einzige Freundin in Deutschland, drehte 1996 zusammen mit Claudia Holldack eine Filmerzählung »Rosemarie Magdalena Albach, genannt Romy Schneider«. Auch diesen Dokumentarfilm machte Alice Schwarzer zu Material. Gerade so, als seien die Arbeiten der anderen ausschließlich dazu da, von ihr angeeignet zu werden, und warteten darauf, mit dem Anstrich des Frauenkampfes erst zu etwas Ganzem zu werden, verwendet sie große Teile der künstlerischen Arbeit der Christiane Höllger und zitiert deren fiktive Monologe, die Romy Schneider nachempfunden wurden. Schwarzer glaubt wohl, in eine Goldgrube mit echten Schneider-Zitaten gekippt zu sein, bedient sich im Höllger-Film reichlich, versäumt es aber dem Leser »ihrer« Schneider-Biografie mitzuteilen, dass die Texte gar nicht von Romy Schneider stammen, auch, weil sie das höchstwahrscheinlich gar nicht wusste.

»Diese Biografie ist das Zynischste, was ich je über Romy Schneider gelesen habe«, sagt Christiane Höllger. *»Sie spricht Romy Schneider jegliche Liebesfähigkeit ab«*, erklärt sie, doch sei das nicht das einzig Ärgerliche an dem Buch. Christiane Höllger fühlt sich vor allem aus einem Grund verletzt: *»Alice Schwarzer hat Prosatexte aus meiner Filmerzählung abgeschrieben und sie zu Dokumentarmaterial gemacht, ohne mich zu fragen. Wenn sie jetzt sagt, Romy Schneider hätte auch Schriftstellerin werden können, ist das für mich persönlich reinste Ironie.«* (taz, »Das Mädchen und die Mörder« 23.09.1998)

Christiane Höllger verklagt Alice Schwarzer, sie verliert (aus nicht nachvollziehbaren Gründen) die Klage in großen Teilen, bis auf einen einzigen Punkt. Nur eine einzige Textstelle sei zu beanstanden, nämlich die Schilderung von Christiane Höllger über ihre erste Begegnung mit Romy Schneider. In diesem Zitat habe Alice Schwarzer unzulässige Veränderungen vorgenommen. So geht Rechtsprechung in Deutschland!

Da war es wieder, und noch vor dem Richter, dieses bescheidene: *»Ich kannte Romy Schneiders Empfindungen, ihr Denken«*, (»Hamburger Abendblatt«, 18.02.2000) sagt Alice Schwarzer nachdenklich am Rande des Prozesses, »eine Persönlichkeit sei die Frau gewesen«. Die Gedanken sind frei, Alice-Chérie, möchte man sagen!

Am 30. Juli 1996 starb Magda Schneider. Das muss wohl das Momentum gewesen sein, als sich Alice Schwarzer völlig frei fühlte, um nun nach über zwanzig Jahren endlich auszupacken. 1998 erschien dann ihr Werk. Endlich waren alle Zeugen tot. Es steht zwar kaum etwas drin in dem kleinen Buch, was nicht schon jeder wusste, bzw. in den Büchern der anderen erfahren hatte, aber egal, die Verpackung stimmt, die Vermarktung läuft.

»Romy sagte wörtlich zu mir: ›Meine Mutter hatte ein Verhältnis mit Hitler!‹« – mit diesem Satz, mit dieser ganz persönlichen fixen Idee würde die Autorin, Publizistin für Jahrzehnte formidabel ihr großes Aufmerksamkeitsdefizit fast vollständig beseitigen können.

Unter dem Chiffre »Hitler«, »Sex«, fehlt nur noch »Bambi«! Dafür musste dann ein »Kindbild« Romys herhalten, was braucht ein gutes (Ammen)Märchen noch? Richtig, eine böse Hexe oder eine böse (Stief)Mutter! Unter dieser Codierung ist eine Mega-Story erbaut. Chapeau Madame! Alice weiß, wie der Hase läuft! Was ist mit einer Gesellschaft passiert, die Geschichten wie diese vorbehaltlos glaubt, annimmt, sie für wahr hält? Eine Gesellschaft, die absurde Fiktionen/Utopien ins kollektive Bewusstsein implantiert, wider den gesunden Menschenverstand, wider historische Tatsachen und wider eine gültige, anzunehmende Moral.

Ein noch nie dagewesener Erdichtungsmechanismus wurde in Gang gesetzt, Romy Schneider wäre ihr für diesen Verrat ins Gesicht gesprungen, das hätte sie sich sicher niemals vorstellen können, dass dieser Stundenkontakt für Schwarzer zum Fundus einer Jahrzehnte andauernden Schmutzkampagne gegen Romy Schneider, einer beispiellosen Vereinnahmung werden würde. Es verletzt den Menschenwürdekern, was seitdem an Verleumdungen über Magda Schneider erfunden wurde und was von Deutschlands Mainstreammedien und Mainstreamautoren nochmals daraus aufbereitet wurde, etwa zur Würdigung des Weltstars zum 70. Geburtstag: »das neue« 5. Juli 2008: *»Romy Schneider – Die Hölle ihrer Kindheit«*, »Freizeitrevue« 25. Juni 2008: *»So grausam war ihre Kindheit wirklich, … grausame und menschenverachtende Zustände in der Kindheit der unvergessenen Schauspielerin. Sie wurde misshandelt, ignoriert und abgeschoben«*, »Gala«-Enthüllung: *»Romy geschlagen & sexuell belästigt« »Aufreger. Ein neues Buch enthüllt … Ihre Mutter schlug sie … brutale Mutter«*, »Bild« 14. Juni 2008: *»Romy Schneider – die traurigen Geheimnisse ihrer Jugend«*, New Business, 12. Juni 2008: *»… die Nazivergangenheit von Romys Familie. Romys Wiege stand mitten im braunen Sumpf«*, oder »Bunte«, vom 25. September 2008: *»Inwieweit war die Familie mitschuldig an den Verbrechen des Dritten Reichs?«*.

Aus einer Schmonzette strickt Schwarzer ein spätes 68er-Gesinnungsepos, festgesaugt an diesen fremden Leben produziert sie Variationen, klont immer wieder Pipifax, um das ganz große Betroffenheits-Ding zu landen. Der ihrem Werk immanente Slang lässt sie oft ihre Sätze mit »Ich« oder einem »Wir« beginnen. Genaugenommen geht es auch eigentlich nur um Alice, die Frauenbewegung und die Feminismus-Utopie und gar nicht so sehr um Romy. Ohne sich die Hände schmutzig zu machen, das heißt, sie hätte ja auch mal in einem Institut für Zeitgeschichte anklopfen können, tönt und tingelt sie als vermeintliche Expertin quer durch die Medien. Ohne Fakten, ohne einen beweisführenden Satz wiederholt sie saisonbedingt: »… *Romy Schneider sei das Kind von Nazi-Eltern«* (»Bunte« »Alles nur Lügen über Romy?«, 25.09.08) *»… Ihre Mutter war ja mit Hitler befreundet, sie hat ihr ja unterstellt, dass sie ein Verhältnis hatte mit Hitler. Was ich nicht weiß, aber sie hat's geglaubt … die waren gut braun die Eltern …«* (Kulturmagazin »Lebensart« 3Sat, 14.09.2008)

Wie diese Freundschaft aber hätte ausgesehen, bleibt sie schuldig auszumalen. Eine Freundschaft mit Adolf Hitler? War Adolf Hitler überhaupt mit irgendjemandem befreundet? Wie darf man sich die Szenerie vorstellen? Der Führer hält um Mitternacht mit einer Kutsche und sechs weißen Schimmeln davor auf der Auffahrt »Mariengrund«, die beiden fahren bei Vollmond um den Königssee? »Das Engelskindi« mit goldenem Haar steht im langen edelweißblütenbestickten Nachthemdchen am Fenster seines Kinderzimmers und winkt der Mami, dem Führer und den weißen Schimmeln hinterher!

Ist das der Stoff, aus dem die Träume sind? Je nach Gusto wird die Behauptung hin- und hergewunden, bekräftigt, relativiert, gestrichen, was nicht heißen soll, dass sie später nicht wieder neuerfunden würde. 2018, zum runden Geburtstag, gibt's eine Auffrischung, eine Beauty-Botox-Injektion in das Thema.

Zwar fliegt den Lesern diverser Blätter der »Hitler-Sex« im Spätsommer 2018 nur so um die Ohren: »Meine Mutter schlief mit Hitler«, aber die Initiatorin dieser Schlagzeilen bezeichnet hier und da gleichzeitig ihre These als fraglich, dies alles mit einem gerichtlichen Vergleich von 2009 in der Tasche, nachdem sich die »Freundschaft« scheinbar irgendwo in Wolkenkuckucksheim bzw. im Kölner Kopfkino ereignete, und eher als Weltbild denn als Geschichtsbild steht.

In ihrem Filmwerk lässt sie verlautbaren: *»Ich halte das eher für unwahrscheinlich …«* Im Buchwerk las sich das noch so: *»Als sie mir in einer Dezembernacht im Jahr 1976 entgegenschleudert: ›Ich glaube, dass meine Mutter ein Verhältnis mit Hitler hatte!‹– da halte ich das zunächst für das Phantasieprodukt eines besonders heftigen Mutter-Tochter-Konflikts. Doch bei Licht besehen ist es gar nicht ausgeschlossen.«* (Alice Schwarzer »Romy Schneider Mythos und Leben«/1998/Kiepenheuer & Witsch)

Im Laufe der Zeit kam die Publizistin gelegentlich durcheinander, es existieren diverse Varianten ihrer Enthüllung. Wie auf einem Jahrmarkt, zwischen Fakiren und Budenzauber des investigativen Journalismus, folgen im August 2018 alle europäischen Medienanstalten der Säulenheiligen von Köln.

Angekündigt ist ein Spektakel, Alice Schwarzer rollt die deutsche Geschichte auf. Die eigentlich viel spannendere Geschichte, die der wahren Begebenheiten, lehnt die Journaille geschlossen ab. Der Ex-Mann Romy Schneiders, Daniel Biasini, darf in zwei, drei Medien die Schwarzer-Nazi-Sichtung dementieren, was aber kaum wahrgenommen wird.

Geblufft hatte sie schon öfter! Anfang 1999 veröffentlicht Alice eine Titelgeschichte für ihr Hausblatt »Emma«: »Leni Riefenstahl, Propagandistin oder Künstlerin?« Für den Leitartikel macht sie sich sogar auf den Weg, findet idyllische Worte ihrer Reisebeschreibung, trifft Leni, »das Auge des Führers«, die berühmt-berüchtigte »Reichsregisseurin«, die Adolf Hitler allein fünf Propagandafilme geschenkt hatte, die über Adolf Hitler sagte: *»Für mich ist Hitler der größte Mann, der jemals gelebt hat. Er ist wirklich tadellos, so einfach und außerdem so erfüllt von männlicher Kraft. (...) Er ist wirklich schön, er ist klug. Strahlen gehen von ihm aus ...«* (Padraic King, *The Woman Behind Hitler,* Detroit News, 21. Februar 1937) Mehr Begeisterung geht eigentlich gar nicht. Ähnliche Worte sind von Magda Schneider nicht überliefert. Warum witterte Schwarzer nicht bei Leni »Nazi-Sex-and-Crime«, sondern ausgerechnet bei der von ihr ansonsten als prüde beschriebenen Magda Schneider?

Milde gestimmt durch Kaffee und Kuchen zur Begrüßung schreibt Alice Schwarzer über die »Reichsgletscherspalte«, die Frau, die Hitler mit filmstilistischer Nazi-Ästhetik, heroisch komponierten Ewigkeitsbildern überhöhte und feierte, eine schwärmerische Hymne. Alice gibt Hitlers Lieblingsregisseurin Leni die Absolution im typischen Schwarzer-Kumpel-Duktus, macht den größten Propagandafilm aller Zeiten »Triumph des Willens« zum unpolitischen Zeitgeist-Ferien-auf-dem-Immenhof-Streifen, während sie Magda Schneider mit ihren vollkommen unpolitischen Liebesfilmen zur Mata Hari der gesamten Heeresleitung degradiert *»... ein Film, der so göttlich war, wie sich die Nazis gerne selbst sahen ... anonyme irdische Menschen, verklärt zur heroischen Verkörperung einer großen Idee.«* (Alice Schwarzer, »Emma«, 1.1.1999) Bei Leni und dem Triumph des Führers, da fängt Alice an zu schmachten, deklamatorisch und in einem großen Solidaritätsakt. Sie fabuliert weiter: *»Als die Nazis an die Macht kamen, schwärmte Leni Riefenstahl für den Führer, wie Millionen andere Deutsche auch. Nur bei ihr kam hinzu – der Führer schwärmte auch für Leni. Ihre archaischen, mythischen, poetischen Bilder brachten ihn zum Träumen.«* Ja, wenn der Führer ins Träumen gerät ... Ganz und gar lyrisch geht es weiter: *»Wären nicht die Nationalsozialisten 1933 an die Macht gekommen, sondern die Kommunisten – Leni Riefenstahl wäre vermutlich neben Sergej Eisenstein ... eine Ikone der roten Filmkunst geworden. Und sie hätte wohl einen nicht minder beflügelten Film über einen roten Parteitag geliefert, wie sie ihn ... den Braunen ablieferte.«*

Dies sei hier nur erwähnt, um das System Schwarzer zu verstehen, die Willkür ihrer Definitionen, die Ungereimtheit, Verstiegenheit ihrer Urteile, in der Art: »Wer Nazi ist, bestimme ich!« Steht Alice Schwarzer dann mal einer selbsterklärten Nationalsozialistin tatsächlich gegenüber, dann erkennt sie sie nicht, und will das auch gar nicht so genau wissen. 1934 hatte sich die spätere »Reichsfilmerin« gegenüber einem britischen Reporter verzückt über Hitlers Buch »Mein Kampf« geäußert: *»Das Buch machte auf mich einen enormen Eindruck«*, bekannte sie. *»Ich wurde ein überzeugter Nationalsozialist, nachdem ich die erste Seite gelesen hatte.«*

Alices Reinwaschung dauert an: *»Riefenstahl war nicht in der Partei«*, schreibt sie stolz. Ach, tatsächlich? Hier hat sie es registriert? Bei Magda Schneider hat sie das nicht. Die war nämlich erst recht nicht *»in der Partei«*. Nun gerät aber auch Alice ins Träumen, schwelgerisch kehrt sie in dem Artikel zurück zu ihren hehren Themen: *»Die Regisseurin gälte uneingeschränkt als das weibliche Filmgenie dieses Jahrhunderts, und ihr früher Autorenfilm ›Das blaue Licht‹ wäre ein Kultfilm der Frauenbewegung wie der Ökobewegung.«* Da sind sie wieder, die Visionen – würde, wäre, wenn – schade, hier vermisst der geneigte Leser zahlreiche andere Schwarzer-Kompetenzthemen in der Verteidigungsrede Riefenstahl: Prostitution, Sexismus, Me too und Gaga.

Während sie Magda Schneider fast schon eine nahe Verwandtschaft zur gesamten NS-Elite andichtet, schweigt sie großmütig, was Leni und ihre Freunde betrifft. Sie unterschlägt die Herzensbande Leni Riefenstahls zu Goebbels, Speer, Bormann & Co, verklärt Leni zu einer einfachen und einfach verführten Frau. Leni, die für ihre gigantomanischen Filme von der obersten NS-Führung unbegrenzte technische und finanzielle Mittel zur Verfügung bekam, stilisiert sie zur Naiven. So einfach ist das in »Alices Welt«. Was kümmern Alice denn die Fakten?

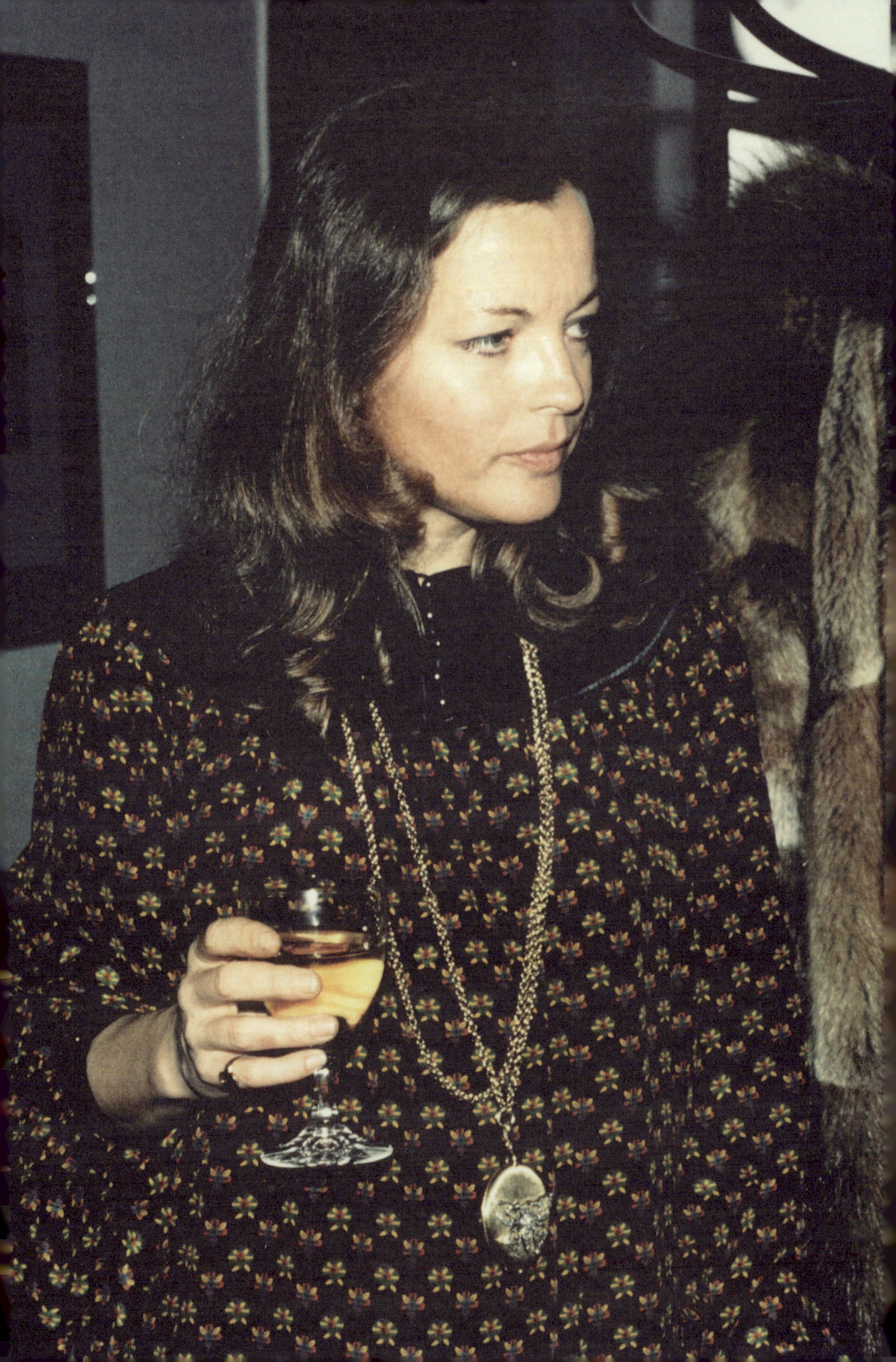

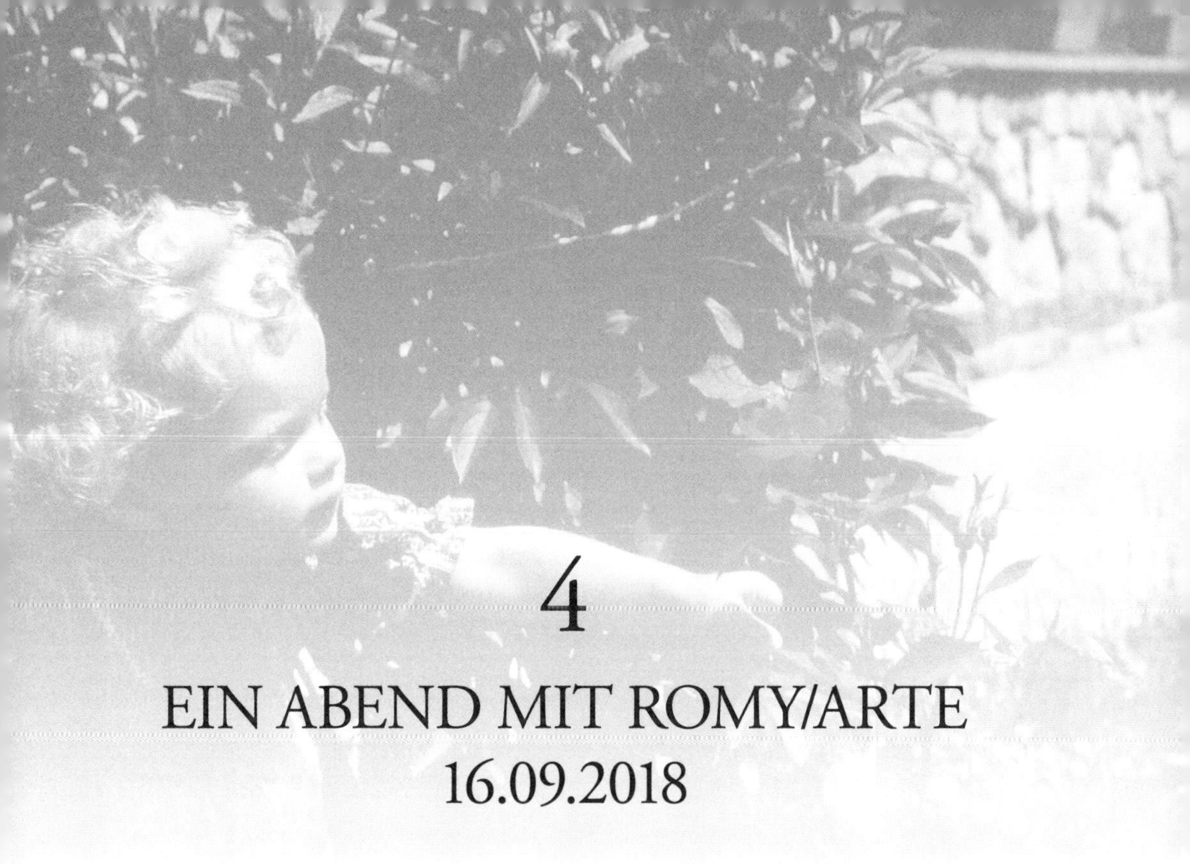

4

EIN ABEND MIT ROMY/ARTE 16.09.2018

Nicht alle Jahre wieder, aber alle Jahrestage wieder gibt das angehaltene Tonband der Alice S. erneut ein Geheimnis preis. Interessant sind aber nicht die Passagen, wenn das Tonband läuft, nein, von besonderer Aussagekraft bzw. Schlagkraft sind jene Teile, wenn das Tonband stoppt und die Journalistin aus ihrer Erinnerung holt, was auch immer da irgendwie seit Jahrzehnten hängt.

Am 26. August 2018 titelt »Bild«: *»Romy Schneider verriet in einem Interview ›Meine Mutter schlief mit Hitler‹ «.* »Bild« schreibt: *»In bisher unveröffentlichten Tonband-Aufnahmen hört man eine Romy Schneider, wie man sie sonst nicht kannte. Und was sie da erzählt, ist eine Sensation: Sie war sich sicher, dass ihre Mutter Magda Schneider († 87), die sich stets mit der Nähe zu Nazi-Größen rühmte, mit Hitler schlief!«* (Der Focus vom 29.08.2018 verkündet sogar die noch größere Sensation: *»Sissi ist sich sicher, ihre Mutter habe mit Hitler geschlafen«,* kein Wort was der Franzl dazu sagte, bzw. der Erzherzog Franz Karl, der Gemahl der Sophie von Bayern. Oder weiß der »Focus« mehr, planen die Medienschaffenden etwas in Sachen »Führerjahre einer Kaiserin«?) Während die Biografin am Anfang der Mythenbildung noch ein »Verhältnis« zwischen Adolf Hitler und Magda Schneider in Umlauf brachte, hält sie nun die Zeit für gekommen, die Version des »Beischlafes« zu propagieren und zu verkaufen. Die Journaille spielt mit, dreht am Rad, produziert Titelseiten voll von Donnerhall, kaum eine Anstalt, die sich die pikante Schlagzeile nicht gönnt. Die Journalistin läuft nun zur Höchstform auf, sitzt bereits im Vorfeld der Ausstrahlung mit breitem Grinsen und Macho-Gehabe vor jeder Kamera, die die Enthüllungsklamotte, den einmaligen Glücksfund aushält! Alice desinformiert Deutschland, Frankreich und die Angelsachsen, ob ihre Weisheiten das Land der goldenen Mitte erreichten, ist nicht bekannt. Der »Sunday Express« titelt am 28.08.2018: »*›Hitler slept with my mum during Second World War‹ German actress* – SHOCK CLAIM … *ADOLF Hitler slept with his favourite actress Magda Schneider during the Second World War according to her daughter's confession during a long-lost interview …*«. »*Hitler bedded mum*«, verkauft die britische »The Sun« ihre Leser für blöd, »*German actress claims Adolf Hitler secretly romped with her mum in long last interview, … Romy Schneider revealed her darkest to German reporter Alice Schwarzer in a tell-all interview in December 1976, six years before she died*«. Möge Großbritannien erfahren, es ist *Bullshit*, es sind *Fake News,* was »the German reporter Alice Schwarzer« ankündigt.

Während zivilisierte Nationen ihre Legenden, ihre Götter ehren, darf die berühmte Feministin zum runden Geburtstag des unvergesslichen Stars einen Kübel Dreck ausgießen. Der ehemalige Kultursender »arte« strahlt den Film in Deutschland und Frankreich aus.

»Ein Abend mit Romy« – schon die ersten Sekunden des arte-Films offenbaren Bizarres, die Tonspur hat eine mehr als seltsame Artikulation und Stimmung konserviert. Selbst bei größtem Wohlwollen kann man nicht überhören, Schwarzer klingt irgendwie over, überspannt? Schon beim Entree des Werkes. Das wiederum würde erklären: ihre Visionen, ihre Traumgesichter. Aber auch Romy wirkt entrückt, redet wirr, exaltiert. Die Atmosphäre lässt Fragen offen.

Sabine Eckhard, die junge Regieassistentin von Romy Schneiders letztem Film-Set, erzählte über die Dreharbeiten zu »Die Spaziergängerin von Sans-Souci«, dass auch Romy gelegentlich Joints rauchte: »*Sie war sehr angegriffen in der Zeit! Sie hatte davor ihre Nieren-Operation, der Sohn war gestorben und es war ein irrer Kraftakt mit dem Jungen im fast gleichen Alter ihres Sohnes zu spielen. Sie ist ja auch sehr oft weinend zusammengebrochen beim Dreh. Ich den-*

ke auch, dass sie in der Zeit Psychopharmaka oder so gekriegt hat … Die Kombination, was ich auch heute eher weiß … ja also, sie musste gar nicht viel, das war 'n halbes Glas und dann war sie besäuselt. Sie hat auch gekifft in der Zeit … Und das hat sie natürlich sehr angegriffen, es war ein unheimlicher Kraftakt und das sieht man im Gesicht von jemandem.«

Alices Film beginnt und endet bizarr, und eben mit diesem skurrilen, psychedelisch geladenen Rauschen. Das Kolorit der Story ist sehr anheimelnd, aber da ist dann wohl doch etwas durcheinander gekommen, bei der Daueraufwärmung des Themas, die Version des Filmwerks ist so gar nicht im Einklang mit der Version des Buchwerks. Irgendwas ist Alice irgendwann aus dem Ruder gelaufen, da sie aus einer Stundenbekanntschaft den heroischen Akt einer lebenslangen »Schnittmenge«, eines »Zwillingsgeschehens« machte, sich über Jahrzehnte als Intimus, Insider verkauft.

»Sonntag, der 12. Dezember 1976 über Köln hat sich die Nacht gesenkt. In ihrem kleinen Büro, nur ein paar Schritte vom Dom entfernt, wartet die Journalistin Alice Schwarzer auf Romy Schneider. Alice hat die Schauspielerin zu einem Interview für die erste Ausgabe ihres feministischen Magazins ›Emma‹ eingeladen. Doch nicht der Star, der in 50 Filmen gespielt hat, taucht bei ihr auf, sondern eine Frau, die sich offenbaren will, die darauf brennt, ihr wahres Gesicht zu zeigen« (»Ein Abend mit Romy«/arte/2018), so poetisch, so hübsch, fast pilcheresk, aber dennoch dramatisch, beginnt Alices Film. *»Es war schon dunkel und ein Sauwetter. Sie kam in die ›Emma‹ Redaktion, stieg die vier Etagen rauf und dann noch eine, bis in meine Dachkammer. In diesem Raum waren wir geschützt. Auf dem Bett mit den großen Kissen.«* Oh, là, là, man spürt richtig, wie sie die Kissen aufgeschüttelt hat, wie es knistert in der Dachkammer, zwischen den Kissen, aber das ist nicht der Punkt. Während in der Kamera-Version der Star einbestellt wird, die Treppen allein und eigenständig bis in Ali(ce)Babas Höhle schreitet, fabulierte Schwarzer 1998 über haargenau die gleiche Begebenheit (denn so viele Begebenheiten gab es ja nicht), nachdem sie wortreich einen Gang zu Heinrich Böll (falls das der Wahrheit entspricht, auch hier sind alle Beteiligten dieses Adventssonntags mit einer Tasse Tee schon lange tot und komischerweise hat Romy Schneider nirgendwo erwähnt, in Begleitung Alice Schwarzers bei Böll gewesen zu sein), schilderte sie Romy Schneiders Kommen noch so: *»Wir fahren von der Hülchrather Straße zum Kolpingplatz und steigen die vier Etagen zu ›Emma‹ hoch. Neugierig*

schaut Romy sich um. Die Improvisation und das Arbeitschaos der Redaktionsräume gefallen ihr. Wir klemmen uns die ihr unentbehrlichen Rotweinflaschen unter den Arm und steigen hoch in meine Kombüse, die so klein ist, dass wir uns aufs Bett hocken müssen. Ein langer Abend, der bis in die tiefe Nacht geht, beginnt.« (Alice Schwarzer »Romy Schneider Mythos und Leben«/1998/Kiepenheuer & Witsch) Ein und dasselbe Ereignis, eine komplett auseinanderdriftende Erinnerung. Auch sehr hübsch, sehr poetisch, aber was denn nun? Zusammen bei Böll oder doch nicht zusammen bei Böll, zusammen die Treppe rauf oder ein Einrauschen des Stars und Alice wartet auf der Decke? Es wird schon niemand merken, dass Alice den Plot ihrer Geschichte ständig auffrischt, pikantisiert, dass diese Nacht eigentlich endlos war und die Dachkammer-Enthüllung, der Thrill, praktisch niemals endet. *»Doch nicht der Star, der in 50 Filmen gespielt hat, taucht bei ihr auf, sondern eine Frau, die sich offenbaren will, die darauf brennt, ihr wahres Gesicht zu zeigen«,* (»Ein Abend mit Romy«/arte/2018) das klingt zwar hyperpathetisch, das klingt richtig klug und fast genial, aber welches Gesicht hat Romy Schneider gezeigt? Ihr wahres Gesicht? Ihr wahres Gesicht, das zeigte sie *nur* der Kamera! Hat Alice Schwarzer eine einzige Frage zu den 50 Filmen gestellt? Hat es sie irgendwie interessiert? Oder geht es eher um das Abringen von etwas, das nur Romy Schneider gehört? Etwas, mit dem man aus Stroh Gold spinnen kann, wenn man die PIN bekommt? Alice Schwarzer hat die PIN nicht bekommen, Romy hat ihr nichts gegeben. Da sie irgendwann nicht mehr aus der Nummer rauskam und es sich tatsächlich zutrug, dass die Müllerstochter sogar aus *Nichts* Gold spann, musste sie immer noch eins drauflegen.

Was beide Märchenstränge gemeinsam haben, ist das erotische Moment, das uns hier Schwarzer, die Diva des Geschlechterkampfes, einflüstern möchte. Mit Romy auf der Decke! Mit Romy zwischen den Kissen! *»Romy und ich sitzen an diesem Abend auf der braunen Samtdecke, die ich noch aus Paris mitgebracht und über mein Bett gebreitet habe, der einzigen Sitzgelegenheit in diesem Raum, in dem ich in den Monaten vor dem Start von ›Emma‹ wohne.«* (»Romy Schneider Mythos und Leben«/Kiepenheuer & Witsch/2018)

Mit einer Dramatik, die sonst nur Taschenspielern und Trickkünstlern zu eigen ist, lässt Alice-Chérie das Band laufen, rezitiert selbstgefällig, wild gestikulierend, mit einem heiligen Ernst und falschem Augenaufschlag, als würde sie die Offenbarung höchstselbst verkünden. Nach spektakulärem Trommelwirbel, als die Leute bereits den Atem anhalten in Erwartung der angekündigten Sensation und der Ungeheuerlichkeit, blufft Alice, bindet den Leuten einen Bären auf, desinformiert sie sogar Frankreich über »le nazi mère« und schmeißt vom selbstüberhöhten Monument und Ideal, das sie von sich selbst gebaut hat, selbstgefällig mit den Trigger-Codes der 68er herum: Faschisten, Bormann, Goebbels, Väter, Nazis, Nazis, Nazis …

Am ungeheuerlichsten aber ist, dass Alice Schwarzer einen Geheimnisverrat begeht, ihr Wort bricht. Schwarzer hatte ihr Schweigen (über was auch immer) versichert, und dass sie diesen Umstand nun sogar nutzt, um den weißen Fleck des angeblich Gesagten, eines angehaltenen Tonbands, für jede erdenkliche Behauptung der Welt zu *benutzen,* ist erbärmlich. *»Ich habe jahrzehntelang nicht darüber gesprochen, weil ich ihren Willen respektierte …«,* erzählt die Autorin freimütig 2018, kurz vor Ausstrahlung ihres Films. Ach! Und auf einmal respektiert Alice Romy Schneiders Willen nicht mehr? *»Doch um ihre Verzweiflung verstehen zu können, ihre Verletztheit, ihre Hypersensibilität muss man das auch wissen«*, so haucht Alice das »letzte Geheimnis« aus … *»Und es ist gut, es jetzt zu sagen!«* (Focus, 29.08.2018, »›Sissi‹ war sich sicher, ihre Mutter habe mit Hitler geschlafen«) Na klar, insbesondere ist es gut, es via »Bild« zu sagen, jeweils zu Geburtstagen, Todestagen des Stars. Romys: *»Verrate mich nicht!«*, ist für Schwarzer nur eine schnöde, lästige, alberne Animosität, etwas, das sie belächelt, etwas Fremdes, das sie nicht kennt.

Außerdem ist die Geschichte der Alice Schwarzer und ihrer Nazis längst eine freischwebende Attraktion aus Dichtung, Umdichtung, Ideologie und Mystifizierung. Romy Schneider bat so ziemlich alle Journalisten, mit denen sie sich – warum auch immer – einließ, »verrate mich nicht«. Der Deutschen liebstes Kind war ein gebranntes Kind und es gab kaum einen Journalisten, der nicht der Versuchung erlag, vor allem als sie tot war, eine Vereinbarung zu brechen oder sie schon zu Lebzeiten zu verraten. So verriet etwa der Journalist, der aus dem Stundentreffen auch eine lebenslange Expertenschaft und innige Freundschaft machte, Romy Schneider in ihrem letzten Interview. Ausgerechnet derselbe Mann, der Journalist Michael Jürgs, im Schlepptau den »stern«, möchte Magda Schneider, nur Wochen nach dem Tod ihrer Tochter Romy, zu einer Mitarbeit an einer geplanten Biografie Romy Schneiders überreden. Magda ist empört über das unredliche Angebot der Redaktion. Unter anderem auch, weil Romy das Interview anders autorisiert hatte, als es im »stern« gedruckt wurde. Magda Schneider schreibt am 30.8.1982 schroff an den »stern« zurück: *»… Ihre Veröffentlichung vom ›stern‹ Nr. 23 in der Herr Jürgs nicht nur die von meiner verstorbenen Tochter Romy verlangten Streichungen ›wieder aufmachte‹ sondern sich damit auch bewusst – entgegen dem ausdrücklichen Wunsch meiner Tochter Romy – über die Gefühle einer Mutter hinwegsetzte, konnte nicht spurlos an mir vorübergehen. Und nun will dieser Herr Jürgs mich als Mitarbeiterin gewinnen, als ob nichts geschehen wäre …«* Anhand der Korrekturen, der Schrift ist ersichtlich, dass auch dieses Schreiben nicht von Magda allein verfasst wurde, in ihrer Gutgläubigkeit und gesundheitlich schlechten Verfassung hatte sie auch diese Angelegenheit in die Hände ihrer »Freunde« gelegt, die meist auf eigene Rechnung »halfen«.

Dass nun Alice Schwarzer nach über 40 Jahren eine Frau kreiert, die sich »tief in die Seele blicken ließ«, die sich »offenbart«, »preisgibt« … das ist eher eine geniale Verkaufsmasche, als ein jemals tatsächlich stattgefundener Seelenstriptease von Frau zu Frau, der nun in »Ein Abend mit Romy«/arte/2018 sogar seine Verfilmung fand. Das Medium Schwarzer souffliert dort Romys Gedanken: *»Diese Feministin, die wird Ihnen schon sagen wer ich bin. Ich kann es ihr ins Ohr flüstern. Ich kann es nicht öffentlich sagen, aber sie kann es … Ich habe ihr eine Stimme gegeben.«* Damit meinte sie in etwa, Romy konnte sich nicht immer ausdrücken, aber da war ja Alice, die konnte raushauen, was Romy nicht sagen konnte, was Romy dachte und meinte. Unbezahlbar so ein Medium.

Die Kracher, die Schenkelklopfer sozusagen, sind gar nicht drauf auf dem Band, etwa: *»Wir sind auch«*, sagt Romy, *»die beiden meistbeschimpften Frauen Deutschlands.«* Wie herzergreifend wäre es gewesen, das einmal live vom Band, aus Romy Schneiders Mund zu hören. Alice Schwarzer hatte sich mit diesem Satz bereits millionenfach selbst zitiert und geadelt (man hatte langsam schon geglaubt, Schwarzer sei auch vom Fach, Schauspielerin und Weltstar, den »Bambi« hatte ja nun sie abgeräumt, nicht Romy Schneider), so wäre es nur schlüssig gewesen, den Ton laufen zu lassen.

Es folgen die typischen Geschmacklosigkeiten. *»Romy und Alice verstehen sich auf Anhieb … in dieser Nacht gibt Romy Schneider sich völlig preis …«*, obwohl eher wortkarg, eher belanglos klingt, was Romy von sich gibt. Die Appetizer des Beichtspektakels vom Rhein hatten die Erwartung hoch gelegt, so als wäre es für Romy die Nacht ihrer Nächte gewesen, als wäre etwas Einzigartiges, etwas Großes geschehen. Schwarzer steigt ein mit weiteren Fehlschüssen, Geschichtsfälschungen: *»Sissi war die Fortsetzung des Nazi Kinos. Der Ufa.«* Was? Seit Jahrzehnten gucken Millionen Menschen in ganz Europa zu Weihnachten *»Nazi-Kino«?* Ach du lieber Himmel! Warum sagt einem denn das keiner?

Ob sie das wohl gewagt hätte, einer Romy Schneider ins Gesicht zu sagen? Schwarzer fabuliert weiter: *»Magda Schneider war eine im Dritten Reich verehrte Schauspielerin. Um diese belastende Vergangenheit vergessen zu machen, kommt es ihr nicht ungelegen, sich mit einer Tochter zu schmücken, die alle Blicke auf sich zieht.«* (»Ein Abend mit Romy«/arte/2018) Aha! Wenn man in der Zeit, in der man lebt (so mancher Versuch, sich per Zeitreise in eine genehme Zeit zu katapultieren, soll ja bereits fehlgeschlagen sein!) aufgrund einer Leistung »verehrt« wird, dann hat man bereits eine »belastende Vergangenheit«.

Schwarzer befindet auch in ihrem Film: *»Sie hatte ein sehr kompliziertes Verhältnis zu ihrer Mutter. Ihre Mutter hat sie benutzt. Das war keine beschützende Mutter, das war eine ausbeutende Mutter.«*

Dazu muss man wissen, Alice Schwarzer war ein von ihrer eigenen Mutter verlassenes Kind, das bei den Großeltern aufwuchs, warum sie sich nun ausgerechnet an diesem (prominenten) Tochter-Mutter-Paar ansaugt und immer wieder eine Tochter-Mutter-Beziehung aufarbeitet, von der sie doch gar nichts weiß, gar nichts hat, außer vielleicht ein Problem in ihrem eigenen Leben, ein Lebensthema ihrer eigenen Biografie, das bleibt Spekulation. Magda Schneider ist die Mutter, die Übermutter, die sie nie hatte. Ihre Schimpftiraden kann man wohl eher als den ungeeignetsten Versuch der Aufarbeitung des eigenen Kindheitstraumas bezeichnen.

Wenn Romy von ihren Eltern erzählt, begegnet Schwarzer ihrem Mangel, Neid blickt durch, und der erklärt vielleicht auch, warum sie mit dieser Brachialität die Lebensbilder, die Lebensleistungen, die (trotz aller Differenzen) innige Umarmung beider Frauen, Magda und Romy Schneider, angeht.

Romy: *»Die Frauen waren immer sehr wichtig. Die Frauen in meiner Familie waren immer sehr stark. Das war wirklich so. Meine Großmutter, meine Mutter … und ich …«* (»Ein Abend mit Romy«/arte/2018) Drei starke Frauen! Eigentlich hätte die Feministin hier einhaken, sich bekreuzigen, oder auf die Knie fallen müssen vor den *starken* Frauen, sich mitfreuen, aber das macht sie nicht, im Gegenteil. Es ist fast so: Begegnet sie tatsächlich einmal *starken* Frauen, sozusagen ihrem Kampfmotiv höchstpersönlich, dann schweigt sie nicht nur, nein, sie greift an, versucht die Lebensbilder, die Lebensleistung zu tranchieren.

Romy sagt, sie hätte von politischen Ansichten ihrer Großmutter erfahren, die sie nicht akzeptiere. Romy, die gerade ganz besonders aufrichtig war, bestätigt trotz suggestiver Nachfrage Schwarzers, ob die Großmutter denn etwa kollaboriert hätte, mit absoluter Verneinung, sagt zeitgleich, sie habe keinen Kontakt zu ihrer Großmutter gehabt. Hätte Alice Schwarzer tatsächlich gehört, was sie angeblich gehört haben will, wäre das wohl der Moment gewesen zu sagen: Nein, aber meine *Mutter* hat mit den Nazis sympathisiert!

Taschenspielertricks à la Alice Schwarzer: Irgendwelche Wochenschau-Filme werden gezeigt, der Führer mit Kinderschar. Die Chefdemagogin lässt in »Ein Abend mit Romy«/arte/2018 erklären: *»Als diese Bilder gedreht wurden, war Romy sechs Jahre alt. Sie hätte eines der Kinder sein können, die dem Führer auf der Terrasse die Hand geben.«* Dieses *»hätte«* zieht sich durch ihr Werk, als gäbe es keine Wirklichkeit … Romy *hat* dem Führer aber nicht die Hand geschüttelt. Niemals! Das hat Magda Schneider zu verhindern gewusst. Hätte sie tatsächlich jene unheilbare Nazigesinnung und Führerliebe verspürt, so hätte sie doch ihr wunderschönes, blondes Töchterlein mit auf den Berghof genommen.

Romy Schneider sagt eindeutig, in klarer Beantwortung der Suggestiv-Fragen der Alice, ob Romys Großmutter Rosa Albach-Retty mit den Faschisten sympathisiert oder etwa kollaboriert habe: *»Ich kann das nicht bestätigen …«* Der wichtigste Satz in der Beweisführung jedoch lautet: *»Ich war zu klein damals!«*

Romy weiter: *»Was soll ich zu all dem sagen? Wie soll ich das verstehen?«* Das sagt eher, sie hat sich mit ihrer Familie beschäftigt, aber sie hat keinen Grund zu einer Verurteilung gefunden? Romy, wie kein Zweiter bis zum Exzess grüblerisch, hat sich über sich selbst und *»die, die einem am nächsten sind«* unendliche Gedanken gemacht, warum hätte sie gerade hier *gedankenlos* bleiben sollen?

»Es steht ein ›Berg‹ vor mir – ich muß drüber und diesen Weg kann man eben nicht ohne Fehler & Dummheiten & Stolpern & sich Ärgern (& wiederum Einsicht + Erkennen), machen. – Ich versuche alles, bemühe mich sehr – vor allem für mich selbst – vor mir selbst + für die paar Menschen die man liebt … & letztenendes, wie Du sagst, das menschliche ›Wachsen‹ … zu ›formulieren‹ – wie unerträglich ich mir oft selbst bin. Damit bin ich allein! Auch damit; – … « (Brief

Romy Schneiders, Januar 1966) In ihrem Alleinsein kamen die Fragen, Romy Schneider hat es sich ganz sicher *nicht* einfach gemacht.

Der Sprecher von »Ein Abend mit Romy« behauptet: *»Romy spricht über ihre Großmutter, als wäre es zu schmerzhaft für sie, sich mit der Vergangenheit ihrer Eltern auseinanderzusetzen. Ihre Mutter rühmte sich noch in den Achtzigerjahren, ihrer Nähe zu den Nazi-Größen in Berchtesgaden.«* Trägt hier nicht eine Spekulation die nächste? Wo und wann hat sich Magda Schneider denn »gerühmt«? Wo hat sie mit ihren entfernten »Nachbarn«, die sie so gut wie nie zu Gesicht bekam, geprahlt? Gab es bei der Auseinandersetzung mit dem Thema noch eine weitere Primärliteratur als die besagte »Bild-Folge«?

Und dann kommt der Kulminationspunkt des Films. Unangekündigt, einfach so. Schwarzer operiert dramatisch mit: *»Arrête la machine!«*. Halt die Maschine an! Warum fehlt gerade hier der Originalton? Es läuft zwar in Dauerschleife in Alice Film »Hitler und der Berghof« und Nazi-Film-Ästhetik à la Riefenstahl, als Background-Stimulation, ein anschwellendes musikalisches Crescendo, aber Romy Schneiders Wille, die entscheidende Bitte, ist bei kaum einem Bandstopp zu hören?

»Dann hat sie gesagt, meine Mutter hat mit Hitler geschlafen.« (»Ein Abend mit Romy«/arte/2018) Das ist so ungefähr der ziemlich wahnsinnigste Satz der Welt! Aber wohlgemerkt aus *Alice* Mund. Schwarzer interpretiert das Schweigen des Bandes. Sie plappert es raus, als wäre es nichts. Der vielleicht brisanteste Fehler, der ihr passiert: *»Dreimal fordert sie mich auf, das Tonband anzuhalten (»Arrête la machine!«), und zwar bei den Themen: Daddy Blatzheim, Sexualität und ihr Verhältnis zu Frauen,«* so kann man es nachlesen in der Buchversion von 1998. Uuups, fehlt da nicht die »grande sensation«? Der Kanonenschuss? Es fehlt doch glatt die Nummer vier! An diesen Ungereimtheiten entlarvt sich das Konstrukt wie von selbst! Geschichtenerzähler können sich ihre Geschichten nicht merken. Und schon gar nicht pathologische Geschichtenerzähler ihre pathologischen Geschichten!

ALICE: *»Sie sagte: Halt die Maschine an …«, dann hat sie gesagt: »Meine Mutter hat mit Hitler geschlafen. Sie hatte eine Beziehung mit Hitler. Sie war fest davon überzeugt, dass ihre Mutter ein sexuelles Verhältnis mit Hitler hatte.*

Ich sagte: Glaubst Du, nach allem was man heute von Hitler weiß …?«

ALICE: *»Ich halte das eher für unwahrscheinlich. Aber für sie war diese Nähe ihrer Mutter zu Hitler, den sie oft auf dem Berghof besucht hatte, die sich hofie-*

ren ließ von ihm, die mit ihm geflirtet hat … Sie hatte eine Beziehung zu Hitler und Romy hatte recht. Egal, ob sie mit ihm geschlafen hat, oder nicht.« (»Ein Abend mit Romy«/arte/2018)

Ach! Alice Schwarzer möchte uns glauben machen, was sie selbst nicht glaubt! Das macht ja schon einmal richtig Sinn! Es gehört schon eine Menge Unverfrorenheit dazu, diesen Irrsinn immer wieder neu zu befeuern! Vor allem in Anbetracht dessen, dass ein Richter am Landgericht Frankfurt am Main Alice Schwarzer eigentlich untersagt hat, steile Thesen der »Führer-Freundschaft« in die Welt zu setzen!

Ist das nicht Bauernfängerei? *»In den Privatfilmen von Adolf Hitlers Geliebter Eva Braun haben wir diese Bilder gefunden …«* Die Stimme in Schwarzers Film tut so, als wäre da etwas »gefunden« worden, als hätte Alice Schwarzer exklusiv Einblick in Privatarchive Eva Brauns genommen, dabei wurde diese Sequenz »Magda Schneider mit dem halben Dorf wartend im Schnee auf dem Obersalzberg und der Führer (schwer gezeichnet vom Pervitin) bekommt nicht mal eine Begrüßung hin« gefühlte 10.000 Mal in Guido-Knopp-Nazi-Dokumentationen, 365 Tage im Jahr, rauf und runter gespielt. Schwarzer fällt scheinbar nicht auf, dass es irgendwie mehr als makaber wäre: »Die Geliebte Hitlers (Eva Braun) filmt die Geliebte Hitlers (Magda Schneider)«. Doch all das sind ganz normale Versatzstücke der Schwarzerschen Nazi-Cyberspace-Welten! Die »Emma«-Gründerin ist nun in ihrem Element, à la Betroffenheits-Journalismus. Und Romy, die sich nicht mehr wehren kann, bekommt anlässlich ihres 80. Geburtstages erneut und posthum »Nazi-Eltern« in ihre Biografie gesetzt.

»Also ich könnt dich ganz viel fragen«, tastet sich Alice auf dem Tonband von 1976 süßlich vor … *»Was meinst du, was du sagen möchtest, was schockiert …«*, fällt sie mit der Tür ins Haus.

Romy: *»Nicht so schnell bitte!«* (»Ein Abend mit Romy«/arte/2018) Hier spürt man direkt, dass es Romy contre coeur geht, so instinktlos, respektlos angegangen zu werden.

Romys *»Kann ich dir wirklich vertrauen?«* war nicht das von Schwarzer inszenierte Vorspiel der großen Lebensbeichte, der Intimitäten. Es war ein Interview in Deutschland, als sie so gut wie keinerlei Interviews in Deutschland gab, ein Interview, in dem sie, ziemlich wortkarg, kaum mehr preisgibt als in anderen wortkargen Interviews. Dieses Versichern, das war eher gang und gäbe bei ihr, es war nicht das sensationelle *Offenbaren* sämtlicher Familiengeheimnisse, insbesondere der »Verstrickungen der Familie« in Nazi-Verbrechen, wie die Massenmedien seit der Schwarzer-Enthüllung, seit dem Zeitpunkt des Todes von Magda Schneider gern die Leute glauben machen möchten. *»Absolut! Ich schwöre es dir, Romy,«* verspricht Schwarzer leichthin.

Romy sagt unvermittelt, dass sie *»das Allerschönste«* schaffen wolle, aber etwas, das alle schockieren soll. Das klingt ein wenig, wie aus der Fassung gefallen, als wäre es der skurrilen Stimmung der Dachkammer und irgendwelcher Dinge geschuldet, die Alice auf dem Tisch anbietet oder zwischenzeitlich auf den Tisch gebracht hat. Nun tritt Schwarzer vollends ins Fettnäpfchen ihrer Scheinheiligkeit, sie richtet an Romy den genialen Vorschlag: *»Wenn du nicht mehr lügen willst Romy, dann musst du natürlich wissen, also was deine Wahrheit ist. Wenn's das überhaupt gibt.«*

ROMY: *»Ah Voilà! ... Was ist das überhaupt die Wahrheit?«*

An Worten wie diesen merkt man, wie Romys Stimmung kippt, wie sie längst absolut *»lonely«* die Spur wechselt. Nach neuerlichen Nazi-Etikettierungen Romys im arte-Film, als »das Kind von Nazi-Eltern«, kommt Schwarzer geradewegs zu ihrem Lieblingsthema: sexueller Missbrauch, den es in der Biografie des Stars unterzubringen gilt.

»Wenn Du mich betrügst Alice ... das wäre sehr schlimm«, kommt es Romy in den Sinn. *»Das glaube ich Dir. Um unser beider Willen betrüge ich dich nicht«*, fabuliert Alice. *»Für mich wäre es schlimm. Für dich nicht!«*, antwortet Romy zielsicher. *»Nein! Ich mach's nicht. Wirklich nicht!«*, (»Ein Abend mit Romy«/arte/2018) beteuert Schwarzer, wie jemand, der schon öfter Schwüre brach. Romy ist frei, ihre Gedanken sind frei und sie spricht das auch genau so frei und direkt aus. Mitten ins Gesicht, wie immer. Diese spürbare Beklemmung, Stimmung, legt sich auf die Konversation, auf das Interview der Feministin. Der Instinktmensch Rosemarie Albach nimmt Witterung auf.

Unsauberes »in den Raum stellen«, ... Romy erzählt von ihrem Schulweg, *»als die Tiefflieger kamen ...«*, schon quasselt Schwarzer von ihrem Lebensthema: sexueller Gewalt, Missbrauch, großer Schwenk in einem einzigen Satz von über ca. 15 Jahre und kommt direkt beim »Adoptivvater Blatzheim« heraus ... *»Du kannst es mir sagen, ich werde es nicht schreiben«*, balzt Schwarzer.

Schwarzer: *»Ich frage mich, ob du deiner Mutter nicht verübelt hast ...«* Da denkt der gespannte Zuschauer doch glatt an die permanent im Raum stehende, durch Alice Schwarzer in unendlicher Fantasie- und Ideologiearbeit aufgebaute These, dass Blatzheim mit ihr schlafen wollte ... Jedoch stellt Alice nicht die allesentscheidende Frage, sondern parliert: *» ... dass sie Blatzheim geheiratet hat!«*

Schon lässt Alice 2018 die nächste Bombe platzen, Romy hätte dann zu ihr gesagt, Blatzheim hätte versucht mit ihr zu schlafen und das nicht nur einmal. *»Darum verließ sie Köln, glaube ich.«*

Das mit dem Glauben, das ist bei Alice das Problem. Sie glaubt viel, sie glaubt ständig irgendwas. Sie glaubt sogar: Romys Mutter hätte *»darauf spekuliert«*, dass ihr Kind von ihrem eigenen Mann missbraucht würde. Gerade hatte Alice noch erzählt, Romy habe wegen Alain Delon Köln verlassen, nun erzählt sie, dies geschah wegen Blatzheim. Romy war immer nur (für wenige Tage) zu Besuch in Köln, sie konnte Köln in dem Sinne nie »verlassen«.

»Nicht weinen, Romy ...« maßt sich die Supernanny Alice S. an, spielt und heuchelt Mitgefühl. Romy fällt aber nicht herein: *»Warum sollte ich nicht weinen?«* Die »Emma«-Gründerin: *»Ich will nicht, dass es dir wehtut.«*

Gegen Ende der Doku fliegen die Tassen bzw. die Gläser (um), seltsames Gekicher, Alice weltmännisch (Romy nachäffend): *»Merde!«* (deutsche Übersetzung: *»Scheiße« »Mist«*?). Romy Schneider wusste eigentlich immer ganz genau, wen sie gegenüber hatte, nur hat sie dann die falschen bzw. keine Konsequenzen gezogen. Das liebliche, falsche Getue der guten Frau aus Köln wird sie wohl letztendlich durchschaut haben.

Sie erwartete bei ihrem Gegenüber Stärke! Das war der Punkt! Wo Alice bettelte, lamentierte und mit auffällig falschem Augenaufschlag arbeitete, verlor Romy das Interesse! Am Ende der Sitzung Verdruss! Enttäuschtheit! Vorahnung! Als wäre sie bei einem schlechten Psychiater auf der Couch gewesen.

Die Geschichte von »Romy et Alice« war ja dann auch praktisch zu Ende! Es gab kein Happy End? Keine Soap? Alice beendet die Séance früh wegen Müdigkeit. Aus Frankreich war Romy Schneider es gewohnt, dass die Crew ihres Herzens mit ihr mithielt, sie nicht allein ließ, und wenn es Morgen wurde. Schon gar nicht, nachdem sie so aufgewühlt war, und vor allem so aufgewühlt wurde. Nach eigenen Angaben hat Alice Romy gedrängt, sich schlafen zu legen! Das wird Romy Schneider ihr nie verziehen haben!

»Aber ich ... ich konnte nicht mehr.« (Alice Schwarzer) Diese Spießigkeit, die kannte Romy aus Frankreich nicht!

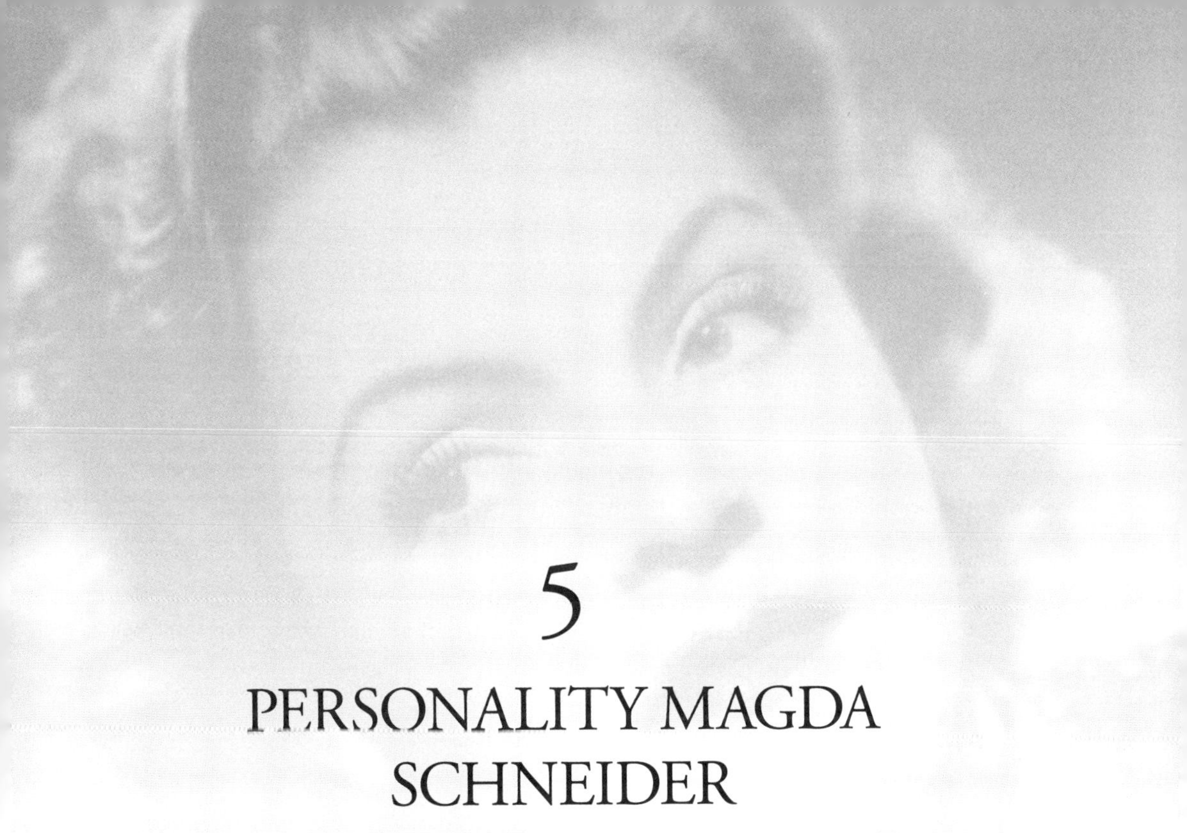

5

PERSONALITY MAGDA SCHNEIDER

Blätterte das Kind Romy in den frühen privaten Fotoalben ihrer Mutter, so begegnet ihr nie das brav-deutsche Hascherl, das die Biedermänner deutscher Medien erfanden, Romy sieht ein Pin-up, ein Charleston-Girl. Diesen Blick über die Schulter, der dreißig Jahre später zum Chiffre der Tochter wird, den beherrschte auch Magda. Dieselben Autoren, die aus Magda eine kreuzbrave, alpenländisch verblödete, prüde, einfältige, pathologisch böse Monstrosität machten, übergangslos ein giftiges Scheusal an Mutter, rückten sie auch in die Nähe der obersten Führung des Nationalsozialismus.

Die Elevin des Stadttheaters Augsburg ähnelt in diesen Anfangsjahren eher »Marlene auf der Tonne« unter Josef von Sternberg als dem Comic der »Biografen«. Erotisierend, im Look einer »Garçonne« – schmalbrüstig mit schöner Rückenlinie, seidenbestrumpft, mit kurzem Etonschnitt oder symmetrisch am Kopf anliegenden Wellen, darunter einem dramatischen Blick, ist Magda ein schönes Kind ihrer Zeit und sicher keines von Traurigkeit. Eine ganze Meute gut aussehender Herren Augsburgs umwirbt den Theaterstar, Magda entscheidet sich für den jungen Kurt Klauß, er wird so etwas wie eine Jugendliebe. Mit ihm und einer schrägen Clique, die zumeist aus Künstlern besteht, zieht sie durch halbseidene Spelunken der Nacht oder frönt sonnengebräunt dem neuen Körperkult beim Baden oder Sport. Die Bilder des Lebens zeigen eine sinnliche junge Frau, die sich ihrer Wirkung bewusst ist und damit spielerisch, witzig und sehr natürlich umgeht.

Wie unbefangen und cool Magda Schneider zeitlebens Nacktheit handhabte, ruiniert das beste Klischee ihrer verklemmtesten Scripter. Zu ihrem letzten Geburtstag, im Mai 1996, bekam Magda einen grellbunten Traum aus Seide, mit Top zum Unterziehen. In den lauschigen Restaurantgarten zog sie mit blankem Busen unter der mehr als durchsichtigen Seidenbluse ein, das Top hatte sie einfach weggelassen. Magda, die in ihren letzten Lebensjahren zur knabenhaften Figur ihrer Jugend zurückgekehrt war, setzte sich einen Männerhut aus Stroh auf und schminkte sich wie eine sündige Barfrau. Mit Riesenschlaghose, die ihre Winzigkeit etwas aufhob, rauschte sie dort ein, in dem ihr typischen Gang, jenem unverwechselbaren Stakkato, das auch Romy zu eigen war, mitten zwischen die Leute. Es war von Magda nicht als großer Auftritt inszeniert, wie so oft folgte sie ganz simplen Gründen, ihr war Mitte Mai einfach warm, der Rest war ihre Natürlichkeit, und es war ihr egal, was die Leute dachten.

Dreiundfünfzig Jahre nach Kriegsende, erstmalig und direkt nach ihrem Tod, wurde Magda Schneider aus wahrhaft heiterem Himmel angegriffen und ganz plötzlich in die Nähe der berüchtigtsten Nazi-Größen gerückt, in einem Atemzug mit Bormann, Goebbels und dem Führer genannt. Gründe gab es keine, sieht man einmal davon ab, dass der Moment der Erregung zusammenfiel mit dem Erscheinen von Alice Schwarzers »Romy Schneider Mythos und Leben«/Kiepenheuer & Witsch/1998.

Es gehört auch heute noch zur Allgemeinbildung, dass keine Normalbürger auf dem Obersalzberg wohnten. Magda Schneider wohnte weder *auf, am, im* oder »in Blickhöhe« zum Obersalzberg, noch hatte sie Kontakt zu dieser hermetisch abgeschlossenen Welt, geschweige denn zu seinem absonderlichsten Bewohner. Wolf Albach-Retty galt als Inbegriff eines Traummannes, Magda war unendlich verliebt, der schönste Mann des deutsch-österreichischen Films gehörte ihr. Es zeugt von großer Naivität zu behaupten, ausgerechnet in der hohen Zeit der Liebe ihres Lebens, um 1934, sei sie amourös entflammt für Hitler und konsequent, wie in einer Art Stalking, in seine Nähe gezogen. Aus dieser zufälligen und relativen räumlichen Nähe eine persönliche herzustellen, das ist in etwa so, als wollte man behaupten, jeder Berliner müsse ein Hitlerfan sein, weil dort die Reichskanzlei stand! Hitler, der einem Ondit zufolge alles andere als ein Frauenbeglücker war, dafür aber ein Filmfanatiker (in der Reichskanzlei ließ er sich ab 1933 rituell nach dem Abendessen eine Liste mit bis zu acht Filmtiteln kommen, aus der er jeden Abend einen Film auswählte, außerdem hatte Hitler eher ein Faible für Filme wie »Bambi«, »Schneewittchen« und »Micky Maus« von Disney), traf den Filmstar Magda Schneider in elf Jahren »Nachbarschaft« nur ein einziges Mal. Was nicht wirklich viel ist.

Etwa eine halbe Fahrstunde von Schönau am Königssee und damit dem Haus mit den Initialen »M.S.« entfernt liegt das »Führersperrgebiet«. Adolf Hitler – Reichskanzler, »Führer« aller Deutschen, dämonischer Repräsentant des Untergangs, besitzt oben in den Bergen einen zweiten Regierungssitz. Sein Hauptwohnsitz ist Berlin, im Juni 1941 bezieht er die 1940/41 in den Wäldern Ostpreußens erbaute »Wolfsschanze«, das Führerhauptquartier. Schmalfilmmaterial auf 16 Millimeter, das von der Hobby-Filmerin und Hitler-Geliebten Eva Braun stammt, welches von den Amerikanern konfisziert und nach Jahrzehnten erst freigegeben wurde, zeigt Magda Schneider bei ihrem einzigen Besuch auf dem Obersalzberg. Unter eine Filmsequenz »Händedruck mit Hitler« kann man jede Behauptung der Welt legen, der Missbrauch der Bilder fand nicht nur bei den Nazis statt. Es handelte sich keineswegs, wie behauptet, um ein Treffen im »intimen Rahmen«, sondern erkennbar um einen organisierten Gruppenbesuch. Magda steht inmitten von über einem Dutzend Geladener im Schnee, jemand schubst sie vor, in Richtung Hitler, da sie selbst sichtlich genant ist, dieser gibt ihr nicht einmal die Hand. Erst Minuten später vor anderer Kulisse kommt es zu einem kurzen Händedruck.

Es gehört zur Tragik, zum Fluch des Phänomens Romy Schneider, dass die Geschichte ihres Lebens nicht einfach mehr nur erzählt werden kann, die Versionen der Fälscher oszillieren durch die Archive, treiben faulige und giftige Blüten. Eine Annäherung an die Fakten, eine »Biografie Romy 2020«, ist somit leider zu großen Teilen Gegendarstellung. Die Zerstörung, die Verwüstung ihrer Geschichte lässt die Kassen klingeln, denn bisweilen glauben die Leute alles. Die »Emma«-Herausgeberin Alice Schwarzer gehört weder in die Biografie Romys noch Magda Schneiders.

Magda wusste schon beim ersten Ferienaufenthalt als Kind mit den Eltern in den Bergen: *»Hier möchte ich einmal ein Haus haben!«* Sie spart die ersten Filmgagen in einer Zigarrenkiste, in der Nähe von Garmisch-Partenkirchen sucht sie nach geeignetem Bauland, aber in Schönau, zwischen Berchtesgaden und dem Königssee, steht sie plötzlich auf dem Grund – die Lage zentral, aber doch ist alles abgeschirmt. Im November 1934 wird in der Unterschönau der Grundstein gelegt für »Mariengrund«. Während Magda (neben den laufenden Dreharbeiten) die handfesten Dinge regelt, tough über die Zufuhr von Zementlieferungen, Steinplatten, den Bassinbau, Schlosser- und Elektroarbeiten, Heizungsanlagen, Wäsche- und Porzellanlieferungen verhandelt, kreist Albach-Rettys Interesse allein um seinen Gewehrschrank, das Jagdzimmer. Wie ein Zeichen an der Wand liest sich bereits jene Bitte des Innenarchitekten Wallach vom 18.7.1935 aus München an Magda: *»Sind sie doch bitte so gut und helfen mir Herrn Albach-Retty von dem Geweihlüster und der Geweihstange für die Gewehre abzubringen … ich kann einfach für die geringe zur Verfügung stehende Höhe keinen auch nur einigermaßen geschmackvollen Geweihlüster auftreiben. Ich bin natürlich noch weiter bemüht …«* Das Geschehen ist so etwas wie eine exakte Charakterisierung. Nie würde Wolf Albach-Retty anders agieren, die hier gezeigte Verantwortung ist symptomatisch für alles, was kommen würde. »Mariengrund« war immer ein Landhaus, nie eine Villa, es gab keinerlei Protz. Auch das zeigt irgendwie, dass es nicht geringste Ambitionen Magdas gab, hier irgendwelche repräsentativen Empfänge zu geben, wäre es nicht mehr als schlüssig gewesen, dass Magda ein hochherrschaftliches Ambiente eingerichtet hätte, um ihre vermeintlichen Idole standesgemäß zu empfangen, da sie nun schon extra in die unmittelbare Nähe gezogen war. Alice hatte Ritterkreuzbehängte, Obersalzberg-Sexualpartner ganz deutlich und in Farbe ausgemacht und in die Biografie Magda Schneiders wie tragende Pfeiler eingeschlagen.

Im November 1934 hat Magda das Grundstück gekauft, bereits im Juli 1935 wurde »Mariengrund« schlüsselfertig übergeben. So wie auch Jahrzehnte später bei der Tochter, setzten sich schon bei Magda Schneider die Ehemänner in das gemachte Nest. Die eher Kindlich-Verspielten (à la Albach-Retty, à la Delon, à la Biasini) taugten nicht wirklich zum Nestbau, zur »Aufzucht« der Nachkommen, galt ihr Interesse doch eher dem Dolce Vita, den Träumen großer Jungs: der Jagd, wie auch immer geartet, dem Sammeln von schnellen Booten und Autos, Hunden und Schusswaffen.

Fünfundzwanzigjährig hatte Magda, obwohl bereits mit Albach-Retty fest liiert, ohne männlichen Part im Hintergrund, das Haus »Mariengrund« bauen lassen. Dieses Erschaffen eines Zuhauses, dieses Bewahren (bis zu ihrem Tod war es Magda gelungen) hat ihr von der älteren Romy regelmäßig ein »Chapeau« entlockt, immer in jenem schmerzhaften Bewusstsein, selbst nie diese Konstante im Leben – ein Haus, ein Zuhause über Jahre – gefunden zu haben. Immer wieder besteht Magda auf Änderungen bei der Innenarchitektur, den ihrer Meinung nach zu modernen Möbeln, bei jedem Detail soll unbedingt das Einfache, das Bäuerliche gewahrt bleiben. Magda hält an ihrem Traum fest. Dicke Ordner dokumentieren den Schriftverkehr mit Architekten, Handwerkern, Möbellieferanten, trotz immenser Dreharbeiten leitet sie den gesamten Hausbau, die Einrichtung. Das Schulkind Rosemarie hat später oft in jenen Akten herumgekritzelt, immer wieder unterzeichnet sie mit *»Romi Albach«* oder verfasst Randbemerkungen. Dieses überaus starke Naturell, jenen fast männlichen Zug an Durchsetzung, dieses Anpacken und Machen hat Romy nicht von ihrem Vater, es war einwandfrei das Erbteil ihrer Mutter.

Da hätten doch der Feministin Alice Schwarzer sämtliche Glocken klingeln, läuten und scheppern müssen, endlich steht sie einmal einer absolut emanzipierten Frau gegenüber, wenn auch nur symbolisch, sie kannte Magda Schneider ja kein bisschen. Magda Schneider handelt völlig frei und selbstbestimmt, eine Traum-Emanze sozusagen, und das im Jahr 1934. Aber die Kölner Publizistin, die selbsternannte Kämpferin für Frauen erkennt es nicht, bzw. pfeift hier auf die »starke Frau«. Hätte sie doch nur mal zugehört, denn Romy Schneider hatte es bestätigt, in Schwarzers »Kommune-Turm«, während einer seltsamen Séance, hat sie genau davon berichtet: von der Stärke ihrer Mutter, von ihrer eigenen Stärke!

Die private Filmkamera gewährt Einblicke, man sieht idyllische Sommerbilder unter blauem Himmel, die junge Magda, die urkomische Gesichter schneidet, und Frau Professor Albach-Retty, sehr natürlich, im einfachen Dirndl, steht ihr in nichts nach, was das Gesichterschneiden betrifft. Die beiden wirken wie Freundinnen. Man spielt Ping-Pong, Medizinball oder vereint sich in lustiger Picknick-Runde im Wald oder am Kaffeetisch »Mariengrund«, auch mit Magdas Eltern. Eibsee, Venedig, Budapest, Wien, und immer wieder St. Gilgen sind Stationen dieser Zeit. Einmal hat Wolf am 24.

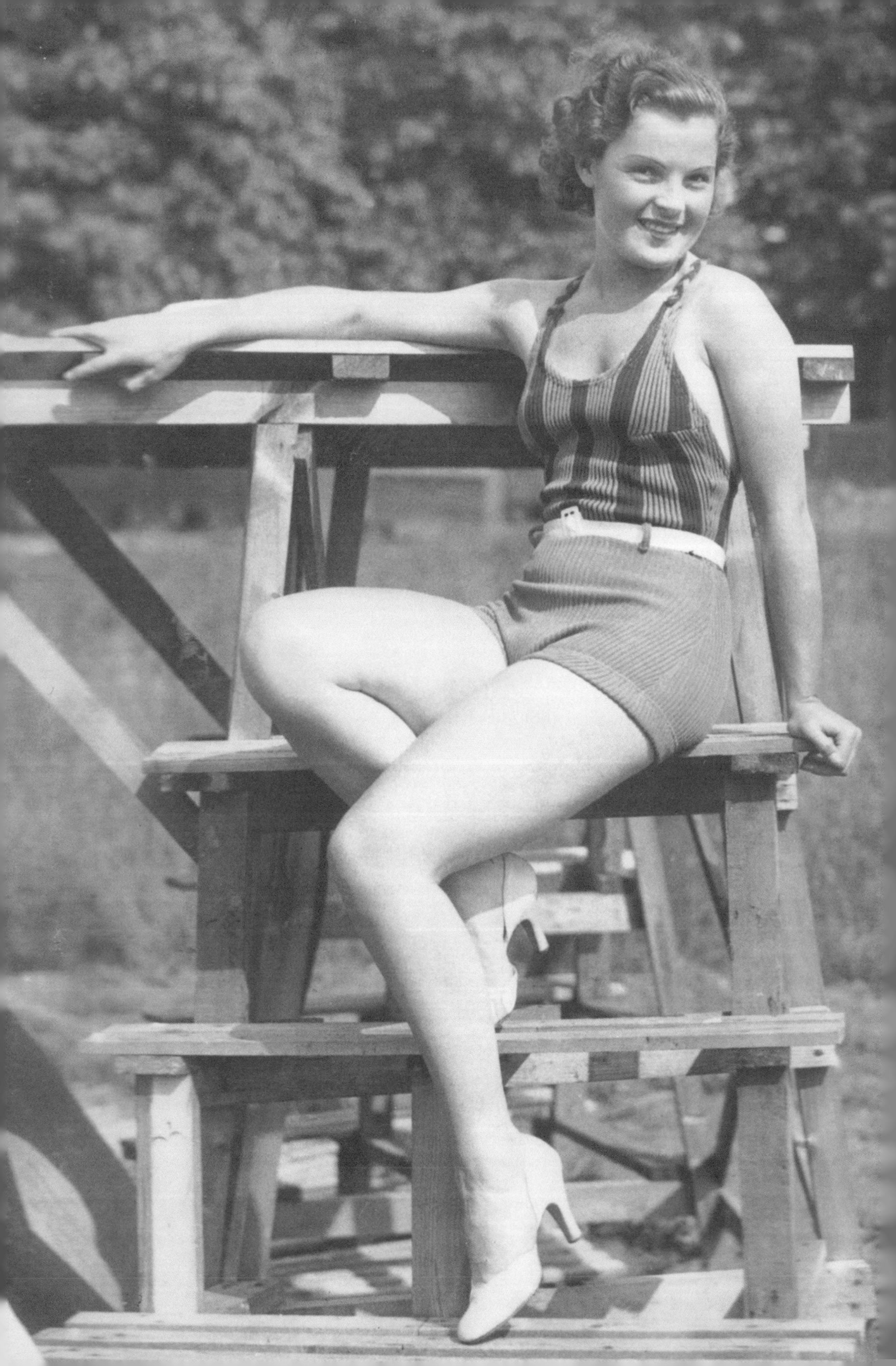

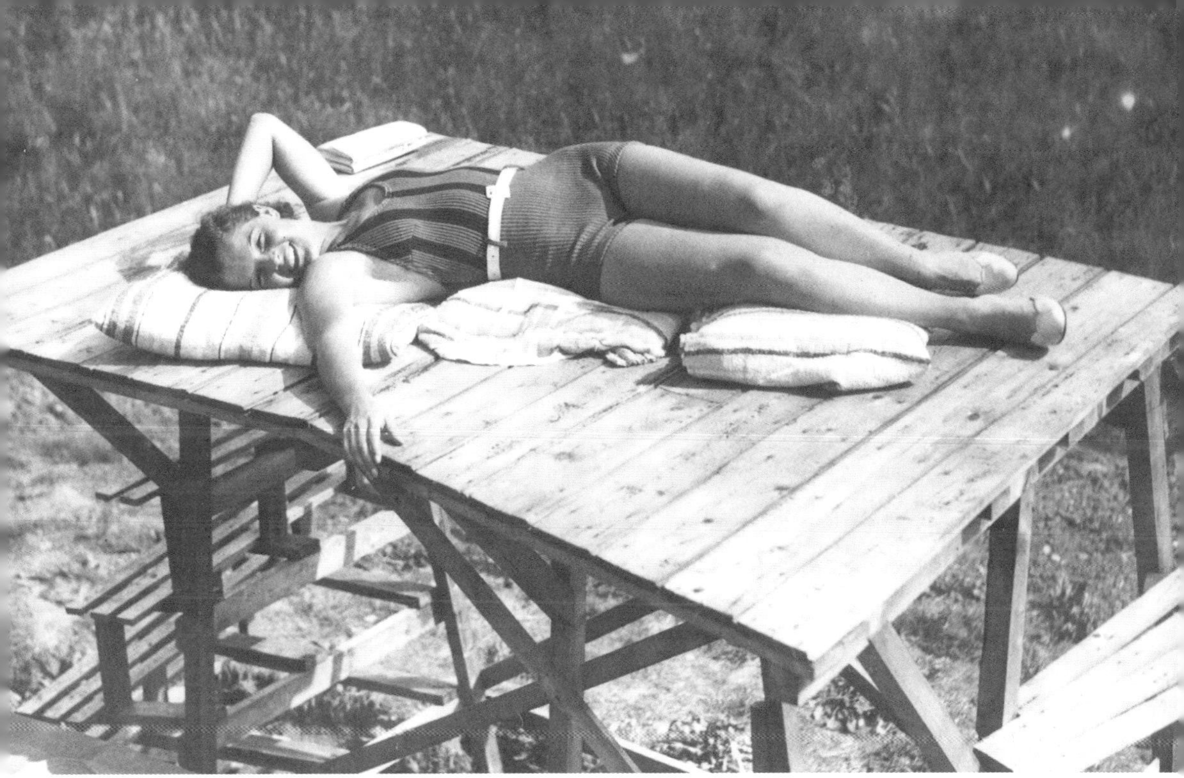

Dezember den ganzen Park von »Mariengrund« voller Lichter gesteckt, mit verbundenen Augen steht Magda im tiefen Schnee, ganz leis' ertönt »Stille Nacht«. Sein Geschenk, die »Schneideralm«, eine winzige Hütte auf »Mariengrund«, in der noch in den Siebzigerjahren David, der Enkelsohn, Indianer spielen wird.

In dieser hohen Zeit ihrer Liebe soll sie anderweitig entflammt sein? Sex mit dem Führer? Magda Schneider hat zeitgleich zwei Kinder zur Welt gebracht! Der (homo-/asexuelle) Führer in Love, zwischen Still-BH und Babybrei … Was geht in manchen Köpfen vor? Welche Bilder, welche Fantasien laufen dort? Was ist das für eine Journaille (von »Focus« bis »stern«), die die giftigen Gaben zu Geburtstagen der großen Film-Legende wieder und wieder erwärmt, auftischt? Magda Schneider mit dem Führer im Bett? Eva Braun filmt? Alice Schwarzer deckt, mithilfe ihres Tonbands und eines Interviews der zum damaligen Zeitpunkt dreijährigen Romy Schneider, nach über 58 Jahren auf?

Magda Schneider hat nie ihre Memoiren geschrieben. Zu Lebzeiten Romys, aber auch gerade nach Romys Tod, war Magda oft in den Händen von

Leuten, die sich zwar wie ihre Freunde gaben, die sie zum Beispiel in Zeitungsgeschichten drängten, die sie niemals allein gesucht hätte, wie etwa die »Bild«-Folge »Leb wohl, Romy«. Magda, mit einer großen Liebenswürdigkeit und Naivität behaftet, ist dann meist bei diesen Zeitungsgeschichten, wo es um »Nichts als die Wahrheit« gehen sollte, reingefallen. Diese »Zitate« der Yellow-Press, die ja meist von den Blattmachern auch noch »aufgebügelt« und »korrigiert« wurden, werden heutzutage wie Fakten gehandelt. Das Wenigste davon hat sie wirklich so geäußert. Es existiert eine ganze Reihe von Briefen, wo Magda protestiert gegen so nie getroffene Interviewäußerungen. Da Magda jedoch wie fast alle ehemaligen Ufa-Stars keinerlei Einkommen besaß (große Teile ihrer Nachkriegsgagen gingen im Konkurs ihres zweiten Ehemanns Hans-Herbert Blatzheim unter, hier verlor sie ihr gesamtes Vermögen), und gerade in diesen Jahren über eine katastrophale Gesundheit verfügte, kam es nie zu Klagen oder Einstweiligen Verfügungen. Geld mit Magdas »Erinnerungen« haben die anderen verdient, Magda war völlig mittellos. Oft haben »Freunde« offizielle Briefe verfasst, die Magda unterzeichnete, die gaben ihr dann einen unsympathischen Zug, oft waren diese Schriftstücke gar nicht von ihr.

Seit 1982 befindet sich die falsche Lebensgeschichte Romy Schneiders in der Endlosschleife der Schaumschlägerei, da einer vom anderen abschrieb und keinerlei juristische Konsequenzen gefürchtet wurden. Die Urtexte dieser Falsifikate sind die wahrheitswidrigen »Memoiren«, die eigentlich aus den Filmrevuen und Klatschzeitungen der 50er Jahre kopiert und von sogenannten »Herausgeberinnen«, »Aufzeichnenden« oder »Ghostwriterinnen« zusammenmontiert wurden und den Verlagen und Monteuren bis heute Geld bringen. Romy Schneider war auch nie ein »Fall«, trotzdem kopierten alle Biografien mit Beginn der Neunzigerjahre die dort oftmals in Science-Fiction-Manier erbrachten »Fakten«.

Die neunundzwanzigjährige Magda wusste bereits, dass sie sich nicht als Hausfrau und Mutter zurückziehen würde. Bereits mit dem 1932 gedrehten Film »Das Lied einer Nacht« hatte Magda internationales Terrain betreten, am 17. Februar 1933 teilte ihr die Allianz-Tonfilm Berlin mit, *»dass der Film nicht nur in England, sondern jetzt auch in Amerika ganz groß geht und dass speziell Sie in diesen Gebieten einen ganz außerordentlichen Erfolg zu verzeichnen haben.«* Auch »Sehnsucht 202« *»geht überall ausgezeichnet«*. Dass Magda seinerzeit ein absoluter Spitzenstar war, verdeutlicht der vielleicht letzte seriöse Artikel über Magda Schneider, der zum Tod Magdas in der F.A.Z. (2.8.1996) erschien. Unter dem Titel »Die Unterforderte« schrieb Dieter Bartetzko: *»Jahrzehntelang kannte man sie nur als Mutter: Die Tochter Romy machte die Weltkarriere, die Magda Schneider hätte machen können. Ihre Chance war 1932 gekommen, als sie in Max Ophüls Schnitzler-Verfilmung ›Liebelei‹ mit der tragischen Rolle der Christine für kurze Zeit international berühmt geworden war. Ophüls hatte sich, wie er später erklärte, den Film als ein publikumswirksames ›Monument aus Schmalz‹ vorgenommen. Das diskrete und dabei ungemein eindringliche Spiel Magda Schneiders ließ ihn umdenken. Ein Klassiker der Filmgeschichte entstand.*

›Eine Rolle so einfach und so vollendet spielen – das reichte für ein ganzes Leben‹, urteilte noch Jahrzehnte später ein Kritiker. Bei dieser Ehrenrettung stand ihm die Magda Schneider des deutschen Nachkriegsfilms vor Augen, die sich auf den Stereotyp der warmherzigen, patenten Mutter hatte festlegen lassen. Merkwürdig, dass später kein Fassbinder, Schroeter und Schloendorff ihr eigentliches Können wiederentdeckte.«

Als Romy geboren wurde, lag der internationale Erfolg von »Liebelei« erst sechs Jahre zurück. Magda hatte (ähnlich wie später Romy) von Kindheit an für diesen Traum gelebt, mit harter Arbeit und äußerster Disziplin war sie nun ein Star, ein Publikumsliebling, aber vor allem eine Vollblutschauspielerin. Schwarzer warf Magda (aus heiterem Himmel) vor (allerdings war sie da schon zwei Jahre tot), mit Beginn des Krieges weiter Filme gedreht zu haben und wollte anhand dessen belegen – da sie auch nach Machtergreifung der Nationalsozialisten noch in ihrem Beruf arbeitete (Magda Schneider hat nie in einem sogenannten »Nazi-Film« mitgespielt, wie etwa viele ihrer Kollegen) –, vertrete sie selbst die Ideen der Nationalsozialisten. Diejenigen, die heute die Zusammenhänge verdrehen und so tun, als hätten sie zumindest täglich in der Hitler-Diktatur Widerstandsakte geleistet, wissen scheinbar nichts über die Realität in einem totalitären System. Die Alternative wäre gewesen, Magda hätte als arbeitslose Schauspielerin in einer deutschen Rüstungsfabrik gearbeitet, oder sie wäre verhaftet worden, mit bekannten Konsequenzen, ihre Kinder wären in NSDAP-Kinderheime gesteckt worden.

Magda Schneider war Schauspielerin und hat selbstverständlich auch in Kriegszeiten in ihrem Beruf gearbeitet. Vorwürfe, sie hätte auch in der Nazi-Zeit gutes Geld als Schauspielerin verdient und müsse demnach die Ideale des

Nationalismus voll und ganz vertreten haben, entspringen also eher einer vollkommenen Ahnungslosigkeit als einer auch nur annähernd zeitgeschichtlichen Realität. Magda ist als Frau und Mutter spätestens hier in der Realität angekommen und erkennt, dass auch in Zukunft alle Verantwortung auf ihr lasten würde. Zwar sind ihre Eltern ihr eine große Hilfe, aber auch für sie bliebe sie nun in der Pflicht, sie bis zu ihrem Lebensende zu versorgen. Albach-Retty, der »Sonntagsmann«, wie Magda ihn später nannte, hatte sich nie als ein Fels in der Brandung postiert. Also hatte Magda gar keine Wahl (eigentlich von Anfang an alleinerziehend), vollzieht sie den auch heute üblichen Spagat zwischen Beruf und Familie. In Berchtesgaden gab es keine Filmstudios, so musste Magda, ob sie wollte oder nicht, zu Dreharbeiten abreisen. Magda bewohnt in Berlin, in der Sächsischen Straße 63, eine Mietwohnung, ab dem 2.3.1935 ist sie in der Zähringer Straße 9 gemeldet, Wolf Albach-Retty wird am 15.5.1937 dort als Mitmieter eingetragen. In den Ufa-Studios Berlin werden die meisten Magda-Schneider-Filme dieser Zeit produziert.

Nach einer Fehlgeburt bringt Magda ein absolutes Wunschkind zur Welt. Samstag, der 24. September 1938: *»Der erste Gedanke mein Kind! Ich habe ein Kind! Ich will es sehen! Ich muss mich etwas gedulden, aber dann bringt man mir mein Kind, mein Mäderl! Ich halte es im Arm … – das habe ich mir immer so gewünscht! Rosemarie geht es Gott sei Dank wunderbar! Eltern und Wolf sind bei mir, es ist zu schön!«* Seit diesen Tagen führt Magda Schneider ein Babyfototagebuch, zwei dicke Alben beschreiben fast jeden Tag des Kindes, zwischen Stilltabelle und Ahnentafel dokumentieren ungefähr dreihundert Fotos die Entwicklung des Babys Rosemarie im ersten Lebensjahr, die junge Mutter beschreibt jeden Atemzug ihrer Tochter, jedes Lächeln, aber auch die erlebte Angst. Als erwachsene Frau hat Romy Schneider sich auf Besuchen allzu gern diese Kinderalben angesehen.

»Höchste Kriegsgefahr! Ich bin furchtbar nervös – Nachts große Zusammenkunft in München von Hitler, Mussolini, Chamberlain, Daladier – letzte Möglichkeit zum guten Ausgang. Schreckliche Stunden!« (am 29. September 1938 wurde das Münchener Abkommen unterzeichnet). Aufatmend notiert Magda am 30.9.1938: *»Ein historischer Tag. Es gibt keinen Krieg! Die Friedensnachricht bringt allgemeine Erlösung! Gott sei Dank! Nun kann ich mich ungetrübt meines Kindes freuen! Es geht mir auch gleich besser! Mehr Milch … Abends Sekt gestiftet für die Schwestern. Alles stößt an auf den Frieden. Diese Woche war wohl*

bedeutend für uns, sie begann mit der Geburt von Rosemarie und endete mit der Friedensnachricht! Mein Wochenbett!«

Selbstverständlich war diese Kindheit durch das Motiv der ständigen Trennung, des Verlassenwerdens geprägt. Das Sujet des Fortgehens, des Abschieds, der Sehnsucht in die Ferne ist ein früher Lebensfaden. Aber auf das Warten, das Sehnen, das Tagezählen, die euphorisch gelebte Vorfreude, folgten glanzvolle Wiedersehenszeiten: *»Wenn die Mutti gekommen ist, wenn die eine Woche weg war oder zwei, und dann gekommen ist, das war immer ein Fest. Und sie hat sich aber, wenn sie da war, total mit den Kindern befasst und sich wirklich ganz den Kindern gewidmet.«* Dies sind Worte des zweiten Kindermädchens Trude Martin, die Tag und Nacht mit dem Kind Rosemarie Albach lebte. Ausschließlich Zeitzeugen wie diese können glaubhaft Auskunft geben. Warum sollte das Kindermädchen Magda Schneider verteidigen? Wäre es anders gewesen, sie hätte aller Welt von der Rabenmutter erzählen können, denn Magda war schon tot …

Selbstverständlich war die Mutter ein Filmstar. Mit allem Egoismus und dann aller Selbstanklage, ihre Kinder allein gelassen zu haben, so wie auch die spätere Romy ganz genauso ein Filmstar war, mit einem nicht minder großen Egoismus und allen Schuldgefühlen ihren eigenen Kindern gegenüber. Doch welche Wahl als Alleinverdiener der Familie hatten beide Frauen? Reprisen ziehen sich durch die Biografie.

Schwester Hedwig steht in fast täglichem Briefwechsel mit Magda, sie und die Großeltern Schneider können die Mutter nicht ersetzen. Selbstverständlich leidet Romy unter der tage- und wochenweisen Abwesenheit ihrer Mutter, ganz sicher hinterlässt diese Wirklichkeit empfindliche Spuren im Leben des Menschen Rosemarie Albach, denn der Film und der Starruhm entreißt den Kindern immer die Eltern. Diese Abseitigkeit und Trennung erleben später auch Romy Schneiders Kinder. Trotzdem sind es Fakten, wenn das zweite Kindermädchen Romy Schneiders, Trude Martin über diese Zeit sagte: *»Was hat die Magda alles gemacht. Wenn sie da war, war sie nur für die Kinder da.«* – Ähnliches ist auch von Romy und ihrer Mutterrolle überliefert.

Niemand besaß ferner in Kriegs- oder Nachkriegszeiten das Privileg, vierundzwanzig Stunden am Tag Ringelspiele mit seiner Mutter aufzuziehen, in all den verlogenen Abhandlungen über das Mädchen Rosemarie wird wohlweislich dieser zeitgeschichtliche Zusammenhang unterschlagen.

Ende August schreibt Magda zwar in unendlicher Freude: *»Nun kann ich auf längere Sicht bei dem Liebchen bleiben, mein Gott ist das herrlich!«*, aber in hastiger Schrift fügt sie hinzu, was sie dann mit Rotstift unterstreicht: *»Die nächsten Wochen sind furchtbar & wir alle in einem Taumel. Der Krieg bricht aus …«*

Dieser Unheilssatz läutet auch en famille den ersten Bruch mit den Glücksbildern ein, ihre Ehe mit *»dem Mann meines Lebens«* würde den Krieg nicht überleben. Magda macht das, was Mütter dieser Zeit, ohne männlichen Part im Hintergrund, machten: Sie sichert das Leben, die Existenz ihrer Familie. Selbstverständlich ist Romy auf »Mariengrund«, auf dem Land am sichersten aufgehoben. Alltägliches bedeutet in diesen Tagen viel, wie Millionen Deutsche flüchtet auch Magda in die private kleine Welt: *»Am 31. August geht die Schwester 8 Tage in Urlaub. Ich habe nun meinen Liebling allein. Am 7. September kommt die Schwester wieder zurück. Sie freut sich so auf die Puppe und bringt ihr ein schönes Wacklentlein mit. Mäuslein hat eine große Freude damit & zieht es im ganzen Haus herum. Langsam gehen kann sie überhaupt nicht mehr, sie rennt immer und hat es furchtbar eilig.«*

In den dicken Leinenbüchern, die fast täglich Romys erstes Lebensjahr dokumentieren, häufen sich die niedergeschriebenen Ängste Magdas um ihr Kind. Vielleicht ahnen Mütter, dass sie ihr Kind überleben werden? Nicht wirklich, aber in Bruchteilen von Zeitquanten. Romy ist schon damals von der Konsequenz eines Menschen, dem wenig Zeit bleibt. Sie ist immer pressant und von auffallender Ungeduld, alles muss sofort geschehen und zwar ganz genau nach ihren Vorstellungen.

Aus dem Jahre 1972 existieren Tonbänder, die unbeschwerte Stunden Magdas mit ihrem Enkel David bewahrt haben. Magda ist voller Empathie und Wärme dem kleinen David gegenüber, stundenlang geht sie, trotz ihrer schlechten Gesundheit, fantasievoll und mit dem tollsten Lachen auf alle seine Wünsche ein. Anhand dieser Tondokumente kann man sich vorstellen, wie Magda mit der kleinen Romy sprach.

Nach dem Krieg fand der Ufa-Star keine Engagements, genauso wie andere Bühnenschauspieler, Filmstars in einem restlos zerstörten Deutschland auch. Filme wurden nicht mehr produziert, 1945 waren die Filmateliers praktisch nicht mehr existent. *»Du, nach dem Krieg hab' ich neben dem Misthaufen Theater gespielt um Geld zu verdienen. Weil mein Mann nicht in der Lage* *war, die Familie zu ernähren«*, erzählte Magda später einmal völlig uneitel Romys Internatsfreundin Margit.

»Es gibt da einen Mann … der mich liebt … Hans Herbert!« hatte Magda von einem langen Engagement im Kölner Blatzheimlokal »Atelier« den Eltern geschrieben. Zwar ergänzt Magda nur ein paar Zeilen später über den *»Mann an meiner Seite, der richtig ist & um den es sich lohnt«*: *»Herbert ist so rührend und lieb zu mir & ich liebe ihn wie einst Wolf…«*, aber wenn man Magdas offenes Strahlen, ihre Empathie kennt, dann klingt doch zwischen den Zeilen erkennbar ihre Desillusionierung durch die Zeit hindurch. Sissy, die kleine Freundin, erinnert sich an die ersten Stippvisiten in Berchtesgaden: *»Blatzheim war laut – vor allem! Oma Schneider war bis zum Eintreffen des Herrn Blatzheim ein sehr stabiler Mensch. Aber sie hat Blatzheim gefürchtet. Wenn der Blatzheim kam – der war ja so ein eleganter Herr –, dann haben die Großeltern Schneider in der Küche gegessen.«*

Trotzdem wird der spätere »Konsul Blatzheim« – imperialer Gastronom, protziger Lebemann vom Rhein, eine Art Paradepferd des neuen deutschen Wirtschaftswunders – nach den tränenreich verwarteten Jahren mit ihrer Unsicherheit und Härte für Magda zunächst so etwas wie ein *»Schutz und Schirm … ein großer Halt«*. Nach dieser Ehe, am Tag des Todes von Hans-Herbert Blatzheim, ist Magda Schneider mittellos. 1400 Schweizer Franken befinden sich auf ihrem Konto, sie ist ohne Absicherung, ja sogar ohne Krankenversicherung. Die Frau eines damals berühmten Rennfahrers, Alice Carraciola, schenkt ihr diskret einen Umschlag mit 1000 Franken.

Eine ähnlich bittere Bilanz musste auch die Tochter ziehen, die sich 1966 in die Ehe mit Harry Meyen einkaufte, 1975 aus ebendieser, dann gescheitert, wieder freikaufte, die kurz nach ihrer zweiten Ehe mit Daniel Biasini nicht nur mittellos, sondern hoch verschuldet starb. Die Filmografie beider Frauen weist merkwürdigerweise exakt die gleiche Anzahl Filme auf: 58. Zeitlich blieb Romy dafür nur ein halbes Leben, fast präzise, nach Jahren berechnet, ist es die halbe Lebenszeit ihrer Mutter.

Beide Frauen waren emanzipiert, hochbegabt, arbeiteten leidenschaftlich und exzessiv. Analogien durchziehen die Lebensfäden, Gleichnisse steigen auf, man sieht mitten in aller Vitalität, vis-à- vis kontrastierend, eine unglaubliche Blauäugigkeit. Das Verlassen auf die Seifenblasenmänner, der anschließende abgrundtiefe Fall in die »Liebesgrube« mit den jeweils größten Traum-

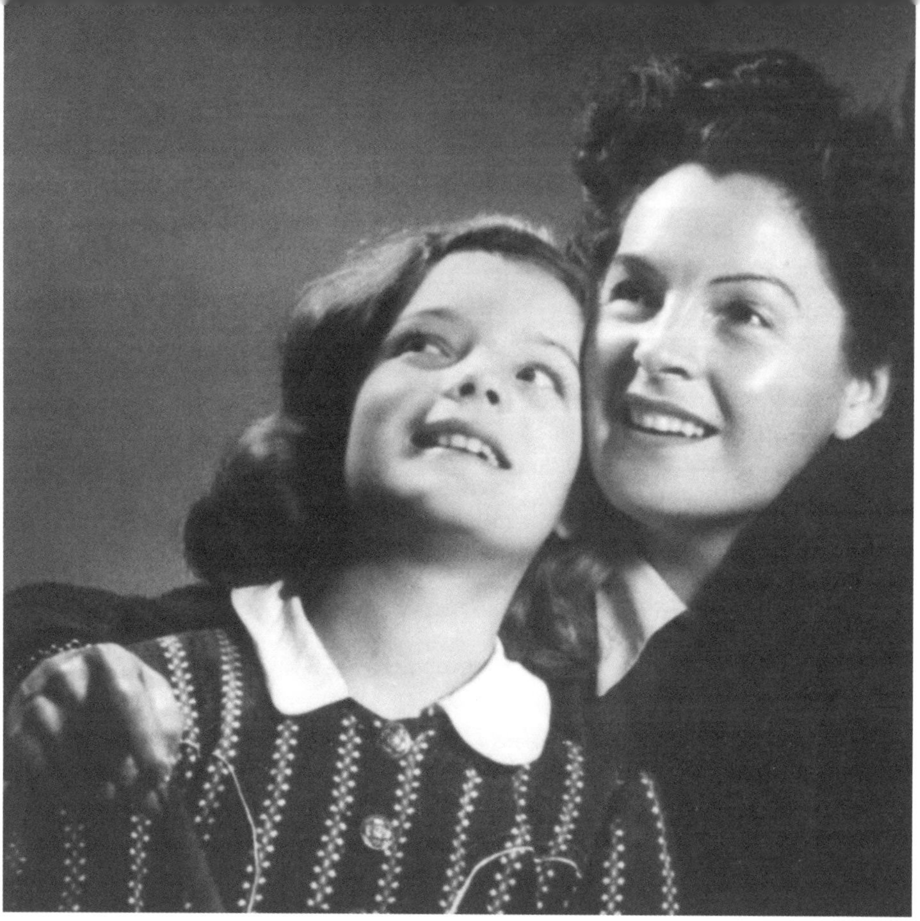

typen ihrer Zeit, wird sowohl für die Mutter als auch für die Tochter zum irreparablen Lebensschaden. Die eine hat überlebt mit »blauen Flecken am Herzen« – Angina pectoris, Herzinfarkten, der anderen brach das Herz gleich zwei Mal, auch sie hatte einen Herzinfarkt, was kaum einer wusste.

Magda, die sich oft über die einfachen Dinge am meisten freute, war mit an Wahrscheinlichkeit grenzender Sicherheit gar nicht so verzückt über den neureichen Schnickschnack, mit dem Blatzheim sie behängte. Tatsächliche Wertsachen, etwa Schmuck, kaufte sie zumeist von ihren eigenen Filmgagen. In der Ära Blatzheim legte Magda an Gewicht zu, äußeres Zeichen ihrer Einsamkeit und Verletztheit. Sie bezahlte alles, auch die Geliebte Blatzheims, mit schweren Depressionen.

Zweisamkeit erlebt Magda vielmehr mit Romy, Romy wiederum liebt diesen heiter-zärtlichen Schlagabtausch mit Magda. Lachsalven, komische Sprüche, eher eine Art Affenliebe, für die Zeit untypisch, da körperlich, händchenhaltend. Signets der Vertrautheit waren Romys Titulaturen in ihren Briefen und Worten, etwa: *»Schwesterchen«, »Liebes«, »Mammusch«* ... Die Ähnlichkeit Magdas mit Romy war in natura viel größer als im Film. Der Gang, die Herzspitze, dieser besondere Ansatz der Haare. Um die schönen Hände hat Romy zeitlebens ihre Mutter beneidet.

Wenn Blatzheim mit Melone, im feinen Zwirn, die Wege von »Mariengrund« abschreitet, dann sieht er nicht unbedingt aus, als würde er dazugehören. Wenn Romy und Magda die Wirtschaftswunderwelt Blatzheims in Köln betreten, sein Rhein-Hotel Bellevue (es wird während ihrer Anwesenheit kurzzeitig für Gäste geschlossen), dort ihre Luxuszimmer beziehen, dann käme man auch nicht darauf, die beiden würden ins Ambiente passen. Köln wird nie ein Zuhause.

Auch Magda Schneider hat Fehler gemacht. *»Zweifellos!«* räumt Claus Wilcke ein. *»Ich sage aus psychologischen Gründen, die Mutter hätte dafür sorgen müssen, dass auch er, Blatzheim, dass er sich ein bisschen mehr zurückhält ... er wollte das ganz große Geld machen.«*

Die nach außen demonstrierte Einigkeit mit ihrem Ehemann war ja nach innen niemals so vorhanden, trotzdem hätte Magda Einfluss nehmen müssen. *»Ich habe meinem Mann vertraut!«*, sagte Magda Schneider über diese Zeit. Und in der Tat, wie hätte sie, als unternehmerischer Laie, die Geschäftspraktiken ihres Ehemannes, der gelernter Bankkaufmann und nach eigenen Angaben erfolgreicher Unternehmer war, in Frage stellen sollen? Bei seiner Großkotzigkeit, seiner Überheblichkeit blieb ihr nur mehr der private Rückzug.

Was Blatzheim sowohl mit den Geldern ihrer Tochter als auch ihren eigenen Geldern anstellte, blieb Magda Schneider bis zu seinem Tod verborgen, mit der Konsequenz, dass die Konten ihrer Tochter und auch ihre Konten abgeräumt waren. Ein von Harry Meyen beauftragter Rechtsanwalt, der mit der »Angelegenheit Blatzheim« betraut worden war, kam zu dem Ergebnis, *»dass Herr Blatzheim den Umfang seines wirtschaftlichen Erfolges der Tatsache verdanke, dass er in der Lage war, mit Romys großen Gagen zu arbeiten«*. Seine Betriebe, die Blatzheim-Aktiengesellschaft, war mit 1,8 Millionen DM Schulden pleitegegangen.

Aus dieser Zeit existieren Briefe von Hans-Herbert Blatzheim. Wie dieser mit Vertrauen, mit Frauen allgemein, umging, offenbart ein Brief an Magda aus dem »Parkhotel Bremen«, vom 16.2.1967, wo Blatzheim unverblümt und roh formuliert: *»Du selbst hast mir doch mehrmals gesagt, dass Du von Deiner Mutter her, seelisch krank seist und dass es manchmal so über Dich komme … Und deshalb wolltest Du Dich doch in Wien bei dem Dozenten Dr. Sollens behandeln lassen. Und jetzt dieser Brief von Dir vom 12.2.!?«* Blatzheim spielt eiskalt an auf diese manchmal durchbrechenden seelischen Downs, eine Art Schwermut. Die Art und Weise, wie Blatzheim hier verletzt, ist typisch für ihn. Zumal Magda in einem vorausgegangenen Brief scheinbar ihre mehr als berechtigte Sorge zum Ausdruck gebracht hatte, dass mit den Geldanlagen ihres Ehemannes, die ja sowohl ihre eigenen Anlagen als auch die Romys betrafen, etwas nicht stimmen konnte. Magda Schneider scheint von Freunden gewarnt.

Blatzheim wischt selbstverständlich alle Sorgen seiner Ehefrau großkotzig vom Tisch: *»Alles, was Du über finanzielle Dinge schreibst, sind dumme Fantasien. Du durftest in den 17 Jahren die wir zusammen sind, doch gelernt haben, dass ich gerade in finanziellen Dingen kein Schuljunge bin. Sage Deinen Informanten, sie sollten solche kindischen Rederein und Verleumdungen lassen, sonst werde ich sie gerichtlich belangen.*

Deine persönlichen Fragen in finanzieller Hinsicht sind wirklich unverständlich. Du dürftest doch in all den Jahren finanziell immer zufrieden gewesen sein und so soll es auch bleiben!

Ich glaube nicht, dass Du jemals etwas entbehrt hast und es ist ungerecht von Dir, so etwas auch nur anzudeuten. Zeige mir doch einmal einen Mann aus unserem ganzen Bekanntenkreis, der so großzügig in all diesen Dingen war, wie ich. Ich habe Dir immer gesagt, dass auch für Dich genau so großzügig, trotz meiner Kinder, gesorgt ist, wenn ich mal nicht mehr bin! Warum sollte ich das ändern?!«

Ein Jahr vor dem Bankrott seines Imperiums müsste auch Blatzheim bereits handfeste Anzeichen als Pleitier wahrgenommen haben, denn bereits im Mai 1968, als Blatzheim stirbt, hätte Magda praktisch an der Tür des Armenhauses läuten können, trotzdem leugnet Blatzheim dreist: *»Wenn Du nicht von Dir aus, alles Porzellan zerschlägst und durch ›Amoklaufen‹ alles kaputt machst, dann sehe ich keinen Grund, Dich jemals schlechter zu stellen, als wie Du bis heute gestanden hast. Also sei nun bitte endlich vernünftig und lass die unnötigen beleidigenden Briefe und Streitereien … Beste Grüße Dein Herbert.«*

Magda selbst sah sich im Rahmen ihres Unterhaltsanspruches nach Blatzheims Tod vor Gericht, weil die Geliebte Blatzheims angebliche Versorgungsansprüche bei der »Blatzheim-AG« geltend machte und behauptete, Magda sei bereits durch raue Mengen Schmucks durch den Ehemann (obwohl auch dieser Schmuck weitgehend durch Magdas Filmgagen bezahlt worden war) ausreichend ausbezahlt. Eine Farce und Demütigung. So musste Magda vor der Geliebten Blatzheims Rechenschaft über ihren eigenen Schmuck, ihre Finanzen ablegen, wegen ihrer schlechten Gesundheitssituation kam es zu einer im Haus »Mariengrund« anberaumten Gerichtsverhandlung.

Eine Parallele mehr, die Tochter und Mutter einte, beide Frauen wurden durch Lebenspartner in finanzielle Katastrophen gebracht, beide Frauen waren lebenslang von falschen Anwälten und Beratern umgeben. Mit dem Tod Blatzheims blieb Magda außerdem ohne jedweden Versicherungsschutz zurück, sie besaß weder eine Krankenversicherung, eine Lebensversicherung oder irgendeine sonstige Absicherung.

Und jener neue Luxus: Blatzheim, ein kalter unbeseelter Reichtum, der zusammenfiel mit dem »Kniefall« von halb Europa vor seiner Märchenkönigin, machte die junge Romy Schneider in gewisser Weise, in gewissen Zeiten auch launisch, herrisch und ungerecht. *»Sie hat mit dem Personal – Garderobe, Maske – ein härteres Verhältnis gehabt. Sie war da nicht so beliebt, weil sie die natürlich gescheucht hat.«* So erlebte sie damals ein Fotograf am Set der nur wenig später gedrehten Produktion *»Kitty und die große Welt«*. Im Grunde blieb sie dieses einfache und gute Mädchen, oder vielmehr sie kehrte zu ihm zurück. Magda ging es nicht anders. Symptomatisch sind die Fotos dieser Zeit. In der Ära Blatzheim lebte Magda ein Leben, dem sie in keiner Weise entsprach. Auf Fotografien sieht sie hochnäsig, neureich, aus den Nähten gegangen aus. Mit Pelzen und Brillanten behängt (die sie selbst bezahlte) ist sie nicht die Eigentliche.

Die schönsten Liebesbriefe hat Magda von ihrer Tochter bekommen, neunzehnjährig schreibt Romy aus »Le Prieuré« dem Landgut Alain Delons in Tancrou: *»Du glaubst ich lauf Dir weg – immer weiter immer weiter, bis Du mich nicht mehr erreichen kannst – oh nein – dann – wär ich tot! Versuch nicht mich aufzuhalten, denn ich geh' nicht weg – nicht fort von Dir, nicht mit meinem Herzen! Ich glaube wir Beide sind immer erreichbar füreinander – ich weiß es«*.

Spätestens hier muss man trennen, in der Beziehung Romy Schneiders zu ihrer eigenen Familie und der Familie Blatzheim. Während den Briefen Romys an ihre Mutter immanent eine überbordende Zärtlichkeit innewohnt, ein tief sitzendes Bedürfnis, sie teilhaben zu lassen – gerade in dieser Zeit fühlt sie sich der Mutter nah, auch in dem Wissen, dass es ihr in der Ehe mit Blatzheim alles andere als gut geht, wie auch in der Gewissheit *»dass Du alles gelebt hast – alle Leiden – alle Freuden – ich brauch' halt doch, Dir meine Gedanken und Bitten – und Liebe mitzuteilen«* – gibt es von Paris aus sehr viel Reflexionen, das heißt, sie vollzieht 1958/59 eine vollständige emotionale Trennung von Hans-Herbert Blatzheim. Der Bruch mit der Mutter, wie immer behauptet, existierte gar nicht, *»Liebes, – Du wirst immer Nachricht von mir haben …«* schreibt Romy in einer dieser Nächte. Diese echten Aussagen Romy Schneiders in Briefen, die ausschließlich privat waren, sollten vielleicht mehr Gewicht bekommen als die fantastischen Lamento-Geschichten.

Magda ist das erste Glied einer Kette, es gibt Fotos, da offenbart sich ihre Einfachheit, sie war die Tochter eines Installateurs. Medien-Geschichten brachten auch Magda nie Glück, war sie doch ebenso völlig unbegabt für Interviews. Sie sagte Dinge, scheinbar auch aus einer Verklemmtheit, Naivität, während Romy kein Wort mehr sagte, bedeutungsschwer die Brauen hob, plapperte Magda drauflos. Natürlich konnte sie auch, ähnlich gelagert wie ihre Tochter, unberechenbar in einem Gefühlsausbruch, blitzschnell giftig und divenhaft sein, mutieren, aber nicht à la Knefscher Romandichtung mit blutrot geschminkten Lippen. Sie war ja eher auch der natürliche Typ. Am Ende ihres Lebens war sie ganz schmal, schön, mit herausgetretenen Wangenknochen, ihre Augen legte sie wie unter Ruß, gefühlte 100 Jahre jünger als zu »Sissis« Zeiten.

Es hat Romy Schneider immer getroffen, wenn die Zeitungen über ihre Mutter herzogen (obwohl das bis zum Tod von Magda Schneider zu keinem Zeitpunkt mit dieser Art Verachtung stattfand!). Die Mutter war keine Intellektuelle. Vielleicht hat Romy manchmal darunter gelitten, unter dieser Einfachheit, Bodenständigkeit im Denken. Da aber auch Romy keine intellektuellen Wege ging, war ihre Mutter, die oft die Weisheit, die Klugheit einer einfachen Frau vom Lande hatte, die unglaublich geerdet war (wie sie selbst ja auch!), viel hilfreicher. Magda war introvertiert, zurückgezogen, gleichzeitig publicitysüchtig, wenn auch niemals so ausgeprägt wie Romy.

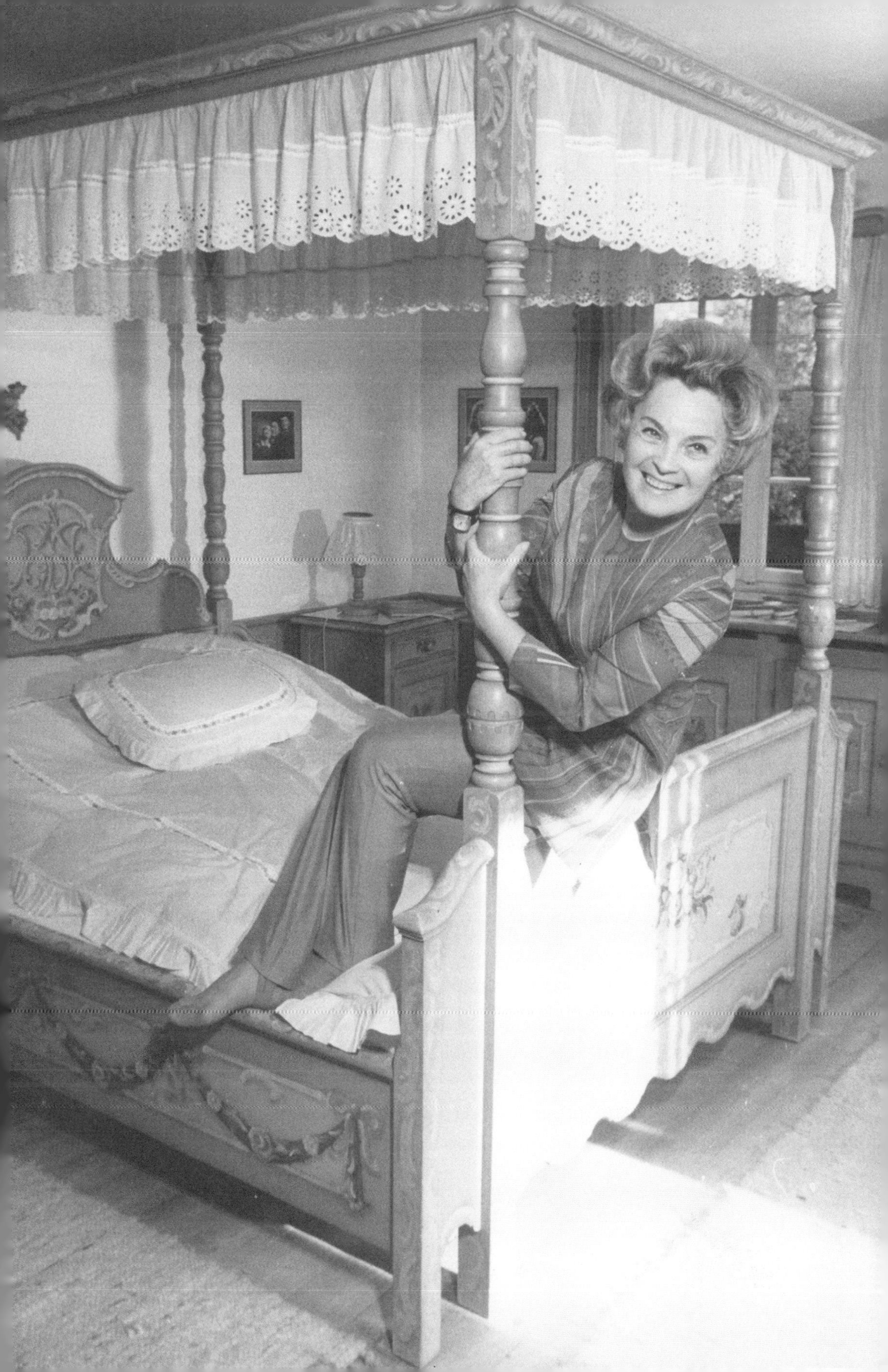

Romy und Magda teilen die Hotelzimmer. Diese Nähe, Mutter und Tochter, mit Beginn des ersten Films, ist für Romy Teil ihrer Entwicklung, ihrer Reifung. Mit fünfzehn bedeutet der familiäre Kokon emotionale Sicherheit, sogar die Familienhunde sind am Drehort, im Hotel. Die in Kriegsjahren und Nachkriegsjahren fehlende Nestwärme ist nun vielleicht partiell auch manchmal beengend, war aber wie eine Gehhilfe in die Starwelt.

In Sachen Film fragt die Tochter die Mutter, die ja die Branche kennt, und rennt nicht unbedingt zum Regisseur oder zur Garderobiere. »Magda around the clock«, Romy liebte das. Dann kam Alain Delon und Romy liebte es nicht mehr. Eine völlig normale Angelegenheit.

In den letzten Jahren, an Drehorten, da fehlte ihr etwas. Vielleicht ein Gegenbild ihrer Mutter (sie fand es in vertrauten Garderobieren etwa), eine Art moralische Instanz, mit der sie d'accord gehen konnte. Man könnte den Faden spinnen, wäre ihre Mutter bis zum letzten Film mit ihr gereist, wäre sie nicht Romy Schneider gewesen, aber diese Leerstelle am Drehort, und das heißt am Lebensort, füllte nie ein Verlobter, kein Ehemann, kein Liebhaber. Es blieb ein Vakuum, das sie von Film zu Film zerbrechlicher machte, als Schauspielerin wurde sie immer besser, als Mensch immer dünnhäutiger, einsamer.

Magda, die es als eine der ganz wenigen in Romys Leben wagte, ihrer Tochter die Wahrheit ins Gesicht zu sagen, provozierte natürlich Spannungen und Ausbrüche, wie auch Romy ihrer Mutter gegenüber, das war ein leidenschaftlich gelebtes Verhältnis. Aber das hielt nie lange an, es brauchte nur einer in einem »Riesenstreit« einen kleinen Witz machen, dann kam ein »Entschuldige« von Romy. Hermann Leitner, der Regieassistent »Mädchenjahre einer Königin«/1954, äußerte sich als Zeuge unter anderem anlässlich des Prozesses gegen Alice Schwarzer 2009: *»Ich habe von 1945 – 1982 einen sehr liebevollen Umgang zwischen Mutter und Tochter erlebt.«* (Eidesstattliche Versicherung 2009, Prozess gegen Alice Schwarzer)

Später, in Frankreich, wachte Romy selbstverständlich in gewisser Weise über das, was nur ihr gehörte, die Anerkennung, ihr Leben in Frankreich, diesbezüglich war sie sehr empfindlich. Als Magda einmal zu Besuch ist in Paris, verlangt Romy von ihrer Mutter, dass sie aus Höflichkeit gegenüber der anwesenden Garderobiere und Vertrauten Romys nicht Deutsch reden sollte. *»Romy verlangte von ihr, Französisch zu sprechen und sagte ihr, dass sie, Magda, gut daran täte, solange ich dabei wäre.«* (Monique Dury)

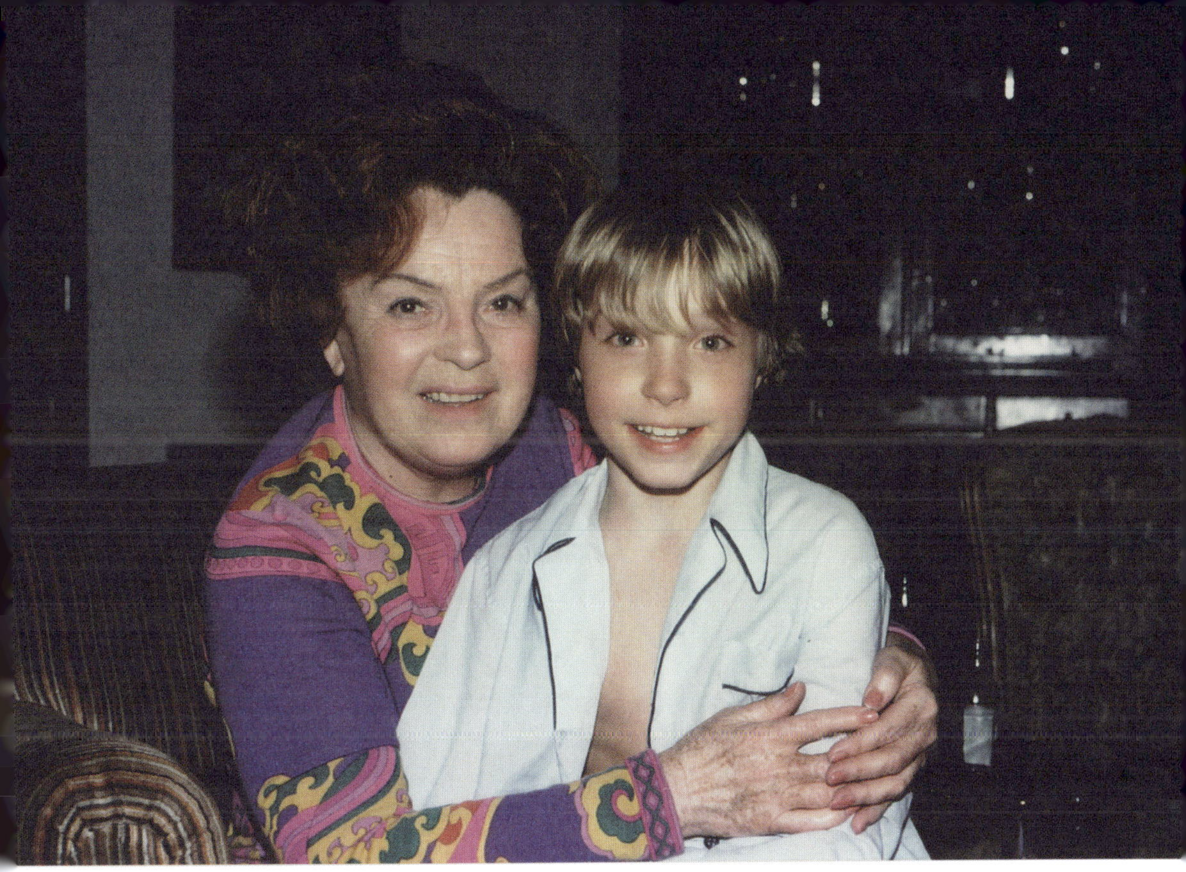

Das hatte immer mit ihrer ganzen Geschichte, mit ihrer hochgradigen Verwundbarkeit, dieser sehr speziellen Feinnervigkeit zu tun. Natürlich waren Momente wie diese für Magda nicht einfach und in gewisser Weise ein kleiner Affront. Aber es war Romys Art der Emanzipation von ihrer Mutter. Romy war dann wirklich eine sehr französisch geprägte Persönlichkeit und diese leichte Überheblichkeit, die im Grunde primär nur ein Schutz war, dieser französische Habitus gehörte dann zu ihr, und den hat sie gepflegt. Was sicher nicht immer ganz leicht für Magda war. Aber hier hat sie sich abgestoßen, behauptet!

Erst mit ihrem dritten Ehemann, Horst Fehlhaber, kehrte Magda zum Kinderlächeln zurück, zu ihrer Einfachheit, Herzlichkeit, Bodenständigkeit. In der Zeit mit Blatzheim war sie einsam, verletzt, unglücklich. 1967 haben sich beide kennengelernt, Blatzheim lebte noch, sie verbrachten Tage zusammen in der Villa »Maro« in der Schweiz, trafen sich in Berchtesgaden. Blatzheim goutierte es, es war ihm egal, inoffiziell waren sie bereits getrennt.

Horst Fehlhaber war Kameramann (»Ludwig II.«/1955, Regie Helmut Käutner), zusammen mit Magda drehte er 1968 die Kultserie »Drei Frauen im Haus«, 1969 die Fortsetzung »Vier Frauen im Haus«. Er war der Hüter von »Mariengrund«. Er bewahrte seine große Liebe Magda Schneider vor dem Armenhaus, er bewahrte Romys Privatsphäre, ihre Geheimnisse. Romy wiederum war die Einzige in der Familie, die exakt begriff, was dieser Mann für ihre Mutter bedeutete. Er trug Magda auf Händen, er kochte, er verwöhnte ihre Mutter, brachte ihr fast täglich einen Blumenstrauß, er trug alle anfallenden Kosten für »Mariengrund«. Ihr komplettes Leben wurde ab 1968 vollständig durch ihren Lebensgefährten und Ehemann Horst Fehlhaber finanziert, durch seine Absicherung als Chefkameramann und dann als Pensionär erhielt sie überhaupt erst eine Krankenversicherung. Magda, die ihr ganzes Leben hart gearbeitet hatte, stand nach dem Blatzheim-Bankrott völlig mittellos da. Romy wusste, dass Magda »Mariengrund« hätte verkaufen müssen, um leben zu können, hätte es den neuen Mann an der Seite ihrer Mutter nicht gegeben. Horst Fehlhaber und Magda Schneider waren in achtundzwanzig Jahren gemeinsamen Lebens nicht einen einzigen Tag getrennt. Jeder, der Magda kannte, wusste, wie sehr diese seit Fehlhaber umsorgt, umliebt war. Nicht nur einmal fuhr Horst Fehlhaber Magda persönlich mit seinem Wagen per »Blaulicht« ins Krankenhaus, weil ein Berchtesgadener Wald- und Wiesenarzt etwa einen Herzinfarkt bei Magda übersehen hatte, er rettete ihr einige Male das Leben. Wenn David kam, dann kümmerte er sich liebevoll um David, genauso war er für Sarah da. Ohne ihn hätte es 1996 kein »Mariengrund« mehr gegeben. Horst Fehlhaber verlor mit 76 Jahren sein Zuhause, als »Mariengrund« verkauft wurde. Nur einen einzigen Tag nach Magdas Tod wurde ihm durch die Familie Magdas ohne Umschweife mitgeteilt: »Mariengrund wird verkauft!«, da zählten die dreißig Jahre nicht mehr.

Romy Schneider hatte übrigens die neue Liebe ihrer Mutter, Horst Fehlhaber, vom ersten Augenblick an instinktiv ins Herz geschlossen, seit er sie bei einer ersten Begegnung an einem Dezembertag in Berchtesgaden vom Bahnhof abgeholt hatte, eine vom Luxus verwöhnte Romy mit einem kleinen Strauß Buschröschen völlig aus der Fassung brachte, unendlich glücklich machte. Lebenslang waren es diese menschlichen Gesten, simple, kleine Geschenke, die sie entwaffneten, vollkommen verzückten, zu Tränen rührten. Oft hatte sie nachts gesessen in »Mariengrund«, bis in den Morgen geredet.

»Romy war froh, dass ich um sie kein Theater machte, dass ich sie nie hofiert habe … das war ihr eh zuwider das Theater. Sie stieg in meinen Wagen und war sofort die Tochter meiner Magdalena. So war das immer. So hab' ich sie am Bahnhof abgeholt, so blieb das weitere Verhältnis. Sie war nie der Star Romy Schneider. Zu keiner Zeit. In ›Mariengrund‹ es war immer sehr familiär, entspannt. Und Romy war das Kind des Hauses. Nachts ist sie runtergekommen … an den Kühlschrank gegangen. Romy hat in der Küche gesessen, im Schlafanzug … Zum Frühstück habe ich ihr oft Rühreier mit Tomaten gemacht!«

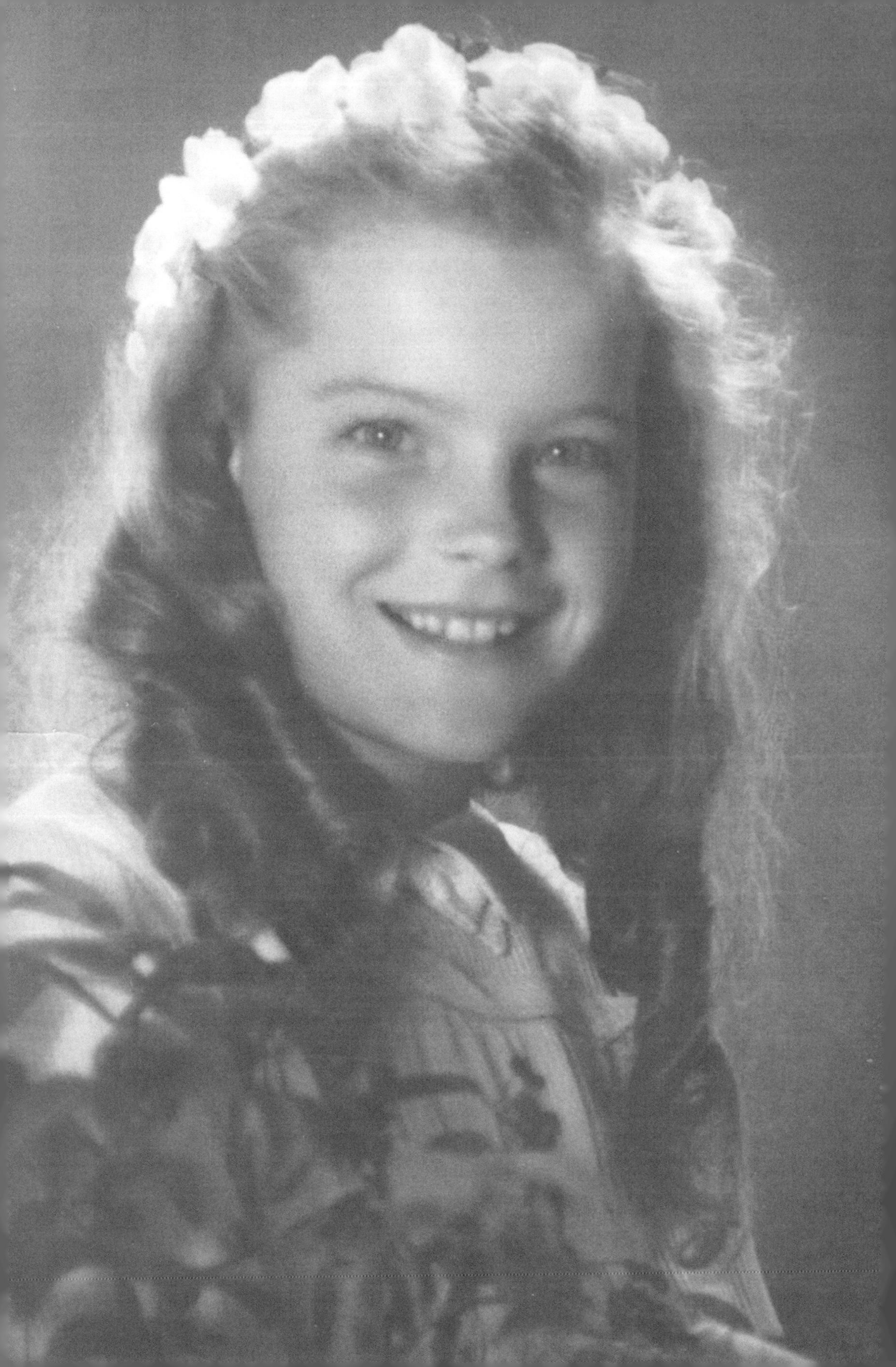

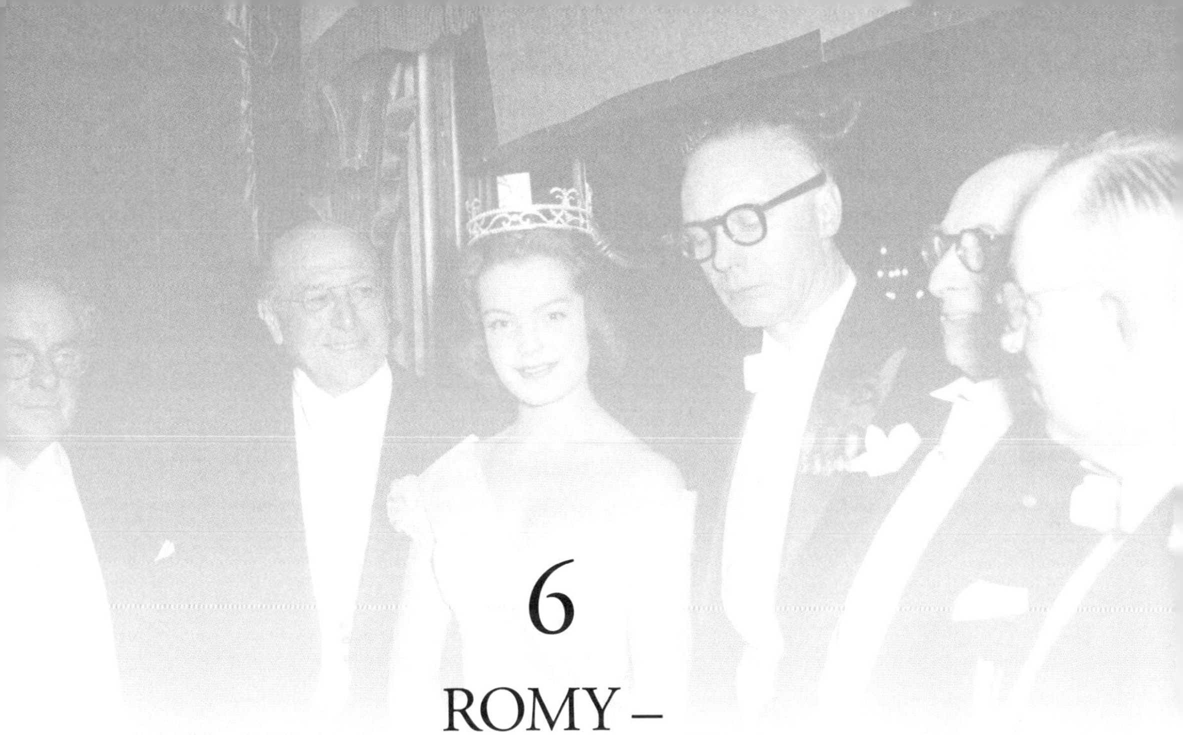

6

ROMY – »IHR FEHLTE EINE JAHRESZEIT«

So manches von ihr erhaltene Löschblatt aus der Schulzeit, besonders der letzten Schuljahre, erzählt von ihrer Sehnsucht. Probezüge ihres Namens »Rosemarie Albach Schneider«, »Romy Albach« zieren ihre Hefte, auch quer über die Umschläge, mit Kringel, ohne Kringel, schlicht oder exaltiert. Beim Gebet mit den Schwestern verlässt Romy nicht selten den tradierten, frommen Wortpfad, ihre Andacht endet meist mit dem gleichen Flehen, während sie die Hände faltet, engelsrein und anmutig aufblickt ins Angesicht der Klosterfrauen, wiederholt sie inständig, für andere unhörbar: *»Lieber Gott, gib, dass ich Schauspielerin werde!«* Da hatte sie, wegen des höheren Unterrichts, die kleine Volksschule Schönau gegen das von Augustiner Chorfrauen geleitete katholische Internat »Goldenstein« bei Salzburg getauscht. Schon bei ihrer Ankunft sammelt sie Blicke, auch den streng musternden der Präfektin, Mutter Theresia. Doris, ein Mädchen aus der 3. Klasse, wird für die Erstklässlerin Rosemarie von der Präfektin zum »Schutzengel« bestimmt, wie es im Internat bei Erstklässlern üblich war. Romy schreibt einen langen Brief an ihre Mutter, die auf einer Tournee ist: *» … ich freute mich sehr es ist ein Mäderl aus der 3. Klasse und sie ist sehr nett und lieb. Weißt Du und die Doris ist* *recht groß und schaut richtig aus wie ein Schutzengel. Liebe Mammi ich kann jetzt schon mehr Ordnung halten wie zuhause. Ich habe auch schon einmal in Ordnung einen 1 bekommen! Manchmal habe ich auch heimweh …* (O-Ton, Anm. d. A.)« Es ist eine Zeit des Ausharrens, der Schweige-Exerzitien, der Internatsfreundinnen. In ihren Kinderbriefen, die sie stets mit kleinen Zeichnungen versieht, spricht sie von *»so viel Sehnsucht«* und manchmal auch vom Kino, unbändig hatte sie sich aktuell über den Zeichentrickfilm »Fritz und Fratz« gefreut, den alle Kinder des Internats als Schulfilm sahen. Die *»saugemeine Präfektin«* und die *»gemeine M. Augustina«*, die in Romys Kindertagebüchern geradezu plastisch wurden, sind die ganz normalen Inszenierungen eines begabten und sich oft auch langweilenden Kindes. Das in rotes Leder gebundene Tagebuch, das sie »Peggy« taufte, war viel eher »Bühne« als Vertraute, ein erster Overdrive ihrer Gefühle. In Wirklichkeit läuft die kleine Albach dieser Lieblingsschwester mit dem Augenzwinkern, die auch streng sein kann, Schwester Augustina, bei jeder Gelegenheit hinterher und fragt: *»Spielen wir nicht bald wieder Theater?!«* Vor dem Rittersaal, auf dem rotbraunen Marmor des dunklen Flurs, hat Romy Räder geschlagen, sie konnte auf Händen gehen. Auch die Frau Präfektin hatte Romy längst um den kleinen Finger gewickelt. In Sonntagslaune schreibt diese unter den Brief des Kindes Rosemarie an die Mutter: *»… sonst haben wir den Spitzbuben gern. Sie ist gesund, hat guten Appetit und prächtigen Humor von früh bis abends, und in der Schule ist sie gewiss nicht die Letzte. In manchen Gegenständen ist sie sogar recht gut. – (Deutsch).«* Als es dann gar zu arg wurde, als man Rosemarie mit bibelschwarz eingeschlagenem Karl-May-Buch in der Gesangsstunde erwischte, trafen zu Hause »Brandbriefe« ein. Doris erinnerte sich, wie Magda Schneider ins Internat kommen musste, ins Besucherzimmer geführt wurde: *»Die Magda hat Plätzchen gekriegt und a Glaserl Wasser. Dann hat die Frau Präfektin schon ein bisserl gespielt: Romy hier und Romy da, und dann ist die Magda wieder weg. Von Rausschmiss keine Spur.«*

Romy probt den x-ten Auftritt einer Diva – und es klappt. Laut der Mitschülerin Bernadette war sie immer sehr langsam beim *»Aufstehen, Waschen, Anziehen«: »Dann ist sie noch vor dem Spiegel gestanden und hat sich frisiert. Die anderen Mädchen sagten: ›Geh, Romy beeil dich, mach dein Bett!‹ Romy: ›Macht ihr mir mein Bett – und dann können wir runtergehen.‹ Und die haben es gemacht!«*

Sie gewinnt Sicherheit, Aufführung für Aufführung, Schulgedicht für Schulgedicht, Kirchenchorsolostimme für Kirchenchorsolostimme, merkt, dass sie wie aus einem Vaporisateur Zauber versprühen kann. Das Internatskind Rosemarie Albach geht in der erzwungenen Isolation durch eine vor allem innere Schule. Ihre Unbestechlichkeit, ihre Stärke, diese wirkliche Konzentration, hat sie nicht unbedingt in der Konfrontation mit Mitschülerinnen und Lehrerinnen gewonnen, vielmehr in der Konfrontation mit sich selbst. Doris erinnert sich: *»Sie wurde von uns allen wahnsinnig bewundert. Die Mutter: Schauspielerin. Wir waren alle so bodenständig, wir waren so spießig. Sie war eigentlich schon immer mit einem Hauch von … Bei den Schulaufführungen, auch zu Weihnachten, da war sie natürlich der Kaiser. Das steckte in ihr. Wir waren da stocksteif, wenn irgendein Engel kommen musste … aber Romy … «*

Sie ist fröhlich, aufbrausend, leicht liederlich, die Anführerin einer Mädchenclique, aber auch hier gibt es ihr Doppelsein, eine gewollte Einsamkeit, wenn sie Tage nur für die Kulissen malt, oder in den Bäumen des Internats, in den Thujen, ihre Rolle lernt. Der deutsche Regisseur Volker Schlöndorff sagte über dieses »Abkapseln« Romys, wobei er natürlich an seine Kollegin zu Zeiten des Theaters in Frankreich denkt: *»Das ist natürlich eigene Wahl so was … Das ist glaub ich schon selbst gewählt. Aber das hat eben auch ihre Stärke gemacht. Dadurch hatte sie immer ein Geheimnis und hatte … tatsächlich etwas, an das man nicht ganz heran kam.«*

In einem Brief schreibt Schwester Augustina: *»Was mir sehr leid getan hat, war, dass ihre Mitschülerinnen sie später abgelehnt haben. Sie sagten nur zu mir: ›Eingebildet!‹ …Und das schon nach dem ersten Klassentreffen nach zwei Jahren.«* Und auch hier fand Schwester Augustina die passenden Worte: *»Sie ging immer ihren eigenen Weg.«*

Es hat etwas sehr Surreales, das Leben katapultiert die kleine Albach punktgenau an den Schnittpunkt ihrer Träume, ihre Kindheit endet konsequent wie erhofft, ihre Kindheit endet im Film. Ihr Leben ist sofort Film. »Wenn der weiße Flieder wieder blüht«, diese erste Rolle an der Seite ihrer Mutter Magda Schneider, dieser Part eines Mädchens, das selbstverständlich mit ihr zu tun hat, das war ein großes Aufleuchten, plötzlich war sie da. Ihr Gesicht ist sofort die Projektionsfläche des Stoffes, ihre gesammelte Synergie bricht durch, es sind vor allem Bilder ihrer Unbefangenheit. Das Hinterlassen perfekter Bilder, als wäre das von Anfang an das geheime Interim mit der

Kamera, wie ein träumender Falter geht sie in das heiße Kameralicht. Hier beginnt die unzerbrechlichste, die glücklichste Beziehung ihres Lebens. Die Kamera versinkt, versucht zu entziffern, aber »es« ist nicht entzifferbar. Da ist dieses »Mäderl wie alle andern«, und dennoch ist sie es nicht. Instinktsicher betritt sie ihr Terrain, keinen realen Ort, sie wählt einen künstlichen, irrealen Raum. Dieser Raum der Bilder, in dem die Kamera sie wie ein Liebhaber umkreist, wird zu ihrer eigentlichen Existenz. Hier lebt sie, hier sucht sie das, was sie nicht hätte benennen können, fast etwas, das es nicht gibt, das *sie* aber gefunden zu haben scheint. *»Der erste Film, das war einfach ›Guten Tag‹ und da waren wir ...«*, erinnerte sich Götz George. *»Sie, Romy, sie war wunderschön! Ich habe sie sehr gemocht und sehr verstanden, weil bei mir manches so ähnlich war, in meinem Leben als Schauspieler. Sie hatte immer Kontakt zu mir gesucht ...«*

Sofort beginnt die Symbiose, Romy möchte alles geben, ihr Publikum und damit eine riesige Medienmaschinerie, möchte alles haben. Vom ersten Augenblick an löst sie etwas aus, dessen Beschreibung niemandem gelingen wird. Von nun an ist sie – Romy – der Spiegel, in den die Betrachterinnen der Jahrzehnte blickten. Vier Jahrzehnte lang. Selbst heute noch meint man, sie wäre unter uns, ihr Gesicht ziert Homepages von Dreißigjährigen, ist instagram- und twitter-like, noch immer ist sie so etwas wie der taufrischeste Kult, ein naher warmer Fixstern, eine Komplizin, eine Moderne, jemand, der frei ist, ein Engel, der gar nicht so weit fort flog. Bei ihr, der berühmtesten Haltlosen, suchen und finden sie Halt.

Eine taumelnde Woge aus Sympathie und erstem echten Starkult trägt Romy in diesem Herbst '53. Ein berauschendes Gefühl, und von nun ab Maßstab für alles weitere. Sie, die Zweifelnde, lässt sich fallen. Sie wird nicht mehr leben können ohne dieses Halluzinogen Film. In diesem weißen Unschuldskleid zog sie aus, nie mehr wird sie umkehren, sie wird sich nicht einmal mehr umdrehen. Lange nachdem sie angekommen ist, im Jahr 2010, wird ihr Kollege Mario Adorf über sie sagen: *»Ich glaube, dass sie nur vor der Kamera glücklich war, wirklich glücklich war!«*

Das wohl allererste Autogramm gibt sie im Haus »Mariengrund« dem Nachbarjungen Wolf Calebow, der als älterer Schüler ihrem Bruder Wolfi Nachhilfestunden in Mathematik und Latein gibt. *»Wir saßen da in dem runden Eckzimmer. Die Romy war noch kein Star, da ergab sich dann diese Szene,* *wo der Wolfi zu mir sagte: ›Hör mal Wolf, kannst Du die Romy nicht um ein Autogramm bitten!‹ … Ich hab mich geniert, die Romy darauf anzusprechen. Sie war ja altersmäßig ein ganzes Stück jünger als ich … also irgendwie genierte ich mich. Der Wolfi merkte das und sagte: ›Sie hat doch schon Autogramme. Es hat sie noch kein Mensch bisher je um ein Autogramm gebeten. Mach ihr die Freude!‹*

Ich sagte gar nichts, jedenfalls als die Stunde zu Ende war, da kam rein zufällig die Romy die Treppe herunter. Und da übermannte ich mein Schamgefühl und lief die Treppe hoch und sagte: ›Romy: Kann ich von Dir 'n Autogramm haben?‹ Und da kam es zum jubelnden Ausruf: ›Ja!‹ Und dann rannte sie hoch, kam zurück und hatte in jeder Hand eins. Also sie hatte zwei Fotos damals und sagte: ›Ich habe zwei. Willst Du alle beide?‹ Und ich sagte: ›Ja!‹ Also die Romy war erkennbar glücklich. Sie freute sich riesig und sie strahlte!«

Romy Schneider spielt ihre erste Hauptrolle mit fünfzehn. Sie nimmt von Anfang an das Tempo an, ihr Leben bekommt diesen rasanten Zug, in kürzester Zeit dreht sie Film auf Film. Romy ist ad hoc Star, eher unbewusst verwischt sie die Kluft zwischen Traum und Wirklichkeit. Es sind die echten Bilder, die sie verströmt. Wenn Werner Bokelberg, der Star-Fotograf, resigniert, *»dass heute alles todgeredet, verabredet, besprochen wird … noch 'n Anwalt, Leute und irgendjemand, die dann sagen: du darfst nur das machen … damals war das 'ne Sache eigentlich zwischen dem Fotografen und dem Star«*, dann erklärt das, warum die Bildstrecken, die damals mit der blutjungen Romy entstanden, nur partiell arrangiert waren und die Leute fast real in ihr Leben sahen. Die Fülle der Bilder, der Dauerzoom auf ihr Gesicht und die anschließende Vertrautheit ihres Gesichts und ihres Lebens, lässt ihr Publikum bald glauben, sie wirklich zu kennen.

Was passiert hier mit dem Menschen Rosemarie Albach? Dieses rauschhafte Element hält Einzug in das tägliche Leben. Das Vibrieren, Bezaubern, der Glanz und die Traurigkeit, all das, was in ihr angelegt ist.

»Es ist im Grunde diese Kraft, auch Willens zu sein, diesen Preis zu bezahlen dafür, dass man wirklich ans Ende seiner Kraft geht!« (Werner Bokelberg) Als hätte »jemand« diese Frage gestellt und Romy hätte freudig »Ja!« gesagt. Ein Kaleidoskop aus öffentlichen und privaten Bildern dreht sich von diesem Tag an, hat nie aufgehört sich zu drehen. Ab sofort löst sie, Romy, Traumbilder aus.

Margit Hofer (die engste Internatsfreundin, die Romy bis in die Delon-Zeit traf) erinnert sich an eine wahrhaft symbolträchtige Szene, als sie auf dem Balkon »Mariengrund« neben ihrer Freundin Romy stand und etliche Leute in den Garten kamen, durch die Hecken stiegen und Autogramme wollten: *»Sie hat vom Balkon Autogramme geworfen … Die waren in ihrem Zimmer und die hat sie runtersegeln lassen.«* Romy ist Anfang der 50er Jahre eine Marke, eine Instanz, die für Romantik, Alltagsflucht, Zeitgeist, Mode, Träume steht, so würde man eines Tages leben, wenn man aus der Enge der winzigen Nachkriegsbleibe, oder gar aus den noch vorhandenen Trümmern der Städte raus wäre, diese Kleider würde man tragen, so würde man lächeln, so würde man tanzen, so wollte man reisen …

Sie haben sich nicht nur in ihren Filmen verloren, die Millionen im Kino-Dunkeln, die zu ihr aufschauten, nein, auch im scheinbar heilen Leben der jungen Romy Schneider. Vor allem weibliche Teenager der 50er Jahre. Alles mutet noch spielerisch, temporär an, doch alsbald werden die nach ihr greifenden Hände, kreischende Fans hinter Absperrgittern zum Alltag und kulminieren in einer festen Umklammerung der Massen.

Aber es traf ja nicht irgendjemanden, der das gar nicht wollte. Eines Tages besuchte sie ihren »Schutzengel« Doris in Wien. Gemeinsam geht man auf der Kärntner Straße spazieren. *»Da hat sie gesagt: ›Jetzt gehen wir Trottoir fertig entlang. Ich will jetzt wissen, wie viel Leut mich jetzt hier erkennen! Da war sie noch nicht ›Sissi‹. – Die ganze Straße hat sie erkannt! Das hat ihr aber dann Spaß gemacht, sie hat ja kein Interview geben müssen. Sie hat sich eingehängt. Ich seh sie noch: ›Wir gehen das Trottoir jetzt fertig entlang.‹ Die Leute haben alle so Zettel rausgewühlt und wollten Autogramme.«*

Und dann kam »Sissi« in ihr Leben. Die Objektive der Kameras sind bereits unbeirrbar auf sie gerichtet. »Sissi«, das ist in gewisser Weise Romy Schneider höchstpersönlich, zu gleicher Zeit ist »Sissi« ihr stärkster Gegensatz, niemand ist weiter entfernt von der Filmfigur der Ernst-Marischka-Verfilmungen 1955/56/57 als Romy Schneider selbst.

»Sissi« war Romy Schneiders strahlendstes Bild. Ein unsterbliches, fast zufälliges, aber schicksalhaftes Bild, das sie zur Gejagten machte. In kandierten Kleidern, mit Marzipangesicht, gelingt ihr der Sprung in das World Wide Web, ins Blue-ray der Zweitausenderjahre! Romy Schneider strahlt mit ihrem Wesen, als »Sissi« ist sie eine feste, kontemporäre Ikone sogar der Youtube-Generation.

Das Verschmelzen einer tragischen, historischen Person, der Kaiserin Elisabeth von Österreich, der Agfa-Filmkaiserin »Sissi« sowie der blutjungen Romy Schneider, den schillerndsten Ingredienzien aus all diesen Frauen, gebiert und designt eine unsterbliche, potenziert mythische Kunst- und Kultfigur: »Romy-Sissi« oder »Sissi-Romy«!

Zu Zeiten der Entstehung der Mediengesellschaft führt diese Komplementierung, die einmalige Bündelung, zu einer Megastory. Der Film hat eine in sich ruhende Echtheit, eine immanente Glaubwürdigkeit, da Romy Schneider der Figur echtes Leben einhaucht.

Von nun an vollzieht sich jeder ihrer Schritte unter dem voyeuristischen Auge der Öffentlichkeit – *»drei Leute liefen mir seit einer Stunde dauernd nach, wegen Presse oder so was – 2 Fotografen«*, mit »Sissi« ging Romy Schneider in öffentlichen Besitz über. Als »Ex-Sissi« wurde sie noch im Jahre 1981, sie weilte das letzte Mal in ihrem Leben auf deutschem Boden, mit absoluter Schonungslosigkeit gejagt. Es war nach dem Tod ihres Sohnes, und für Abschüsse zahlte man in Europa Höchstpreise. Michael Menzel, der damalige Aufnahmeleiter der »Spaziergängerin von Sans-Souci«, erinnert sich an eine Szene, die sein ganzes Verhältnis zur Presse sehr stark geprägt hat. Im Anschluss an eine Pressekonferenz und einen Fototermin mit sehr vielen Fotografen sollten im Schloss Charlottenhof die normalen Dreharbeiten der »Spaziergängerin« weiterlaufen. »*… der Wohnwagen von Romy stand am Spandauer Damm … Wir mussten also rüber über den großen Platz, rüber zum Schloss gehen und ich … Wie 's die Aufgabe des Set-Aufnahmeleiters ist, hab ich sie geholt, es hat geregnet und es war ein Fotograf, dem ich über all die Jahre immer wieder begegnet bin, der versuchte im Grunde genommen Paparazzi-Fotos zu machen. Also er wollte sie unbedingt noch mal haben und sie wollte das natürlich nicht und ich weiß noch, ich bin im Regen mit ihr – einen Schirm hab ich über sie gehalten, den anderen Schirm hab ich, wie wir über den Platz gelaufen sind, so gehalten, dass sie also nicht zu sehen war – und der lief penetrant neben uns her und wollte fotografieren. Das war wirklich brutal … das war so was von unschön und penetrant. Aber auch da war sie ganz ruhig geblieben und ich meine, es sind ja Dinge, die einen Menschen in der Verfassung durchaus umwerfen können. Ganz souverän, ganz ruhig … und dann hat sie gedreht.*«

Die Paranoia-Bilder, die mit »Sissi« kamen, verwehrten ihr den Zutritt zum normalen Leben, die Paranoia-Bilder blieben. Ihr fehlte ein Stück Le-

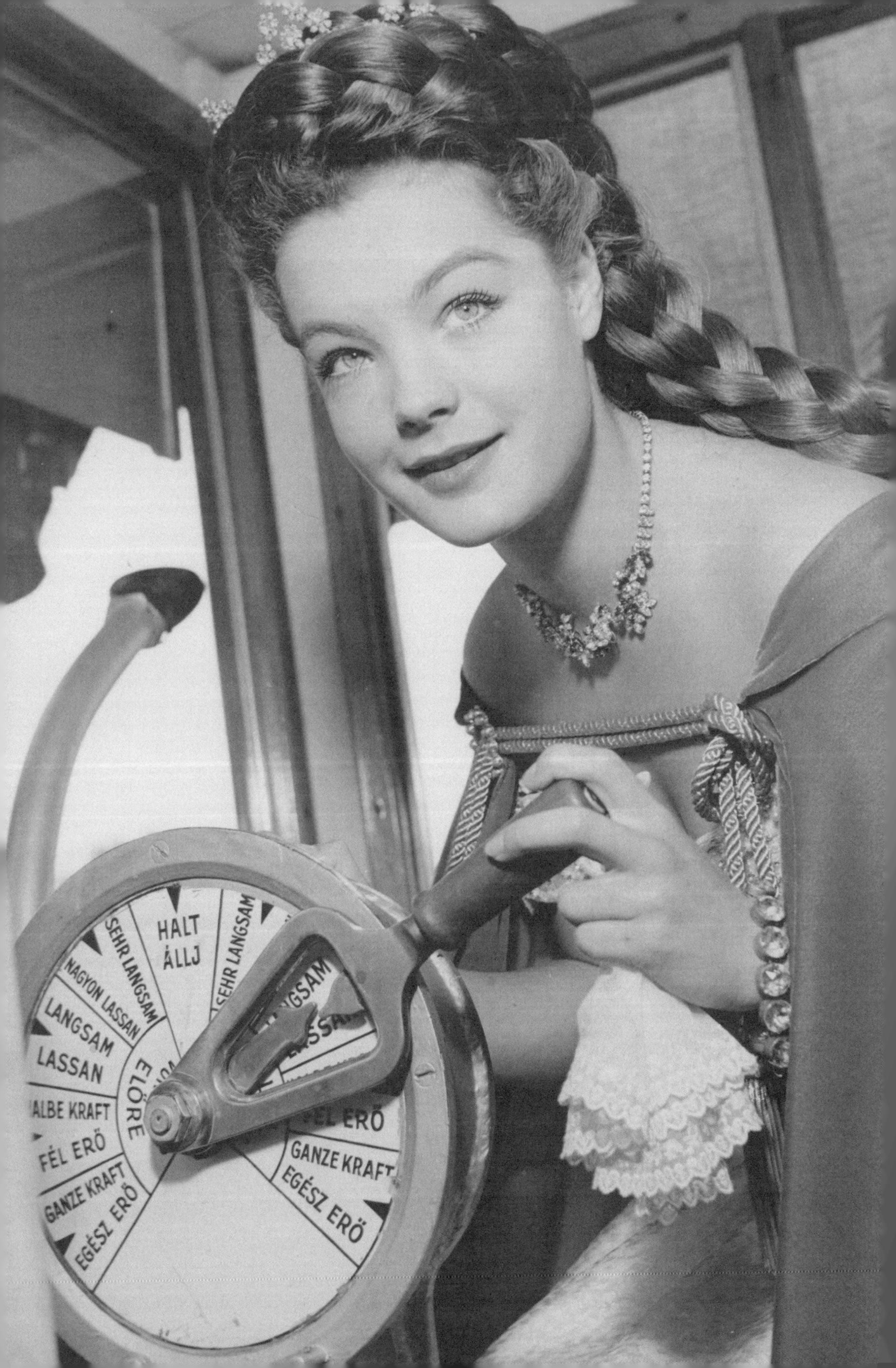
HALT
ÁLLJ
SEHR LANGSAM
NAGYON LASSAN
LANGSAM
LASSAN
SEHR LANGSAM
ELŐRE
FÉL ERŐ
FÉL ERŐ
GANZE KRAFT
EGÉSZ ERŐ
GANZE KRAFT
EGÉSZ ERŐ

ben. *»Sie hatte als Mädchen keine richtige Jugend. Sie hat nicht alle vier Jahreszeiten durchlebt, wenn Sie verstehen, was ich meine. Sie hat eine Jahreszeit übersprungen. Sie hat keinen Frühling gehabt …«*, diese Worte sagt Monique Dury, die Romy »Mémère« nannte, ihre französische Kostümbildnerin, Vertraute und Garderobiere, von 1962 bis 1982. Dieses zärtliche, französische »Mémère« bedeutet eigentlich »Großmutter«, Romy nahm es sich heraus, die nur acht Jahre ältere Monique Dury »Großmutter« zu rufen. Zwanzig Jahre lang und sogar über ein ganzes Film-Set, Monique Dury amüsiert sich noch heute über die manchmal ungläubigen Gesichter, wenn sie, kaum älter als Romy, in ihrer noch sichtbaren Jugendlichkeit dann auftauchte.

Das erste Aufeinandertreffen 1962, direkt vor der viermonatigen Tournee des Tschechow Stücks »Die Möwe«/ »La mouette«/ Regie Sacha Pitoëff in der Garderobe des Theaters »Saint Georges«, wo Romy bereits Kostüme probierte, ist nicht frei von Komik. Monique kannte den deutschen Star nur von Fotos, Romy erwartete ihre neue Kostümbildnerin bereits. Mademoiselle Clergerie (wie Monique zum damaligen Zeitpunkt noch hieß) erinnert sich, dass Romy sofort auf sie zustürzte, obwohl sie sie gar nicht kannte, im Nachhinein empfand sie diese spontane Zutraulichkeit Romys, so Hals über Kopf auf einen Fremden zuzugehen, *»ein bisschen leichtsinnig«*. Romy habe ihr sofort vertraut, stellte Monique außerdem fest.

»Da ich einen kleinen Unfall gehabt hatte und nun ein bisschen humpelte und außerdem nicht recht wusste, wohin mit meinem Seesack und den Krücken, wollte sie mir zur Hilfe eilen – und dabei ist ihr alles heruntergefallen. Das war dann ganz lustig, weil ich ein Paar RepettoBallerinas eingepackt hatte (die jetzt herausgefallen waren). Sie sah erst die Ballerinas an, dann meine Krücken. Und da war mir sofort klar, dass wir uns verstehen würden.«

Es ist nicht gerade hinderlich bei diesem Kennenlernen, dass Monique nicht den obligatorischen Kniefall macht, das Wort »Sissi« spart sie geradezu aus, aus einem sehr einfachen Grund, sie hatte nie »Sissi« gesehen. Das hat sie zwar Romy Schneider nie gesagt, aber die hatte auch nie danach gefragt. Auch später, sogar nach dem Tod Romy Schneiders, hat sie den Leuten nur selten erzählt, dass sie zwanzig Jahre mit Romy Schneider zusammengearbeitet hat, *»weil sie dann immer mit Sissi ankommen.«* Das wiederum ärgerte Madame Dury, denn dieses kollektive Durchdrehen und laut aufseufzend Dahinschmelzen, das ist nicht nur in Deutschland üblich, es geht den Franzosen ganz genauso.

»Ich habe ihr ein bisschen Schutz gegeben, ich merkte sehr wohl, dass sie manchmal niedergeschlagen war. Einmal war sie ganz besonders deprimiert. Als ich hereinkam, weinte sie vor ihrem Spiegel. Das gab einem durchaus ein seltsames Gefühl, … Ja, sie war ein kleines Mädchen! Vor allem in ›Die Möwe‹ wirkte sie wie ein kleines Mädchen. Ich habe ihr erst einmal die Hände massiert und sie schließlich in die Arme genommen und gewiegt wie ein Kind. Und sie sagte dann einfach: ›Ach, Du erinnerst mich an meine Großmutter.‹ Und von da an nannte sie mich Mémère. – LACHT – So kam das. Aber ich war Mémère nur für sie. Es wäre überhaupt nicht infrage gekommen, dass jemand anderes mich Mémère nannte. Ich war ihre Mémère«.

Zur ureigenen, hochgradigen Verletzlichkeit kam diese Verletzlichkeit, die der Beruf, ihre Situation mit sich brachte. Diese Fragilität »Sissis«, die Millionen Zuschauer noch heute zu Tränen rührt, war auch die Zerbrechlichkeit des Mädchens. Und dieses Leuchten von »Sissi«, aber auch das ihrer besten Frauenrollen, könnte man *phosphoreszierend* nennen. Phosphoreszieren bedeutet, nach vorheriger Bestrahlung nachleuchten! Die Zeitlosigkeit der »Sissi«-Trilogie hat weniger mit der Genialität von Ernst Marischka zu tun, sondern vielmehr mit der Energie Romy Schneiders vor der Kamera, bei jeder anderen Besetzung »Sissis« wäre der Film schon lange vergessen. Drei Mal trägt Deutschlands Kult-Teenager das Sternen-Diadem und Korsett, wohnt am Königshofe. Romy Schneider hat die »Sissi«-Hysterie nicht verstanden, mehr noch: Da es ihr widerstrebt, als Teil einer Serie vereinnahmt zu werden, bereitet es ihr Unbehagen, etwas Verfälschtes, Unwahres, eigentlich Verlogenes durch ihre Mitwirkung zu zementieren. Führt man sich ebenso die archaische, freie Kindheit Romys vor Augen, dann versteht man um so mehr, was diese Zwangsjacke »Sissi« en moment für sie bedeutete.

»›Sissi‹, die in ihrer Art der Rolle, verlogen war, so wie sie sie spielen musste, hat es sie nicht gegeben, das hat sie gewusst. Deshalb ist es verständlich, dass sie lange Zeit etwas konträr zu dieser ganzen Rolle war, darüber haben wir auch oft gesprochen«, sagt Horst Fehlhaber, der letzte Ehemann ihrer Mutter. Und er rückt dieses nicht stimmende Klischee gerade, das besagt, Romy Schneider hätte »Sissi« gehasst. *»Sie hat sie geliebt, aus dem Grunde, weil ihr der Verstand gesagt hat, dass es der Grundstein ihrer Karriere, ihres Erfolges war.«*

Der Abgang der Kaiserin ist das, was Deutsche und Österreicher Romy persönlich nicht verzeihen, mit Trauer, Larmoyanz aber auch eiskalter Häme. Für Romy selbst entsteht eine Art schizophrener Raum, »Sissi« bleibt bis zu ihrem Tod als ein mit rosa Zuckerguss patiniertes Gespenst darin. Erst David hat den Schlüssel für diesen »Raum«, David war der, der sie erlöste. Stolz hatte Romy in einem Telefonat mit ihrer Mutter in »Mariengrund« berichtet, David habe sich alle drei Folgen angesehen und befand: *»Mama, Du bist die schönste Prinzessin der Welt!«*, zu seiner Oma in Deutschland sagte David in den Hörer: *»Oma, du warst prima!«*

Es hat sie verletzt, wenn andere Sissi verletzten, und »Sissi«, diese Narbe, die sie trägt, lässt sie (unendlich verwundbarer als andere und unendlich belauerter als andere) lebenslang hart sein, was die Sentimentalität einer Millionen-Masse betrifft. Diese *»Kluft in ihr«* von der Monique Dury sprach, die schon da war, aber auch die Blessuren durch »Sissi«, ihre Irritationen, ihre zunehmende Fragilität, ihre Art von Sprachlosigkeit über sich selbst, diese sichtbare Scheuheit, etwas sehr Eigenes, das nur ihr gehörte, etwas, das man nicht künstlich erzeugen kann, und letztendlich auch dieser Fluchtreflex, der zwar angeboren war, aber genau genommen erst seit »Sissi« gelebt wurde, potenzierte ihre Anziehungskraft. Seit »Sissi« hat sie ihre Ängste öffentlich gemacht, und für die Leute war da der Reiz, auch bei einer Kaiserin in den Abgrund zu schauen. Ihr »auf der Flucht sein« löste etwas aus, so dass die, die zusahen, anfingen sie zu jagen.

Monique Dury, die in den wichtigsten Filmen Romy Schneiders, angefangen von »Der Prozess« über »Die Dinge des Lebens« bis zur »Spaziergängerin von Sans-Souci«, ganz nah in Romys Dunstkreis war, erinnert sich genau an diese Momente, an die Romy Mitte der Siebzigerjahre: *»Sie konnte ja nicht einmal alleine rausgehen. Weil sie sofort erkannt wurde. Das klingt unwahrscheinlich, aber es war wirklich nicht möglich, mit ihr irgendwo hinzugehen … Selbst mit Sonnenbrille und Kopftuch, ich weiß nicht warum: Die Leute spürten sie. Sie floh davor, denn sie hatte Angst vor der Menge.«*

»Romy Schneider fehlte eine Jahreszeit« – das ist ein essenzieller Satz ihrer Biografie. Vielleicht einer der wichtigsten Sätze ihrer Biografie? Dieser Satz erklärt unendlich viel von ihr. Es ist der auf den Punkt gebrachte Grund, es ist ihr Mangel, ihre Leerstelle. Sie blieb so kindlich verletzlich, sie blieb so heillos suchend, da ihr jegliches Ausprobieren fehlte, in dieser wichtigen Zeit als junges Mädchen hatte sie zwar eine unfassbare Bestätigung als Star, aber die als Mensch fehlte komplett.

Romy, die sich als Kind oft einsam fühlte, glitt am Ende der Kindheit, ausgestattet mit diesem exorbitanten Liebesbedürfnis, als sie glaubte, endlich ins Leben hinauszugehen, in einen hermetisch abgeschlossenen Raum. Romy Schneider lebte ihre Jugend in einer Filmkulisse. Als die anderen, die normalen jungen Leute, in dieser Jahreszeit irgendwo sich selbst begegneten, ging sie von einer Studiotür in die nächste, wechselte sie höchstens die Kamera oder die Filmkostüme. *»Sie hat keinen Frühling gehabt …«* (Monique Dury)

Wenn sie später das Unerklärliche suchte, wenn sie nicht wusste, wie man zwischen den Filmen lebt, dann auch, weil ihr immer etwas fehlte. Diese immer anwesende Irritation, die die Bilder des Lebens zweigeteilt macht, zementiert diese lebenslange Verunsicherung, die sie permanent zweifeln lässt. Es ist der Schmerz einer nie geschlossenen Wunde.

Da sie konsequent sich selbst folgt, kann niemand sie, Romy, »hineingetrieben« haben, etwa in Filmstudios, in Filme, in Starruhm. *»Meine Mutter, die sicher nicht sehr erfreut war …«* sagt Romy Schneider höchstpersönlich (1966 in der Syberberg-Produktion »Porträt eines Gesichts«) über genau diese Situation und ihre Folgen, als Kurt Ulrich, der Produzent ihres ersten Films, nach einem Filmkind sucht und Magda Schneider bekniet, das Kind doch wenigstens einmal anschauen zu dürfen.

Aus den Briefen an ihre Mutter geht sehr viel Eigenverantwortlichkeit Romys selbst hervor, sie verfolgte das Bild von sich, das sie sah und das sie tatsächlich einholen konnte. *»… hab' keine Angst, an krankhaftem Ehrgeiz geh' ich nicht zugrunde – dazu lieb' ich das andre Leben doch auch viel zu sehr!«*, schreibt sie aus dem »Sacher« in Wien im Juli 1959 *»– dass ich mich etwas zu sehr mit mir selbst u. der Arbeit beschäftige – momentan – (es ist aber doch auch so viel Begeisterung dabei – einfach Freude …)«*

Aus diesen Zeilen spricht ein sehr reflektierter Profi, eine frühe Getriebene. Privat ist sie, was ihr Filmleben betrifft, nicht dieses entmündigte, krinolinengebettete Baby, das durch Mamas und Daddys Protektion in einen Film nach den anderen gesteckt würde. Nein, Magda Schneider bremst ihre Tochter, Romy selbst gibt Gas.

»Wenn die Kamera nicht lief, wusste die Romy eigentlich nicht genau, wie man lebt«, beschreibt Mathieu Carrière zwar die Romy, die sich sehr viel später,

aber dann gleichsam in einer französischen Produktion nach der anderen verlor, die Obsession Kamera existiert von Anfang an. *»Das war so: ›Weil mir auf Erden nicht zu helfen war!‹, hat der Kleist gesagt. Aber, ja, solange die Kamera lief, da spürte sie sich. Da wusste sie, wer sie ist, da machte das Leben einen Sinn. Wenn die Kamera aus war, dann verirrte sie sich in einem Labyrinth.«*

Es gibt eine Szene, eine Erinnerung am Rande, die deutlicher nicht erzählen könnte, was in ihrem Leben gefehlt hat. Dass sie es aber während der Arbeit und nicht im Privaten, im wirklichen Leben fand, bei einem Partner, oder in ihrer Familie, symbolisiert die komplette Tragik, den Inbegriff alles Fehlenden.

Während der »Möwe«-Tournee, in einer Kleinstadt mitten in Frankreich, während einer Aufführung, waren da zwei Journalisten, die auf Romy warteten, die beiden wollten plötzlich während der Pause unbedingt in die Garderobe. Allerdings hatten sie nicht mit Madame Clergerie, dieser kleinen unerschrockenen Person, diesem Faktotum, gerechnet: *»Im letzten Akt hat die arme kleine Möwe alle ihre Träume und Illusionen verloren. Am Anfang des Stückes war sie ein junges, naives Mädchen, am Ende ist sie eine gealterte Frau, die aber immerhin das Leben kennengelernt hat. Romy musste dafür nicht nur ganz neu geschminkt werden – das heißt, sie hat sich selbst geschminkt, denn im Theater hatten wir keine Visagisten –, auch die Frisur musste verändert werden, die Kostüme und so weiter.«* Natürlich kann man einen Schauspieler in solchen Momenten nicht stören. Die beiden Journalisten lauerten vor der Garderobentür, Monique warnt: *»Sie brauchen gar nicht erst zu versuchen hineinzugehen; Sie sind hier jetzt nicht willkommen. Im übrigen wird sie heute überhaupt keine Journalisten treffen …«* Die Presseleute versuchen trotzdem, in Romys Garderobe zu gelangen. Monique erinnerte sich an die Türen, wie *»Schultoiletten«*, die oben offen waren. Romy hatte alles mitangehört, sie hatte die Garderobentür genau in dem Moment geöffnet, als Monique sich einen Besen gegriffen und ihre Bereitschaft zur Verteidigung angezeigt hatte, ein Fotoapparat war bereits am Boden. Romy, die in wenigen Augenblicken weinend auf die Bühne treten sollte, äußerte sich so: *»Ich habe mich totgelacht und mein ganzes Lampenfieber war mit einem Schlag … Ich hatte plötzlich keine Angst mehr, vor nichts, denn ich hatte meine Mémère, die mich beschützt.«*

Es war gar nicht viel, was ihr fehlte, aber was ihr fehlte, war so bedeutend, dass sie letztendlich am Leben scheiterte. So ist da immer wieder »die

Kluft«. Die Leerstelle. Das Unerklärliche, ihre Einsamkeit, spät ihre Zurückgezogenheit, ihre Unsicherheit und Lebensangst. Eine Konstante hatte es niemals im Leben der Romy Schneider gegeben. *»Sie sehnte sich nach Freiheit, nach guten Menschen, denen sie vertrauen konnte, wo sie sich auch mal anlehnen konnte. Oh ja, sie brauchte das sehr«,* das ist Claus Wilcke maßgeblich in Erinnerung geblieben, das war ganz vordergründig präsent, unmittelbar sichtbar.

Nun war die Filmbranche und ihre täuschende Oberflächenwärme, die Welt der Schauspieler nicht gerade geeignet, um Wärme und Halt zu finden. Die posthum aufgetauchten Freunde, die noch Jahre nach dem Tod Romy Schneiders rührselige Geschichten an die bunten Blätter der Republik verkauften, weil ihr eigener, einst gigantischer Ruhm schon lange abblätterte, mit dem sie früher bei Filmpremieren spielend den Ku'damm füllten, waren im wirklichen Leben zu keiner Zeit präsent gewesen. Mitarbeiter des Filmstabs »Die Spaziergängerin von Sans-Souci« erinnerten sich gänzlich anders an das Verhältnis etwa zu Maria Schell, die in diesem Film eine kleine Nebenrolle besetzte: *»Und die war schwer eifersüchtig auf Romy! Die haben auch nicht miteinander geredet. Sie hatten ja auch im Film nichts miteinander zu tun.«*

Als Deutschlands größter Star tot war, gab es tausende Presseartikel »Arme Romy«, und jeder aus der Branche hatte ihr irgendwie Trost und Beistand gespendet, nur war das in den allerwenigsten Fällen tatsächlich passiert.

Ihre französische Kostümbildnerin verteidigt Romy bereits von Anfang an wie eine Löwenmutter ihr Junges, *»Ro«* und *»Mo«* sind total eingespielt, teilen nicht nur die Hotelzimmer, sondern auch den Humor und die infantilen Späße. Was zunächst wie ein monumentales Filmwerk daherkam, »L'Enfer/ Die Hölle«/1964, Henri-Georges Clouzots Film, endete katastrophal und als Fragment. Clouzot wurde von seinen eigenen Bildern stillgelegt, bekam einen Herzinfarkt. Doch vorher hätte der Dreh Romy fast blind gemacht, Clouzot filmte ein Auge in Großaufnahme und das Licht hat Romy derart geblendet, dass fast die Netzhaut verbrannt wäre.

Das Genie überschritt in seiner skurrilen, hypnotischen Wahnwelt am Garabitsee nicht nur filmisch die Grenzen, Monique nannte die »Spezialeffekte« dieser Arbeit *»reine Pornografie«,* Clouzot machte seiner jungen Hauptdarstellerin auch den Hof.

Doch Romy kann sich konsequent auf ihre Garderobiere verlassen: »*Wir hatten nämlich unsere kleinen Zeichen. (LACHT) Zum Beispiel immer wenn Clouzot versuchte, zu ihr ins Zimmer zu kommen, legte Romy eine Platte von Sinatra auf. Und sobald ich die Sinatra-Platte hörte, kam ich angerückt. (LACHT) Wenn ihr jemand lästig war, verständigten wir uns also über solche Zeichen. Manchmal rief sie mich an und tat so, als rufe sie den Roomservice an. Ich wusste dann sofort Bescheid und bin hin.*«

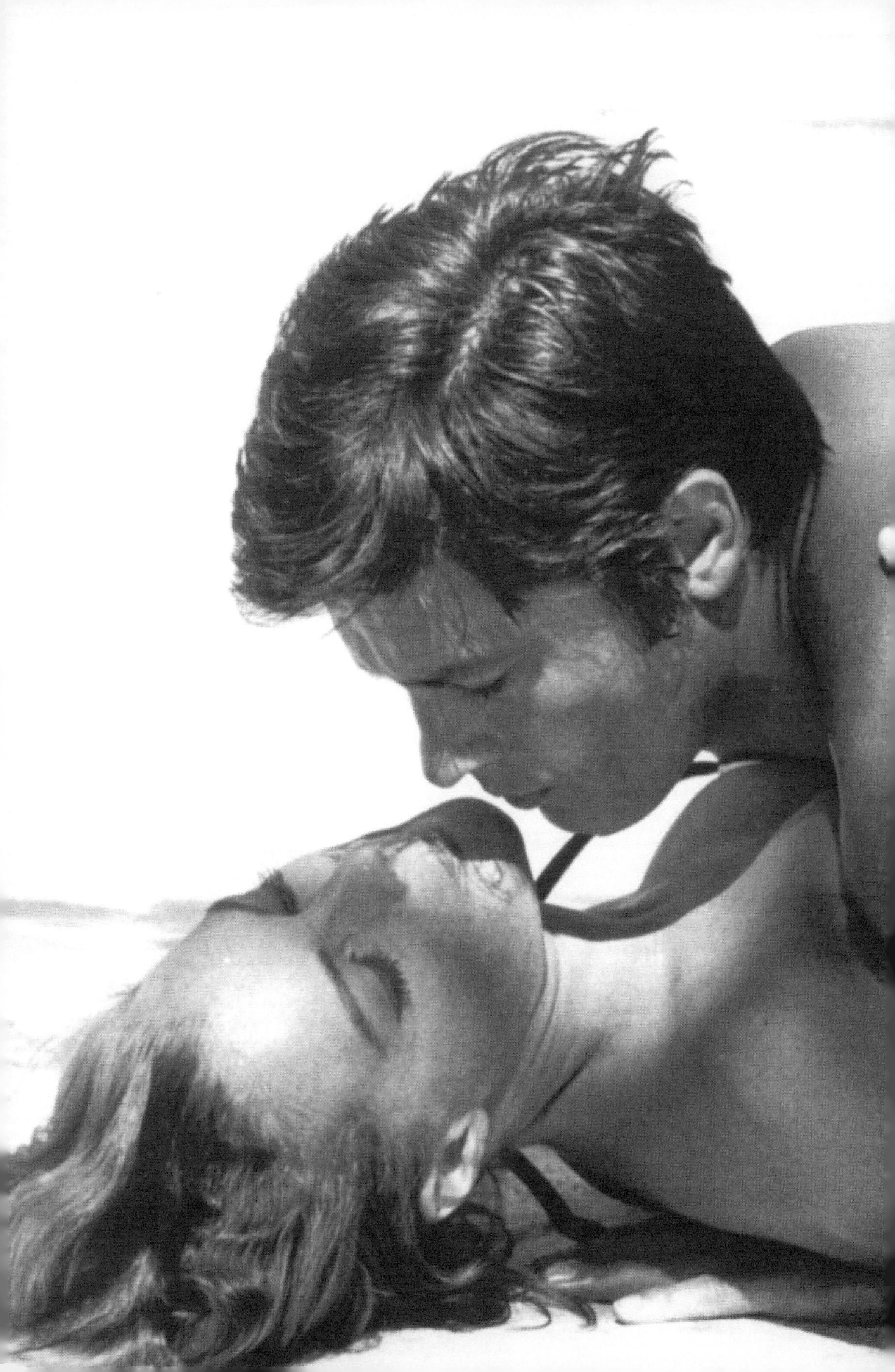

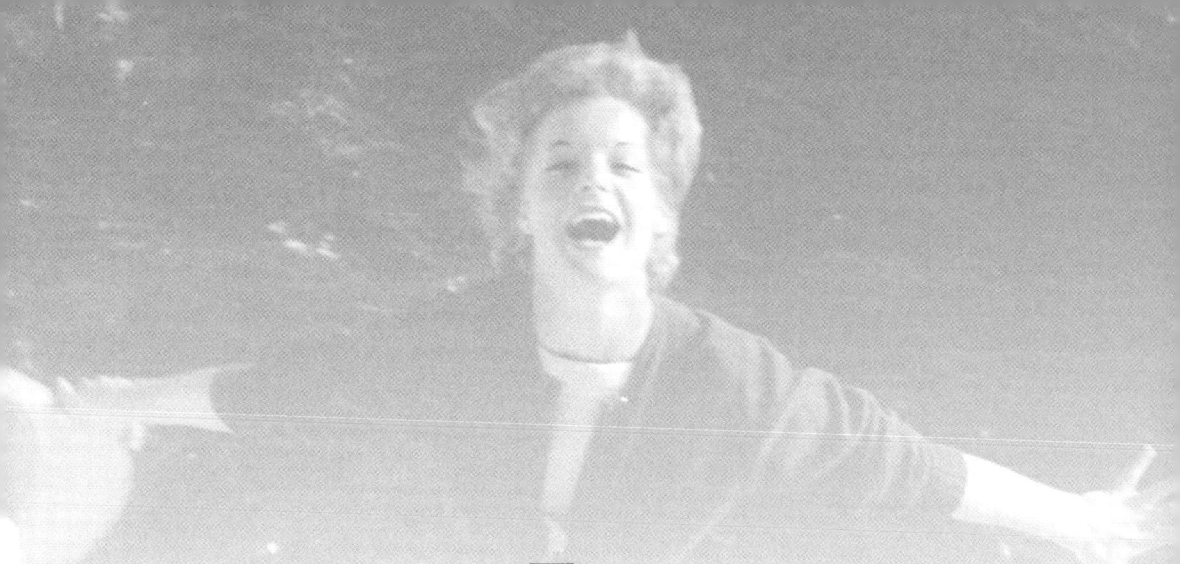

7
ALAIN UND DIE ANDEREN …

»Es hat ihr kein männliches Wesen auch nur annähernd das Gesuchte gegeben! David … David kam diesem verzweifelt Gesuchten wohl am nächsten.«
(Horst Fehlhaber)

Romy Schneider und Alain Delon – der Klang der Namen erzeugt auch heute noch Gänsehaut. Das Gedächtnis Frankreichs und Deutschlands produziert in Sekunden leuchtende Bilder im Kopf, ganze Glücksserien, Unglücksserien. »La princesse et le feu follet« – es ist die radikalste Begegnung ihres Lebens. Diejenigen, die Romy Schneider nahe standen, die diese Zeit erlebten, Familie und Freunde, bescheinigen zwar nicht, dass sie ein glückliches Paar erlebten, aber jeder findet in etwa die gleichen Worte, Romy Schneider nie glücklicher gesehen zu haben als in der Zeit mit Alain Delon. In dieser Aussage liegt bereits die ganze Tragik. In der Beziehung zu Alain Delon passiert, was sonst nur vor der Kamera passiert, Romy Schneider gibt sich ganz. Die nicht vorgesehene Berührung der deutschen »Prinzessin« und des »gallischen Hahns«, die Ende der Fünfzigerjahre (praktisch zwischen Erbfeinden) sowohl einen unglaublich pathologischen Hass als auch einen ebenso pathologischen Glamour aufstäuben lässt – »das Verlöbnis«, »die größte Romanze des Jahrhunderts«, die längste und leidenschaftlichste »Brautzeit«, die Entlobung … die Liebe (die über den Tod hinaus) – ist ein ungelöschtes

Gedächtnis, gleich einem Ort, der nur Frankreich und Deutschland gehört. »The thrilling pictures« des Paares Schneider-Delon waren auch nicht immer echt, aber selbst aussortierte Schnappschüsse, sie hatten noch Format.

»Herr Delon, herrje, man sollte da auch mal die Kirche im Dorf lassen! Doch, ja, er war ein netter Typ damals. Ein ziemlich ›verrückter Hund‹. Er war nett!«, sagt Monique Dury, in diesem ihr ganz eigenen Tonfall.

Als Romy Schneider ihr Land wechselt, hat sie noch die leuchtenden Ingredienzien der Prinzessin, eine rauschende Krinoline, die Jungfrau mit dem Staubzucker am rosa Kleid, Monique fand sie sogar ein bisschen zu gut genährt: *»Sie war bezaubernd, aber … ich dachte: na ja, für die Leinwand wird sie wohl ein bisschen abnehmen müssen.«* Ihr Aufbruch, dieser Akt der Courage, bleibt wie ein historisches Ereignis in den Köpfen der Menschen. Wie im Zeitraffer lebt sie diese Häutung, ein Weg, den sie im eigentlichen Sinn vollkommen allein ging. Gehalten wird sie nur von ihrem Mut und dem Stoff, aus dem ihre Träume sind. Die Kostümbildnerin Monique erlebt *»Mademoiselle Romy«* jeden Tag inmitten dieses Kraftakts, manchmal himmelhochjauchzend, manchmal völlig niedergeschlagen, weinend, *»… die Hände vor ihrem Puppengesicht. Wie ein kleines Mädchen! Man sah ihr nicht mal ihre 24 Jahre an. Sie war 24, aber … Man hätte sie eher für eine kleine Achtzehnjährige gehalten, völlig verloren inmitten der Theaterleute.«*

Die Gehilfen dieser metamorphen (Ver)Wandlung sind der italienische Regisseur Luchino Visconti, die französische »Schneiderin« Coco Chanel, der »Friseur« Alexandre, alle ebenso von Weltruf.

Mit Delon wohnt sie am Quai Malaquai Nummer 3. Es war die Wohnung von George Beaume, ein Exil für Verliebte. *»Das war nur ein Schlafzimmer, ein Wohnzimmer, ein Badezimmer, die Toilette war am Gang, und das war alles rot tapeziert, das war ganz hübsch, die erste Wohnung, und sie hat mich eingeladen für ihr Theaterstück: ›Dommage qu'elle soit une putain‹«*, so erinnert sich Margit, die Internatsfreundin an diesen Ort, an dem Romy sehr glücklich war.

»Romy und Alain – das war sehr periodenweise«, sagte Roger Fritz, einer der jungen Deutschen, einer der Regieassistenten um Luchino Visconti, der beide erlebte. Da waren zwei junge Menschen, die unendlich verliebt waren, die aber beide an die erste Stelle ihren Beruf gesetzt hatten, darauf brannten, Karriere zu machen.

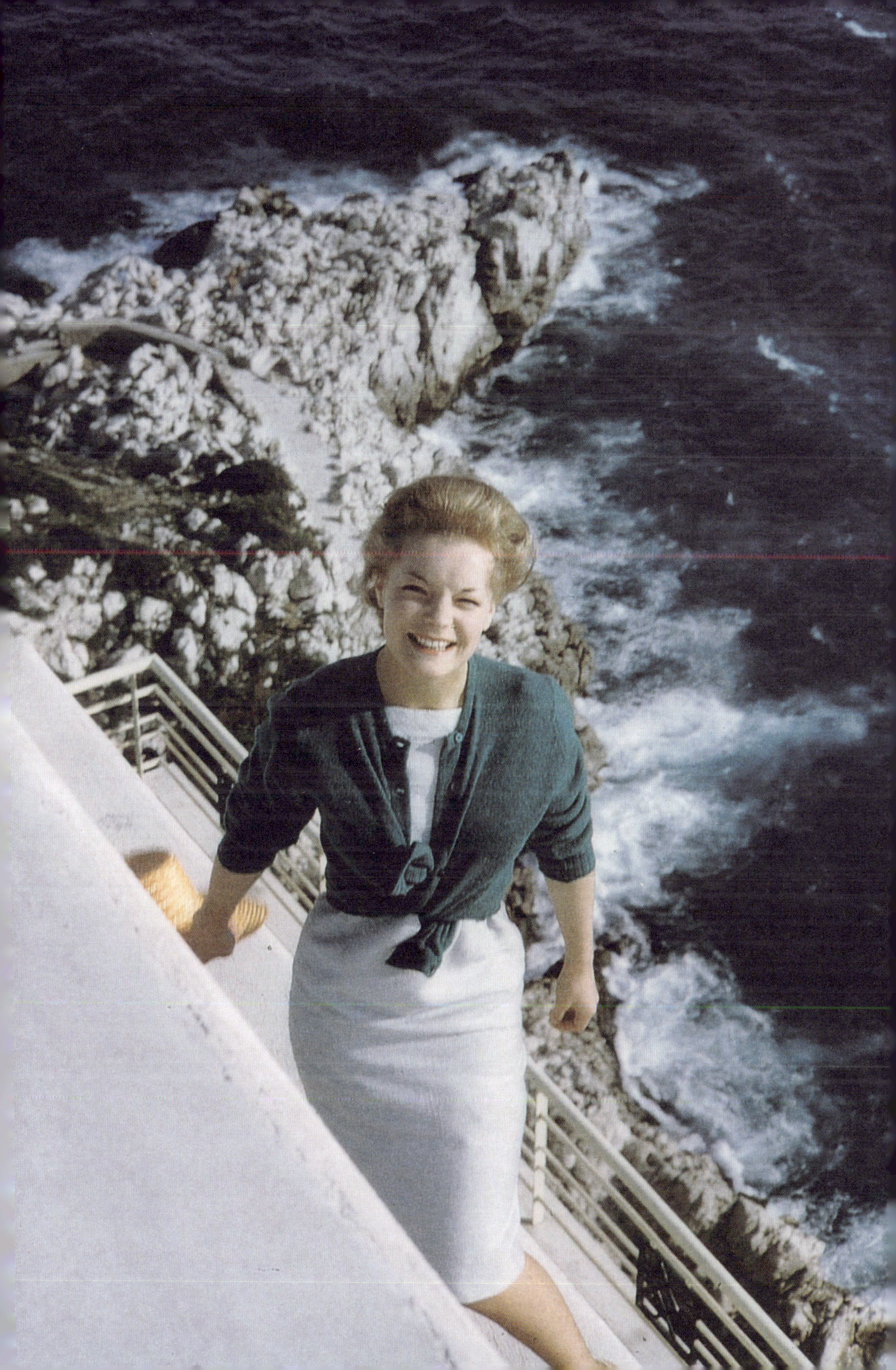

Oft erlebt Romy *»diese Mischung von Kälte und Charme, … die also beeindruckend war«* (Mario Adorf), trotzdem, wie an unsichtbaren Fäden, er war ihr Mann, sie war seine Frau. Hunderte Briefseiten an ihre Mutter, die mit »Ma Chérie«, »Mein bester Kamerad«, »Liebling« oder »Mutz«, beginnen, dokumentieren diese Zeit.

»Vieles werde ich Dir noch erzählen wenn wir uns sehen – … Mit dem Kopf durch die Wand, und hat natürlich immer Recht, und ich kann keinen Satz ausreden – dann – gute Nacht – er geht in sein Zimmer – Türe zugeknallt, dass bei mir die Cremedoserln und Flascherln umfallen – ich lächele, l ä c h e l e! – nach 10 Minuten kommt er wieder – zu mir ins Bett und schreit: warum sagst Du eigentlich kein Wort? - - - und dann sag ich ihm ganz ganz leise ins Ohr – ›weil Du ein Affe bist‹ – ›Altes Ehepaar‹ – ah es ist manchmal zu komisch! Aber nicht immer – es ist auch sehr schön und ›schönschwierig‹ - - - Ich liebe ihn sehr – sehr! Jeden Tag fühl' ich's mehr …«

Romy fühlt die Provokation. Auf jeden Fall *fühlt* sie. Und dass jemand vor ihr nicht in den Staub sinkt und sie stattdessen brüskiert, reizt sie (neben allen Irritationen) per se. Alain Delon, der alles das darstellt und lebt, was einem Mädchen aus gutem Hause strikt verboten ist, ist derjenige, von dem Romy Schneider sich *»gewaltsam in die Knie zwingen«* lässt. Das, wovon er nach Jahren sagen würde: *»Mon cherie – unsere Welten – die sich immer noch – in vielem sehr unterscheiden, deine + meine, sind wohl so am besten erklärt: Du könntest eine Königin sein und jederzeit, wenn's dir passt unter ›die Leute‹ gehen – die normalen einfachen Leute – die da unten – ich – ich könnte aber nie ein König sein!*

Und deine Welt ist die viel schönere – aber nicht immer die meine – weil ich das andere ›Schwarze‹ so viel besser kenne als du – gut für dich. Deshalb wirst du – hast du bis jetzt, oft vieles nicht verstanden – viele meiner Reaktionen, nicht verstehen können, nicht akzeptieren können – aber vielleicht später – das eine schliesst das andere nicht aus!« (Brief Romy Schneiders, Januar 1963), ist vom Moment der ersten Begegnung an existent. Alain, diese halt göttliche Erscheinung, die sie zuweilen an den verlorenen Vater erinnert, mit den depperten Augen, jenem »Übercharme«, (*»Na – Aber so schrecklich liebenswert – diese Scheißfigur!«),* kommt dem mystischen Bild, das immer existierte – Vater … Imagination … Prinzgemahl … Halbgott … Windhund –, sehr nahe. Er würde der einzige Mann dieser »Qualität« bleiben. Sie trifft ihr Ideal, begegnet in gewisser Weise … der emotionalen Kälte ihres Vaters wieder. Roger Fritz, Drehpartner aus »Boccaccio 70«, Teil der Szenerie über diese Zeit: *»Romy und Luchino? Ich bin der Meinung, dass Romy große Ehrfurcht vor Visconti hatte, weil er eh ein so gewaltiger Macho war. Vor dem hatte jeder Ehrfurcht, eigentlich mehr Angst als Ehrfurcht. Und diese ganze Sache – sie hing da so in einer seltsamen Situation drin. Ihre Position war so, dass sie mit Alain Delon zusammen sein wollte – und Alain Delon wollte eigentlich mit Visconti zusammen sein.*

Nur Alain Delon wollte mit Visconti, meiner Meinung nach, mehr deswegen zusammen sein, damit er noch mehr Filme mit ihm dreht. Und nicht deshalb, weil er unbedingt ein homosexuelles Verhältnis mit ihm haben wollte, was Visconti unter Garantie wusste. Aber er war natürlich sehr verliebt in ihn … Und Romy hing halt so dazwischen.«

Es gibt kaum essenziellere Schilderungen der Charaktere, als diese von Roger Fritz: *»Romy und Alain? Es war nicht anders als ein anderer Mann mit 'ner Frau zusammen … Aber es war nicht so händchenhaltend. Zwei sehr auf sich bezogene Menschen, die zusammen sind. Es war eine ziemlich egoistische Szenerie.*

Das war halt so 'ne große Spielerei die hin- und herging. Mir kam die Romy immer bisserl sehr verloren vor, wenn sie dahin kam … Ich hatte immer das Gefühl, dass sie manchmal traurig vereinsamt herumsaß. Wenn sie dann zusammen waren, Romy und Alain, natürlich haben sie dann geredet. Aber im Grunde hat sich Visconti um Delon gekümmert, Delon hat sich um seine Rollen gekümmert, und Romy Schneider hat sich um Alain gekümmert.«

Zwischen diesen starken Charakteren, zwischen diesen Männermachtspielen, in einem heroischen Kraftakt, legt Romy eine giganteske Karriere hin, innerhalb von Monaten arbeitet sie mit internationalen Regiegrößen ihrer Zeit auf Augenhöhe und wird eines der bedeutendsten Leinwandgesichter.

Als hätte sie in dieser Zeit sehr schnell hinter die Spiegel geschaut, während sie beruflich in schwindelerregende Höhen aufgebrochen ist, zerbricht so einiges in ihr. Mario Adorfs prägendste Erinnerung an Romy Schneider in dieser Zeit des Dolce Vita in Rom, als Romy und Alain – *»unsere neue Palazzowohnung«, mit zwei Kaminen, einem im Wohnzimmer und einem im Schlafzimmer«* (Romy Schneider) bewohnen, ist wie ein Blick durch's Brennglas *»… zuerst fand ich sie sehr locker … bis ich dann merkte, in ihrer Beziehung, da kri-*

selte es wohl damals. Ich weiß nicht, ob das schon die endgültige Krise war ... aber jedenfalls merkte man, dass das Spannungen waren und dass sie auf einmal eben auch ganz sich zurückziehen konnte und ganz streng wurde eigentlich. So die ersten, wahrscheinlich die ersten, schweren Leiderfahrungen hatte. Ich weiß nicht, was vorher schon passiert ist, es gibt ja sicher sehr viele kleine Schläge in einem Leben. Aber da hatte ich das Gefühl, dass sie empfindlich war und diese Schläge sehr bewusst empfand. Nicht?«

Mario Adorf, der sich an den jeweils letzten Tanz auf Filmbällen aller Art erinnert, wie er walzertanzend mit Romy über das Parkett glitt, erlebt die Szenen der Dauerverlobten so:

»Das war leider eben auch eine – darf man vielleicht auch so nennen, eine Untreue von Alain Delon und auch, dass er sie nicht gut behandelte, manchmal. Auf mich machte er immer einen sehr kalten Eindruck. Er konnte sehr charmant sein ... Und ich hab ja dann an einem Abend, das sehr intensiv mitbekommen, als Alain verschwand, bei einer Party wo wir waren, bei einem Essen und sich dann für ganz andere Frauen interessierte ... Da war ein brasilianisches Ballett, das da auftrat und auf einmal war er verschwunden. Und sie hatten sich schon vorher ein bisschen gestritten, in einem Restaurant ...« Alain fuhr im Ferrari voraus, Mario Adorf in seinem Austin Healey, Romy fährt mit einem Freund Adorfs.

»Also wir sind schon getrennt dahin gefahren. Und irgendwann kam dann Delon wieder und dann war ein kurzer Wortwechsel und dann weinte sie und dann sagte sie zu mir, würdest Du mich nach Hause bringen? Und ich hab sie dann nach Hause gebracht und bin da geblieben, sie hat mich dann zu einem Champagner eingeladen usw. und wir haben gesprochen ...«

Romy spricht aber nicht über ihre Tränen, über ihre Verlassenheit, sie spricht über das Theater, sie fragt gezielt nach dem Theaterintendanten August Everding. *»Ich möchte gerne Theaterspielen! ... und sie hätte aber gerne in Deutschland, auf Deutsch Theater gespielt. Auf Französisch hat sie das damals sich gar nicht zugetraut, noch ...«* Das zeigt, dass ihr *»Überlaufen zu den Welschen«* (Volker Schlöndorff) auch eine Flucht vor den nicht vorhandenen künstlerischen Möglichkeiten, vor einer sich ankündigenden Banalität im deutschen Kino war.

Als die Gläser leer sind, im Morgengrauen, bat Romy dann Mario Adorf, sie zu begleiten, Alain suchen. *»Und das hat mich sehr traurig gemacht. Nicht ... – jetzt sucht sie den Kerl auch noch.«*

Noch immer hat er Romys Worte im Ohr: *»Ich weiß wo er ist …«*, Romy und Mario fahren durch die Straßen des schlafenden Roms, den Stadtteil Parioli, Alain finden sie nicht. Beide stranden im Morgenlicht, auf der berühmten Piazza del Popolo: *»Da ging sie dann auf die eine Seite, da ist dieses Halbrund, also auf jeder Seite, eine lange Mauer, nicht wahr, und der Brunnen auf der Seite vom Pincio und dann ging sie über den Platz rüber und sagt: ›Warte hier!‹ und ich wartete hier, und auf einmal fing sie an zu sprechen, zu flüstern, auf der anderen Seite und durch diese Schallgeschichte mit diesem Halbrund konnte man es hören, als ob jemand neben einem steht. Und das wusste sie offenbar, und dann setzte sie sich auf einen Mauervorsprung und fing an, das Gretchen, den Gretchenmonolog zu sagen. Ein hohes Thema …*

Ja, das war so unglaublich, also diese Atmosphäre auf diesem Platz und dann, wie sie das mit einer Intensität sagte, und ich merkte also, wie sie mich immer mehr rührte … dann sprach sie und dachte an Alain Delon. ›Sein hoher Gang … und wenn ich ihn küssen könnte …‹ usw. Diese Sache war so schrecklich eigentlich für mich, nicht, weil ich merkte, dass sie verliebt war und litt unter ihm. Aber es war natürlich auch eine sehr gute Szene.

Und das Komische, also das sagen wir mal, das Erstaunliche daran, als sie dann fertig war und weinte … auf einmal stand sie auf und sagte: ›Na, meinst Du, das würde Herrn Everding überzeugen?‹ Und dann ging sie zu meinem Wagen und setzte sich rein … Ich fuhr sie dann nach Hause.«

Diese Spannungen, aber auch schon diese sichtbare Prioritätensetzung in Sachen Liebe und Karriere, spielen sich bereits am Anfang der Beziehung ab, noch vor dem Theaterstück »Schade, dass sie eine Hure ist«, 1961. Privat kündigt sich zwischen den Auseinandersetzungen, den Versöhnungen – *»Ich liebe ihn mehr als Gestern und weniger als Morgen …«* (Brief, Romy Schneiders, Januar 1963), dem Warten, den Tränen, irgendwie ein Absturz hinter den gestapelten Problemen an. Romy wirkt trotz ihrer Jugend bereits vielfach gezeichnet. Die Verwendungen durch das Tragische scheinen unvorstellbar, trotzdem schimmert durch den Glanz selbst in der Fröhlichkeit, den Triumphen, etwas durch: Unabwendbares, Unmäßiges, Unwiderrufliches.

Mario Adorf erinnert sich auch noch an das *»Nachspiel«*, wie er es nennt: Als er nach Hause fährt, kommt ihm Delons Ferrari in einem Wahnsinnstempo wie ein Pfeil entgegen, man fuhr damals durch die Stadt mit 100, 120.

Alain Delon hielt neben ihm und *»sah ziemlich zerknittert aus«* und fragte: *»›Wo kommst Du denn her?‹ Ich sage: ›Ich komm von Romy!‹*

›Was habt ihr denn gemacht?‹ Ich sage: ›Wir haben gesprochen!‹

›Aha! Gesprochen, aha!‹ Und dann gab er Gas und war weg und das ist eigentlich das Ende dieser Geschichte.«

Viele dieser »Geschichten« enden in etwa so, und es ist nicht mehr und nicht weniger, als der Anfang einer sich abzeichnenden privaten Tragödie. Als Visconti »Salome« inszenierte, wohnte seine »private Gefolgschaft«, bestehend aus Film und Theater, in einem großen Haus auf dem Berg, am »Monte Luc«. *»Alain war nachts nicht da. Romy ging immer rauf zu Luchino und saß an seinem Bett und hat ewig diskutiert ... Es ging wahrscheinlich nur um Delon – Alle Diskussionen! Der Alain kam gelegentlich. Ist sofort wieder ins Auto gestiegen und nach Rom gefahren 120, 180 Kilometer ... Er hat sie eigentlich so ziemlich lange da allein herumhängen lassen. Ich hab' sie immer heulen hören, bei Visconti im Zimmer.«* (Roger Fritz)

Die Beziehung Romy – Alain lebt ebenso alle Zeit von diesen unsichtbaren, unbeschreibbaren aber auch unauflösbaren Gesetzen. *»Meine liebe Mammi«*, in einer Art Ausnahmezustand der Gefühle schreibt sie bereits am Anfang der Beziehung, an einem 23. Dezember 1959: *»Ich habe heute Nacht etwas erfahren, was so ein Schlag für mich war – dass ich es schwer erklären könnte – es hat mir den Rest – zu allem was in letzter Zeit schon auf mich runterkam (wovon ihr fast nichts wisst) gegeben. Ich bin in einem Zustand den ich Euch – keinem erklären kann. ›Man‹ hat etwas zerbrochen und wenn man keine Scherben verteilen will, dann benimmt man sich wahrscheinlich so, und ist oft so – wie ich ...«*

Der erfahrene Schmerz, die tiefe Traurigkeit ist ein irreparabler Lebensschaden, ad hoc verarbeitet Romy die »Leiderfahrungen« im Film, als ihr Leben nur noch aus Rollen besteht, adaptiert sie den Schmerz bewusst, spielt und benutzt diese ureigene Sensualität vor der Kamera.

Als diese Liebe endet, ist es die Wiederholung, ein Déjà-vu: das zweite Mal hat man sie (um ihrer selbst Willen) *nicht* geliebt. Der Zwilling ihres Vaters (schön und kalt), Alain Delon, hat sie verlassen, wie einst ihr Vater sie verlassen hatte. Jenes Doppelereignis, von jeweils beiden »Urbildern« eines Mannes derart verletzt zu werden, war bestimmend für ihr weiteres Leben. Kein Mann danach hat ihr Innerstes jemals wieder berührt.

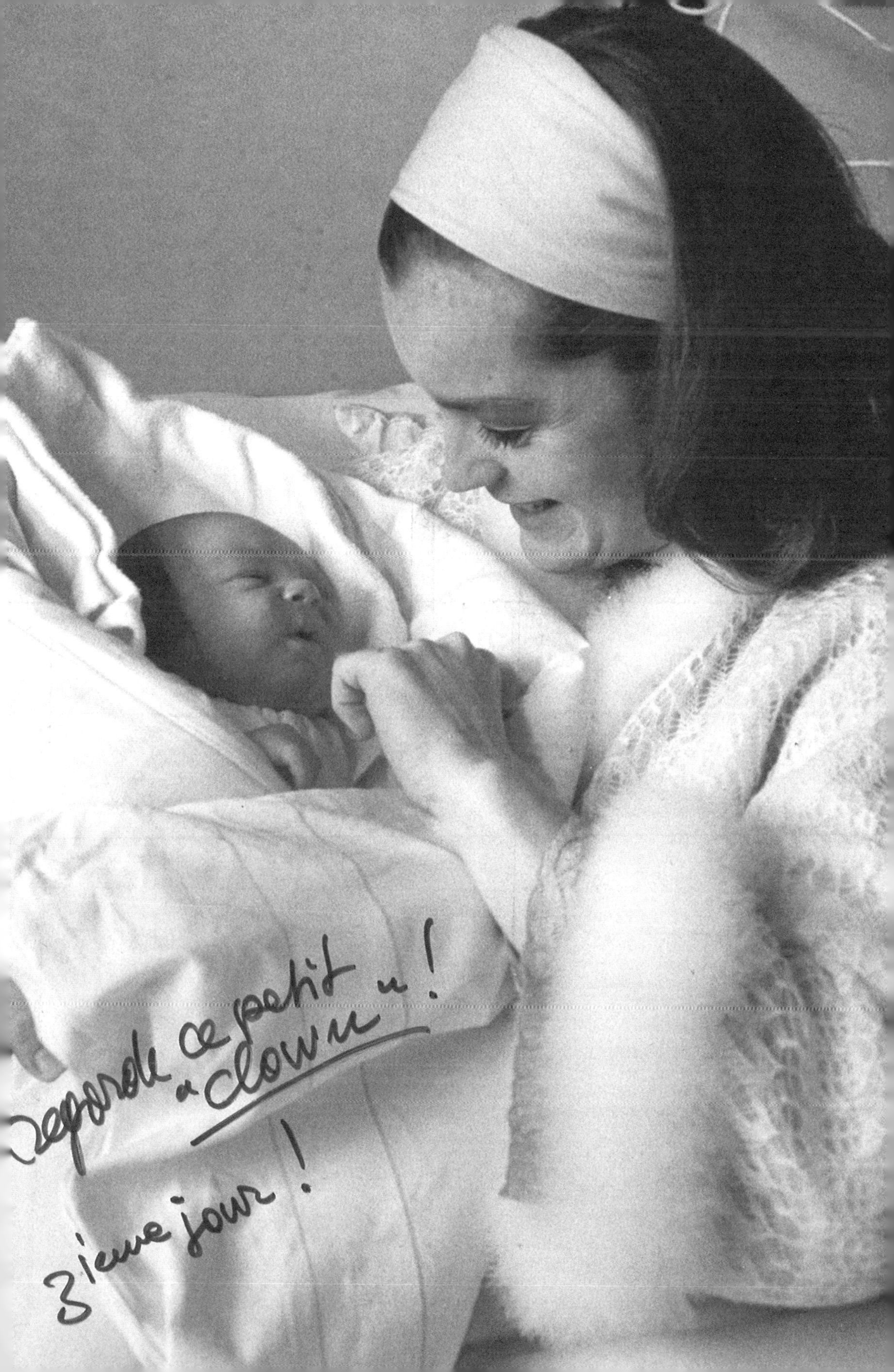
Regarde ce petit «clown» !
3ième jour !

Jean-Max Guérin gibt am 20. Dezember 2011 ein Interview und sagt über die Romy, die er 1969 während der Dreharbeiten von »Die Dinge des Lebens« kennenlernt: *»Das einzige, was für sie im Leben zählte, war David, ihr Sohn, der eigentlich mehr war als ihr Sohn: Er war ihr Begleiter und auch der Mann, der ihr zuhörte. Er war in gewisser Weise ihr Mann. Ich glaube in der Tat, dass David für sie im Leben am meisten zählte. Und danach kam gleich sie selbst. Ich glaube, dass Romy eine einsame Frau war. Sie war einsam, weil – Männer bedeuteten ihr nichts. Was zählte, war das Kino, waren die Filme – das war ihr Leben. Sie musste immerzu drehen. Neben ihrem Sohn zählte nur das Kino. Das hat sie uns übrigens auch so gesagt – das heißt, mir hat sie es so gesagt. Romy war Romy. Sie war Schauspielerin, eine große, große Tragödin, aber ich denke, wie gesagt, dass ihr Sohn und der Film die einzigen beiden Dinge waren, die ihr etwas bedeuteten. Das ist ganz sicher.«* Auch Monique Dury äußert sich nahezu identisch: *»Ihr Leben, das waren ihre Kinder und ihre Arbeit. Das ist einfach, sehr einfach.«*

Die eigentliche Narbe, die sie davonträgt, hat nur mittelbar mit Delon zu tun, sie hat viel mehr mit dem zu tun, was sie bereits in abgeklärten Sätzen sehr früh in ihrem Leben formulierte: An einem *»Sonntag im ›Paradies‹«* (›Mariengrund‹) (7.9.1958): *»Fast alle Menschen stehen im Grunde genommen mit sich selbst allein auf dieser Welt, man sagt sich ›ich liebe Dich‹ und liebt doch eigentlich nur sich selbst, weil man es nicht fertigbringt – ›ein Leben lang‹ – den anderen so zu lieben, wie sich selbst, denn dann würden ›sie‹ ja nicht so allein sein. Wahr haben will's niemand, aber ich glaube es ist so - - - bei <u>fast</u> allen Menschen«*. An ihre Mutter schreibt sie weiter: *»<u>Ich</u> kann in meinem Leben, egal wo ich bin – wann es ist – immer, wenn ich das Gefühl habe ich bin <u>zu</u> allein – eben weil so viele – (oder auch nicht –) andre Menschen um mich herum sind, – ich kann mir eine kleine Fahrkarte kaufen und dahin fahren wo ich <u>nicht</u> allein bin – zu Dir! – Also, kann mir was passieren? Genau dasselbe gilt für Dich, <u>Deine</u> Fahrkarte führt zu <u>mir</u> – kann <u>Dir</u> was passieren? Sind wir nicht eigentlich Glückskinder?«*

Zeitgleich erfährt sie die totale Ablehnung durch die eine Seite ihrer Familie. Es ist wie ein Zusammenprall all der Zurückweisung, es muss bei ihr wie eine Art Verachtung angekommen sein. Gerade der Mutter, Magda Schneider, wurde in Dokumentationen der letzten Jahre Missgunst, ein beispielloser Neid auf die Karriere ihrer Tochter nachgesagt. Aber fast könnte man sagen, all dies treffe tatsächlich auf die Großmutter zu, die berühmte Rosa Albach-Retty, die ja im Leben Romy Schneiders nur eine illustre Unbekannte war, ein sehr blasses Bild der Kindheit, der Hauch einer Erinnerung an Wiener Kaffee-Besuche, *»bei Pappy und seinem Hund«*, in der Reithlegasse 9, kaum mehr. In Wirklichkeit sind sich beide nur ganz selten begegnet.

Da die Ehe Magda Schneider/Wolf Albach-Retty bereits um 1941 kriselte, waren weder Albach-Retty noch seine Mutter Rosa informiert über die Kinder, erst nach dem Tod ihres Sohnes 1967 beginnt wieder ein intensiver Kontakt zwischen Magda und Rosa. Die vielen hübschen Anekdoten etwa, als sich das Kleinkind Romy weinend an die Röcke der ins Burgtheater eilenden Frau hängte und sagte: *»Das blüde blüde Burgtheater nimmt mir meine Oma weg!«*, (angeblich konnte sie kein »ö« aussprechen) sind reine Fantasiearbeit der Ghostwriterin, der sogenannten »Aufzeichnenden« Svoboda-Srncik, aus einer Zeit, in der Prominenten-Biografien zumeist reinen Unterhaltungswert haben sollten und Gegendarstellungen noch weithin unbekannt waren. Die privaten Tagebücher ihrer frühen Kindheit beschreiben fast jeden Tag Rosemaries, von einer Reise nach Wien fehlt jedoch jede Spur. Alles ist reichlich bebildert, fotografisch festgehalten, warum sollten unbedingt diese aufregenden Aufenthalte fehlen? Auch ist er verwunderlich, dieser vermeintliche »Kindermund«. Wenn man noch kein »ö« sprechen kann, sagt man dann schon »Burgtheater«?

In einem Brief vom 19.1.1950 an »Marie«, Romys »Omale«, Magdas Mutter, der noch die österreichische Zensurstelle für Auslandspost durchlaufen hatte, verrät die Wortwahl der berühmten Frau mehr als alle schöngefärbten »Erinnerungen« zusammen. Rosa Albach-Retty erwähnt den bevorstehenden 70. Geburtstag Maria Schneiders, wünscht Gesundheit, und als handele es sich um ein paar Nachbarsbankerln, denkt sie sich scheinbar nichts dabei, als sie schreibt: *»Du hast ja eine große und schöne Aufgabe für Deine Enkerl zu sorgen u. zu erziehen. Ich weiß, es ist eine arge Mühe und viel Sorge dabei aber auch eine ganz besondere Genugtuung und Freude. Bei uns war dieses Jahr im Feiern Hochkonjunktur …«* Zum 75. Geburtstag und zur goldenen Hochzeit, so schreibt sie, *»standen in allen Zeitungen große Artikel«*, die Wohnung sah durch die Blumen der Verehrer *»wie ein Treibhaus«* aus, aber auf die Idee, dass es sich auch um *ihre* »Enkerl« handelt, kommt sie scheinbar nicht. Dieser unbeteiligte Ton, die Kühle und Distanz bleiben, in ihrem Unbeteiligtsein spricht sie von *»Rommy«*. Maria Schneider, die noch vom Krieg ausgezehrt und bereits krank ist, die der Kinder wegen gehungert hatte, die sich aber bis an ihr Lebensende um beide Kinder sorgte, stirbt Wochen später, allerdings mit 73 Jahren.

Wie verletzt muss sie, Romy, gewesen sein, als dieses auch irgendwie und trotzdem unantastbare Bild ihrer Großmutter gerade zu einem Zeitpunkt Risse bekam, als sie am empfindlichsten war. In Paris, als sie in einem gigantischen Kraftakt zur anerkannten Schauspielerin Romy Schneider wurde, als ganz Paris und halb Europa sie feierte, als sie mit den größten Namen am Theater arbeitete, als sie sogar mit dem Gedanken spielte, ihren Namen zu wechseln, ausgerechnet in Rosa Albach, da saß nicht etwa ihre Großmutter zu Füßen ihrer debütierenden Enkeltochter am Bühnenrand und machte ihre lange Abwesenheit durch das einzig mögliche Geschenk an ihr vergessenes Enkelkind wieder gut, nein, am Bühnenrand saß die Mutter, und die starb fast vor Lampenfieber mit. Auch der Sohn der Frau Albach-Retty wurde zu diesem Ereignis im Leben seiner Tochter *nicht* gesehen. So wie es nicht eine einzige Aktion, eine einzige Bemühung des Vaters für die Tochter gab, genauso wenig gab es nicht eine einzige Aktion, eine einzige Bemühung der Frau Rosa Albach-Retty. *»Die Großmutter hatte keine Anstalten gemacht, ihre Enkelin zu sehen.«* (Monique Dury) Romy Schneider fehlte zu ihrer Vollkommenheit nicht nur der Vater, es war die vollständige halbe Familie, die Seite ihres Vaters. Romy musste wohl davon ausgehen, dass somit auch ihr Vater sie ablehnte als Schauspielerin. Sie fühlte sich nicht nur zurückgewiesen als Kind, als Tochter, nein, seit diesem Moment war es mehr.

Es war nicht nur ein absolutes Desinteresse am Leben der Tochter und der Enkeltochter, es gab nicht nur tiefe Verletzungen des Kindes, des Mädchens, sondern auch der Frau. Was wog schwerer, was hat sie tiefer verletzt: die große Verletzung als Kind, als der Vater vollständig aus ihrem Leben verschwand, eine Verletzung aus Egoismus, Charakterschwäche, oder diese Verletzung der erwachsenen Frau, eine, die ja ganz bewusst geschah?

»Sie sprach von ihrem Vater,« aber mehr noch erinnert sich Monique Dury an Romys Erschütterung, als sie erfuhr, dass ihre Großmutter nicht darüber hinwegkam, dass Romy zum Kino gegangen war. *»Ihre Enkelin war zwar sehr charmant, doch machte sie eben ›nur‹ Kino. Und für eine große Theaterschauspielerin ist das – … Angeblich soll sie* (die Großmutter) *ihr* (Romy) *gesagt ha-*

ben, also Romy hat mir erzählt, sie habe sich von ihrer Großmutter abgewendet, weil die ihr gesagt hätte: ›Du bist nichts als ein fotogenes Äffchen.‹ – Bei Romy kam das natürlich gar nicht gut an. Aber sie sprach dennoch mit Bewunderung von ihrer Großmutter …« der Satz kam immer wieder hoch bei der Enkelin, *»wie etwas schwer Verdauliches«,* so hat Monique das in Erinnerung.

Befremdlich ist die Tatsache, die »Der Spiegel« 36/1.9.1980 vermeldete, zu einem Zeitpunkt, als Romy Schneider noch lebte, und die »Wiener Oma« bereits 105 Jahre alt war. Während Magda Schneider zu keinem Zeitpunkt ihres Lebens reklamierte, trotz eigener Karriere, als »Mutter Romy Schneiders« tituliert zu sein, ärgert sich die Frau Albach-Retty darüber, *»als ›Romy Schneiders Großmutter‹ abgewertet zu werden«.*

Die Fragen ihrer Kindheit finden hier ihre vollständige Antwort. Diese Kälte, die sie erfuhr, schockte sie. Es ist, als hätte sie nie zu fliegen gelernt, weil immer ein Flügel verletzt war. Die intellektuelle, die cineastische Welt Frankreichs liegt ihr zu Füßen, aber ihr Vater denkt gar nicht daran, einen einzigen Abend seines Lebens ihr zu schenken, einfach einmal da zu sein.

»Ich gebe dem Vater, Albach-Retty, gebe ich die Hauptschuld! Entschuldigung wenn ich das sage … Blut ist dicker als Wasser, aber … ich habe manchmal sogar den Eindruck gehabt, durch seine Distanzierung usw. dass er fast neidig und eifersüchtig war, dass seine Tochter einen solchen Welterfolg hatte und das alle Menschen über seine Tochter so positiv sprachen,« Claus Wilcke benennt, was kaum einer benennt, immer wieder redet er fast therapeutisch mit Romy, worüber sie kaum mit jemandem reden kann. *»Weil ich ihr immer wieder gesagt habe: wer einfach fehlte, ist Dein Vater gewesen, Dein leiblicher Vater. Weil sie da wirklich zu Schaden gekommen ist. Das habe ich ihr auch so gesagt … Manchmal habe ich sie auch dann in den Arm genommen und dann fing sie an zu weinen, wenn ich das sagte.«*

Er muss verstörende Bilder hinterlassen haben, Wolf Albach-Retty. Romy Schneider hielt sie zwar hoch, die minimalistischen, fernen, seltenen *images* (sie hätte ihn wohl auch alle Zeit mit offenen Armen aufgenommen, ihren Vater, allein fehlte ihm lebenslang das Interesse in diese Arme aufgenommen zu werden), aber von der großen Liebe der Tochter zum angebeteten Vater zu sprechen, geht vor allem an Romy Schneiders tiefer Verletzung vorbei.

Der Vater, das war rundum ein großes Versagen. Er war der Verrat ihres Lebens. Bereits das Kind Rosemarie war viel zu intelligent, um sich zu sehnen nach dieser Person hinter dem Versagen, hinter dem Verrat. Die seltenen Beschreibungen des Vaters tragen vordergründig immer die Züge eines imaginär Angebeteten, der reprisenhaft (als Vater, als Geliebter, als Traumbild in ihren Rollen) wiederkehrt, aber unerreichbar bleibt. Die Schattierungen dieser sehr persönlichen Verletztheit, dieses Mangels werden Teil ihres kaum beschreibbaren Ausdrucks einer sie immer umwehenden Sehnsucht vor der Kamera und im Leben.

Wie ein aufklappbares Schaubild liegt die Erzählung des Nachbarjungen Wolf Calebow entmystifizierend auf den irrlichternden Auslegungen der Beziehung Albach-Rettys zu seinen Kindern. Ausgerechnet auf dieser Heile-Welt-Wiese vor dem Haus »Mariengrund« hinterlässt er jene Bilder en moment: *»Es war ein wunderschöner sonniger Tag, und dann kam mit Tatütata der Wolf Albach-Retty mit einer flotten jungen Frau, in einem flotten, offenen Cabrio,* was *man damals in den ersten Nachkriegsjahren so oft nicht sah.*

Er kam vom Winkellehen her an, an dem sogenannten Kirchnerhäuschen vorbei, bis zum Gartentor vorgefahren … unkompliziert, fröhlich winkte er und sagte ›Hallo‹ zu den Kindern … marschierte rein, ohne irgendwas zu erklären, ging in den Flur, nahm dort die ganzen Hirschgeweihe runter … Packte die auf den Rücksitz und tatütata, fuhren die wieder ab. Er rief noch mal was zu: ›Hallo!‹, irgendwas … und fuhr dann fröhlich auf die Hupe drückend und mit den Armen winkend, wieder von dannen. Da gab's keine Begrüßung, Händeschütteln, Umarmung, nix dergleichen, sondern nur so: Tatütata! Im Grunde war die Szene so, wenn sie im Film so gezeigt würde, würde man sagen: Na ja, im wirklichen Leben kann das so nicht sein! Das war hier umgekehrt!«

Dr. Wolf Calebow hat diese Szene nie vergessen. Da es eine der ganz wenigen Begegnungen überhaupt gewesen war, wird sich Rosemarie diese Erinnerung eingebrannt haben. Wie lange wird sie wohl ihrem Vater und seinem Abgang sans coeur, dem hohen Berg gestapelter Hirschgeweihe auf dem Rücksitz des davonbrausenden Sportwagens nachgeschaut haben?

»Ich staunte nur … mit welcher Unbefangenheit und doch auch Frechheit er da hineinmarschierte … völlig unkompliziert, er hat aber nicht eine Sekunde Zeit verbracht, sich etwa noch einen Moment den Kindern zuzuwenden oder so etwas. Nur hallihallo!«

Der Vater, das ist ein eiskalter Akkord im Leben Romy Schneiders. Bei genauerer Betrachtung lebenslang nie mehr als dieses »Hallihallo«, getragen von einer tiefen, emotionalen Armseligkeit, einer großen Feigheit und Scheu vor Konflikten, vor jeglicher Verantwortung.

Alles hängt bei ihr mit allem zusammen, wenn später etwa unerklärlich war, warum die große Romy Schneider bei den Dreharbeiten zu »Die Spaziergängerin von Sans-Souci« völlig aus dem Gleichgewicht geriet, wenn die Equipe aus Beleuchtern, Bühnenarbeitern & Co ihr nicht genug Beachtung schenkte.

»Ich glaube, das muss mit etwas weit Zurückreichendem bei ihr zu tun gehabt haben. Ich habe sie nie gefragt, doch wenn sie es mir hätte sagen wollen, hätte sie es gesagt«, erinnert sich Monique Dury, die Romy in diesen Momenten stets auffängt. *»Deshalb glaube ich, dass irgendeine tiefe Wunde in ihr war, die niemals geheilt ist. Und die hat sie als ihr Geheimnis mit ins Grab genommen. Sie hatte ein Bedürfnis – nicht einmal ihr Bedürfnis zu essen war so groß: Sie brauchte es, geliebt zu werden. Liebe war ihre Nahrung. Es war für sie absolut niederschmetternd, wenn sie ans Set kam und einer der Bühnenarbeiter an ihr vorbei ging, ohne zu grüßen. ›Er hasst mich‹, sagte sie dann. Und das nahm dann plötzlich Ausmaße an! Ich musste ihr eine halbe Stunde lang sagen: ›Hör mal, Romy, er hat seine Arbeit und hat anderes zu tun, als jetzt Liebeserklärungen zu machen.‹ So etwas quälte sie, wie ich es selten bei jemandem erlebt habe. Tja, warum? Sie hatte zweifelsohne ihre Geheimnisse. Möglicherweise steckte auch gar nichts dahinter. Das kann ich Ihnen nicht sagen.«*

Um zu verstehen, warum Romy Schneider sich so in ihre Filme stürzte, muss man diese inneren Zusammenhänge addieren. In jeder unverständlichen Geste, in jedem unvermittelten Glücksausbruch, in jedem Tränenmeer, in jedem genialen, bravourösen, perfekten Moment vor der Kamera, trägt sie diese Schichtung von Gefühlen, diese private Geschichte mit sich.

»Es hat mich schon sehr berührt«, gibt Mathieu Carrière zu, *»weil die ganze Tragik, die dahinter lag, auch … Ich … versuchte, was weiß ich, sie zu schützen. Sie hat eigentlich immer nur in Brocken, oder in einzelnen Explosionen drüber geredet.«*

Aus der Beziehung mit Delon geht sie vollkommen desillusioniert heraus, aber nicht weil sie Delon verloren hat, sie hat weitaus mehr verloren – sich selbst. Sie wird nie mehr einen Mann so anschauen wie Delon, was ihr im Privaten bleibt, ist die Liebe am Wege.

Sie war die ganze Zeit ganz allein. Wer war wirklich da? Dauerhaft ihre Mutter, später ihre Kinder. Für die Dauer eines Films war es die Crew, das war allerdings nur in Frankreich so.

Wie immer ist sie pressant, eilt in ihren nächsten Film. *»Also – my work now: selbst für keinen Pfennig & nur für eine halbe Stunde – hätte ich mit Orson Welles gearbeitet! (wie eben Luca auch!) Mein lb. Gott – kann der Beruf herrlich sein! Mit so einem Regisseur! Es ist alles ›like a dream‹, man bewegt sich & spricht als ob's ›Fliegen‹ wär!« …*

Wenn man sich diese Momente Romy Schneiders vor Augen führt, in denen sie restlos glücklich war, dann war das meist an einem Filmset, etwa bei einem genialen Zusammenprall mit einem Filmgenie wie Visconti, Welles, Clouzot.

Mit Monique, die sie zu diesem Zeitpunkt noch siezt (später würden sich beide bei den Dreharbeiten, am Set offiziell mit einem »Sie« anreden, entgegen Romys Wunsch, aber für Monique gehörte das »Sie« am Drehort zum Respekt gegenüber »der Chefin« dazu), ist sie sofort zusammengeschweißt. Nach der Theatertournee »Die Möwe«, die sie sogar in den Libanon führte, drehten sie ihren ersten gemeinsamen Film. Die Dreharbeiten in Paris, im stillgelegten Bahnhof Gare d'Orsay, waren für Romy eine wahre Schule: *»Das musste sehr lange hergewesen sein, dass da jemand auf dem Dachboden war. Es war der reinste Taubenschlafsaal. Das kann man sich kaum vorstellen: als wir reinkamen, roch alles nach Verwesung. Aber Orson Welles hatte diesen Ort absichtlich ausgesucht, weil … – DER PROZESS ist ein bisschen kompliziert. Kafka eben. Man merkt, dass es Kafka ist, bei dem ist immer alles ein bisschen seltsam. Und dieser Anwaltsmensch in dem Film lebte auf einem Dachboden, inmitten von Tauben und so. Und deshalb war es natürlich sehr dreckig. Romy spielte, ich will jetzt nicht sagen die kleine Schlampe, aber ein bisschen so was in diese Richtung. Also sie spielte das Hausmädchen, das in dem Film alles macht. Und als sie dann auf diesen Dachboden kam – es war schweinekalt, es war wirklich sehr, sehr kalt, und außerdem hatte sie nur so ein dünnes Schwesternkittelchen an. Aber als Orson Welles sie so sah … – Ich war damals noch neu beim Film und war recht forsch. Als wir zu ihm kamen … er war sehr zufrieden. Also Romy ist ihm nicht gerade forsch gegenübergetreten. Sie hatte ihn zwar vorher ein paar Mal gesehen, aber er war immerhin Orson Welles, deshalb hatte sie ein wenig Angst* (vor ihm, Anm. d. A.). *Und plötzlich sagt sie zu* *ihm: ›Das geht so nicht mit dem Kittel. Er ist viel zu weiß, außerdem liegt er nicht gut an.‹ «*

Monique flitzt mit dem Kittel durch das Grand Hotel, in dem die Crew untergebracht ist, wirbelt vom Chef de Rang bis zu den Friseuren das ganze Haus auf, mittels Tee aus Dosen wird in der Badewanne des Hotelzimmers von Madame Clergerie Lenis Kittel zu einem schmuddeligen, kafkaesken Accessoire, der Film steht still, alles wartet, der Stoff muss trocknen. *»Aber Orson Welles drängelte nicht. Er wusste sehr wohl, dass das Arbeit bedeutete. Er war toll – doch meist sind Regisseure nicht so. Er hat sofort verstanden. Er schickte einen seiner Assistenten, nur um mir zu sagen: ›Nimm Dir die Zeit, die Du brauchst‹.«*

Monique organisiert gleich fünf Friseure, Romys Filmgarderobe wird trockengepustet, in aller Vorsicht mit Bügeleisen aller Art bearbeitet und von Monique per Nähmaschine geändert: *»… sodass es oben herum fast auseinanderplatzte. Jedenfalls hat Romy schließlich diesen Kittel angezogen. Die Nähte waren noch nicht mal ganz trocken. Dieser erste Dreh meiner Ro* (»Ro«, das ist die privatime Unterschrift Romys auf Zetteln und Briefen, es ist ihre »Definition«, ihre Verschmelzung des Menschen *Rosemarie* und der Schauspielerin *Romy*) *auf einem Dachboden, der war ohnehin schon recht luftig, mit den Tauben, die hereingeflogen kamen, dem Vogelmist, dem ganzen Dreck. Und dann auch noch diese nassen Nähte, die an ihr klebten. Aber glauben Sie nicht, dass sie geschimpft hätte oder so! Ich habe sie gefragt, ob ihr nicht zu kalt wäre. Und sie sagte: ›Na ja, es ist nicht gerade zu heiß‹. Mehr nicht. Und dann hat sie mit dem Proben angefangen, in ihrem Kittel, der immer noch feucht war. Also wenn irgendjemand meint, dass Romy nicht diszipliniert gewesen sei, dann frage ich mich, wer sie überhaupt je beim Drehen erlebt hat. Und dann rollte sie herum, ich wusste eigentlich gar nicht warum (MD LACHT), sie hat sich in diesen Papierdingern herumgerollt, das heißt: sie schlug regelrecht Purzelbäume mit unserem jungen Hauptdarsteller, mit Perkins. Und dann war die Aufnahme auch schon im Kasten. Wir hatten großen Spaß, ich kann Ihnen sagen, Orson Welles und all die anderen haben sich kaputt gelacht. Auch Perkins. Köstlich! Es wurde richtig gelacht. So einen Dreh hatte ich noch nie gesehen. Wir haben den ganzen Tag nur diese eine Szene gedreht. Und wir haben mehr Zeit damit verbracht zu lachen … Das war vielleicht ein Spaß, sie wie kleine Kinder spielen zu sehen.*

Orson Welles, der sonst wie ein furchteinflößender Herr wirkte … Sie rauften herum und haben Kugeln gemacht, wie Schneebälle, und wir haben den Tag damit verbracht, uns mit Zeitungen zu bewerfen! Das war der erste Drehtag. Es war wirklich heiter. Man kann nicht sagen, dass es Probleme gab. Nicht ein einziges Problem. Es war das reinste Kinderspiel.«

Romy saugt alles auf, hier legt sie die Latte an, dieses Glück, dieses Lernen, dieses Mitschöpfen, dieses Vertrauen, diese Strenge, diese Größe, diese Liebe wird sie für immer in der Filmarbeit suchen und erwarten. Hier lässt sie sich lieben, hier liebt sie. Sie wird ihr Glück in den Rollen suchen, ohne Enttäuschung, ohne Verrat, in der Liebe der Kamera. Das ist dann unschlagbar, als plötzlich die internationalen Pressestimmen ihr huldigen, und Orson Welles sie »die beste Schauspielerin ihrer Generation« nennt, ein Jahr später, nach Fertigstellung des Films, 1963, erhält sie in Frankreich den Preis als »beste ausländische Darstellerin« und wird mit dem Kristallstern der »Académie du Cinéma« ausgezeichnet.

»Ich habe nie mehr einen so entspannten Regisseur gesehen. Er hat sogar selbst in dem Film mitgespielt. Er selbst war also auch im Kostüm. Es gab immer Tee beim Dreh. Und wenn er dann rief ›Kamera ab‹, dann konnte man meinen, jetzt kippt die Stimmung. Aber nichts da. Die ganze Zeit war gute Stimmung. Das war wirklich unglaublich. Ich habe niemals, nie wieder habe ich so einen Regisseur erlebt. In der Regel sind sie ja schon alle ein bisschen eingebildet. Er überhaupt nicht.«

Nicht nur »Alain Chérie« hat zwischen Versöhnung und Entzweiung und Versöhnung seine Affären, auch Romy Schneider hat so manche Romanze, das Heft der Verführung hätte sie sich gern aus der Hand nehmen lassen, aber wie sagte ihre Mutter einst: *»Romy war eine Königin des Flirtens«* … gegenüber ihrer Garderobiere Monique Dury äußerte sich Romy, ihrer Macht und Ausstrahlung bewusst, lakonisch und Romy-like über ihren Filmpartner Anthony Perkins: *»›Wenn ich gewollt hätte, hätte er vergessen können, dass er homosexuell ist.‹ Sie konnte ein richtiger Schelm sein, das können Sie mir glauben.«*

Wenn Romy aus dieser festen Filmset-Umarmung zurück in ihr Leben ging, dann war da absolut nichts. Ihre intakten Beziehungen hatte sie alle am Set zurückgelassen. Das Verschmelzen, das totale Einleben in eine Rolle hatte längst begonnen. Vor Delon hatte sich Romy Schneider bereits für die Kamera entschieden, nach Delon hat sie sich dann ganz und gar für die Kamera entschieden.

Warum hat sie diese große Kraft nie im Privaten beschworen? *»Weil sie es dann nicht mehr gewagt hat«*, sagte Mario Adorf, *»und dass ihr echter Partner auf einmal eben doch der Film, das Kino, die Kamera war.«*

Drei Mal wagt sie es doch noch, ihre Wahl, ihr Augenblicksglück in diesen »Uneinfachen Geschichten« hätte unterschiedlicher nicht sein können. Im Tempo einer *»Jet-Düsenmaschine«* (Magda Schneider) verliebt und verheiratet sich Romy. Harry Meyen (Haubenstock) und Daniel Biasini heiratet sie, Laurent Pétin wird ihre letzte Liebe. »Frau Haubenstock«, »Madame Biasini«, waren in gewisser Weise auch irgendwie Rollen, von denen sie schon als Internatskind geträumt hatte. *»Sie hatte wirklich beschlossen, nicht mehr zu arbeiten«*, so erlebt Madame Dury die Chefin. *»Sie war verheiratet, hatte ein Kind – und langweilte sich zu Tode. Sie brauchte die Dreharbeiten. Sie schrieb mir z. B.: ›Ich bitte Dich, schreib mir …‹ – Sie hat nicht direkt gesagt, dass sie sich langweilte, aber man liest das zwischen den Zeilen. Ich wusste, dass sie sich langweilte. Ich vermute, dass sich das auch auf ihre Ehe niederschlug. Und ich bin nicht sicher, ob Harry Meyen so unterhaltsam war.«*

Beides sein, immer beides wollen, alles im Leben, alles im Film, auch wenn sie das immer wieder scheinbar idealisierte, viel größer als das wirkliche Leben bleibt aber die Lust zu spielen. Sie spielt auch Ehefrau, Hausfrau, und wenn sie es dann nicht mehr aushält, etwa in ihrer zweiten Ehe, dann sendet sie ein SOS, bombardiert ihre Équipe de tournage, beschwört ihre Garderobiere, die zu Dreharbeiten unterwegs ist, sofort in den Garten ihres Anwesens in Ramatuelle in Südfrankreich zu kommen: *»Ich habe Lust auf Lachen und Lächeln und Entspannung, sehr sehr sehr sehr sehr, und bessere Laune.« (»J'ai envie qu'il y a le rire et le sourire et la détente, fort fort fort fort fort, et mon moral plus haut.«)* Allzu deutlich spürt sie, dass ihr das normale Leben nicht glückt.

Am ersten Weihnachtsfeiertag gibt der »Spiegel« bekannt, dass die *»turbulenteste und am heftigsten publizierte Brautzeit der Jahrhundertmitte mit einem Ferngespräch«* beendet sei, dass die Dauerverlobten übereinkamen *»still auseinanderzugehen«*. Der berühmte »Bin mit Nathalie nach Mexico«-Brief war eher die Presseversion, wie auch der berühmte rote Rosenstrauß, den Romy 48 Stunden später bei ihrer Rückkehr aus Paris in der gemeinsamen Wohnung vorfindet.

»Man brauchte ein gutes Ende – das heißt: ein unglückliches *Ende für Romy …«,* (Monique Dury) denn nun ist Romy nicht nur die traurige, Unhappy-End-Prinzessin, sondern auch die ewig traurige, verlassene, Unhappy-End-Verlobte und damit kostbarstes Illustriertenmaterial, europaweit. *»Die beiden hatten sich schon seit längerem nach und nach auseinandergelebt. Sie waren ein Paar, das (längst) im Begriff war, sich zu trennen. Als Nathalie … auftauchte, hat sie nicht das geringste zerstört. Die Beziehung war bereits zerstört.«* Monique erinnert sich, wie sie kurz einzog in die Avenue de Messine, aber auch, dass sie schnell genervt war von der Situation zwischen Romy und Alain: *»Dem einen vom anderen Briefchen zuzustecken, das war nicht meine Art. Ich war schließlich nicht ihre Botin!«*

Behalten hat sie aber auch die fröhlichen Momente, etwa beim Filmfestival von Cannes, als Alain Delon und Monique Romy französischen Jargon beibringen, richtig vulgäre Zoten. Beide gehen eigentlich davon aus, dass Romy etwas merken würde, *»Aber nein! Meine liebe Romy war so was von naiv* (LACHT) *– Ich durfte Delon bloß nicht ansehen, sonst wäre ich gestorben vor Lachen! – Man muss sich vorstellen, Romy, ganz Dame von Welt, sagt völlig ernsthaft: ›Die läuft auf ziemlich kläglichen Stöcken.‹ Das ist richtiger Argot! Wenn jemand so dicke Beine hat, er oder sie hat ›klägliche Stöcke‹ (›les cannes tristes‹).* (LACHT) *Wir haben uns weggeschmissen vor Lachen.*

Ich habe Romy und Delon niemals miteinander streiten sehen. Das kann ich schwören. Und wie ich schon gesagt habe: Sie hatten ihre Momente der Zärtlichkeit, in denen ich mich verkrümelte. Ich musste ja nicht unbedingt dabei sein.«

An den Strauß roter Rosen will Monique sich erinnern, aber das waren keine Dezemberrosen, Romy sagte einige Zeit früher im Angesicht des riesigen Bouquets, und sich dessen bewusst, dass Alain Delon nicht treu sein konnte und die Blumen sicher andere Dinge entschuldigen sollte: *»…als ich den Strauß gesehen habe, sagte ich mir: Das reicht jetzt.«*

In Versailles, gleich nach Delon im Trianon Palace Hotel, *»allein mit Kira«*, ihrer Dalmatinerhündin, als die Abende noch schwer zu ertragen waren, machte sie sich auf den Weg zu sich selbst. *»Ich finde mich wieder! Ich war's nicht mehr!«* Nach diesen fünf Jahren zieht sie Bilanz, ihr Zuhause bleibt vorerst an der Seine: *»Ich werde das* erste Mal in meinem Leben, *unabhängig, – allein und frei leben! Ich nehme ein Appartement – und bleibe in dieser Stadt, die ich liebe – die mich liebt – an die ich schon zu sehr gebunden bin!«* Sie sprach davon, zu lernen, zu wachsen und *»in sich zu wohnen! – Meine Wohnung in meinem Herzen ist bereits möbliert. Ich war zu früh zu verwöhnt – in jeder Beziehung, u. jetzt muss ich damit fertig werden dass es + man, mehr sein muss, als nur verwöhnt. Es tut mir gar nicht leid – ich bedaure das gar nicht im Gegenteil –!«* Aber dann ist er zu übermächtig, dieser *»Berg«*, von dem sie spricht – *»Alles – und alles eigentlich auf einmal – «*

Romy empfindet sich als »Anfänger«, aber schon 1973 wird sie eine Art Schlussbilanz ziehen. An einem Sonntag um 7 Uhr morgens klingelt ein Telegrammbote in »Mariengrund« ihre Mutter aus dem Schlaf. »MEHR ERFOLG KANN MAN KAUM HABEN – STOP – MEIN PRIVATLEBEN IST NULL – STOP«. Gegen 6 Uhr morgens, am 4. November 1973 datiert, als sie sich »ETWAS TRAURIG, ETWAS ALLEIN« fühlt, gibt Romy Schneider in Paris, das Telegramm an ihre Mutter auf.

Es ist kein gewöhnliches Telegramm, das Elementare ihres Lebens schwingt mit, »PRIVATLEBEN MORGEN«. So wiederholen sich transkriptisch, unbeabsichtigt die Worte am unteren Rand des Telegramms. Dieser schlafwandlerische Zwischenruf, ihr Stopp am Morgen des 4. November, kommt aus der Tiefe, scheint sie aber nicht aufhalten zu können. Unterschrieben hat sie diesen Kassandraruf nach Film *und* Leben, mit ihrem Mädchennamen, »ROSEMARIE«.

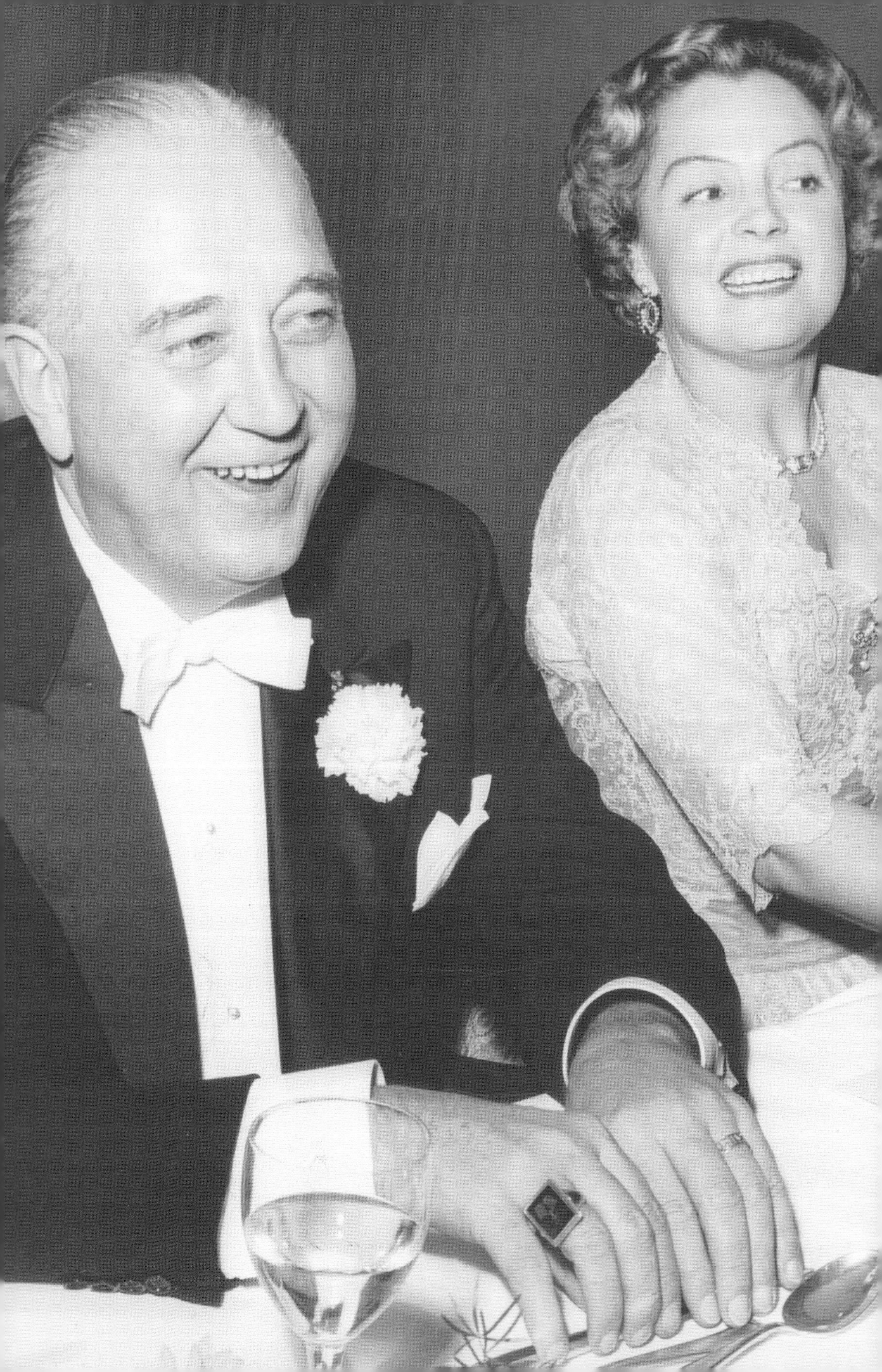

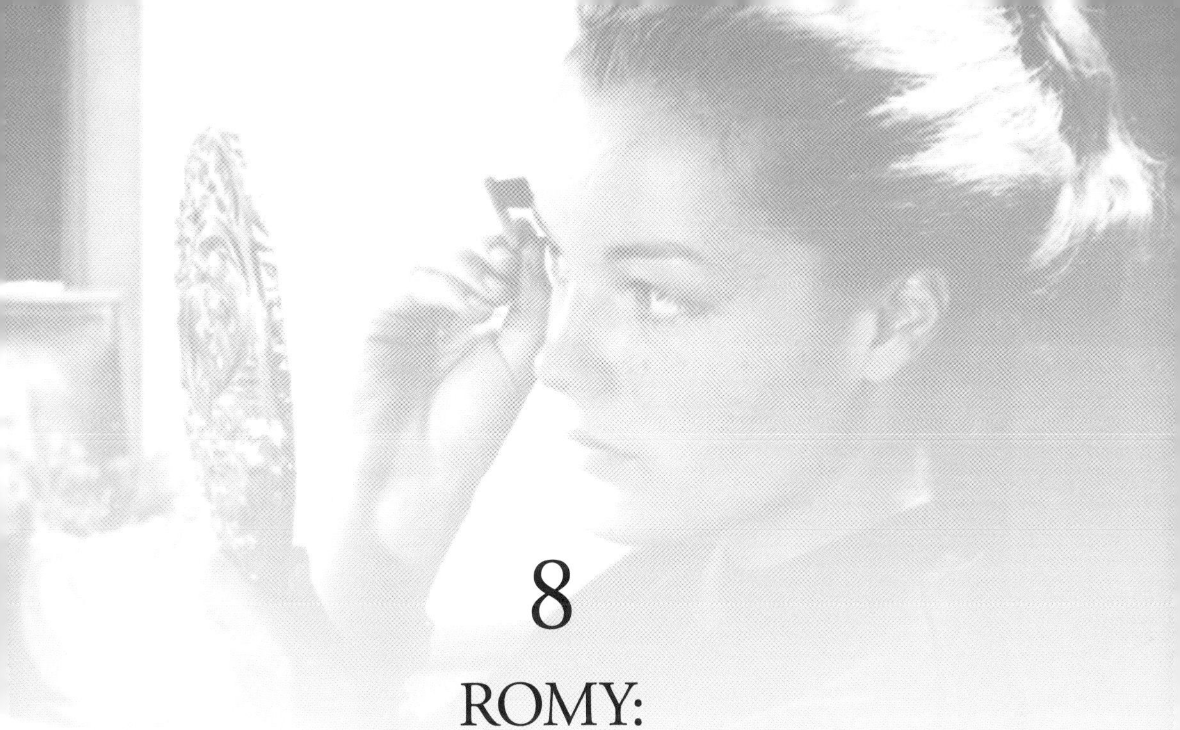

8

ROMY: »ICH KAUF' MIR DEN HERRN«

»Lieber Daddy, Du denkst an alles, fast: denn Du vergisst dabei, dass ich nicht mehr die ›kleine Doofe‹ bin und genau weiß was ich will! …«, das ist der O-Ton, den Romy gegenüber ihrem Stiefvater Hans-Herbert Blatzheim anschlug.

Dieser frische, autoritäre Sound aus Romys Mund, aus ihren privaten Briefen offenbart, sie war schon 1960 *befreit*, nicht in jeglicher Hinsicht, aber gegenüber Daddy, und das eine ganze Dekade vor dem Aufkommen der politischen Idee des Feminismus. Schwarzer, die nie ihr Thema verließ: die sexuelle Unterdrückung der Frau und die Befreiung der Frau durch die Frauenbewegung – das heißt, durch sie selbst – ist das völlig egal! Sie legt Feuer und sie löscht. Sie schreibt Romy in Art der Aneignung zu einem Exempel des Feminismus um. Schwarzer halluziniert sexuelle Bilder am Stück – die Tochter mit dem Stiefvater, die Mutter mit dem Führer … Voilà!

Das ist genau der Verrat, den Romy meinte. Es war nicht das vage, diffuse, kitschige Verratensein-Gefühl einer armen schwachen Frau, das sie bei Alice im Penthouse auf dem Turm überfiel. Nein, es war wohl eher der ganz konkrete Verdacht. Schwarzer malt in ihrem Werk ein *Opferbild* Romy Schneiders, eine zerbrechliche Zelluloid-Kind-Madonna, die die Publizistin entweder bedauert, da sie zu schwach im Kampf gegen das Patriarchat war, oder die sie, je nach Laune, abstraft, da Romy Schneider in Wahrheit einen großen Bogen um alle lila Latzhosen und den Frauenkampf machte, sich keine Feminismus-Sticker an die Yves-Saint-Laurent-Blusen heftete. Mit ihren eigenen Erkenntnissen geht Schwarzer dabei nicht allzu weit und kommt nicht allzu tief. Andere, die sich auf den Weg zu Romy machten, blickten etwas genauer hin und waren nicht ganz so eigennützig! So wie Kinder im Wald, die pfeifen, hat sie, Romy, an diesem Abend um ihr Leben geredet, aber genau genommen hat sie gar nichts von sich erzählt. Während die Frauenbeauftragte aus Köln nach Leid und Empörungsmaterial im Leben des Stars stochert und tastet, nicht ein Mal flammt es auf, das berühmte, das glückliche Lachen. *»Romy hatte ein Lachen, das kam von so tief. Sie konnte unwahrscheinlich lachen! Sie konnt' lachen, dass die Tränen gekullert sind«*, so war das schon als Kind, Sissy, die erste Freundin hat das nie vergessen.

»Ich kenne kaum einen Menschen, der so lachen kann, wie sie es konnte ...«, das sagte Claus Wilcke in Erinnerung an die gemeinsamen Synchronarbeiten 1962 zu »Boccaccio 70« und die vielen Treffen als Freund in Berlin. An dieses Lachen, an diese Ausbrüche des Glücks erinnerten sich viele, eigentlich alle, mit denen sie sich wohlfühlte. Bei Alice keine Spur von Glück und Heiterkeit, nicht einmal ein gespieltes Glück, keine gurrenden Wohlfühllaute, Romys Stimme ist spröde und tief wie selten. Selbst aufheiternde Substanzen bringen wenig, es fallen nur die Gläser.

»Ich bin es leid, ständig hören zu müssen, dass Romy verzweifelt und ihr Leben ein einziges Drama war«, sagt Madame Dury, die über 20 Jahre Romys Alltag kannte. *»Romy war wirklich gewitzt! Sie konnte lachen, aber wie! Oh ja, was haben wir zusammen gelacht! Es stimmt, wenn sie einen ernsten Film drehte, dann konnte sie während der ernsten Szenen nicht lachen, das nicht. Aber sobald die Szene zu Ende war und wir wieder zu Hause, bzw. im Hotel waren, haben wir nur noch herumgescherzt ...«* Sogar im tiefsten Leid, während der Dreharbeiten »Die Spaziergängerin von Sanc-Souci«, gab es *»Augenblicke der Heiterkeit.«* Als einer der beiden Produzenten Romy in ihrem Hotelzimmer mächtig auf die Nerven geht, *»Dieser Hornochse wollte dann unbedingt noch Romy sehen. Er besuchte sie in ihrem Hotelzimmer ...«*, wehrt sie sich auf ihre Art: Wie immer klingelt sie nach ihrem eingespielten »Roomservice«, Monique kommt per sofort, imitiert sogar den (Berliner) Produzenten, macht alle

Gesten in seinem Rücken nach, und *»sie* (Romy A. d. A.) *lachte sich kaputt!«*. Später schickt sie kleine Nachrichten an *»ma Mo chérie amie«* durch den Türschlitz, amüsiert sich noch ewig weiter: *»Ich versichere Dir, ich habe laut gelacht, als ich an Dich vorhin vor meiner Tür gedacht habe und den Typen, der von einem Fuß auf den anderen tanzte … Und Du hinter ihm bist auch von rechts nach links gehüpft.«*

Noch heute regt sich Madame Dury auf: *»Der Film war ja schon ziemlich hart wegen David, der über allem schwebte – trotzdem konnten wir lachen! Romy war nicht permanent verzweifelt, das stimmt wirklich nicht. Ja, es gab Momente der Mutlosigkeit … Aber das war nicht immerzu. Das stimmt einfach nicht! Damit das mal klar ist. Es gab Situationen, in denen wir uns vor Lachen schüttelten. Das ist doch nur allzu menschlich.«*

Wie nah bei Romy alles lag, wie stark ihre Gefühle sie während dieser letzten Dreharbeit in Berlin hin- und herwarfen – tiefster Kummer und plötzliche Heiterkeit – verrät ihr P. S.: *»David dort, le chéri!«*, über das Wort »David« hat sie später ein *»mon«* gesetzt. *»Mein David schläft, der liebe.«* Romy malt eine kleine Blume mit zwei Blüten und schreibt darunter für Monique: *»de ta Ro & de ton david« – »von Deiner Romy & Deinem david«*.

Diese aufrichtigen Menschen haben Romy Halt gegeben. Hier ist sie mitten in der gelebten Emanzipation. Diese weinerliche Idee von Romy Schneider, das ist die Idee ihrer Jäger! Ganz vorn in der Phalanx und Feuerlinie – wie bereits erwähnt, Alice Schwarzer. Was die »Bild«-Autorin gar nicht weiß: Die sehr junge Romy erklärt auch dem verhassten Stiefvater nur allzu gern, *»wie die Häschen hüpfen«*! Romy nimmt kein Blatt vor den Mund. Der harte Ton gegenüber Blatzheim ist beständig, sie redet nicht nur, sie handelt auch: *»Und nicht einmal für 6 Millionen DM würde ich Sissi 4 machen. Es interessiert mich nicht, an mein Geld heran zu können wenn ich ›Grossmutter‹ bin. Ich bin 22 Jahre alt und habe vollstes Recht zu wissen, was mit meinem Geld – und zwar vom ersten Film ab – gemacht wurde, und darüber zu verfügen – wie – das geht niemand etwas an …«* Knallhart und ohne Umschweife diktiert Romy alle Schritte, die er zu tun hat, adressiert an *»Monsieur H.-H. Blatzheim, Köln – Rodenkirchen, Hotel Bellevue«*, verlangt sie unmissverständlich Aufklärung. *»Ich wiederhole, dass ich das alles sehen will, die Aktien usw. …«* Sie fordert Einsicht in alle Unterlagen und Papiere (*»die ja niemals ich in Händen hatte«*), will wissen, wie Blatzheim und, von Januar 1958 an, die Gesellschaft »Thyrsos«

(*»Wer ist Thyrsos? ein Phantom?«*) das Geld ihrer gesamten Filme angelegt haben. Gleichzeitig erklärt sie rigoros, ihre Karriere ohne die »Thyrsos« fortsetzen zu wollen, bittet um Nachricht, wie man einen solchen Vertrag löst. Was kaum bekannt ist: Sie hat damals sogar Verträge, die nicht in Blatzheimsche Spekulation eingebunden waren, eigenständig gelöst. Romy trennt sich von Blatzheims *»Leuten aus Köln«* und beschäftigt ein *»eigenes Mädchen«*, Charlott, für Autogrammpost.

»Romy hatte keine Angst gehabt vor Blatzheim, der hat sie auch nicht bestimmt …«, sagt Michael Springl, ein Kinderfreund Romy Schneiders, der in »Mariengrund« ein- und ausging. Auch an Magda Schneider erinnert er sich gänzlich anders als jene Menschen, die er *»Stimmungsmacher«* nennt, *»und die sich heute wichtig machen«*. *»Sonntag Nachmittag, da sind wir in die Alpenlichtspiele gegangen, das war das Kino unmittelbar bei uns in der Schönau. Da ist der Wolfi gegangen, da ist die Romy gegangen, da bin ich mitgegangen und die Magda hat mir die 20 Pfennig bezahlt, weil irgendwie hab ich 's nie gehabt!«* Michael Springl bleibt seiner Nachbarin bis zum Tod gewogen, noch 1996, als Polizist rückt er mit der halben Polizeieinsatzstärke Berchtesgaden an, als Magda Schneiders Yorkshire-Terrier siebzehnjährig auf »Mariengrund« verschwunden ist, seine Mannschaft findet Toni nahe einem kleinen Bach auf dem Grundstück und macht Magda überglücklich. *»Sie war sehr großzügig«*, erinnert er sich an den Ufa-Star, er hat Bilder im Kopf von weihnachtlichen Kirchgängen Magdas und Romys, und dass Romy immer die Gleiche blieb, menschlich nicht abhob. Nie vergaß er die funkelnde, leuchtende Flüssigkeit an einem Weihnachtstag bei den Schneiders auf dem Tisch, er ist wie paralysiert von dem Anblick, *»ich hab nur das rote Getränk gesehen«*, Magda schenkte ihm seinen ersten Campari ein, das hat er nie vergessen. Er erinnert sich an eine große Freundlichkeit. Auch Blatzheim lässt es auf »Mariengrund« krachen. Ob Silvester oder in Party-Laune, immer im Schlepptau die lokale (internationale) Prominenz. *»Karajan, und dann war da einmal die Fürstin von Liechtenstein … das war immer ganz doll, mit Kaviar und dem ganzen Trallala …«* Margit Hofer denkt noch heute an die *»2kg-Kaviar-Dose und die chicen Leute. Romy und die Magda haben sich zwei Mal umgezogen während der Nacht. Der Blatzheim, das war so ein richtiger Emporkömmling, wenn man sich das heut so überlegt … Entsetzlich, entsetzlich. Ich meine, damals in dem Alter, da kriegte man das gar nicht so mit … Man ist ja dann beeindruckt von solchen Leuten.«*

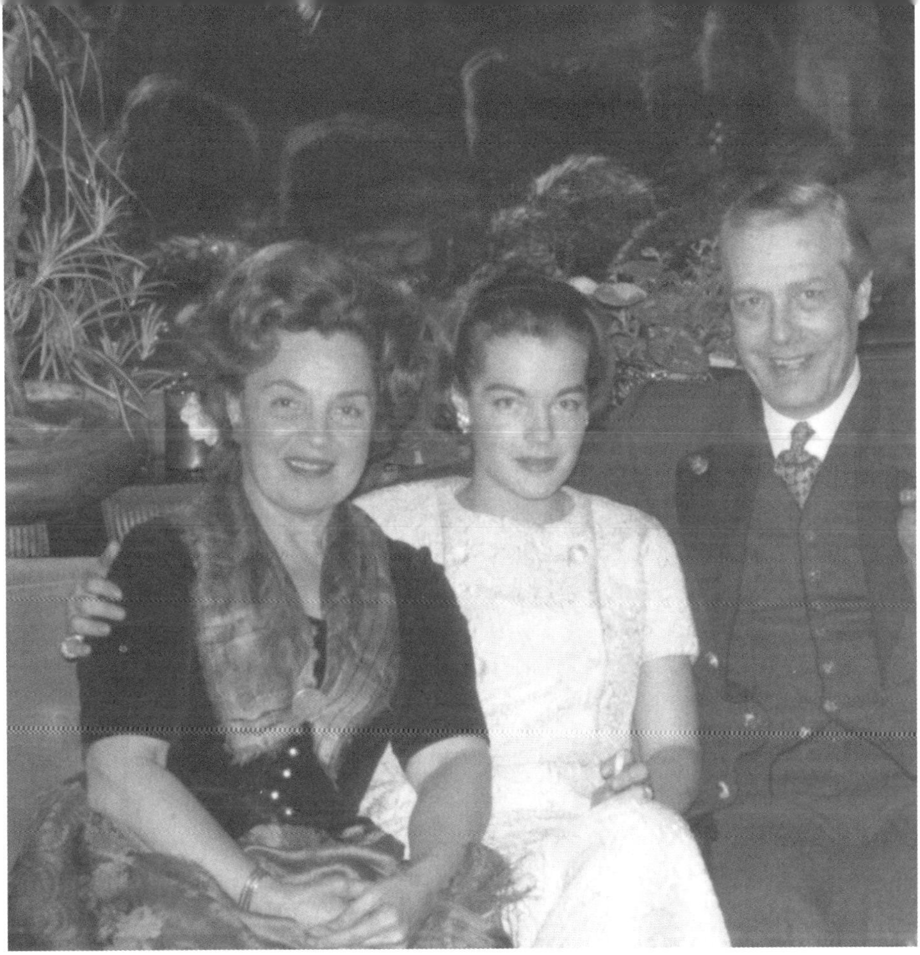

Horst Fehlhaber, der dann praktisch als »Nachfolger« Blatzheims anfangs im Ort Berchtesgaden große Mühe hatte, gegen das ramponierte Image als Mann an Magdas Seite anzutreten, bezeichnete Blatzheim als *»Werfer«*. Das heißt, Blatzheim warf den Medien alles Private seiner Stieftochter hin: Fotos, Geschichten, Intimes etc. Das Kalkül war einzig und allein: Profit. Sehr schnell, sehr viel Geld machen, mit dem Namen seiner »beiden Frauen«. Es geht um Vermarktung, Werbung, Protzen und um Wachstum seiner Betriebe, nicht etwa um den behutsamen Aufbau einer jungen Künstlerin, um Romys Seelenheil oder gar eine zweite Karriere seiner Frau. Im Verhandeln mit den Filmproduktionsgesellschaften ist er tatsächlich schlecht. So betrug etwa Romy Schneiders Gage für den Superlativ der Filmgeschichte überhaupt, »Sissi«, Teil I, 25.000 DM Pauschalhonorar (Magdas Gage als Ludovika in »Sissi« Teil I war identisch). Zwar soll der Erfolg möglichst lange anhalten, aber Blatzheim taktiert, seiner Mentalität entsprechend, in Art des Verbrennens und Verheizens (was ihm auch gelungen wäre, wenn Romy Schneider nicht nach Frankreich gegangen wäre).

»Der war so der große Zampano … hier komm ich und ich kann' s mir leisten.« Der Nachbarsjunge Wolf Calebow erinnert sich auch an die *»Morgengabe des Herrn Blatzheim an seine frisch angetraute Magda«*, wie er es nennt. Ein Fotograf machte ca. 3000 Fotos von Romy. *»Also da wurde ganz in die Vollen gegriffen … immer wieder Porträtfotos von der Romy, noch und noch. Um diese Fotos den damaligen deutschen Illustrierten kostenlos als Titelfoto anzubieten: ›Die junge Romy‹. Also keine der damaligen Illustrierten hat das abgelehnt.«*

Wolf Calebow hat noch die Bilder im Kopf, als er nur kurze Zeit danach, in der Bahnhofshalle von Berchtesgaden, an dem großen Zeitschriften-Kiosk, plötzlich die vielen Illustrierten sah: *»Überall lachte mir Romy entgegen.«*

Dieses Lächeln ist es auch, was nun möglichst oft in Köln am Rhein, PR-trächtig bei Empfängen, der Eröffnung neuer Gourmet-Tempel, bei Festen der Blatzheim-AG, für Glanz und Gloria sorgen soll. Seinen eiskalten Aufstieg, seinen Reichtum macht er gesellschaftsfähig durch ebendiese Verbindung und ihre Glanzbilder: Ufa-Star Magda Schneider, das Teenager-Idol Romy Schneider und in Siegerpose Daddy Blatzheim.

Die junge Bundesrepublik ist vereint im Konsum, der Wohlstandsrausch wird illuster begleitet von »Wir-sind-wieder-wer-Typen« wie Blatzheim. Persönlichkeiten wie Herbert von Karajan hätte er mit seinem Geld, seiner Gastronomie selbstverständlich niemals auf Tuchfühlung kennengelernt, das war ausschließlich der Name »Schneider«. Aber Blatzheim in seiner Blasiertheit wird das nicht wirklich registriert, sondern alles auf seine Fahnen geschrieben haben. Nach Fresswelle, Motorisierungswelle, Reisewelle, starben sie denn auch, wie sie lebten, die Aufsteiger der jungen Republik, an Schlaganfällen und Herzinfarkten.

In den ersten Jahren, 1953, 1954 ist die Dominanz aufseiten Blatzheims, aber mit dem Ablegen der Kindlichkeit, vor allem mit den ersten großen beruflichen Bestätigungen im Leben Romys, kippte das Verhältnis. Von einem gewissen Zeitpunkt an tritt Romy ihm gegenüber mit Arroganz auf, durch ihren Status der auf Händen Getragenen ist Romy eigentlich sehr früh die Überlegenere! Der g'spaßige Ton ihrer Briefe soll unbedingt Trost für die

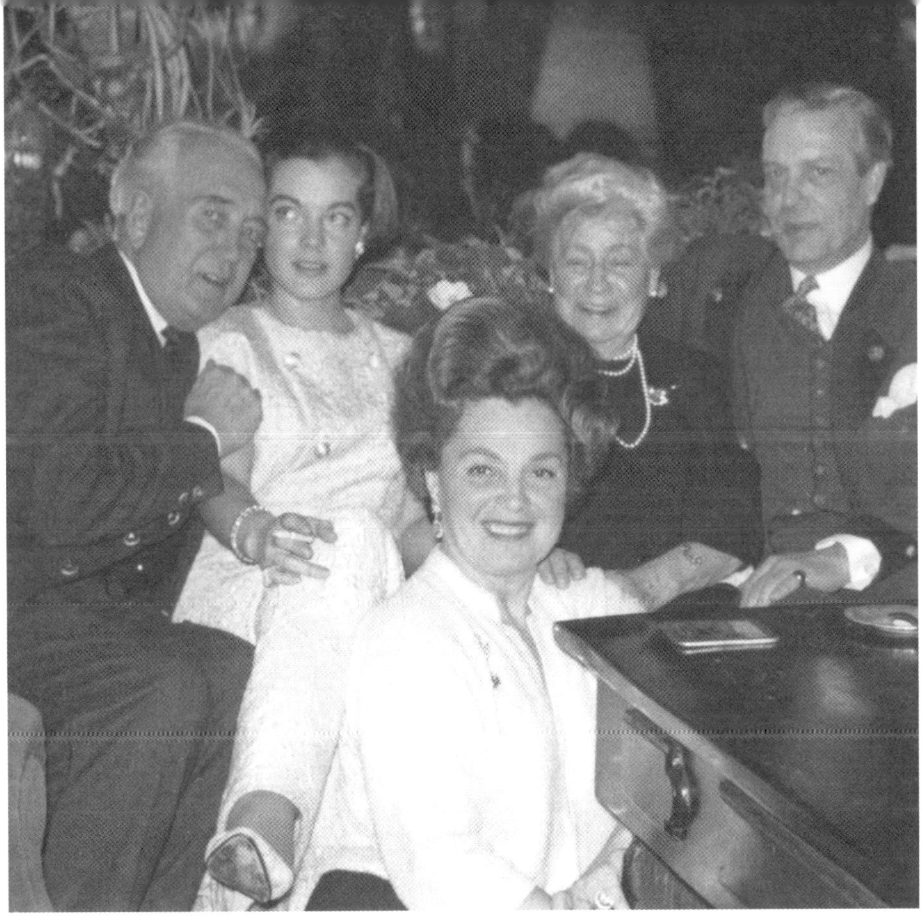

Mutter sein: *»Wenn Herr Vater denn am 23. auch hier ist, werd' ich ihn mir mal schnappen u. mit ihm reden …«* Die Süffisanz, mit der sie Blatzheim spottreich karikiert, dürfte nicht nach seinem Gusto gewesen sein. Mehr als um sich selbst geht es Romy dabei um ihre Mutter. Jeder weiß, dass er sie betrügt, und Magda ist meist die Letzte, die es erfährt. Unter den Geliebten Blatzheims sind »Damen«, die in der ganzen Stadt die Runde machen, was besonders kränkend für Magda ist. Romy ist unendlich bemüht, ihre Mutter zu erheitern, sie macht ihrer Mutter Mut und ist dabei von einer Präsenz, wie sie sie allen Menschen, die sie liebte, gegenüber aufbrachte. Das Verhältnis ist gespannt, wechselhaft. Romy selbst schwankt noch zwischen Dankbarkeit und nicht geringer Wut über die Vereinnahmung, immer wieder betont sie ihrer Mutter gegenüber, *»dass ich sehr genau weiß, was Daddy alles für mich getan hat – u. das werde ich auch nie – auch nicht eine Minute, vergessen – nur sind eben diese beiden Dinge (Presse & das liebe Geld) langsam unerträgliche*

Komplexe bei ihm … Ich weiß nur zu gut, dass Du meiner Meinung bist und dieses ganze Getue mit der Presse und den Äusserlichkeiten genau so haßt wie ich – sonst würde ich Dir nicht schreiben.«

In den Privatfilmen sieht man den Unterschied, seinen eigenen drei Kindern schenkt er weit weniger Aufmerksamkeit. Romy und Magda sind die Primadonnen der Familie, seine Liebe zu Magda ist bereits zu diesem Zeitpunkt sichtlich abgekühlt, gespielt. Natürlich pflegt er nach außen hin ihren Starstatus als *»Königin-Mutter«,* wie Romy es scherzhaft nannte.

Sowohl Margit und Doris, die engsten Internatsfreundinnen, als auch Sissy berichten jeweils völlig unabhängig voneinander, dass Blatzheim zu Romy, wie auch zu ihnen, ausgesprochen nett war. Erst später beschleicht sie eben jenes Gefühl, das bereits in der jungen Romy Ekel auslöste. Sie war umgeben von Daddy-Blatzheim-Typen, die in der Branche das Sagen hatten. Dieser frontale Kuss auf den Mund, mit einem Herrn, der äußerlich bereits jenseits von »Daddy« war, wie etwa mit dem beleibten und fünfundvierzig Jahre älteren Ernst Marischka und der blutjungen Romy, wirkt heute mehr als befremdlich und fiele direkt unter Pädophilieverdacht, doch Mitte der 50er Jahre dachte sich kein Mensch etwas dabei. Unter diese Fotos, alten Wochenschauen, kann man natürlich mit Kampftechnik alles legen – ein düsterer Soundtrack und der Missbrauch ist in der (»Bild«)Welt.

In Köln lernt Romy mit 15 Jahren die damals gleichaltrige Gisela kennen, ihr Vater arbeitet oft als Jurist für Blatzheim. Sie bleiben unzertrennlich, sogar bis tief in die Delon-Zeit. *»Wir hatten eben hauptsächlich gemeinsame Interessen, und das war die Kunst. Vorzugsweise Musik und Film …«* Gisela erinnert sich an die oberste Etage im Blatzheim-Hotel »Bellevue« am Rhein, die als Privatwohnung funktionierte, und an das *»wunderschöne große Grandlit«,* das Riesenbett in Romys Zimmer. Dort lagen sie auf dem Bauch, tauschten sich aus in Jungmädchen-Manier beim *»Poster sammeln«. »Gutaussehende, gut gebaute weibliche Wesen, sahen wir als Vorbilder, und das hat uns beide gleichermaßen interessiert. Auf dem Nachttisch stand irgendein wunderschönes Kaltgetränk, das wir dann per Zimmerservice uns bestellen durften …«* In Erinnerung blieb ihr der riesige Kleiderschrank Romys, und wie sie *»wunderschöne Sachen«* im Geschäft »Pariser Fenster« kaufte, *»davon träumte damals jedes Mädchen«. »Sie sprang immer fröhlich einen Fuß vornweg, lustig, und zitierte und hob die Arme hoch und freute sich. Wie ein Zirkuspferd … Auch wenn ein Spa-*

ziergänger vor ihr ging und irgendwelche komischen Sachen machte, dann kopierte sie das gerne. Ja wir haben unendlich viel gelacht … gekichert, wie so junge Füllen.« Abends fanden oft die geschäftlichen Essen von Herrn Blatzheim statt, in seinem berühmten Restaurant »Die Bastei«. *»Da durften wir jungen Mädchen, ich mit meinen Eltern, Romy dann mit Magda und Hans Herbert Blatzheim, dinieren. Aber da waren wir gut erzogene Töchter.«*

Manchmal wagt Romy den kleinen Aufstand, auch mit fünfzehn und gibt Kontra: *»Ja, das hat sie. Ihre Stimme war ja beeindruckend, die war märchenhaft. Das war dann das, wenn sie eben mit dieser süßlichen, etwas kindlichen Stimme, irgendwie, auch mal die Stimme erhob: Na warum muss ich das denn machen?«*

Mit diesem Durchbruch Romys in der ersten Hauptrolle hatte selbst Hans-Herbert Blatzheim nicht gerechnet. Seit diesem Tag besaß seine Stieftochter einen »Marktwert«. Und Hans-Herbert Blatzheim wird in den kommenden Jahren, stets sehr eindrucksvoll und zumeist cholerisch aufgeblasen, klarstellen, wie sich dieser Marktwert zusammensetzt, wann immer sie Einwände gegen ihr Image als »Jungfrau der Nation« zeigen würde. Ab einem gewissen Zeitpunkt aber fruchtete das nicht mehr, Romy scheut keine Auseinandersetzung mehr mit ihm, sie ist dann genauso lautstark wie er.

Wenn Blatzheim nicht gerade schreit, dann hat »Möpschen«, wie Blatzheim sie oft nennt, und wie Romy einmal sogar einen ihrer Briefe unterschreibt, ihn meist völlig in der Hand. *»Ein paar Minuten sind vergangen, als ich Deine Stimme hörte«*, schreibt Romy *»an ihr Mädchen nach Vienna«, » – det freit ein' ja immer, neech – aber der Zorn auf Herrn Vatern, der ist auch recht reif – langsam – ich sprech ja heut' mit ihm – er ruft an, ich werd ihm sagen – er soll doch demnächst alle unsere Filme schneiden u. mischen usw. dann machen wir endlich ›gute Filme‹ … zu blöd – man kann nur hoffen, diese Dinge geben sich mit der Zeit …*

Und – Schatzi – wir haben ja uns – was solls? Genießen wir das ›uns‹ – u. ›unser Leben‹ – nicht wahr? Das ist doch weiß Gott schön! …«

Dieser Zorn auf »Herrn Vater« kehrt in ihren Briefen immer wieder. Allein Romys Wortwahl, ihre Überlegenheit und das frühe Erkennen seines armseligen Charakters macht die Idee, dass Blatzheim sich ihr als Mann genähert haben soll, und sie angstvoll schwieg, unvorstellbar.

Natürlich kam mit dem Auftauchen Hans-Herbert Blatzheims und seines Geldes ein ganz neuer Wohlstand nach »Mariengrund«. Eine sichere Zukunft für ihre Kinder war, direkt nach Kriegsende, mit Sicherheit ein schwerwiegender Entscheidungsmoment für Magda, einen Mann zu heiraten, der konträr zu ihrem eigenen Charakter, konträr zur eigenen Moral stand. Allerdings waren die Verhältnisse binnen kürzester Zeit ja umgekehrt, und Blatzheim steckte Romys und Magdas Filmgagen in seine bald schlecht laufenden Betriebe und Lokale, kaufte Grundstücke, Villen, Luxuskarossen etc.

Als Romy Schneider nach Frankreich ging, erfindet sie sich neu. Selbstverständlich haben ihre Statements inmitten ihres Imagewandels eine neue Qualität, eine erwachsene, coole Facette, selbstverständlich gibt sie Variationen der Entzweiung, der Trennung von der Familie zum Besten: *»Zwischen den Anrufen befetzten wir uns mit Briefen. Alles was ich schreiend am Telefon nicht unterbringen konnte, legte ich in diese Briefe. Furchtbare Briefe, die ich heute bedauere.«*

So kann man es nachlesen in »Ich, Romy«/LangenMüller/1988. Dieses Werk hält Wahres und Unwahres dicht beieinander, hat es in dem Sinn vermischt. Privat hinterlässt Romy Schneider jedoch einen sehr detaillierten, einen sensiblen Abdruck dieser Zeit, sind Mutter und Tochter getrennt, fliegen die Briefe hin und her, *»immer ›Express‹, damit Du alles recht schnell hast, u. dich nicht ganz so lonely fühlst …«*, am intensivsten geschah das ausgerechnet in jenen Jahren, über die Biografen schreiben, dass kaum Kontakt bestand, von 1958 – 1964. *»Je mehr ich allein bin und meinen Weg alleine gehe – desto mehr spüre ich, dass du doch der einzigste Mensch bist zu dem ich immer kommen kann – mit allem!«* Von Briefen, in denen man sich *»befetzte«*, kann keine Rede sein, ganz im Gegenteil, denn diese Briefe, Karten, Zettel, Telegramme, erweisen sich im Original als zärtlichste Zeugnisse, gehören ausnahmslos alle zu den sogenannten »Aufhebebriefen«. Von allen Drehorten, aus Paris, aus Tancrou, aus Rom, gibt es sehr viele Reflexionen. Der Bruch mit der Mutter, wie immer behauptet, existierte gar nicht, *»Liebes, – Du wirst immer Nachricht von mir haben!«*.

Die Frontlinie verläuft nicht zwischen den Generationen, sondern in Wirklichkeit zwischen den Familien. Wenn in den zahlreichen Dokumentationen stets betont wird: »Magda und Blatzheim gegen Romy«, dann muss man sagen, diese Einheit gab es nicht! Die nach außen demonstrierte Einigkeit mit ihrem Ehemann war ja nach innen niemals so vorhanden. Gisela Wiedemann, deren Vater als Jurist in vielen Situationen abspringt, weil er mit den Ideen des Herrn Blatzheims nicht mehr konform ging, hat es oft hautnah miterlebt: »Wer gegen wen?«: *»Ja, … der Blatzheim musste gegen die beiden Frauen, aber da er Frauen sowieso nicht als Menschen ansah …«*

Auf die Frage, ob sich Magda Schneider eingesetzt habe, sodass Romy an ihr Geld kam, welches Hans-Herbert Blatzheim in seine Betriebe investiert hatte, sagt sie: *»Ja, ja. Das hat sie versucht!«* Auch nach all den Jahren bleibt kaum irgendetwas Sympathisches hängen. *»Durch gut sitzende Brioni-Anzüge hat er das überspielt. Aber er war ein Pfau, ein dominierender, wenn er in den Raum trat, sprangen die Angestellten, mit denen er übrigens übelst umging, auf.«*

Die Einsamkeit ihrer Mutter an der Seite Blatzheims thematisiert Romy immer öfter, es ist eine Mischung aus Wut, Mitleid und Schadenfreude gegenüber Blatzheim: *»War heute Abend bei Jacobs oben, es war reizend wie immer u. sie haben eben auch erzählt - - - und alles stimmt überein mit den Dingen die Du mir gesagt hast – alles! – Seine Argumente stehen allein – u. unwahr! – auf weiter Flur! Traurig! Glaub' mir – Du bist soviel stärker als er – das allein müsste Dich schon froh machen!… es täte mir von Herzen leid wenn er zu spät einsieht, u. dadurch alles u. ›alle‹ verliert; denn so viele Menschen die zu ihm stehen u. wirklich mögen – hat er leider nicht!*

Sei versichert – ich werde, immer für Dich da sein u. Dir helfen wo u. wie ich kann … Kein Mensch der Welt wird es schaffen mich auf eine ›andere Seite‹ zu ziehen.«

Sie psychologisiert ihn, sie ironisiert ihn, das heißt, Blatzheims tatsächliche Macht ist in bisherigen Abhandlungen allseits überschätzt worden.

»Mein Schatz«, schreibt Romy Schneider am 7.9.1958 an ihre Mutter, *»glaube mir, ich werde* alles tun, *was in meiner ›kleinen Macht‹ steht, um alle die recht unschönen Dinge momentan, wieder in Ordnung zu bringen. Ich überlege Tag für Tag hier – wie ich's anstelle.*

Ich kauf' mir den ›Herrn‹ schon, wenn er hier ist; und werde ihm ganz diplomatisch u. ruhig, aber ohne jede Beschönigung sagen – ›wie die Häschen hüpfen‹ - - - leider weiß er es nicht -! Ich hoffe es gelingt mir.

Er ist so klitzeklein am Telefon, wenn ich mit ihm spreche – zum Lachen! Na ja – ich nehm's nicht ernst. – …«

Das war in der Tat so, sie nahm ihn nicht ernst. Die kleine scheue »Midinette«, vom Stiefvater sexuell bedrängt, die sich angstvoll flüchtend hinter Badezimmertüren rettete, schamvoll lebenslang schwieg, sich ausgerechnet bei Alice Schwarzer ausheult und nahe beim Kölner Dom, als die Lichter ausgehen, die Beichte ablegt – das ist fast schon wie ein Spezialeffekt von Clouzot, imaginierte Bilder des Wahns und immer wieder Visionen der Erotik. Schwarzer wittert überall Missbrauch, Berghof-Romanzen, Unterdrückung, Nazi-Verzückung, kollektiven deutschen Daddy-Koitus.

Betroffenheitsszenarien, die Schwarzer scheinbar im Buch bei Michael Jürgs fand und augenscheinlich ihrem wundersamen Tonband unterschob, etwa dass Romy ein paarmal in Badezimmern eingesperrt worden sei, als sie sich weigerte den Stiefvater »Daddy« zu nennen, waren ja in Wahrheit gar nicht so spektakulär, und genau genommen hatten sie *niemals* stattgefunden. Ausgerechnet über diesen Sachverhalt gab Romy in einem Brief vom 23. Janvier 1962, aus dem französischen Dijon, an Hans-Herbert Blatzheim höchstpersönlich Auskunft: *»Als wir uns kennenlernten, war ich ein ›Baby‹ (von 11 Jahren ca.) ich nannte Sie ›Onkel Herbert‹ – später war ich ein etwas größeres ›Baby‹ und ich fand es wahrscheinlich ›schick‹, ich dachte ich hätte den Namen ›erfunden‹ – also nannte ich Sie ›Daddy‹ – dabei blieb's – bis jetzt – ich bin kein ›Baby‹ mehr, doch Sie sind immer noch derselbe! Sie sind das wovon Baby's (wenn sie 11 Jahre alt sind & nicht ganz dumm) Mädchen (die ›Daddy‹ sagen) – Damen & Frauen usw – also große Baby's – oder keine mehr – sagen – – ›c' est un Monsieur‹ «* … das klingt aber so gar nicht nach Badezimmer.

Es ist eher dieser Wesenszug, der später in den Claude-Sautet-Filmen ganz stark zum Tragen kam. Sie spielte mit den Männern. Sautet, der Lieblingsregisseur, sagte: *»Es war ihre Art, die Männer anzusehen und sie immer in Frage zu stellen … Denn Romy hatte im Spiel den Männern gegenüber eine starke Autorität. Das verwirrte sie und machte sie verletzbar. Romy hatte auch eine halb-arrogante Art während der Szenen mit den Schauspielern zu diskutieren, die ungemein beeindruckend war. Intuitiv neigte sie dazu, die Machtposition der Männer in Frage zu stellen. Von Anfang an!«*

Der Tränenflor Romys, der sich ausgerechnet immer dann über alles legt, wenn bei der knallharten Geschichte *»Die Maschine«* stoppt, die Besitzerin und Herrin der Maschine frei von der Leber textet. *»Il a essayé de coucher avec moi …« – »Er hat versucht mit mir zu schlafen.« »Et pas seulement une fois.« – Und das nicht nur einmal.«* (»Ein Abend mit Romy«/arte/2018)

Alice Schwarzer behauptet, das gehört zu haben. Romy soll ihr das bei angehaltenem Tonband anvertraut, bzw. *»entgegengeschleudert«*, bzw. gebeichtet haben. Nicht nur, dass Alice vom sexuellen Missbrauch fabuliert, ihre angebliche »Enthüllung« weitet sie sogar auf Magda Schneider aus, beschuldigt diese bezeichnenderweise kurz nach dem Tod Magda Schneiders im Juli 1996 und schon 1998 in ihrem Buch: *»Und was tat Magda Schneider damals? Die zog es vor, nichts zu merken … Hält Magda Schneider ihren permanent fremdgehenden Ehemann – von dem jeder weiß, dass er sie betrügt – damals auch durch ihr Schweigen an ihrer Seite?«* (»Romy Schneider Mythos und Leben«/1998, Kiepenheuer & Witsch)

Längst gilt das sexuelle Vergehen Blatzheims an seiner Stieftochter, aber auch das Schweigen Magda Schneiders, als biografischer Fakt in allen drei Leben. Eine Ungeheuerlichkeit. Schwarzer, die (eventuell) weiß, das sie nichts weiß, hat das bei jeder Gelegenheit wiederholt, in Artikeln, Interviews, Fernsehauftritten, bis daran nicht mehr gerüttelt wird, bzw. sie selbst es glaubt.

Auch in der Schwarzer-Produktion »Ein Abend mit Romy«/arte/2018 thematisiert sie den angeblichen Missbrauch Romys durch den Stiefvater, läutet erneut dramatisch ein: *»Mach die Maschine aus, mach die Maschine aus Alice!«* In Wirklichkeit fragt Alice, ob die Tochter der Mutter nicht verübelt habe, Blatzheim geheiratet zu haben – um viel mehr wird es wohl auch nicht gegangen sein. 2018 im Film geht der berühmten Feministin an dieser Stelle erneut der Gaul durch, wie schon zwanzig Jahre zuvor im Buch. Nicht das Tonband sprudelt es aus – das ist ja angehalten – nein, aus Alice sprudelt es. Die große Enthüllung, den absoluten Skandal hatte die »Bild«-Journalistin via »Bild« Tage vorher auf Seite eins versprochen. Am 26.08.2018 titelte »Bild«: *»Romy Schneider verriet in einem Interview: Meine Mutter schlief mit Hitler!«, – »Und was sie da erzählt, ist eine Sensation, sie war sich sicher, dass ihre Mutter Magda Schneider (t87) die sich stets mit der Nähe zu Nazi-Größen rühmte, mit Hitler schlief! Wie diese geheimen Aufnahmen zustande kamen und was Romy Schneider alles erzählt – das lesen Sie mit BILDplus«*, so die offizielle Ehrung der Legende, die in der Ausstrahlung des arte-Films gipfelte, wo dann außer Simsalabim gar nicht viel passiert. *»Stellen Sie sich vor, sie sind im Haus ihrer Mutter und deren Ehemann stellt ihnen ständig nach. Sie müssen auf die Toilette fliehen«,* fantasiert Schwarzer um festzustellen: *»Das ist dramatisch.«*

Ja, in der Tat, das *ist dramatisch*, erst recht, wenn man das Dementi ihr naher Menschen, wenn man hunderte Briefseiten Romys kennt, die dagegen sprechen. Auch hier tritt Alice Schwarzer noch einmal nach, Tote treten ja (Gott sei Dank!) nicht zurück und können auch nichts richtig stellen: *»Ihre Mutter hat sie nicht beschützt. Man muß sich fragen, ob ihre Mutter darauf spekuliert hat. ... Romy war eine naive Frau«,* (»Ein Abend mit Romy«/arte/2018) suggeriert sie. Das ist zwar unerschütterlicher »Emma«-Glaube«, feinster Fem-Jargon, zeigt aber, dass Schwarzer nichts von Romy Schneider verstanden hat, überhaupt nichts. Geschweige denn, dass Romy ihr das kleinste Geheimnis anvertraut hätte. Es war ein ungleiches, ein unglückliches Zusammentreffen, da traf die Naive die Gerissene, aber Romy, dieses schlaue Mädchen, hatte nicht umsonst im Dutzend gefragt: *»Kann ich Dir wirklich vertrauen?«* Da bezichtigt Schwarzer doch tatsächlich Magda Schneider, sie habe einem angeblichen Missbrauch ihrer eigenen Tochter zugesehen, zugestimmt, sie hätte dazu geschwiegen, sogar *»darauf spekuliert«*!

»Man kann zu ihr alles sagen, es bedeutet nichts.«, (»Ein Abend mit Romy«/arte/2018) tastet sie sich immer weiter vor. Da war wohl eher der Wunsch Vater des Gedanken? Sollte Sautet über seine Muse ein so stümperhaftes Urteil gefällt, sich so fatal geirrt haben, als er ihre Stärke gerade gegenüber Männern betonte? Auch Horst Fehlhaber, den sie *»Horsti-Papa«* nennt, der als Mann vom Film, als Mann im Haus, sich immer intensiv mit Romy auseinandersetzte, der sich stets viele Gedanken machte – die Tage bei ihrer Mutter waren immer ein Fest, früh schlafen (wie im Turme zu Köln) ging man nie – befand: *»Romy war als Mensch zu stark, so dass ihre Männer nicht begriffen haben, worum es bei ihr geht.«* Auch das ist ein Satz, der viel von ihr erklärt.

Mitte der Siebzigerjahre, als in den Straßenzügen von tout Paris die gefeierten, triumphalen Filmgesichter von Romys großen Frauenrollen überlebensgroß wie Andachtsbilder hängen, »Le train«, »Die Unschuldigen mit den schmutzigen Händen«, »César et Rosalie«, nimmt Schwarzer die »Schauspielerin des Jahrhunderts« (»Le Parisien«/1999) als *Mäuschen* wahr. Ein kleines schutzloses Ding, das darauf brennt sich zu offenbaren, die Katze aus dem Sack zu lassen, zum Beispiel in der Frauenzeitung »Emma« (die ja in der angepeilten 1. Auflage noch gar keiner kannte), eine Hilflose, die endlich *»ihr wahres Gesicht«* zeigen möchte?

Was Alice Schwarzer nicht weiß, Romy Schneider legte ganze Filmsets lahm, hochexplosiv brachte sie manchen Drehort zum Beben, mit Autorität,

Sarkasmus, mit Wirkung. Niemand traute sich dann mehr in ihren Wohnwagen, oder auch nur in die Nähe ihres Wohnwagens. Maxou, ihr treuer Freund Jean-Max Guérin hat diese Szenen einer Diva noch vor Augen: »*Sie konnte, ohne auch nur irgendetwas verstanden zu haben, sozusagen alles ins Wanken bringen und alle, das gesamte Team, in einen jämmerlichen Zustand versetzen – entweder weil sie etwas falsch verstanden hatte oder weil sie ihrem Ärger Luft machen musste. Romy war wirklich ein Charakter, eine große Persönlichkeit. Ich weiß gar nicht, ob ihr klar war, was sie manchmal so alles sagte.*«

Alice Schwarzer glaubt ja auch, in Anlehnung an Blatzheim in der arte-Produktion: »*Sie konnte einem erwachsenen Mann nichts entgegensetzen*«, – oh doch Alice, Romy hat bereits im zarten Alter von siebzehn, achtzehn, oder wie ihr Brief vom 23. Januar 1962 verrät, mit vierundzwanzig Jahren, massiv etwas entgegengesetzt: »*Bonsoir Monsieur – Monsieur Herbert – Ich bin eine Person, die momentan auf einer Theatertournee ist – von einem Ort, von einer Stadt zur andren, wie ein Zigeuner. Wissen Sie das ist ganz amüsant, – abends dann – wenn der Vorhang hochgeht, da ist es nicht mehr amüsant – da ist es <u>wunderbar</u>! Ich bin glücklich, ich habe den schönsten Beruf der Welt!*« Während der Strapazen der »Möwe«-Tournee hatte sie ihm ihre »Autobusgedanken« in einen Zwölfseitenbrief geschrieben, sie gibt ganz genaue Anweisungen, was er zu tun und was er zu unterlassen hat während der Lektüre: »*Geh' in irgendeine Ecke des Hauses wo Du gerne bist – wo Du allein bist – setz Dich in irgendeinen Riesensessel, der sehr comfortable ist … stell das Telefon ab – nur für eine kleine Zeit –, für das Fräulein, das hier schreibt – und hör mir zu … Es ist gut, Du kannst mich nicht unterbrechen … Ich warte bis Du den Schreibtisch verlässt – Du kannst ›damit‹ auch in's Bett gehen! Das ist auch ein bequemer – ›ruhiger‹ Ort – du gehst – nicht wahr? Und sei allein – ›seule!‹ A tout a l' heure.*« Sie schreibt davon, dass man oft eine Nacht mit Dummheiten verbringt, aber diese Nacht, in der sie sich erklärt für so vieles, »*ist keine Dummheit*«. » … *wir hätten uns wahrscheinlich auf längere Zeit – besser verstanden! Wir hätten besser zueinander <u>gepasst</u>! Ich meine, von dem Moment an, als ich kein Baby mehr war – und verstand, dass immer noch ›Mr. Herbert‹ <u>da</u> ist – <u>in meinem Leben steht</u> – und ich plötzlich mit ihm ›Krieg‹ führe! Ich – die Krieg – egal welchen – haßt … merkwürdig! – Warum? … Aus Gründen – … wenn Sie wüßten, <u>wie</u> es gemeint ist, das ›Sie‹ – Sie wären vielleicht sogar etwas glücklich! … Ich hätte sie gerne gebeten doch zu* *kommen, in irgendeine Stadt – nur nicht in Zürich, weil da alle sind, und ich gerne mit Ihnen alleine einen Abend verbracht hätte. Meine Mutter hat die Liste der Tournee, schicken Sie mir ein Telegramm … Selbst wenn Sie nicht kommen werden – dann stell ich mir vor, dass Sie eines Abends im Saal waren – und dann am Ende auf mich gewartet haben – & mich mitgenommen haben … weil Sie mich sehen wollten – weil ich Sie sehen wollte … uns beweisen & sagen wollen, dass wir Menschen sind, die nicht ›Krieg‹ führen – die gut sind miteinander – Ich bin eine Person die noch dieses Jahr heiraten wird. Ich warte auf Dich – auf Deine Antwort … Ich hätte gerne einen Abend für Dich gespielt – Romi*«.

Geht ein »Opfer« so g'spaßig und unbefangen, aber vor allem so selbstsicher und frei auf seinen »Täter« zu? Würde Romy Schneider so spielerisch, fast kokettierend mit *»mon cher cher ›Monsieur Herbert‹ «* reden, wenn sie ihn tatsächlich des Missbrauchs beschuldigen würde? Wenn Schwarzers ungeheuerliche Behauptung stimmen würde, würde Romy dann ihren Stiefvater um ein Treffen *»allein«* bitten? Spricht so eine traumatisierte Frau? Redet eine von *»Freiheit«*, der alle Freiheit genommen worden wäre, etwa bei dramatischen Fluchten auf Toiletten, als der Stiefvater sie durch ganze Häuser jagte?

»Sie ließen mir immer meine Freiheit – ich weiß es …« Spricht man dann noch von »Romantik« gegenüber seinem Verfolger und Peiniger? *»Als mir so vieles durch den Kopf ging – so vieles – man könnte fast sagen ›unsere Geschichte‹ – Sie & ich – ich sage ›Sie‹ – und das ist ganz gut so! Nein – nicht ›gut‹ – es gefällt mir, ich finde es sehr hübsch (vielleicht zu sentimental, bin ich nun mal – oder zu romantisch, auch das ist mir geblieben!) das ›Sie‹ – das ›Monsieur Herbert‹.«*

Romy Schneider, die weitaus emanzipierter war, als es Alice Schwarzer wahrscheinlich je war und je sein wird, hätte sich niemals den Mund verbieten lassen, schon gar nicht Mitte der Siebzigerjahre. Es gab auch keinen Grund für sie, Blatzheim zu schützen, denn sie zählte ihn ja nicht zur Familie.

2007 gibt Daniel Biasini, der zweite Ehemann Romy Schneiders, der Zeitschrift »Gala« ein Interview, in dem er unter anderem genau zu diesem Thema spricht: *»Zum Beispiel die geschmacklose Enthüllung über ihren Stiefvater Daddy Blatzheim, der sie angeblich missbraucht haben soll. Romy hätte keine Scheu gehabt, darüber zu sprechen. Ein absoluter Blödsinn, dass Blatzheim sie sexuell missbraucht hätte. Sie hat mir viel von ihm erzählt. Er war an ihr inter-*

essiert – aber nur als Agent, er wollte so viel Geld wie möglich mit ihr verdienen.«

Ist das nicht alles *»zu komisch«*, wie Romy sagen würde? Ist *das* nicht der eigentliche Missbrauch Romys? Christiane Höllger, die einzige Freundin in Deutschland, die Romy über die Jahre sehr nah war, hat niemals ähnliches auch nur angedeutet. Auch in Frankreich hätte sie sich sicher ihrer »Mémère« anvertraut, denn diese war zwanzig Jahre ihr liebender Schatten. *»Mist, du kennst mich zu gut!«*, hatte Romy oft schmunzelnd zu Monique gesagt. In zwanzig Jahren nicht ein einziges Wort gegenüber den Menschen, die sie liebte, denen sie vertraute? Unvorstellbar! Aber in wenige Stunden, in ein kleines »Emma«-Interview, wo ihre Unbehaglichkeit sichtbar, spürbar wurde, packt Romy die ganze Tragik ihres Lebens, alle Geheimnisse auf einmal, von Hitler bis zum mehrfachen Missbrauch? Gegenüber einer Journalistin, einer Frau, mit der sie nichts verbindet? Gerade Romy, die einen pathologischen Hass auf *alle* Journalisten pflegte, weil *nie* einer schrieb, was sie sagte, geht mit Intimitäten hausieren?

»… mein privates Leben geht diese Schweine, die mir immer dreckiges wollen – gar nicht's an!« Das hatte sie gesagt, und die Presse gemeint, und galt das nicht für alle? Tage vor ihrem Tod, in ihrer Wohnung in Paris, da ist sie noch immer stolz, denn sie hatte über ihren größten Feind für sich selbst einen formidablen Sieg errungen, der ihr unheimlich viel bedeutete: *»Ich weiß noch, nach den Dreharbeiten in Paris, da war ich dann bei ihr zu Hause, und da war sie ganz glücklich, und da lief die kleine Sarah rum, die war glaub' ich drei oder vier«*, sagt Mathieu Carrière sichtlich bewegt. *»Sie hat mir, da war ich ganz erschrocken und dachte mir, das was sie für den größten Erfolg ihres Lebens hielt, war, dass sie einen Prozess gegen Springer gewonnen hat! Und sie zeigte mir halt die ganzen Anwaltspapiere und die beanstandeten Ausschnitte in der Bildzeitung. Das war für sie ein richtiger Sieg. Dass sie gegen Springer … entweder eine Unterlassungserklärung oder eine Einstweilige Verfügung durchgesetzt hat. Da war sie stolz drauf. Das hat sie freudestrahlend erzählt! Natürlich redeten wir oft über die Art wie Deutschland mit seinen Schauspielern umgeht … Ja und zwei Wochen später war sie tot.«*

»Alices Welt« will uns glauben machen, Romy Schneider wollte sich durch ein kleines, für sie völlig unbedeutendes Interview, »retten und rächen« lassen, und ausgerechnet durch die spätere »Bild«-Reporterin Schwarzer? O-Ton:

»Wir reden seit Einbruch der Dunkelheit. Längst ist die Beleuchtung des fünf Fußminuten entfernten Kölner Doms erloschen. Die Scheinwerfer strahlen bis Mitternacht. Romy redet und redet. Es ist unsere zweite Begegnung. In dieser Nacht erwartet Romy, von mir gerettet und gerächt zu werden.« (»Alice & Romy«/Alice Schwarzer in »Emma«, 29.08.2018)

Der »Jahrhundert-Beischlaf« auf Seite eins der »Bild«, im Jahre 2018, ausgerechnet zu ihrem Geburtstag, wie das wohl bei Romy angekommen wär, Alice? Pikant ist in diesem Zusammenhang Schwarzers Frage an sich selbst: Da stellt sie ohne jede Blasiertheit, nur ein bisschen kokett, nur ein bisschen mit Weihrauch, diesmal zum 75. Geburtstag des unvergessenen Stars (sozusagen als Dauergratulantin) die alles entscheidende Frage und beantwortet sie gleich selbst: *»Hatte ich Romy verraten? Gab es eine Stelle, an der ich ihr Unrecht tat? Mir scheint: Nein. Dennoch höre ich seither nicht auf mich zu fragen: Was hätte sie wohl zu meiner Biografie über sie gesagt?«* (»Romy – bis heute ein Frauenidol«, aliceschwarzer.de, 29.08.2013)

Alice Schwarzer vergisst: Hätte Romy Schneider überlebt, hätte die »Emma«-Herausgeberin wahrscheinlich keine Tonband-Operationen gewagt, hätte niemals über ihren »Emma«-Artikel von 1976 hinaus derartiges veröffentlicht, denn Romy brach ja den Kontakt zu Schwarzer vollständig ab. Und das scheinbar aus gutem Grund! Romys *»Verrate mich nicht!«* bezog sich auf den Anstand im Allgemeinen, auf das Tonband im Speziellen.

»Nach Romys allseits gefleddertem Tod am 29. Mai 1982 habe ich dann 15 Jahre gewartet, bis ich mich wieder auf ihre Spuren begeben habe. Doch ihr Leben wie ihr Mythos haben mir keine Ruhe gelassen. Sie scheint mir die Inkarnation von allem, was wir Frauen waren – und was wir sein wollen. Sie ist ein Exempel für die Chancen und Grenzen der ›weiblich‹ identifizierten Frau.« (Ne me trahis pas, »Emma«, 1.9.2008, Alice Schwarzer)

Das ist sehr nobel, dass sie *»15 Jahre gewartet«* hat, aber hing das nicht eher mit dem Tod von Magda Schneider zusammen, denn solange Magda Schneider lebte, konnte Alice nicht ihr Stroh zu Gold spinnen. Der Vorzeigefeministin *»weiblich identifizierte Frau«* (was ist das eigentlich?) hätte Romy ganz sicher nicht sein wollen, die wäre schonungslos in einem riesigen *Lachkrampf* Romys geendet, ihre »Mémère« hätte den faulen Zauber der albernen Worte, die Pseudoklugheit weggespielt! Aber der Betrug, der Vertrauensbruch, eine

Vereinbarung zu umgehen, sie zu brechen, das hätte bös' geendet, für Alice. Und *»gefleddert«* hat ja wohl kaum einer mehr als sie!

Wie ein Schmuckbändchen um das Vorwort der Neuauflage ihres alten Werks steht: *»Ich will, dass dein Artikel über mich alle schockiert!«*, so zitiert Schwarzer Romy. Das Tonband in »Ein Abend mit Romy« verriet zwar gerade noch, Romy wollte »etwas« schaffen, »das alle schockiert«. Wenn eine Schauspielerin etwas *»schaffen«* will, dann ist es höchstwahrscheinlich und fast immer ein Film – von einem Artikel, der alle schocken sollte, war wohl nicht die Rede (sonst hätte Romy sicher gefordert: »Dreh lauter Alice! Dreh lauter …«)! Aber egal! Schock ist Schock! Insbesondere, wenn man (so wie es ja irgendwie aussieht) den Toten Worte in den Mund legt …

Was hat Romy Schneider tatsächlich preisgegeben? An genau welcher Stelle schreit sie sie heraus, die große Sensation? Als sie sagt, dass die Frauen ihrer Familie immer sehr stark waren, einschließlich sie selbst? Warum wurde genau das überhört, warum griff Schwarzer gerade da in die offene Trickkiste und holte weiße Häschen hervor?

»… gut, sie war ja immer leicht überdreht, sie war ja nie jemand, der seine Gefühle zurückgehalten hat, sondern immer jemand, der seine Gefühle nach außen getragen hat«, denkt der Hamburger Starfotograf Werner Bokelberg an zahlreiche Shootings zurück. *»Und ich glaube auch sehr spielerisch, sie hat sie auch oft benutzt als Provokation … um zu sehen, wie weit sie gehen kann und wie weit sie gehen soll, vielleicht war ihr auch langweilig, das weiß man nicht … mit den Fotografen hat sie es jedenfalls so gemacht. Alle Fotografen, die meisten – ich war wahrscheinlich eine Ausnahme – die meisten Fotografen haben das ja sehr persönlich genommen.*

Wenn Romy da mit der Kamera geflirtet hat, haben die oft vergessen, dass sie 'ne Kamera in der Hand haben und haben das auf sich bezogen. Ich hatte das über die Jahre schon erlebt und relativ früh ausgeschlossen, auch selbst solche schillernden Figuren wie … Oswald Kolle, hat ja geglaubt, Romy sei in ihn verliebt und er müsse sein Leben verändern, und ein guter bekannter Freund von mir, Robert Lebeck, der sie relativ häufig fotografiert hat, auch für den ›stern‹, wir waren gleichzeitig beim ›stern‹, hat das auch sehr persönlich genommen. Aber … das konnte man auch schwer vermeiden, weil sie ja eine exzellente Schauspielerin war und das war ja, wenn ihr fad war, dann hat sie einfach gesehen: Wie weit geht das Spiel jetzt …«

Kann es sein, dass es Alice Schwarzer da wie den anderen gegangen ist, dass sie dieses Interview doch auch *sehr* persönlich nahm? Kann es sein, dass Romy tatsächlich *fad* war, droben im Turm, in der Kammer, bei Alice auf der Decke?

Sie war ja sehr lebendig, immer auf der Suche, wissbegierig, in ihrer Wahlheimat Frankreich oft umgeben von großen Intellektuellen, echten Persönlichkeiten. Die Stimmung in der Kombüse kommt doch tatsächlich ein wenig dröge daher, die »Emma«-Themen-Tristesse, Schwarzers Betteln, ihr doch zu glauben, wird irgendwann enervierend gewesen sein.

Werner Bokelberg, der Romy seinerzeit im Auftrag des »stern« fotografiert, zwischen »Dom Perignon«, Zigaretten und einem flackernden Wald aus Kerzenlüstern und 1001 französischen Kleidern, entsteht die berühmte Foto-Session in der Avenue Hoche, hat diesen *»High Spirit«*, die Zerbrechlichkeit dahinter, das Borderlinesche, die Inszenierungsschleifen weitaus besser verstanden: *»Sie hat sich völlig ausgespielt, ... so wie 'n Flugzeug ... Ich bin einmal mit der Concorde nach New York geflogen, dann hatten sie bei der Landung noch Sprit für 5 Minuten. So hat sie sich eben an das Limit gebracht ... Das bleibt übrig. Das bleibt übrig von ihr. Und das konnte nicht kaputt gehen, das konnte sie auch selbst nicht kaputt machen. Und das sind eben nur drei oder vier Leute im Jahrhundert ... Das sind eben absolute Ausnahme-Menschen.«*

Diesem Respekt, dem begegnete Romy fast ausschließlich in Frankreich. Horst Fehlhaber stellte 2006 Strafanzeige gegen Alice Schwarzer, da er das postmortale Persönlichkeitsrecht seiner Frau massiv verletzt sah. Er schrieb einen »Offenen Brief«, der in der »BUNTE« veröffentlicht wurde: *»Ich frage mich immer und immer wieder, wie kann man über die Frau, deren Geburtstag man vorgibt zu ›feiern‹ – Romy Schneider -, als auch die Frau, die diesen wunderbaren Menschen geboren hat, meine verstorbene Frau, Magda Schneider, diesen unglaublichen Dreck kippen?*

Ich kannte sie von 1968 – 1982, Romy war weder ein alkoholkrankes, tablettensüchtiges Wrack, noch irgendetwas von dem, dass Ihr nun nachträglich angedichtet wird, sie war stärker als die meisten Menschen es je sein könnten.«

Wenn man früh ins Bett geht, dann redet man keine Nacht, auch wenn es schön klingt und Erklärung sein soll für all das, was aus dieser Nacht he-

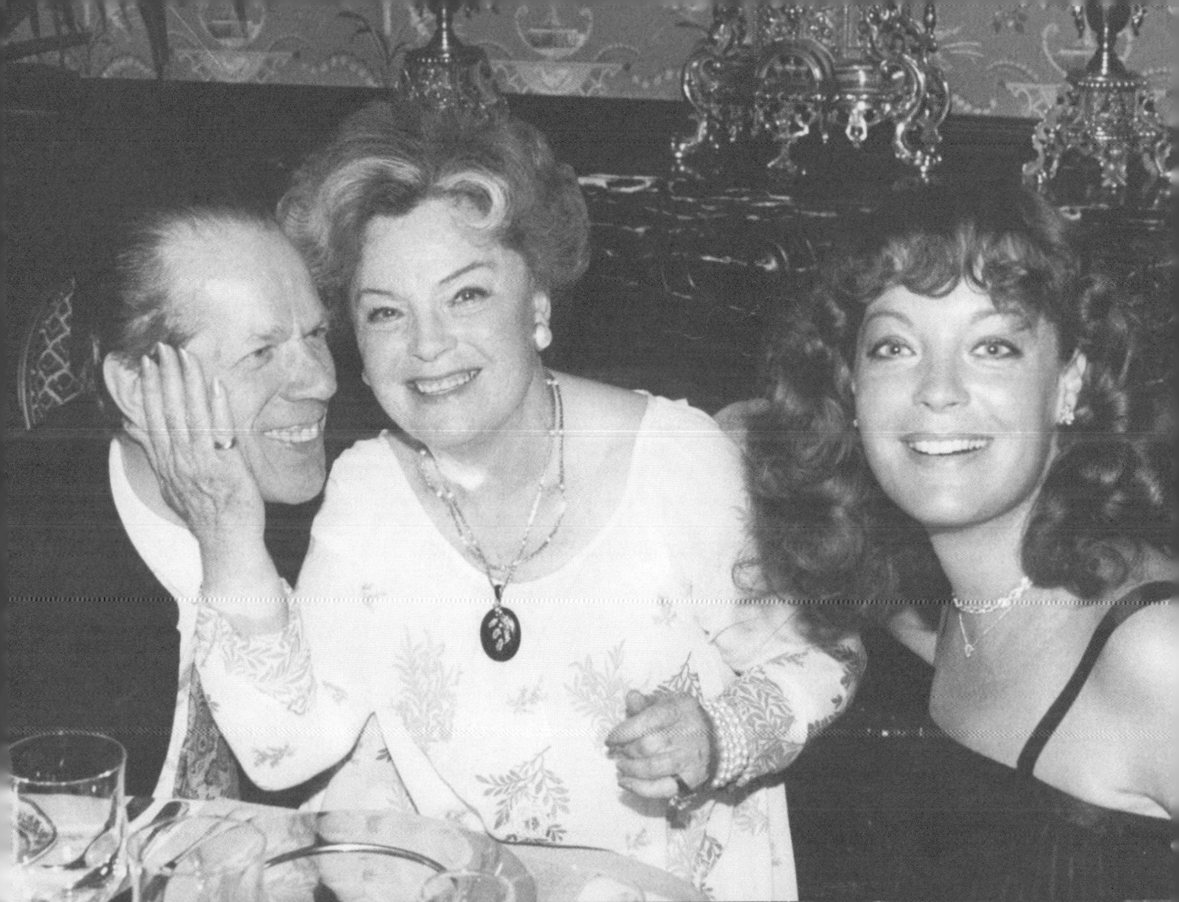

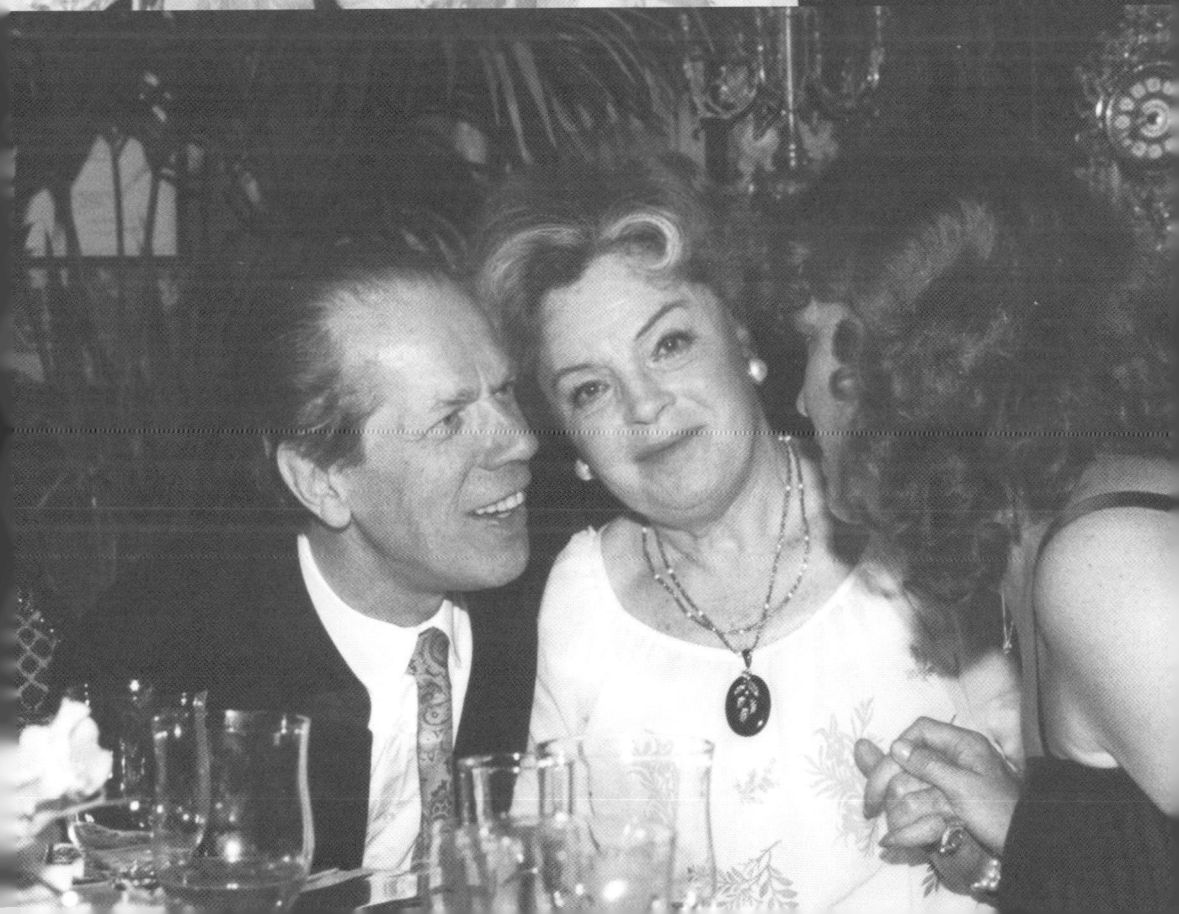

rausgeholt wurde und höchstwahrscheinlich noch weiter herausgeholt werden soll: »*Am 12. Dezember 1976 hat Romy Schneider sich einen Abend und eine Nacht lang Alice Schwarzer anvertraut …*« (29.8.2018, »Emma«/ »Alice und Romy«)

Manch einer hat die komödiantische Rollenaufstellung, den von Drehbuchautoren für Filmcharaktere konfigurierten, fast immer gleichen Charakter der Schauspielerin mit dem realen Charakter Magda Schneiders verwechselt. All die aufgeschreckten Tanten und Gouvernanten der Marischkafilm-Ära, die Romy Schneiders Mutter natürlich einen gewissen autoritativen und depperten Stempel aufdrückten, das war ja nicht Magda Schneider höchstpersönlich. Für die damalige Zeit war der Ufa-Star mit Emanzipation gesegnet, Romy selbst bewunderte die Stärke ihrer Mutter. Auch das innerfilmische Verhältnis beider Frauen war ja nicht das persönliche Mutter-Tochter-Verhältnis. Das hat schon so mancher durcheinander gebracht.

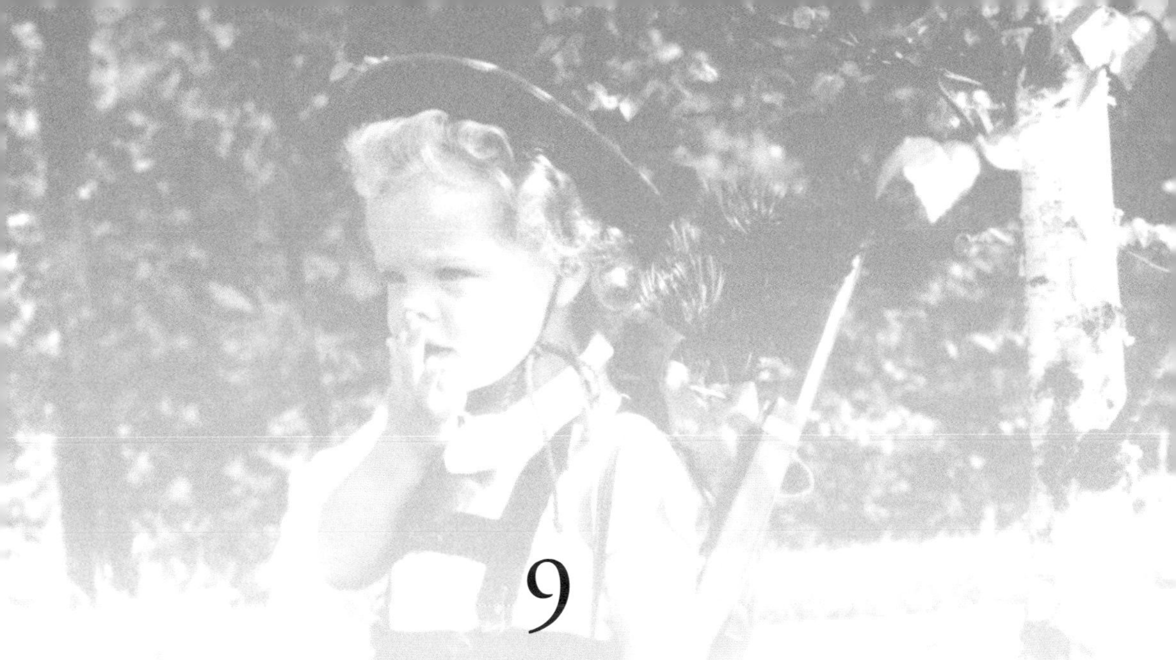

9

BEWEISFÜHRUNG – Goebbels' Visitenkarte, Briefe an den Richter

»Man muss aufpassen, denn manchmal können Kinder ungerecht sein und sehen Dinge …« (Monique Dury)

Aber was hat Romy gesehen? Was hat sie geglaubt, gesehen zu haben? Was hat sie nachweislich überhaupt gesagt, gesehen zu haben? Hat sie überhaupt etwas darüber gesagt?

Alice Schwarzer hat 1998, wohlgemerkt aus ihrer Erinnerung (an ein 1976 geführtes Interview mit Romy Schneider), ein Buch geschrieben: »Romy Schneider Mythos und Leben«/Kiepenheuer & Witsch. Ihr Tonband stand ihr zum Schreiben ihres Werkes *nicht* zur Verfügung. Nach eigenen Aussagen fand sie es erst nach Fertigstellung: *»Gerade hatte ich damals die letzten Zeilen geschrieben, da entdeckte ich nur Stunden später in den Tiefen einer Schublade das zuvor vergeblich gesuchte Tonband mit unserem Gespräch vom Dezember 1976 wieder.«* (»Emma«, »Ne me trahis pas …«1.8.2008) Das heißt, Alice Schwarzer schreibt deutsche Geschichte um, hat aber alles aus der Hüfte geschossen? Die im Buch getroffenen Aussagen, insbesondere die Lebensbildverzerrungen Romy Schneiders und Magda Schneiders, sind aus der Erinnerung rekapituliert, aus der Lamäng geschrieben? Wie gut erinnert man sich nach zweiundzwanzig Jahren an wortwörtlich getroffene Aussagen? Zumal, wenn sie doch einiges an Sprengstoff besitzen? Darf man so zitieren? Noch nach Jahrzehnten aus dem Gedächtnis. Darf man das Lebenswerk anerkannter, geliebter, großartiger Künstlerpersönlichkeiten damit vernichten? Man könnte spekulieren, dass Schwarzer dann mit Hilfe des Tonbandes ihre Sensationen wieder einigermaßen ausgebügelt hätte, aber was wäre dann noch übrig geblieben?

Alice Schwarzer posaunt (seit Magdas Tod) in Variation in die Welt: »Meine Mutter hatte ein Verhältnis mit Hitler«, »Meine Mutter schlief mit Hitler« … »Romy war das Kind von Nazi-Eltern«! Zum Beweis hantiert sie mit der On- und Off-Taste ihres Tonbands, aber nicht Romy spricht, nicht Romy »bricht ihr Schweigen«, wie europaweit angekündigt, sondern es ist Alice, die die Stille des Tonbands interpretiert, nach über 42 Jahren holt sie das Letzte aus dem Schweigen der Bänder heraus, und das sind Nazis und Daddys! Voilà!

Eines Tages muss Alice Schwarzer eine »Bild«-Zeitung in die Hand bekommen haben und hat scheinbar allzu wörtlich genommen, was sie dort las. In die Exklusiv-Serie »Leb' wohl Romy«, die am 18. Oktober 1982 unter Magdas Namen erscheint und die ein Ghostwriter verfasste, wurde Magda durch Dritte, durch alte »Freunde« gedrängt, die im Hintergrund die Fäden zogen. Heute noch existieren in den vollständig erhaltenen Akten des Hauses »Mariengrund« gewisse »Abtretungs-Vereinbarungen« der »Freunde«, die dann zum Beispiel Auslandsrechte inklusive Honorare Magda Schneiders sich selbst überschreiben ließen, weil sie alles eingefädelt hatten. Angesichts der völligen Mittellosigkeit Magda Schneiders unglaublich, aber bezeichnend für die »Freunde« aus der Branche, Magda hat das alles unterschrieben, mit einer Blauäugigkeit, die noch Romys Blauäugigkeit in den Schatten stellte. Die Gagen, die – wie alle glauben – Magda Schneider für ihre *»vielen, vielen Erinnerungen«* bekam (so viele waren es gar nicht: »Meine Tochter Romy«/1957 und »Leb wohl, Romy«/1982, das Buch »Wenn ich zurückschau«/1990, das auf Wunsch eines Verlages entstand, war dann leider zusammengewürfelt aus den beiden Veröffentlichungen 1957, 1982 und anderen Quellen), hat es nie gegeben.

Was in »Bild« eher unspektakulär daherkommt, sollte mehr als zwanzig Jahre später und *nach* Magda Schneiders Tod beweisen, dass sie angeblich eine unheilbare Nazigesinnung besäße: *»Sie* (Romy, A. d. A.) *liebte Wirbel um ihre Person schon immer. Sie stand schon als Kind gern im Mittelpunkt. So lieb sie war – eitel war sie auch ein bisschen. Ich erinnere mich an eine Szene vor unserem bayerischen Landhaus in Schönau am Königssee. Sie war damals ungefähr fünf, es war mitten im Krieg. Da kam Romy von einem Kindergeburtstag im Jagdhaus der Familie Bormann nach Hause.*

Sie wissen: Martin Bormann, Sekretär Hitlers, war der mächtigste, meistgefürchtete Mann hinter den Kulissen des Dritten Reiches. Die Bormanns hatten acht Kinder, also gab's viele Geburtstage.«

Wie die Familie Bormann 2008 bestätigte, hatte die Familie gar kein Jagdhaus, die Familie Bormann hatte nicht acht, sondern neun Kinder, und außerdem kommt es keinem der »Investigativ-Biografen« irgendwie unlogisch oder unglaubwürdig vor, dass eine Fünfjährige *»mitten im Krieg«* mal eben vom Obersalzberg nach Hause hopst und der »Mami«, wieder daheim, in die Arme fällt. Magda Schneider hätte sich die Party auf dem Obersalzberg und die Nähe zu ihren vermeintlichen Idolen sicher nicht entgehen lassen und hätte ihre Tochter begleitet, würde denn die Theorie durch Resteverwertung der alten »Bild«-Zeitungen auch nur ansatzweise die Wirklichkeit streifen.

Raimund le Viseur, der damals die Interviews mit Magda führte, äußerte sich 2008 als Zeuge gegen die Verunglimpfung Magdas, als ihr letzter Ehemann Horst Fehlhaber Prozesse gegen die Urheber führte, wie folgt: *»Ich habe seinerzeit die Serie ›Leb wohl Romy‹ für die ›Bild‹-Zeitung geschrieben und Magda Schneider interviewt. Aus dieser Serie stammt auch das Zitat zu dem Kindergeburtstag bei der Familie Bormann. Wenn heute behauptet wird, Magda Schneider sei in dem Interview stolz darauf gewesen, dass ihre Tochter einmal bei der Familie Bormann eingeladen war, so entspricht das nicht meinem damaligen Eindruck. Magda Schneider hat sich mir gegenüber in keiner Weise damit gerühmt, Kontakt zu wichtigen Nazigrößen gehabt zu haben. Ich komme selber aus jüdischem Hause und bin in diesem Punkt sehr empfindlich. Es hätte daher Krach gegeben, wenn ich diesen Eindruck gewonnen hätte.*

Dass die Serienredaktion von ›Bild‹ Chef Horst Wolf, möglicherweise als Einschub, erklärt habe, wer Martin Bormann war, damit der Leser das versteht, kann sein, das weiß ich nicht mehr. Ich kann aber versichern, dass das Interview möglichst authentisch nach den Tonbandaufzeichnungen wiedergegeben und die Serie unter größtem Zeitdruck hergestellt wurde.

Ich kann ferner versichern, dass Magda Schneider mir nicht als rückwärtsgerichtete ›Nazisse‹ erschien. Wie bereits gesagt, bin ich in diesem Punkt empfindlich. Wie haben etwa drei oder vier Tage zusammengearbeitet. Magda Schneider erschien mir sehr menschlich und emphatisch. Es war eine sehr harmonische Begegnung.«

Der durchschnittliche »Bild«-Leser 1982 wusste garantiert nicht, wer Martin Bormann war, sodass mit großer Wahrscheinlichkeit davon auszugehen ist, dass dies eine Randbemerkung der »Bild«-Zeitung selbst war. Und warum sollte Magda Schneider einem Journalisten gegenüber erklären, wer Martin Bormann ist?

Herr le Viseur war über die Auslegung der Äußerungen Magda Schneiders derart empört, dass er von sich aus die Abgabe einer Eidesstattlichen Versicherung anbot und am nächsten Tag bei der prozessführenden Anwältin Frau Julia Grißmer in Frankfurt am Main anrief, um noch Folgendes zu ergänzen: Magda Schneider habe das Interview sehr erschöpft, weil sie der Tod ihrer Tochter so quälte. Er hätte sich ferner erinnert, wenn Magda Schneider Ausführungen der fraglichen Art zu Martin Bormann gemacht hätte, er tat diese Unterstellungen energisch als »lächerlich« ab und betonte immer wieder, da er selber aus jüdischem Hause stamme, habe er ein sehr feines Gespür für solcherlei Untertöne. Er habe immer gehofft, sie möge die Belastungen, die von der Konfrontation mit den Erinnerungen im Rahmen des Interviews ausgingen, überstehen und habe sich sehr gesorgt, weil Magda Schneider bereits herzkrank war. Die Sitzungen mussten daher oft unterbrochen werden, sodass sich die Gespräche über drei oder vier Tage erstreckten. Magda Schneider habe überhaupt nicht die Kraft gehabt, sich zu brüsten oder stolz zu prahlen.

Ein Quelltext der Falschinformation war das 1978 erschiene Buch »So kurz sind hundert Jahre«, Rosa Albach-Retty. Die Ghostwriterin Rosa Albach-Rettys schrieb in deren falschen Memoiren: *»Einmal wurde sie* (Romy, A. d. A.) *von Gerda Bormann, der Frau des Reichsleiters und Hitler-Sekretärs, zu einer Kinderjause eingeladen. Dabei lernte sie auch die beiden ältesten der sieben Bormann-Kinder kennen. Irmgard … und Martin …«* Allerdings bestätigte der zitierte Martin Bormann jr. (Telefonat mit der Autorin, 29.08.2008), dass er

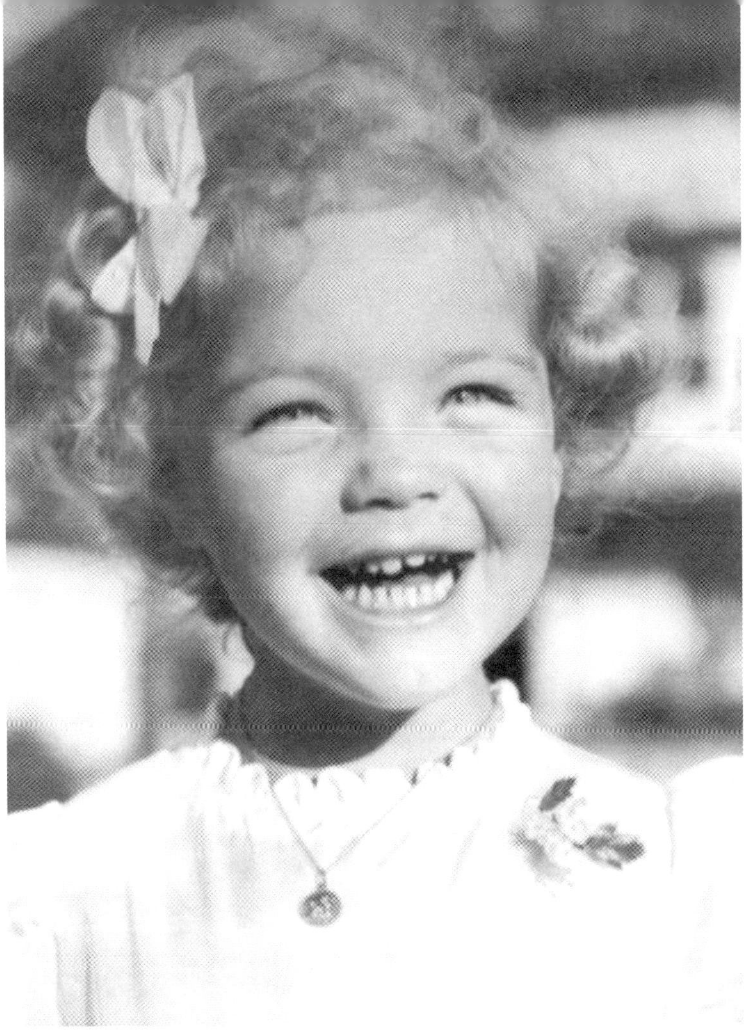

Romy Schneider niemals in seinem Leben gesehen hat (er verließ Berchtesgaden ohnehin 1940, da er die Reichsschule der NSDAP in Feldafing besuchte). Es mutet mehr als grotesk an, dass Romy Schneider als Anderthalbjährige in Windelhosen auf dem Obersalzberg den bereits zehnjährigen Martin Bormann »kennenlernte« und beide »Spielkameraden« waren und »Kinderjausen« abhielten.

»Romy spielte mit den Kindern der Nazi-Größen«, *»Magda schickte ihre Tochter zum Spielen auf den Obersalzberg«*, so titelte Trashliteratur und gefeierter, hirntoter Dokumentarfilm von Deutschland über Österreich bis Frankreich. Das, was gesendet wird, kennzeichnet die Einfalt, die Obszönität, Verkommenheit der Leute, die das verfasst haben, aber es handelt sich schlicht auch um Geschichtsfälschung. Der Obersalzberg mit seinen Bewohnern war ein

abgeschirmtes und isoliertes Terrain, allein schon an den drei schwerbewaffneten Kontrollposten kam niemand vorbei, auch kein Filmstar mit Kinderwagen.

Rosemarie war keineswegs mit den Kindern der Familie Bormann befreundet, wie der bundesdeutsche Revolver–Journalismus es weiszumachen versucht. Die einzigen Zeugen dieser Zeit, die Bormann-Kinder selbst, bestätigen viel mehr, dass Romy Schneider wohl einmal auf dem Obersalzberg war. *»Der Besuch des Kindes dürfte auch keinen besonderen Eindruck auf die anderen* (Bormann-Kinder a. d. A.) *gemacht haben.«* (Brief der Bormann-Kinder an die Autorin, 1.8.2008) Allein anhand dieser Aussage wird exemplarisch, wie das Ganze funktioniert, wie die Nazis in »Alices Welt« und in die Dokus kommen!

Inge Steuer war eine enge Freundin Magda Schneiders in der Schönau. Auch sie gibt anlässlich der Prozesse eine Eidesstattliche Versicherung ab, dass nach ihrer Kenntnis *»Magda Schneider zu keinem Zeitpunkt mit Martin Bormann befreundet war. Martin Bormann hatte auch nach meiner Kenntnis gar keine Freundschaften in Berchtesgaden gehabt.«* Die von Schwarzer behauptete Nähe Magdas zu »Nazigrößen« wäre ihr auf jeden Fall aufgefallen: *»Ich bin im Haus von Magda Schneider, ›Mariengrund‹, ein- und ausgegangen, von 1938 – 1996, ich habe im gesamten Haus nicht ein einziges Bild von Hitler oder andere Nazi-Gegenstände gesehen, auch nicht in den Jahren 1938 – 1945. Magda hatte viele Bilder aufgestellt, aber ausschließlich von ihren Kindern Romy und Wolfi und ihren eigenen Eltern.*

Magda hat auch nie einen politischen Film gedreht, sie war ein völlig unpolitischer Mensch, das waren immer Liebesfilme … Magda hatte weder zu Zeiten des Krieges eine nationalsozialistische Gesinnung, noch in den vielen Jahren nach dem Krieg, in denen ich sehr eng mit ihr befreundet war. Das kann ich voll und ganz versichern. Sie hat nur sehr widerwillig 1941 eine formelle Einladung auf den Berghof angenommen, ich weiß, dass sie sich fünf bis sechs Mal entschuldigen ließ, bevor sie der Einladung überhaupt nachkam.«

Ist es Alice Schwarzer und den ihr bedingungslos folgenden Frontberichterstattern von »t-online« bis »Focus« denn niemals in den Sinn gekommen, dass es ausnahmslos absurd ist, auch in Bezug auf die geschichtswissenschaftliche Forschung, auf internationale Hitler-Biografen, eine Hitler-Geliebte aus dem Hut zu zaubern, die niemand auf dem Plan hatte? Ist nicht längst erwiesen, dass Hitler gänzlich unfähig war, engere Bindungen mit Frauen einzugehen? Ausgerechnet mit Magda Schneider soll es dann geschnackselt haben? Dr. Ralf Georg Reuth, einer der besten Kenner des Innenlebens des Dritten Reichs – er schrieb Biographien über Hitler, Goebbels und andere Nazi-Größen –, erklärte dazu: *»Nach der Durchsicht einschlägiger Quellen und der Memoiren-Literatur gibt es keinerlei Hinweise darauf, dass Magda Schneider eine Liebesbeziehung zu Hitler unterhalten hat. Derartige ›Informationen‹, wie sie von Alice Schwarzer verbreitet wurden, sind nicht zuletzt auch deshalb abwegig, weil der Diktator alles andere war, als der Mann der schnellen Affären. Ein solcher war Joseph Goebbels, ganz sicher aber nicht Hitler. Ein Verhältnis zwischen ihm und Magda Schneider gehört daher für mich in den Bereich der Sensationsmache, der Gier nach der Schlagzeile, der jegliche sachliche Grundlage zu fehlen scheint.«*

Alice Schwarzer deckt hier u.a. mit Hilfe einer alten »Bild«-Zeitung auf, wozu die internationale Geschichtswissenschaft nicht in der Lage war?

»Meine Frau Magda Schneider war einmal in ihrem Leben auf dem Obersalzberg, es war ein förmliches Händeschütteln mit Hitler im Kreis von einem Dutzend Geladener, das ganze dauerte zwanzig Minuten. Sie erschien dort ausschließlich in ihrer Repräsentationspflicht als Schauspielerin, meine Frau vertrat niemals nationalsozialistisches Gedankengut«, erklärte Horst Fehlhaber, der unter anderem an einem der berühmtesten Antikriegsfilme überhaupt als Kameramann mitwirkte, »Die Brücke«/1959/Regie: Bernhard Wicki. Innerhalb des Prozesses brüstet sich Frau Schwarzer, Horst Fehlhaber habe Magda Schneider ja erst 1968 kennengelernt und könne demnach gar nichts über die Jahre im Krieg aussagen, da er nicht zugegen war. Schwarzer übersieht dabei vollständig, dass ja auch sie nicht über die Kriegsjahre zugegen war.

Der Empfang einer Geliebten sieht wohl auch wahrlich anders aus. Meist ist keine Kamera dabei. Außerdem ist es seltsam, wenn die Geliebte mit etwa dem halben Dorf im Schnee wartet, bis sie einen gedankenlosen Handschlag ihres Lovers bekommt, genau wie alle anderen in der Warteschlange auch. Man könnte sogar meinen, dass Hitler Magda Schneider abwatschte, sie schwanger in Kälte und Schnee innerhalb eines Menschenpulks empfing, da sie sich nicht sehr entgegenkommend verhielt all die Zeit.

Es gibt viele, die sich empören. Auch Daniel Biasini legt nach, dementiert erneut 2018, nach Ankündigung der sensationellen »Enthüllung« in »Bild«

die kruden Gedanken von Schwarzers Nazi-Welt. Gegenüber der »Gala«, sagt er: *»Das ist falsch, lächerlich und absolut grotesk. Nachdem die arme Magda schon die Mätresse von Goebbels und Bormann gewesen sein soll, wird sie nun auch noch zur Konkubine von Hitler gemacht. Für mich ist das ein Marketing-Coup von Alice Schwarzer, die ihr neues Buch verkaufen will.«* (»Affärengerücht ist ein Marketing-Coup von Alice Schwarzer«, 19.09.2018)

Alice Schwarzer hat zwar kein neues Buch geschrieben, aber damit dürfte er haargenau ins Schwarze getroffen haben, und auch eine Neuauflage muss ja irgendwie beworben und unter die Leute gebracht werden. Außerdem ist das Werk erstmalig in Frankreich erschienen, und da braucht Madame: Wirbel, viel Wirbel, Nazi-Wirbel, Féminisme-Wirbel! Hat sich Alice Schwarzer jemals Gedanken gemacht über das, was sie da in ihre Schreibmaschine hämmert? Hat sie dabei jemals gefragt, was ihre Zertrümmerungen bedeuten? Immerhin schrie sie ja »Zeter und Mordio«, was bei ihr so viel heißt wie: »zu den Waffen!«, als es um sie selber ging.

Michael Jürgs, der 1991 das kommerziell erfolgreichste Buch über Romy Schneider schrieb, »Der Fall Romy Schneider«, der den Star 1981 im Auftrag des »stern« zusammen mit dem Fotografen Robert Lebeck in Quiberon während einer Kur aufsuchte, äußerte sich gegenüber der »Bunten« ganz ähnlich wie Biasini: *»Fehlhaber hat ja auch eine Unterlassungserklärung an die ›Hörzu‹ geschickt* (das trifft nicht zu, Horst Fehlhaber schickte niemals eine Unterlassungserklärung an die »Hörzu«, A. d. A.), *dass Magda mit Hitler nichts zu tun hatte, was auch stimmt. Das ist schwachsinnig. Kann man alles bei mir nachlesen. Hitler hat sie bewundert auf der Bühne im Gärtnerplatztheater in München und erklärt weiter, dass Romy Schneider in den intimen Gesprächen mit ihm nie auch nur die leiseste Andeutung gemacht habe, dass zwischen ihr und Adolf Hitler etwas ›gewesen sei‹ «.* (»Bunte« 40/2008)

Der ehemalige »stern«-Redakteur Jürgs, dessen Buch zwar auch stark aus Dichtung und Wahrheit besteht, hat dann doch (bei aller Kritik) eine andere Qualität, einen anderen Anspruch vorgelegt als Schwarzer. Gerade Jürgs, der keinen Hehl daraus macht, nur sehr sparsame Sympathie für Magda Schneider aufbringen zu können, wäre doch garantiert eingestiegen in jeden Anfangsverdacht einer so schillernden Bettgeschichte! Auch hätte der »stern«, der schon des Öfteren mit phänomenalen Fundstücken, vermeintlichen Superdevotionalien in Sachen Adolf Hitler auffiel und auftrumpfte (seine verdutzten

Leser in Schockstarre brachte), doch ganz andere Möglichkeiten gehabt, wenn die Sache nicht ein ganz persönliches Problem von Schwarzer selbst wäre.

Christiane Höllger, Romy Schneiders Freundin, möchte sich zwar heraushalten aus einem Rechtsstreit, da sie es zu belastend findet – in ähnlicher Sache führte sie selbst einen Prozess gegen Schwarzer – lässt aber ausrichten, dass sie es sehr traurig findet, *»dass es im Zusammenhang Magda und Romy Schneider zu solch spektakulären Verzerrungen kommt«*. An Horst Fehlhaber gerichtet bat sie um Nachricht, *»dass sie es sehr bedauert, welch ungerechte Äußerungen im Zusammenhang mit Magda Schneider und ihrer Tochter Romy gemacht werden«*.

Ist es nicht mehr als ungewöhnlich, dass auch Christiane Höllger nie in die »Geheimnisse« eingeweiht, dass ihr nie Vergleichbares *»entgegengeschleudert«* wurde, wie etwa Alice Schwarzer auf der braunen Samtdecke im Elfenbeinturm der Kölner Feminismuszentrale?

Gerade mit Christiane Höllger hat Romy in aller Ausführlichkeit sehr intensive Gespräche erlebt, beide Frauen haben im Übermaß, in Poesie und Wortwitz ihre Mütter thematisiert. In dieser Freundschaft ließ der Mensch Rosemarie Albach sich fallen, Höllger, eine Berliner Journalistin, war eine der wenigen Begegnungen mit der »realen« Welt, sie sucht in dieser Freundschaft den Menschen, nicht den Star.

Warum hat Romy in dieser intimen Atmosphäre nicht ausgepackt? Christiane Höllgers Familie hatte Deutschland zu Kriegsbeginn verlassen, war emigriert und wäre damit nicht sie, die vom Schicksal gesandte Person gewesen, wenn es da etwas gegeben hätte, das Romy *»belastete«*, wie Schwarzer immer wieder mit düsterster Filmmusik untermalt, konstruiert, dämonisiert, um sich wichtig zu machen?

Hätte das Thema nicht in der Luft gelegen? Christiane Höllger, die fröhliche, sensible Freundin, übernimmt die Pressearbeit beim schwierigen Wiedersehen mit Deutschland anlässlich der Dreharbeiten von »Gruppenbild mit Dame«, Schneiders fünfzigstem Film.

Es ist 1976, das »Jahr des Tonbands«! Da Romy zu Leni wurde, Leni Gruytens Leben atmete, in diesem Kriegsstoff von Heinrich Böll, wäre es doch *die* Gelegenheit gewesen, hätte sie es nicht spätestes hier *»herausschreien«* können? Sie hatte achtzehn Jahre Zeit, so viel Gelegenheit und kein einziges Wort gegenüber der Herzensfreundin?

Mit jemand anderem hat Romy allerdings über Hitler und ihre Mutter gesprochen. Dieses Gespräch fand in Frankreich statt: *»Romy hat jedenfalls gesagt: ›Meine Mutter war bei Hitler.‹ Das ist alles, was sie dazu gesagt hat«*, so Monique Dury, die Vertraute Romys in über zwanzig Jahren: *»Selbst wenn sie ihn getroffen hat! Bei mir zum Beispiel, in der Schule, obwohl wir alle wussten, dass Pétain ein Mistvieh war, sang ich: ›Maréchal nous voilà‹…* (Loblied auf Henri Philippe Pétain, zeitweise die inoffizielle Nationalhymne Frankreichs, Anm. d. A.). *Die ganze Klasse musste das Lied singen, und deshalb habe auch ich es gesungen. Was soll denn eine Magda Schneider machen, selbst wenn sie ein Star war, aber glauben Sie, sie konnte einfach sagen: ›Tut mir leid, aber Hitler grüße ich nicht.‹? Sie war doch nicht verrückt. Deshalb finde ich, sollte man die Dinge nicht vermischen. Denn was für einen Unterschied macht das denn, ob sie Hitler nun gesehen hat oder nicht. Das macht keinen Unterschied. Ich habe nie erfahren, ob sie für oder gegen ihn war.«*

Im Zuge des Prozesses gegen Alice Schwarzer gibt auch der Hausarzt Magda Schneiders, Dr. Max Kumpfmüller, Auskunft. Als junger Assistenzarzt, als Oberarzt im Krankenhaus Hallein/Österreich betreut er von 1977 bis 1996 Magda Schneider, ambulant und stationär, und durch seine große Liebe zur Kunst gibt es bald einen regen Austausch: *»So wurden auch öfters Gespräche über ihre große schauspielerische Karriere gemacht, natürlich über ihre großen cineastischen Erfolge zu Beginn der 30er Jahre, u. a. mit Max Ophüls, Anatole Litvak, Neufeld, Rosenfeld, Pressburger u.v.a.*

Frau Schneider erinnerte sich mit großer Bewunderung an die vielen jüdischen Kollegen vom Film und bedauerte zutiefst die Ereignisse, die bald zu Beginn ihrer Karriere eintraten … Sie war ein gänzlich apolitischer Mensch. Irgendwelche Hinweise auf ›braune Nostalgie‹ konnte ich niemals erkennen. Ganz im Gegenteil: Sie bedauerte sehr das Schicksal ihrer vielen jüd. Kollegen, Freunde, Mitarbeiter inkl. Privatsekretärin.«

Als die Medien über die Prozesse berichten, erreicht den Richter ein Brief. Die Tochter einer ehemaligen Nachbarin Magdas in der Schönau war so empört über die Unterstellungen, dass sie ein dickes Konvolut handschriftlicher Briefe und Karten schickte, die Magda Schneider mitten im Krieg an ihre Mutter, Clementine Laupheimer, gerichtet hatte. Nach einer langen Reise, nach Jahrzehnten der Aufbewahrung bei der Tochter der Frau Laupheimer, einem Verweilen beim prozessführenden Richter, kamen diese Briefe nach einer Ewigkeit von genau siebzig Jahren zurück und lagen auf dem Schminktisch Magdas, als Zeugen der Zeit. Mit steiler, großer Tintenschrift hatte Magda aus ihrem Leben erzählt, Gedanken niedergeschrieben, über das Glück mit ihren Kindern berichtet, was ihr wichtig war, hatte sie unterstrichen, so wie Romy später. In einem Brief vom 19.09.1939 schreibt Magda: *»Aber was fragt die schreckliche Zeit nach uns? Schlimm ist es gekommen, Clemi seit wir uns nicht gesehen haben!«* Magda Schneider schreibt diese Zeilen zehn Tage nach Kriegsbeginn, zu einer Zeit also, als gerade Menschen ihres Alters, die den ersten Weltkrieg nicht bewusst erlebt hatten, noch euphorisch und siegessicher waren. Diese Art Kriegsmüdigkeit, der schwache Fanatismus klingt für einen glühenden »Nazi« doch ziemlich blass! Keine strammen, zackigen Worte, kein Nazissen-Loblied auf den Führer? Von der ihr unterstellten Begeisterung für Hitler und den Krieg fehlt sogar zu diesem Zeitpunkt jede Spur. Genaugenommen war das eine wehrkraftzersetzende Handlung, diese Meinungsäußerung hätte Magda in große Schwierigkeiten bringen können.

Wann hätte denn der Beischlaf mit dem Führer stattfinden sollen? Alice Schwarzer (hat sich nie konkret geäußert) nannte nie eine Jahreszahl, keine Uhrzeit! Als Magda Schneider mit dem von ihr hochverehrten Max Ophüls drehte, als diese Sternstunde des Kinos, ein unsterbliches Filmwerk entstand – »Liebelei«? Max Ophüls war Jude. Wie hat sich Alice das denn gedacht? Tagsüber dreht sie in Paris mit Ophüls, dem jüdischen Regisseur, arbeitet an einem cineastischen Welterfolg, und nachts geht sie hoch auf den Obersalzberg und hat Sex mit Hitler? So könnte es gewesen sein, Alice?

Magda Schneider spielte die »Christine« in Ophüls Film »Liebelei« der am 16.3.1933 in Berlin Premiere hatte. Nach der Flucht Ophüls ins französische Exil waren Magda Schneider und Wolfgang Liebeneiner die einzigen Darsteller von »Liebelei«, die dem jüdischen Regisseur Ophüls für das im Exil gedrehte Remake »Liebelei. Une histoire d'amour« noch zur Verfügung standen. Das geschah im Spätsommer 1933, der Film hatte erst lange nach der Machtübernahme Hitlers, am 16.03.1934 Uraufführung in Paris. Das heißt, auch hier verhält sich Magda nicht ganz so, wie es von ihr erwartet wurde.

Oder fing das etwa schon früher an? Alice Schwarzer hatte auch hier Anhaltspunkte und Material ihrer Forschung in der Jürgs-Biografie gefunden, in ihrem Buch schreibt sie, bzw. schreibt sie ab: *»Und von Romys Mutter berichtet Michael Jürgs in seiner nach Romys Tod erschienenen Biografie, dass sie Ende der 20er Jahre als Soubrette am Münchener ›Theater am Gärtnerplatz‹ einen Herrn namens Adolf Hitler zu ihren glühendsten Verehrern zählte. Der saß regelmäßig in der ersten Reihe und schickte Blumenbouquets in die Garderobe. ›Ich hoffe, Sie wissen, dass ich damals in München nur Ihretwegen ins Theater gegangen bin‹, soll der Führer später seinem Star anvertraut haben – und Magda soll sanft errötet sein.«*

»Soll«, »man sagt«, »es heißt« – das ist der Terminus, das Treibmittel, das alle eint. Diesem Ondit folgten alle Biografen. Schwarzer benutzt es, um Magda Schneider eine wie auch immer geartete Nazi-Gesinnung zu attestieren. Allerdings hatte die junge Schauspielerin Magda Schneider weder Einfluss darauf, wer wann und wo ins Theater ging, noch darauf, wer ihr Blumen schickte.

Michael Jürgs hat die Anekdote scheinbar aus den Memoiren der Rosa Albach-Retty übernommen, schaut man sich aber die Entstehung dieses Werks an, so bestehen große Zweifel ob das Ganze überhaupt jemals stattgefunden hat, vor allem aufgrund des allgemein geringen Wahrheitsgehalts der Albach-Retty-Memoiren, *alle* Anekdoten sind mehr als fraglich (für Fans sind sie vertraut wie eine alte Weise, da von Buch zu Buch übernommen, sie prägen die gesamte Romy Schneider-Literatur, aber sie stimmen nicht), so zum Beispiel die der Ankunft der Enkelin der Frau Albach-Retty: *»Das Mädchen Rosemarie kam am 23. September 1938 um 21.45 Uhr zur Welt. Mein Mann hatte Magda am frühen Morgen ins Rudolfinerhaus gebracht, denn Wolf filmte in Berlin, wir sollten ihn, wenn es soweit war, telefonisch verständigen … Um zehn läutete das Telefon. Dozent Mikulics war am Apparat, Magdas Geburtshelfer. Der ›Mann mit den goldenen Händen‹, wie er in Wien von seinen Patientinnen genannt wurde. ›Sie haben vor einer Viertelstunde eine Enkelin bekommen!‹ rief er. ›Ein besonders hübsches Baby!‹*

Wir sahen Romy noch in derselben Nacht. Mit dem goldblonden Flaum, der sich in vielen kleinen Kringeln um ihr Köpfchen legte, den großen blauen langbewimperten Augen und den zwei Wangengrübchen sah sie wie einer von den Blasengeln aus, die in der kleinen Kirche am Königssee, wo ihre Eltern geheiratet haben, über dem Altar schweben.«

Diesen erfundenen Talmi schreibt seit Jahrzehnten einer vom anderen ab. Es handelt sich um nichts weiter als besonders schnörkelvolle Ghostwriterpoesie. Es steht Rosa Albach-Retty drauf, es ist aber nicht Rosa Albach-Retty drin, denn zum Erscheinen des Werkes, im Jahre 1978, war diese bereits ehrwürdige 104 Jahre alt und hatte höchstwahrscheinlich keinerlei Einfluss mehr auf das Resultat. Da das Gedächtnis der alten Dame bis ans Lebensende kolossal funktionierte, ist eher davon auszugehen, dass »man« nicht schrieb, was sie sagte. Als »Aufzeichnende« dieser sogenannten »Erinnerungen« wird eine Frau Dr. Svoboda-Srncik genannt.

Alle fremdgeschriebenen »Memoiren« des Hauses Albach-Schneider beinhalten eine Flut von haarsträubenden Angaben, sie entstammen alle demselben Verlagshaus. Daniel Biasini, der letzte Ehemann Romy Schneiders, bezeichnete sein 1998 erschienenes Buch »Meine Romy« selbst als Lüge und zog kurzfristig seinen Namen zurück, auch Magda Schneiders sogenannte »Erinnerungen« (ihre Memoiren gibt es gar nicht) sind ein verheerendes Flickwerk aus wenigen authentischen Aussagen Magda Schneiders, aber vor allem aus wahrheitswidrigen Illustrierten-Artikeln und (angeblichen) Interviews von Journalisten verfasst. Magda wurde gebeten und gedrängt zu dieser Veröffentlichung, aus Krankheitsgründen gab sie diese Vermischung aus Halbwahrheiten und Unwahrheiten unbesehen frei, was ihr im Nachhinein unglaublich geschadet hat.

Romy kam um 22.05 Uhr zur Welt, Wolf Albach-Retty drehte nicht in Berlin, sondern saß auf der Fahrt in die Geburtsklinik sogar neben seiner Mutter. Er war in Wien, bei seiner Frau, seiner frisch geborenen Tochter – davon zeugt ein Foto und Magdas seitenlange Niederschrift der Geburt – und um Rosemaries Köpfchen kringelte sich nichts, schon gar nichts Goldblondes. Das Kind ist eher dunkel, fast schwarz, und sieht mit den weit auseinanderliegenden geschlossenen Augen wie ein kleiner, glücklicher Chinese aus. Magdas Geburtshelfer war, wie es das originale, private Album der Geburt verrät: »Primarius Dr. Michalitsch«, der Kollege, *»Dozent Mikulics«*, samt seiner *»goldenen Hände«* und den damit beglückten Wienerinnen, ist ein Phantom, er hat niemals existiert, außer in der Schreibmaschine von Svoboda-Srncik. Auch die »Blasengeln« über dem Altar sind nichts als Kitsch, alle Blasengeln oberbayerischer Kirchen sehen ein wenig aus wie Romy Schneider.

Aus ein paar gestreuten Stichworten der Einhundertvierjährigen entstand eine Anekdotensammlung, in der so gut wie nichts stimmt: *»Hier bekam sie* *ihre erste Zähnchen«* ist exemplarisch für das Ammenmärchen, denn das Originaltelegramm: *»Mutti, Pappa, hört Euch an, Euer Kindl hat den ersten Zahn. Viele Bussi Rosmarie«*, datiert vom 20.4.1939, kommt direkt aus Berchtesgaden und nicht aus Wien. Auch die Ankunft jedes weiteren Zähnchens wird von Magda oder »Deda« in Berchtesgaden entdeckt und wortreich kommentiert, sogar mit ganz genauer Form- und Lagebeschreibung.

»Der Spiegel« 31/1978 kündigte unter der Überschrift »Sissis Gebiss« die Memoiren des einstigen Burgtheater-Stars an und verriet, dass Albach-Retty eigentlich keine Memoiren veröffentlichen wollte, da es kaum Sensationen gäbe, die man heutzutage brauche. Doch Frau Svoboda-Srncik konnte die Pensionärin im Altersheim in Baden bei Wien umstimmen, und wird dann wohl doch ein paar Sensationen auf ihre Kappe genommen und eingebaut haben: *»Es ist in der Tat viel Kurzweiliges, ganz nach dem Vorsatz der rüstigen Greisin – die erst kürzlich zu rauchen begonnen hat –, ihre Memoiren sollten ›ein fröhliches Buch‹ werden.«*

Ganz so *»fröhlich«* ist es dann nicht, vor allem in der Konsequenz und dreißig Jahre später. Alice Schwarzer benutzt auch diesen narrisch-schönen Wiener Plauderschmäh als Recherchebank für eine tatsächlich ernst gemeinte Anklage.

»Von Magdas Haus in Schönau sind es keine fünf Minuten zur Auffahrt auf den Obersalzberg« (»So kurz sind hundert Jahre« Rosa Albach-Retty, Herbig, 1978)– man weiß nicht, welcher der beiden Damen hier die Fantasie durchgegangen war, allein die Aussage ist absurd. Höchstwahrscheinlich wird Rosa Albach-Retty das sicher nie gesagt haben, denn sie kannte ja die Örtlichkeiten. Eventuell ist das der Moment gewesen, wo Gertrud Svoboda-Srncik meinte, eine »kurzweilige Sensation« einbauen zu müssen?

Es gab auf dem Weg zum Obersalzberg drei Kontrollposten – jede Person, jedes Fahrzeug wurde gründlichst durchsucht, dies dauerte laut Zeitzeugen jeweils zehn bis fünfzehn Minuten. Sofern man schon eine Wegstrecke in Minuten statt in Kilometern angibt, dann sollte man schon a bisserl genau sein. Zwar will sich die Einhundertvierjährige erinnert haben, dass *»meine erste Schwiegertochter Magda«* Blumengrüße des Führers in den Arm gedrückt bekam (ein völlig unbedeutendes Ereignis im Leben Magda Schneiders, für das sie im Übrigen gar nichts beigesteuert hatte, bzw. gar nichts konnte, zumal nicht einmal gesichert ist, ob das Grünzeug überhaupt und jemals je in ihren Armen landete?), aber an ein viel aufschlussreicheres Ereignis, nämlich den NSDAP-Beitritt ihres Buam, Wolf Albach-Retty, erinnert sich Rosa Albach-Retty schon nicht mehr. Oder die Journalistin fand diesen Fakt schier zu »unfröhlich« für das »fröhliche Buch«?

Wolf Albach-Retty ist seit 1941 Mitglied der NSDAP. Sein familiärer Hintergrund ist ein völlig anderer. Die in Hanau (Hessen) geborene, in Wien am Burgtheater als Frau Professor Hofschauspielerin zu großen Ehren gekommene Rosa Albach-Retty ist empfänglich für den Nationalsozialismus. Der Sohn geht wie immer mit den Ansichten der Mutter d'accord. Ihn treiben zwar nicht wirklich politische Ansichten – er ist vordringlich Charming-Boy der Ufa, Weiberheld, Autonarr und Jäger, mit den Trophäen dieser feigen Bluttaten aus Wald und Flur behängt er die Wände des Hauses »Mariengrund« oder stellt Ausgestopftes in die Zimmer, das Haus seiner Frau wird nie wirklich *sein* Zuhause – aber er arrangiert sich. Nicht aus Überzeugung, nein, er laviert um die Dinge herum, opportun, zumeist charakterschwach, hält sich charmant aus allem heraus, ordnet die Dinge, unter anderem seinen Parteibeitritt 1941, zu seinem Besten.

Magdas Charakter ist geradliniger, sie trägt von Anfang an die alleinige Verantwortung, sie ist mit anderen Werten aufgewachsen als Wolf. Er ändert sich auch nicht, als er Vater ist. Es mag daran liegen, dass die Klischees über Magda Schneider noch mundwarm sind, jene über Romy Schneiders Vater müsste man erst neu erfinden. Obwohl er es ist, der Rückgrat vermissen lässt, kommt er in allen biografischen Abhandlungen sehr viel besser weg als seine Frau. Nicht ihn (den fast schon Vergessenen) schreiben gewisse Biografen zum Nazi-Gau, sondern die lebenslang völlig unpolitische, aber auch im neuen Jahrtausend viel präsentere Magda Schneider.

63 Jahre nach Kriegsende wollte ein besonders investigativer Autor aus dem von Svoboda-Srncik aufgezeichneten Nonsens, den dann weiterverarbeiteten »Erkenntnissen« der Frau Schwarzer, praktisch eine dramatische Verstrickung Magda Schneiders in Hitlers Verbrechen konstruieren, vordringlich mit eben jenen Argumenten, dass Magda Schneider ja nur fünf Minuten entfernt vom Führer wohnte, dort wo ausschließlich nur der interne Kreis, die erste Riege lebte. Der Autor, der gerade auffallend wenig Forschung oder gar eigeninitiierte Anstrengungen für sein anmaßendes Werk betrieb, sprach nicht mit *einem* Zeitzeugen der Familie, sein Werk enthält 713 Quellenhinweise, darunter

reichlich Svoboda-Srncik! Horst Fehlhaber äußerte sich zu dem Werk des jungen Autors: *»Ein Trittbrettfahrer, der sein Wissen über ›Romy und ihre Familie‹ allein aus dem Verdrehen alter Zitate bezieht, verfasste einen Lügenroman. Ich fand allein über einhundert dreisteste Lügen über meine Frau Magda Schneider, die Lügen über Romy habe ich noch nicht gezählt. Zu meinem Bedauern musste ich feststellen, das ist der Stoff den deutsche Verlage vorziehen …«*

Romys Mutter war zum Beispiel zu keinem Zeitpunkt Mitglied der NSDAP, obgleich dies allen erfolgreichen Schauspielern der damaligen Zeit nahegelegt wurde. Magda war sehr gläubig, aber niemals politisch. Ihr Vater, Franz-Xaver Schneider, war Hitlergegner und eine Autorität im Hause Schneider. Magda, die ihre Eltern liebte, war froh über die Konstante im Haus, die Unterstützung durch ihren Vater. *»Mein Vater hat immer* gesagt, *Kind, wenn du dich mit den Nazis einlässt, bist Du nicht mehr meine Tochter«.*

Magda Schneider hatte sich vor dem Treffen fünf-, sechsmal wegen Krankheit entschuldigen lassen und ein Kommen abgelehnt, bis man ihr mitteilte, dass weitere Absagen nicht akzeptiert würden. Jeder Deutsche hätte dieser Aufforderung Folge leisten müssen. Es ist nie behauptet worden, dass Magda Schneider zum deutschen Widerstand gehörte, aber sie hat sich nicht um diesen Gang gerissen. Sie erschien nicht als Privatperson, sie erschien in ihrer Repräsentationspflicht als Schauspielerin. In diesem Winter 1941 ist sie schwanger mit ihrem zweiten Kind, fortan konnte sie sich von Verpflichtungen wie diesen noch glaubhafter fernhalten.

Magda, die auch nie in einem sogenannten »Nazi-Film« aufgetreten ist, muss zusehen, wie ihre Gage pro Film in den Kriegsjahren immer weiter sinkt. Ein sicheres Instrumentarium der braunen Machthaber, um bekennende Partei-Genossen zu entlohnen oder Parteilose wie Magda Schneider abzustrafen. Im Gegensatz zu ihren Kollegen, die der »Partei« beigetreten waren, und deren Filmgagen während des Dritten Reichs auf 80.000 bis 120.000 Reichsmark pro Film stiegen, wurden Magda Schneiders Filmgagen während des Krieges von 30.000 Reichsmark auf 20.000 Reichsmark herabgesetzt. Der Film »Die heimlichen Bräute«/1944, in dem Magda Schneider an der Seite von Rudolf Prack und Mady Rahl spielt, kommt auf die Liste der im Nationalsozialismus verbotenen Filme. Eine »glühende Verehrerin Hitlers« wäre mit hundertprozentiger Sicherheit ohne Zögern in die Partei Hitlers eingetreten.

Die Konterfeis von Romy Schneiders Eltern sucht man vergeblich auf jenen Ufa-Bällen der Nazi-Zeit, da gab es ganz andere Stars, deren Lockenköpfchen oder Pomadehaar auf keiner Großveranstaltung fehlte. Die Schauspielerin Mady Rahl, die in eben jenen Jahren eng mit Magda befreundet ist, die in der Nazi-Zeit sogar heimlich mit einem Halbjuden verlobt bleibt, trifft beruflich selbstverständlich auch auf Nazi-Größen: *»So ein Quatsch, das mussten wir alles spielen, Magda war niemals ein Nazi, nie!«*

Zur Geburt des Kindes Rosemarie Albach kommt ein Glückwunsch der NS-Führung. Bei der Geliebten des ersten Mannes im Staate könnte man meinen, das Reichsluftfahrtministerium würde nun per Luftwaffe ganze Blumenladungen über »Mariengrund« oder Wien abwerfen, so wie einst Gunter Sachs über das Anwesen der Brigitte Bardot Rosen regnen ließ? Dem ist aber nicht so, weit und breit keine Fliegerstaffel am Himmel.

Eine schnöde Visitenkarte gibt Zeugnis. Da Magda Schneider 1996 starb und erstmalig 1998 die Behauptung, sie sei die »Geliebte« Adolf Hitlers gewesen, durch den flächendeckenden Aktionismus der Autorin Alice Schwarzer die Runde machte, als diese dringend mediale Aufmerksamkeit für ihr frischgedrucktes Buch suchte, wurde niemals thematisiert, welches Angebinde im September 1938 an der Visitenkarte hing. Es ist von einem normalen Blumenstrauß für Mutter und Kind auszugehen.

Nicht der seltsame Nachbar gratuliert, nein, es ist Goebbels. Mittels einer dürftigen, unpersönlichen, frösteligen, winzigen Visitenkarte. Bei einer intimen, oder wie Schwarzer in den Raum stellt, sexuellen Nähe zu Hitler, Bormann, Goebbels und dem Rest ... wäre die Gratulation sicherlich nicht ganz so förmlich und kalt-distanziert ausgefallen. Es klingt eher, als hätte der Reichspropagandaminister und Präsident der Reichskulturkammer, Joseph Goebbels, nur seine lästige Pflicht getan: *»Mit herzlichsten Glückwünschen für Mutter und Kind. Ihr erg. D. Goebbels«.*

Komisch auch, dass der Führer nicht selbst geschrieben hat. Magda hat alle Dokumente aufgehoben, sorgsam, in Briefumschlägen beschriftet – Romys Impfausweise, Rechnungen ihres Gatten W.A.R., zum Beispiel vom »Groß Berliner Sicherheitsdienst« für 3 Reichsmark, Impfausweise der Familienhunde, Meldebescheinigungen, Briefe, Sterbeurkunden ihrer Eltern, Goebbels Kurznachricht ... alles ist da, aber die Devotionalien des Führerkults irgendwie nicht?

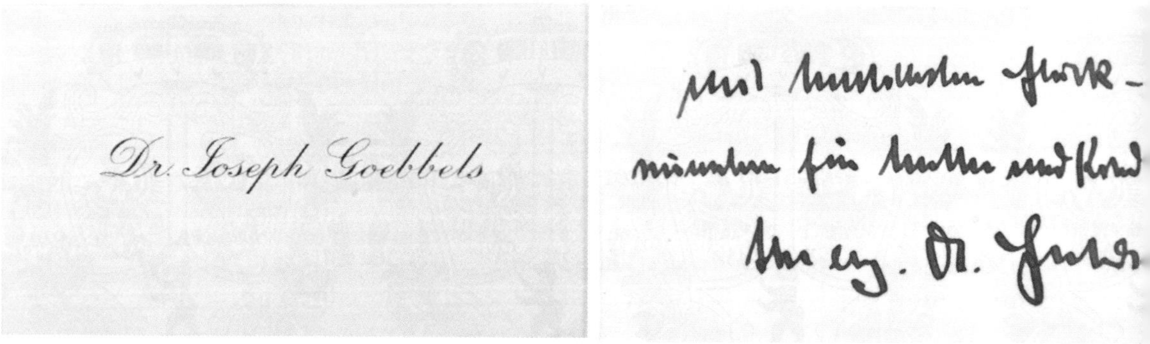

In ihrem Buch warf Alice Schwarzer Magda Schneider immer wieder vor, während des Krieges ihre Tätigkeit als Schauspielerin weitergeführt zu haben, über das filmische Schaffen Magda Schneiders und Wolf Albach-Rettys erfährt man bei Alice Schwarzer im Buch: *»… sie sind beide bekannte, ja berühmte Schauspieler, wenn auch nur im ›Trallala-Hopsasa‹ Genre (Magda) der braunen Zelluloidfabrik«*. Vielmehr weiß sie inhaltlich auch nicht zu sagen, wieder schürft sie nicht allzu tief. Dass Magda Schneider nach 1933 weiterhin ihren Beruf als Schauspielerin ausübte und sich nicht in die »innere Emigration« begab, mag auch daran liegen, dass Magda Schneider als junge Frau im Krieg zwei Kinder, ihre Eltern und ein Kindermädchen alleine versorgen musste. Der Vater der Kinder vergeudet nicht einen Gedanken mehr an seine Familie, Magda steht ganz allein in dieser Zeit, ist verantwortlich für das Überleben von sieben Menschen in ihrem Zuhause, in den letzten Kriegsjahren, in den ersten Nachkriegsjahren. *»Es war die schlechteste Zeit«*, erinnert sich Trude Martin, das Kindermädchen. *»Niemand hatte was zu beißen, wir hatten doch alle Hunger! Aber sie ist mit einem Rucksack voll Essen heimgekommen, die Magda. Sie hatte ja kein Auto. Sie ist mit dem Bus, mit dem Fahrrad gefahren oder zu Fuß marschiert. Sie hat ihre ganze Familie: Oma, Opa, zwei Kinder, die Hausangestellte und mich ernährt mit ihrer Arbeit! Später hab ich immer gesagt: Respekt, Hut ab vor dieser Frau! Der Albach-Retty ist ja nie mehr erschienen … Die Magda hat für ihre Familie gesorgt, wie's ein Ehepaar nicht besser kann. Einmal hat sie Eier gebracht, und dann haben sie im Keller in Mariengrund eingebrochen, in der Nacht. Da war alles weg. Das wichtigste war der Eimer mit den Eiern. Der war so wertvoll zu der Zeit.*

Alles, was essbar war, war weg. Die Oma Schneider war ganz entsetzt: ›Unser Keller ist leer‹!«

Bereits vor dem Einmarsch der US-Soldaten brachte Magda ihre kleine Familie in Sicherheit auf dem Land, in einem Bauernhaus in der Nähe von Laufen, zusammen mit einer Freundin, deren drei Kindern und der Schauspielerin Mady Rahl. Der Krieg war zu Ende. *»Plötzlich kamen sie über den Hügel und standen in unserem Garten«*, erinnerte sich Magda. »Mariengrund« wurde bei Kriegsende zur amerikanischen Kommandantur erklärt, die ersten Amerikaner der »Rainbow Division« wohnten einige Zeit im Haus. Magda Schneider hatte das Privileg, jederzeit ihr Haus betreten zu dürfen.

Die Amerikaner waren im Haus der Geliebten Hitlers? Wäre Magda Schneider da nicht aufgeflogen, als Konkubine, als mächtigste Frau Deutschlands? Für wie dumm hält Alice Sophie Schwarzer die Amerikaner? Wäre Magda Schneider nicht gänzlich anders behandelt worden, als heimliche Braut und Führerflittchen? Da war die US-amerikanische Besatzungsmacht in Berchtesgaden, und die merken nichts? Warum wurde Magda Schneider nicht »entnazifiziert«? Hat Alice Schwarzer sich niemals irgendwelche Fragen gestellt? Kam ihr das nicht selbst irgendwie unlogisch vor? Oder den sie verlegenden Verlagen, die ihre Leser nachweisbar für dumm verkaufen? Haben die Leser nichts gemerkt? Diese Korrektur – »Romy Schneider Meine Mutter hatte *kein* Verhältnis mit Hitler«, (inklusive der wahrheitsstiftenden, privaten Dokumente, der exklusiven Privatfotos, etc. von Romy Schneider) lehnten die gleichgetakteten Verlage hingegen ab!

Magda hat oft scherzend die Brandflecken gezählt, die die amerikanischen Offiziere, nicht selten *»mit Stiefeln im Bett«* verursachten, als sie ihre Zigaretten an den Nachttischen ihres himmelblauen Schlafzimmers ausdrückten. Die Alliierten der »Rainbow Division« wohnen 1945 im Haus Magda Schneiders, keiner findet was? Nur Alice?

Magda Schneider tritt vor amerikanischen Soldaten auf, bei sogenannten »Bunten Abenden«? Wie stellt sich Alice das vor, da kündigt Jimmy oder Johnny aus den Trupps der Alliierten, direkt nach Kriegsende an: »Und jetzt singt die Geliebte Hitlers!«?

»Magda hat damals für die Amerikaner Auftritte gemacht, ich war damals Assistent bei ›Information Services Brunch‹. Wir haben Magda engagiert, und ich habe dann den Auftrag vom Captain Johnson bekommen, Magda zu begleiten,

am nächsten Tag, nach Berchtesgaden, mit einem Sergeant Summers. Und Magda hat gesagt, sie will keine Gage, sie will alles in Naturalien haben. Und dann ging sie ins ›Pieggs‹ mit einem Unteroffizier und hat eingekauft, alles was es an Fressalien gab, denn damals war es so ziemlich hart, was Gutes zu kriegen. Das war im Juli 1945«, erinnerte sich der Zeuge Hermann Leitner (der spätere Regieassistent Romys in »Mädchenjahre einer Königin«/1954) in der Sendung »westart« vom 7. September 2008.

»Wir fuhren nach Berchtesgaden und kamen da an … eine wunderschöne Wiese, voll in Blüte … und da kamen zwei Kinder gelaufen, ein blonder Engel mit Wuckerlhaaren, sagen wir in Österreich, und ein kleiner Junge, der Wolfi, und die kamen und haben geschrien: ›Mama, Mama, hast an Schokolad?‹ Und Mama hatte natürlich Schokolade.«

Die Gage, die zumeist aus Zigaretten bestand, tauschte Magda regelmäßig gegen *»Schokolade für meine Romy und meinen Wolfi«*. Oft ist die Tochter ihr zusammen mit Wolfi die lange gerade Auffahrt, die hoch zum Haus führt, entgegen gerannt, wenn sie heimkam mit so einem Rucksack voller Lebensmittel. Kindheitsbilder, Erinnerungsfetzen, die Romy ein Leben lang auf ganz besondere Weise ergriffen machten, ihr einen sehr sentimentalen Respekt abverlangten. Sie hat nie vergessen und konnte dies später oft dankbar ausdrücken, wie ihre Mutter die Kinder und Großeltern durch diese schlimme Zeit gebracht hat *»und uns Kinder sein hast lassen, so wie wir's eben waren und für Dich bleiben werden«*, schreibt sie Jahre später, 1965, in einem Muttertagsbrief.

Wie haben die Nachbarn die Situation erlebt? Bei einer »Freundschaft« mit Hitler, bei einer »Liebschaft« mit Hitler wären da nicht ständig NS-Wagenkolonnen vorgefahren? Oder die beiden Turteltäubchen hätten im Garten auf der Schaukel gesessen? Es hätte sicher Klatsch im Dorf gegeben! Der Nachbar Wolf Calebow erinnert sich: *»Wenn es da eine gesuchte Nähe zur NS-Führung gegeben hätte, dann hätte man das an hundert Dingen erkennen können. Und da war n i c h t s wahrnehmbar.«*

Auch Romys Kinderfreundschaft Sissy ist empört über die Anschuldigen Schwarzers: *»Wenn man sagt, sie* (Magda) *war eine Freundin vom 3. Reich, dann kann ich nur sagen, die Leute haben die Magda und das 3. Reich nicht gekannt! Ich habe auch irgendwo gelesen, die Romy wäre immer abgeholt worden, um oben mit den Kindern der Bormanns zu spielen. Das ist pur erlogen. Man will das Bild von Magda Schneider zerstören!«*

Magda Schneiders gesamtes Lebens- und Charakterbild wird durch die Feministin entstellt. Fakt ist: Magda Schneider konnte direkt nach Kriegsende ohne jeden Vorwurf nationalsozialistischer Gesinnung weiter öffentlich auftreten. Da will uns Alice Schwarzer erzählen, die Mätresse von Hitler bekam von den Amerikanern eine Vorzugsbehandlung? Geleitschutz? Sie wird sogar zu Auftritten, zum Einkaufen gefahren? Alice Schwarzer möchte hier nicht nur deutsche Geschichte umschreiben, sie modelliert die Biografien von Magda Schneider, Romy Schneider und Hitler um, und tatsächlich obendrauf auch noch die Historie der Alliierten? Ein ehrgeiziges Projekt!

Zu keinem Zeitpunkt gab es ein Berufsverbot, Magda Schneider erhielt für ihr Schaffen 1982 das Filmband in Gold. Bis zu ihrem Tod gab es nicht einmal den Hauch irgendeiner Andeutung, in irgendeine Richtung, irgendeines Verbrechens. Dieser Exzess von Schwachsinn ist ein Tabubruch, er gibt nicht nur Zeugnis über den tiefsten Grund, die Wahrhaftigkeit der Akteure der Mediengesellschaft, sondern auch über den tiefsten Grund, die Wahrhaftigkeit, den Zustand der Mediengesellschaft im Allgemeinen.

Eine willkommene Abschreibemöglichkeit findet Alice Schwarzer in den Romy-Weisheiten der Hildegard Knef. Seitenlang liest man im Schwarzer-Werk eine Art »Copy and Paste«. Hildegard Knef war die Erste, die direkt nach Romys Tod, ganz und gar ambitioniert, Falschmeldungen über Romy Schneider in Umlauf brachte.

Die fantasierende Knef legt sich (arbeitslos!) in den Hügeln von Hollywood ins Zeug, denn sie braucht dringend Geld. Die Quellen dieser grob verlogenen Story waren laut Aussage des Knef-Privatsekretärs ein »Karton mit Zeitungsartikeln«, den dieser zur Recherche für die Knef eigens nach Hollywood schickte. Daraus entstand innerhalb von zwei Monaten jene Auftragsarbeit für »Bunte«, die die Redaktion gleich mal mit *»Meine Freundin Romy«* betitelt, denn die Knef fährt posthum für die Leser deutscher Journaille mit einer Intimität zur einstigen Konkurrentin Romy Schneider auf, die es niemals gab, 1983 entstand daraus ein Buch: »Romy – Betrachtung eines Lebens«.

Die tatsächlichen biografischen Fakten hat Frau Knef dann irgendwie verduselt, im Pappkarton aus Germany war scheinbar kein Wisch über Romy Schneiders Kindheit, so fabuliert die Knef frei Schnauze Romy Schneiders Leben um: *»Furchtsam-verängstigt sehnt sie sich nach früher Kindheit, die sie* *bei ihrer Großmutter in Wien verbracht, obgleich sie auch dort Sprachstörungen entwickelt … Als sie sechs, wurde sie zu Mama nach Berchtesgaden verfrachtet.«*

Alice inspiriert scheinbar der rotzige Ton der Knef, in beiden Schriften wird alles niedergemäht, was jemals in Romys Nähe kam: *»Am 23. September 1938 kommt Romy in dem frisch dem großdeutschen Reich angeschlossenen Wien zur Welt … Nach vier Wochen verfrachten die Eltern, Magda Schneider und Wolf Albach-Retty, das Kind nach Berchtesgaden, in ihr Landhaus Mariengrund.«* (Alice Schwarzer »Romy Schneider Mythos und Leben«/1998/Kiepenheuer & Witsch)

In Art eines Groschenromans beschreibt Hildegard Knef in »Romy – Betrachtung eines Lebenswegs«/Heyne Verlag/1984, eine andere frei erfundene Szene, hangelt sich penetrant, aber pointensicher an alten Branchen-Witzen entlang. Kurz vor einem Filmball flüchtet sich Romy im Jahre 1958 – also schon zwanzigjährig, was äußerst makaber anmutet, da Romy der von der Knef geschilderten Infantilität längst entwachsen war – Schutz suchend, außer Atem, in das Hotelzimmer der Knef, die gerade mit ihrer sächselnden Garderobiere Ilse einen gerissenen Reißverschluss ihres Ballkleides repariert. Auch Romys Ballkleid reißt just in dem Moment – das kann schon mal vorkommen – als sie dann auf der Flucht vor ihrer schrecklichen Mutter Magda und Daddy Blatzheim in das Zimmer der Knef stolpert, sich sozusagen rettet. Zitat: *»Romy warf sich auf mein Bett, schluchzte hemmungslos. Ilse brabbelte: ›Da schlag doch einer lang hin‹ …«*

Ich setze mich auf den Bettrand. Langsam drehte sie ihr verweintes Gesicht zu mir, sagte zwischen Schluchzen: ›Sagen Sie bitte Romy zu mir. Und ›du‹ ‹.

›Ich heiße Hilde.‹

›Das würde ich nicht wagen.‹

›Sei nicht albern. Was ist passiert?‹

›Ich werde verrückt. Sie lassen mich keinen Augenblick alleine. Keine Sekunde. Über alles muss ich Rechenschaft abgeben. Ich bin doch kein Kind mehr‹, rief sie in kindlichem Trotz, während die Tränen pausenlos liefen.

›Wer ist sie?‹ Sie richtete sich auf, zupfte am aufgerissenen Saum, sagte endlich: ›Mein Stiefvater. Meine Mutter. Die Presseabteilung. Und überhaupt alle.‹

Ilse goss Whisky in ein Mundglas, sagte: ›Nu trink ma das runner.‹

Sie zuckte zusammen, flüsterte: ›Das darf ich doch nicht. Ich werde zu dick. Lebe tagelang von Orangensaft.‹ «

Die Klamotte der Knef geht noch weiter, *»das Telefon plärrte in das neuerliche Schluchzen Romys«,* die Knef hält tatsächlich die Spannung und kriegt den Bogen, selbstverständlich kommt Magda Schneider ausgerechnet auf die Knef als ausgesuchtes Fluchtobjekt ihrer Tochter (was hochgradig logisch ist, da beide sich ja gar nicht kannten), ist erst kreischend à la Wachhund-Klischee in der Telefonleitung und dann vor der Hoteltür. *»Heftiges Klopfen, eine schrille Stimme, unverkennbar wienerisch, befahl: ›Komm sofort heraus.‹ «* Die fürsorgliche Knef versteckte die kleine heulende Romy im Bad. Ende der dramatischen Knefschen Lokus-Story: *»Romy geisterbleich, Schweißperlen auf der Stirn, würgte hervor: ›Ich muss gehen. Ich muss. Sonst gibt es eine Katastrophe. Danke für alles. Ich wollte nur ein bisserl reden. Wirklich. Vielleicht ein andermal. Danke. Danke.‹ Sie umklammerte mich mit jener Heftigkeit und übermäßigen Kraft, die an Ertrinkende gemahnt, riss sich los, drehte den Schlüssel hin und her, stürzte aus dem Raum.«*

Noch immer löst das Rührstück der Knef bei einem gewissen Publikum wahre Betroffenheit aus, dient den Verfassern neuer Betroffenheitsliteratur noch heute als wahre Fundgrube für Biografisches von Romy Schneider, so etwa Alice Schwarzer. Die deutschen Kritiker lobten selbstverständlich den Bullshit der Hildegard Knef, verklärten das schnoddrig-böse Werk als »unsentimental«, »aufrichtig«, »liebenswert«.

Wie sehr gelogen wurde im »Fall« Romy Schneider und explizit durch Hildegard Knef, das wissen wir spätestens, seit der Nachlass Marlene Dietrichs über die Deutsche Cinemathek Berlin zugängig ist. Marlene Dietrich, die ganz im Gegensatz zu Hildegard Knef eine kurze, aber sehr innige, intensive Nähe zu Romy pflegte, eine kleine Freundschaft voller Respekt und gegenseitiger Bewunderung von Weltstar zu Weltstar, damit aber nie an die Öffentlichkeit ging, schrieb in herrlich frischen Buchstaben auf das Cover des Lügenwerks der Knef: *»Chutzpah! She did not know her«*, und in das Buch schrieb Marlene wütend: *»Let's all together and fight Hildegard Knef.«* Die Gnade der späten Geburt ihres Werks hat Alice davor bewahrt, dass Marlene Dietrich, die leider 1992 starb, »Liebesgrüße« aus der Avenue Montaigne 12, Paris sandte.

Als im Oktober 1982 die Zeitschrift »Bunte« beginnt, das zehnteilige Märchen der Knef abzudrucken, ist Magda, und mit ihr viele andere, selbstverständlich über diese Respektlosigkeit erschüttert. Magda Schneider hat gerade ihren Enkel David und vor wenigen Wochen erst ihre Tochter Romy verloren und nun tritt die Knef in einer peinlich-dreisten Inszenierung als selbst ernannte angebliche Freundin und Kennerin ihrer Tochter auf.

Magda hat den Tod ihrer Tochter nie begriffen, nie akzeptiert, sie blendet diese Realität konsequent aus. Sie ist von schweren Herzproblemen eingeholt und hatte selbstverständlich nicht die Idee zu klagen, sie wusste auch gar nicht, wie man so etwas macht. Sie meidet jede Aufregung, Horst Fehlhaber schirmt sie ab. Aber da gibt es ja noch die »Freunde«, die auf Magda einreden, sie aufbringen, sie müsse klagen, dürfe das als Mutter nicht auf ihrer toten Tochter sitzen lassen. Magda nahm ganz im Gegensatz zu ihrer Tochter Presse-Lügen zu keinem Zeitpunkt so essenziell wichtig wie Romy es lebenslang tat, Magda hatte, wenn auch erst spät in ihrem Leben, das, was Romy nie hatte: den Halt durch einen Ehemann. Ihre geliebten Hunde, Yoga, ihre Malerei, die Berge und Bücherberge in Magdas blauem Himmelbett (alles Zeitgeschichtliche, Biografien von Kollegen, aber auch Bücher von Stefan Zweig oder Hörbücher von Oscar Werner) lassen sie während so mancher Presse-Geschichte völlig außen vor.

Trotzdem lässt sie sich von alten »Freunden« der Familie überreden und erwidert die von der Knef eröffnete Schlammschlacht. Am 13.10.1982 kommt es mit einer 16-mm-Schlagzeile via »Bild« zum öffentlichen Protest der Mutter, Magda wirft der Knef vor, sie habe sich als Freundin ausgegeben, was sie niemals war, die deutsche Boulevardpresse wirft Hildegard Knef vor, sich am Tod der Kollegin bereichern zu wollen.

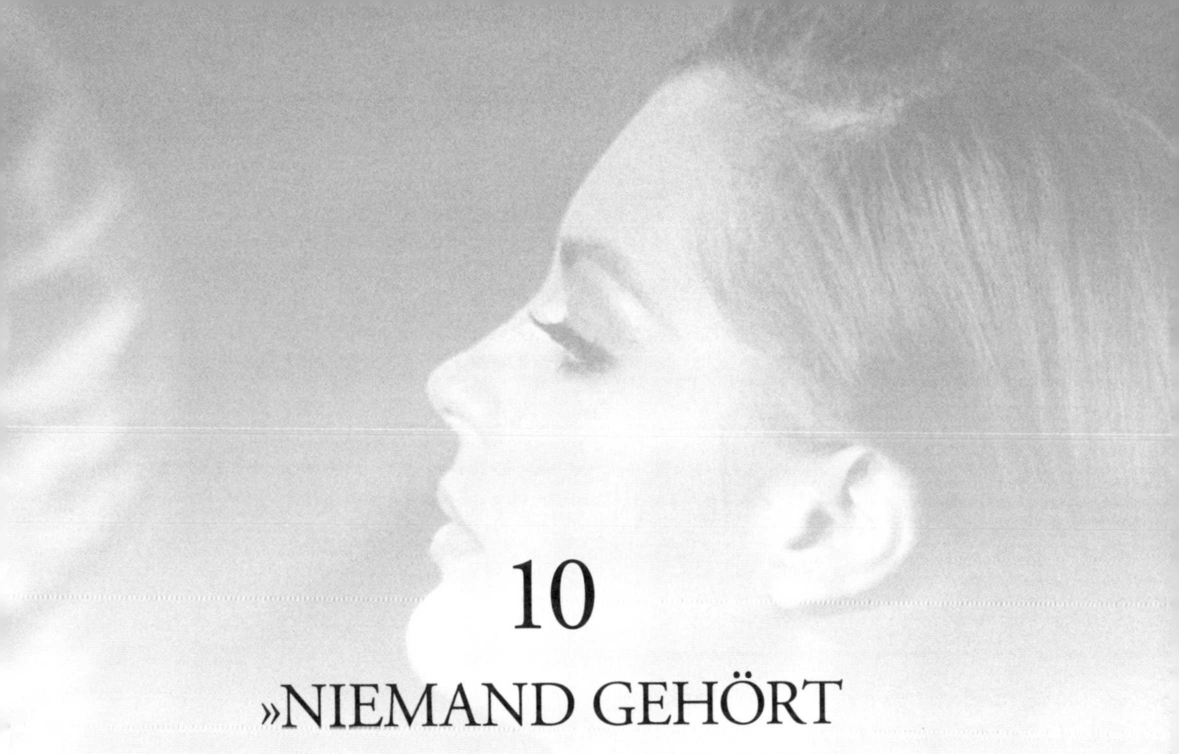

10

»NIEMAND GEHÖRT JEMANDEM, ABER DU … DU GEHÖRST MIR!«

»Niemand gehört jemandem, aber Du, Du gehörst mir …!« – gesagt, bzw. in einen kleinen (Liebes)Brief, auf einen Zettel geschrieben, hat Romy diese Worte an »Ma mo«.

Dieser Exzessivismus steht aber ebenso auch für die feste Umklammerung, in der Romy Schneider ihr Publikum an sich band, er steht auch umgekehrt für den Besitzanspruch, die feste Umklammerung Romy Schneiders durch ihr Publikum. Romy ist kein Erinnerungsbild, denn sie ist nicht in den Köpfen, sie ist ein bisschen tiefer gerutscht, sie ist in den *Herzen.*

»Es ging ihr, glaube ich, nicht mal darum, jemanden zu besitzen, sondern es war einfach ein Bedürfnis. Ich glaube, Liebe war ihre Nahrung. Sie musste spüren, dass sie die einzige war, die man liebte. Nicht weil sie sich etwas auf sich einbildete. Nein, das war etwas anderes. Das war ein permanentes Verlangen nach Liebe. ›Ich will geliebt werden – aber ich will, dass man MICH liebt.‹ Darum ging es ihr. Sie wusste genau, dass jeder sie gern hatte. Aber nicht Romy wollte geliebt werden, sondern Rosemarie. Rosemarie brauchte es, dass man sie liebte. Aber

eben Rosemarie! Sie sagte manchmal: ›Mich kennt doch sowieso niemand. Alle kennen nur Romy Schneider. Aber ich bin nicht nur Romy Schneider. Ich bin Rosemarie.‹ Wir sollten also Rosemarie lieben. Deshalb unterschrieb sie (ihre Briefchen) auch immer mit ›Deine Ro‹ (›Ta Ro‹). Nicht ›Romy‹, sondern ›Deine Ro‹. Und es war jedem selbst überlassen, wie er den Namen interpretieren wollte. Romy oder Rosemarie.« (Monique Dury)

Es ist ihr gelungen. Ihre Sehnsucht zu bleiben, war so flehentlich beschwörend, dass sie überlebt hat – sie ist da, in Bildern und Blicken, in klaren und schönen, in zerstörten Gesichtern. In der Draufsicht sind nicht ihre Filme geblieben, es blieb tatsächlich der ganz und gar menschliche Mensch, das Menschenkind, ROSEMARIE. R.o.m.y. Alles, was der Klang ihres Namens assoziiert – Herzensgrund.

Den Reiz dieses Gesichts kann man kaum beschreiben. Ist es die Ebenmäßigkeit? Oder ist es, dass die Ebenmäßigkeit gebrochen wird, durch die Aufruhr ihrer Verletzlichkeit?

An ihrer sichtbaren Schönheit ist es das Unsichtbare, an dem wir hängen bleiben, beim unerhörten Klang ihrer Stimme ist es das Ungesagte, das uns durchdringt, dem wir lauschen. Ein paar hingeworfene Worte in ketzerisch schöner Sprachmelodei, Singsang, mit dem sie spielte, uns betörte und verführte wie keine, dieser große Flirt zwischen ihr und denen, die hoch zur Leinwand sahen. Sie scheint berührbar, durch die Nähe, die sie verströmt, besitzt aber gleichzeitig diese göttliche Distanz. Seltsam fern und nah wie keine.

Ein bisschen geht es uns wie Jacques Rouffio, der Tage nach ihrem Tod, am 23. Juli 1982, auf seiner Schreibmaschine einen Brief an Romy schreibt: *»… Heute Abend oder ein anderes Mal kann das Telefon bei mir zu Hause gegen drei Uhr morgens klingeln. Ich würde eine Stimme hören, die abrupt, warm, freundlich, bestimmt oder gebrochen ist, die sagt: ›Hallo, ich bin's …‹ oder: ›Hallo …‹ oder überhaupt nichts (nichts – Stille) ……… ›Hier ist Romy‹. Es wäre die natürlichste Sache der Welt. Und das Unglaubliche ist, dass ich es riskiere, an diesen Ruf zu glauben, dass du es bist, Romy, Komet Romy, dass du, die weiterhin deinen ununterbrochenen Weg am Himmel zeichnest, uns wachhältst.«* Bisherige Klischees ihrer Betrachtung, die vor allem durch das beständige Lichtpausen von Vermutungen, handfesten Falschinformationen und immer wieder Kitsch zu biografischen Fakten wurden, erschufen zwar ein fast wasserdichtes Schwarz-Weiß-Bild, jedoch bekommt das Bild immer wieder Risse, oder löst sich gar auf.

Ergründen, entziffern kann man sie nicht. Vielleicht ist der größte Teil ihrer Faszination ihre Unfassbarkeit. Einer ihrer wichtigsten französischen Freunde und der Drehpartner ihrer schönsten Filme, Michel Piccoli, beschreibt seine Freundin: *»Romy, das ist eine Zickzacklinie!«*, was ihr sehr nahe kommt. Auf keinen Fall wird man sie finden, wenn man einer Geraden folgt. Vielleicht sind es die Kreise in Clouzots unvollendetem Meisterwerk »Die Hölle«/1964, die wie in einer irren Bewegung sich unaufhörlich drehen.

Romy Schneider kannte lebenslang die Augenblick-Liebe, die Liebe egozentrischer Personen, die Liebe von Ich-Menschen, die Liebe der Schauspieler. Was sie gebraucht hätte, wäre dieses kleine, große Glück, wie aus ihren Filmen. Sie glaubt an die Liebe – aber eher an jene, die sie durch die große, schwarze, kalte Mittlerin, die Kamera, erfährt. Mit ihrem Scheitern in der Liebe (das hat sie längst erkannt) ist sie die Protagonistin in einem modernen, immer gültigen Stück.

Und dann ist da noch die Liebe ihrer »Untertanen«, die Liebe ihrer »Herzensmenschen«, der enge Kreis, mit dem sie mehr Zeit verbringt, als mit allen Ehemännern und Affären zusammen. Dieses: *»die Hände massiert und sie … in die Arme genommen und gewiegt wie ein Kind«*, das ist ihr kaum im Privaten passiert, bei einem Partner, bei einem Ehemann, das geschah dann eher am Rande des Filmsets oder im Abseits einer Theatergarderobe. Die Nähe ihrer Filmcrew, dieser feste Personenkreis war es, der sie täglich nährte, auffing, trug, stärkte. Ihre französische Familie beschützte sie! Immer wieder taucht das Wort *Respekt* auf, bei diesen ihr vertrauten Personen. Rosemarie begegnet bedingungsloser Liebe, die für diese Menschen nicht unbedingt einfach war. Auf der einen Seite brauchte sie diese Liebe, auf der anderen Seite blockte dieses Behütetsein das Leben um sie herum ab, beschirmte sie, lebte sie doch, wie schon zu ihrer Kaiserinnen-Zeit, auch in Frankreich wie unter einem Glassturz. Aber auch hier liebte Romy exzessiv: *»Wenn ich Romy immerzu um mich gehabt hätte, dann hätte ich überhaupt kein eigenes Leben mehr führen können. Ich durfte ja nicht einmal … Sie hasste zum Beispiel meinen Mann. Nur weil er mein Mann war! Weil ich hier etwas mit jemand anderem teilte. Aber das war bei ihr nicht doppeldeu-*

tig, sondern ganz und gar natürlich. Das war ihre kindliche Liebe zu mir. Ich gehörte ihr und durfte niemanden sonst lieben.«

Romy wachte wie keine über die, die ihr »gehörten«, denn ihren Besitzanspruch reklamierte sie immer beidseitig possessiv, genauso, wie *»ma memerl cherie«* ihr gehörte, galt auch » - - - MEINE Mo - - - niemand gehört jemandem außer (ich) Dir - - -)«.

Romy hebt alle Distanz auf. Monique Dury hat das nie anders erlebt: *»Romy stellte mich als ihre Freundin vor, die sich um die Kostüme kümmert. Sie hat mich immer als ihre Freundin vorgestellt. Ich habe sie selten sagen hören: Meine Kostümbildnerin. Ich war ihre Freundin. Klar, sie kümmert sich um die Kostüme; aber sie ist meine Freundin.«*

Es ging nicht nur Monique Dury so, auch Maxou, ihrem Friseur, machte sie in den 15 Jahren großer Nähe und 32 gemeinsamen Filmen Szenen der Eifersucht: *»Sie war sehr, sehr besitzergreifend. Ihr Team hütete sie, sehr sogar. Ihre besitzergreifende Art war unglaublich, sie war darin so extrem, dass sie – ja, wie könnte man das nennen? Sie war individuell, es zählte nur noch sie.«* Jean-Max hat lebhaft einige Abendeinladungen vor Augen, bei denen er Romys Eifersucht hautnah zu spüren bekam. *»Ich habe Affektmomente erlebt, wirklich unglaublich, in denen ich mich friedlich mit einem Typen oder einem Mädel unterhielt – aber da war ich oder sei es Didier oder sonst jemand eben gerade nicht bei ihr. Man unterhielt sich mit jemandem, und das reichte, um uns strafende Blicke zuzuwerfen, dafür dass man nicht bei ihr war. Ich habe sogar gesehen, wie sie ein Champagnerglas auf ein Mädel kippte, einfach so, weil ich mich gerade mit einer anderen Frau unterhielt! Sie amüsierte sich sogar darüber, für sie war das ein Spiel – aber weil wir plötzlich nicht mehr bei ihr waren, obwohl der Abend i h r gehörte – denn meistens, wenn wir irgendwo waren, gehörte der Abend ihr. Aber es war von ihr nicht böse gemeint, ganz und gar nicht; doch man musste sie dazu kennen, das war einfach ihr Wesen.«*

In Frankreich herrschte ein völlig anderer Ton, der sie in vielem entspannter machte. Monique erzählt, dass Romy mit sehr viel Humor manchmal von den anderen »la chiante« (»die Nervensäge«) genannt wird, Romy weiß das und unterschreibt mit demselben Humor sogar Zettel und Briefe: *»immer, Deine Nervensäge« (»ta chiante«).*

»Momo-Chérie« traf es noch härter als Maxou » … *das hält man gar nicht für möglich. Man gehörte ihr! Ein Beispiel: Wir waren in Spanien, und ich hat-*

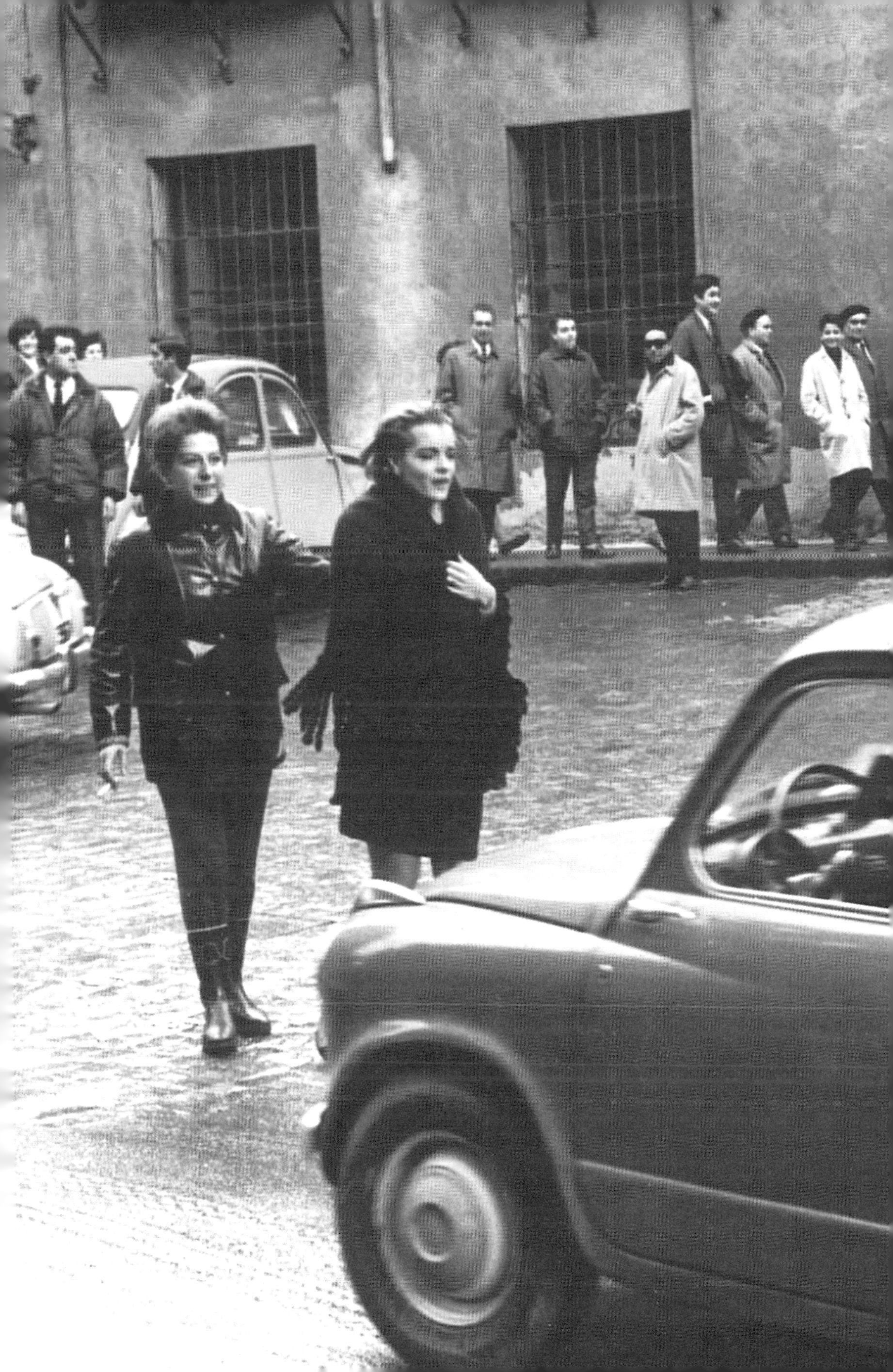

te dort ein kleines romantisches Abenteuer. Romy und ich teilten eine Suite. In der Mitte war ein Wohnzimmer, von dem rechts und links unsere Zimmer abgingen. Und da Romy ohnehin andauernd mit Harry Meyen telefonierte, konnte ich ausgehen, wie ich wollte und hatte die besagte Affäre. In Spanien war es damals schwierig, einen Liebhaber mit ins Hotel zu nehmen, aber ich habe ihn über den Dienstboteneingang reingeholt. Wir sind ganz leise, auf Zehenspitzen geschlichen. Eines Abends hat Romy uns offenbar gehört. Die Tür zum Wohnzimmer hatte ich abgeschlossen. Aber Romy hat die ganze Nacht immer wieder an die Tür geklopft: ›Mémère, ich weiß, dass Du da bist …‹ So ging das unaufhörlich. Und sie schob ein Briefchen nach dem anderen unter der Tür hindurch. ›Ich weiß, Mémère, dass Du da bist. Mach doch mal auf. Ich bleibe wirklich nicht lange.‹ Wir sind darauf natürlich nicht eingegangen. Aber das ging die ganze Zeit so (MD LACHT). Das war schon ein starkes Stück! Und mein Freund war natürlich auch nicht *besonders begeistert (MD LACHT). … so war es mit Romy ständig.*

Aber Romy war schrecklich! Sie erfuhr auch besser nicht, wer der Liebhaber war. Den hätte sie sonst in tausend Stücke zerrissen. Ja, so war das. Romy war so. Man gehörte ihr voll und ganz.

Sie versuchte es mit ihrer sanftesten Stimme: ›Ach Mémère, ich muss Dich unbedingt sprechen. Ich bleibe auch wirklich nicht lange. Mach doch bitte mal auf!‹ (MD LACHT) Von wegen, sie bleibt nicht lange …«

In den vielen Jahren ist so einiges passiert, an das sich Monique mit diesem bezaubernden Schmunzeln erinnert. Eines Tages, es war während der Dreharbeiten in Glasgow, ein guter Freund Moniques, ein junger Pilot kündigt einen Besuch an. Da alle Hotelzimmer in diesem kleinen Ort am Meer, nahe Glasgow, ausgebucht waren, fragt Monique bei der Rezeption, ob der Freund in ihrem Zimmer nächtigen kann. Vor den Augen aller wurde ein zusätzliches Bett in das Zimmer der Filmgarderobiere verbracht. Es gab jemanden, den das zusätzliche Möbel gar nicht froh machte, und das war Romy. Unaufhörlich insistierte sie: »*›Und, ist das Dein Liebhaber?‹*, fragte sie. *›Nein, Romy‹, sagte ich, ›das ist nicht mein Liebhaber.‹ ›Du würdest es mir ja sowieso nicht sagen‹, meinte sie. Sie war wie besessen. ›Warum sollte ich Dir das denn nicht sagen? Aber ich habe ja wohl auch das Recht, mein eigenes Leben zu führen.‹ Es kam hinzu, dass mein lieber Bernard nie ohne seine Gitarre reiste. Romy klopfte also an meine Tür. Eine richtige Nervensäge! Er saß in seinem Bett und* *spielte auf seiner Gitarre, um mich zum Einschlafen zu bringen. (LACHT) Sie kam also ins Zimmer und hat gesehen … Er war natürlich begeistert, dass sie kam und spielte munter weiter auf seiner Gitarre. Romy blieb bis … Sie hat sich zu mir ins Bett gelegt – dabei war das Bett ohnehin schon nicht breit – aber so hätte er darin zumindest keinen Platz mehr gehabt. Ich schlief mit den Gitarrenklängen ein. Und er spielte den ganzen Abend, bis sie schließlich zurück in ihr Zimmer ging. Denn als sie gesehen hat, dass ich schlief und er sich bemühte, mich nicht zu wecken, war sie beruhigt. Ja, das war wirklich was! Am Ende habe ich mir gesagt: Romy ist halt so.«*

Am nächsten Morgen lobte sie Moniques Bekannten in den höchsten Tönen, wie sympathisch und nett der junge Mann doch gewesen sei, er hatte sie in ihr Zimmer zurückgebracht und ihr »Gute Nacht« gewünscht. Ein richtiger Gentleman sei er gewesen. *»Er durfte alle guten Qualitäten haben – denn sie wusste ja, dass er nicht in meinem Bett geschlafen hatte. Aber so war das Leben. Solche kleinen Geschichten zeigen, dass Romy ein derart starkes Liebesbedürfnis hatte, dass sie es nicht ertrug, wenn eine andere Person etwas abbekam … In dieser Hinsicht wollte nur sie zählen.«*

Romy kannte keine Zwischenstimmungen. In dieser Präsenz, dieser Überspanntheit und Herzens-Power, war sie vierundzwanzig Stunden am Tag unterwegs, vor der Kamera, im Privaten. Wie ein Kontrastmittel wirkt da die Grandezza, die damenhafte Erhaben- und Gelassenheit ihrer triumphalen Frauenrollen. Monique ist heute noch hochgradig amüsiert, wenn sie Romy so damenhaft in ihren Filmen sah. *»Romy war ein Kind …«*, das hat Monique oft so ausgedrückt. Aber damit war sie nicht allein. Mathieu Carrière begegnete auch dem Kind: *»Und dieses Kind, das war auch das Beste in ihr! Die Frau ist ziemlich schlecht behandelt worden, das Kind auch schon, aber an ihre Kindheit hatte sie jedenfalls 'ne glücklichere Erinnerung. Und dieses Kind, wenn man mit ihr war, das war auch das, was mir jedenfalls das Herz bewegt hat.«*

1981/1982 hatte Mathieu Carrière *»das Gefühl, dass ich sie beschützen müsste.«* Was waren diese kindlichen Momente? *»Das war das Lachen. Das war diese intensive Beschäftigung mit Nebensachen oder auch der plötzliche Affektsturz (nennt man das), wenn man von einer Stimmungslage in die nächste fällt, plötzlich anfängt zu weinen, plötzlich anfängt zu lachen, spontane Gesten der Zärtlichkeit oder der Aggression, sie hatte was von einem jungen Tier. Die Romy war auch so dauerintensiv. Sie konnte schlecht sich ruhig unterhalten oder mal 'n Spa-*

ziergang machen, oder sich hinlegen und zuhören. Sie war dauernd auf Sendung, oder auf Empfang …«

Dabei denkt er auch an die letzten Dreharbeiten in Berlin und Paris, »Die Spaziergängerin von Sans-Souci«: *»Ja, das war … der Freiraum, den sie noch hatte. Diese relativ große oder mangelnde Impulssteuerung. Sie hat viele Leute zur Verzweiflung getrieben. Auch im Geschäft, durch ihre Arbeitsweise. Durch ihre hohen Anforderungen an alle anderen, und auch an sich selbst. Sie war auch jemand, der hart diskutieren konnte und ganz aggressiv ihre eigenen Standpunkte durchsetzte … auch wenn sie falsch waren!«*

Auf die Frage, ob Romy sich entschuldigte, antwortet er: *»Kinder entschuldigen sich nicht.«* Er nennt die Freundin zwar egozentrisch, aber niemals egoistisch. Sie konnte zuhören, *»sie konnte so wie ein Bär, das Zentrum der Gravität des anderen erkennen.«*

Romy hat ihre Tiefe, ihren Zauber mitgebracht, von Anfang an addiert sich einiges, eine unauslöschbare Seite ihrer Faszination ist ihre genealogische Abkunft – schon immer fehlte das Maß für alles: der schöne Vater, die berühmte Großmutter, die wunderschöne Star-Mutter, »das schönste Kind von Berchtesgaden«. Hier potenzieren sich Traumbilder, kulminieren wie in der Geburt eines neuen Sterns. Haltlos, atemlos, von weit her kommend … aber mit einem alten, tiefen Pathos.

Der Hamburger Fotograf von Weltruf, Werner Bokelberg, erkannte, dass alle Fotografen bei Romy immer denselben Fehler machten: *»Wir dachten, sie sei verliebt in uns. Dabei war Romy, wenn überhaupt, nur in sich selbst verliebt.«*

Das Foto, auf dem Narziss an der Quelle sein Bildnis sieht, ist es nicht, aber dieses wie ein zufälliger Schnappschuss daherkommende Familienfoto ist fast wie ein Gleichnis. Was für ein Foto, was für eine Symbolik. Im Garten »Mariengrund« steht in einem sehr einfachen ländlichen Kleid die berühmte Großmutter, die Burgschauspielerin Rosa Albach-Retty. Auf ihrem Arm die einjährige Rosemarie, die sich einen Spiegel vor das Gesicht hält. In diesem Spiegel sieht sie, ganz und gar verliebt, verzückt, etwas Wunderbares, das Wichtigste auf der Welt – sich selbst.

Diese Bilder sind nicht künstlicher Art. Man sieht in das Leben, es sind tatsächliche Momente des Lebens, jene endlosen Bildreihen vom Sommer 1939, als das Mädchen Rosemarie vor gigantischer Bergkulisse im Garten »Mariengrund« von Arm zu Arm geht. Auch die seltenen Aufnahmen Romys mit den Großeltern mütterlicherseits sind voller Magie. Bis zum Erscheinen dieses Buches wurde *nie* ein Foto dieser bescheidenen Lebensmenschen Romy Schneiders veröffentlicht, Romy Schneider als Kind mit den beiden wichtigsten, den tragenden Säulen ihres Lebens. Niemand hat je das Gesicht von »Deda«, Romys Kinderschwester gesehen, wie ein Geist, eine gute Fee schwebt sie durch alle biografischen Abhandlungen. Da gibt es ganz und gar außergewöhnliche, berührende Fotografien: Schwester Hedwig mit frisch gestärkter weißer Haube, beim Kennenlernen von Rosemarie, wenige Stunden nach der Geburt. Hingegen befanden sich die immer gleichen (raubkopierten) Fotos in der Reproduktionsschleife, jene mit der berühmten Rosa Albach-Retty, die jedoch kaum eine Rolle im wirklichen Leben des Kindes gespielt hatte.

Luzide, funkelnd, immer am Limit, so wie Bokelbergs Concorde, die nur noch für fünf Minuten getankt hat, ansonsten vom Himmel fällt, so war Rosemarie auch schon, als sie alle auf Trab hält, etwa am 24. Januar 1939: *»Bei Tag schläft sie schon sehr brav, aber am Abend da ist sie wie aufgezogen, erst spielt sie eine ganze Stunde mit dem Flascherl, sie hat einfach keine Zeit zum Trinken, sie muss ja haxeln und spucken und singen und all diese lustigen Sachen. Gestern war es schon 12h vorbei und die kleine Nachtwandlerin hat noch gejodelt und gesungen. Jetzt schläft sie am Balkon.«*

Obwohl diejenigen, die sie wirklich erkannt haben, ihre absolute Normalität betonen, *»Sie war normaler als wir alle!«*, liegt ihr doch alle Zeit auch die Attitüde der Königin: *»Das sie nicht im Mittelpunkt war – das war selten, das heißt, es war gar nicht. Sie konnte alle Leute fesseln. Sie hat gar nichts tun müssen. Ihre Ausstrahlung, schon als Kind, war eben, dass sie der Mittelpunkt war. Es war selbstverständlich, dass sie der Mittelpunkt war. Es war ihre Art.«* (Sissy)

Die Art, wie sie gesehen wird – was ist Inszenierung, was ist Leben? –, jeder hat dabei eine andere Sicht auf sie. Während der Fotograf Werner Bokelberg den Unterschied zwischen realer Romy und dem Star so erklärt: *»Nee, nicht wirklich. Da sie eigentlich ja immer gespielt hat, sie hat ja auch gespielt, wenn sie ein Baguette kaufen gegangen ist … Also hat sie auch den Star gespielt …«*, und an ihr Lachen denkt, ob dieses Lachen echt war: *»Es war immer alles echt bei ihr, weil, echt gespielt. Es war alles echt gespielt«*, sagt Volker Schlöndorff auf die gleiche Frage: *»Das ist ja das Schöne an ihr, die war im Leben, wie auf der Leinwand, so ist mir das immer vorgekommen.«*

Der Gestus des Stars, kontrastiv dazu die totale Annullierung des Stars. Oft hat sie den Hang zu ungeschminkten Situationen, da lebt sie diese Einfachheit als ihre prononcierte Wesensart: *»Im Gegensatz zu vielen anderen Menschen, die stolz waren, wenn man sie erkannt hat, war sie stolz, wenn man sie nicht erkannt hat. Absolut.«* Horst Fehlhaber dachte dabei an einige Situationen, wenn Romy im Ort ihrer Kindheit, unerkannt mit Gummistiefeln und Kopftuch, Jeans, durch die Gegend läuft: *»Das war schon komisch mit Romy. Einerseits hochgradige Stardiktionen von innen her, und dann das bewusste ›Unerkannt-durch-die-Straßen-gehen-wollen‹!«* Mit Fehlhaber geht sie durch Paris, einen Regenschirm kaufen, niemand erkennt sie, eine Tatsache, die sie ungemein glücklich macht, eine ganz normale französische »Mademoiselle« oder »Madame« zu sein, was ja in gewisser Weise auch eine Art Rolle war.

Oftmals wird sie nicht erkannt, wenn sie privat in Begleitung von irgendjemandem war. Nicht selten ungeschminkt, ohne aufwendige Roben, mit diesem kleinen Marschierschritt. Wenn dann später einer fragte: *»Wer war denn das Mädchen?«*, sind die Leute fast aus den Schuhen gefallen, wenn sie hörten: *»Das war Romy Schneider!«* Allerdings gibt es etwas, da ist jede Verkleidung, jede Riesensonnenbrille zwecklos, das ist, wenn die Leute ihre Stimme hören. Natürlich weiß sie um die Macht und die Irritationen, die sie auslöst, wenn jemand ihr unvermittelt gegenübersteht.

»Ja … Sie wusste auch, dass sie schön war. Sie brauchte sich ja nur im Spiegel anzuschauen … Aber genau das gehörte auch zu den Dingen … Sie war kompliziert – Ich kann Ihnen sagen: ich kannte viele große Schauspieler, ja ich kannte die größten Schauspieler. Und für alle gilt das Gleiche: Wer normal ist, wird kein großer Schauspieler. Alle großen Schauspieler haben etwas Ungewöhnliches. Keiner von ihnen ist normal. Sie war in dieser Hinsicht wie die anderen (großen Schauspieler). Aber sie wollte gern vollkommen gewöhnlich erscheinen, und das gelang ihr auch mit einer gewissen Mühelosigkeit. Sogar so gut, dass sie eigentlich auch völlig unkompliziert sein konnte. Sie werden mir allerdings nicht weismachen können, dass jemand, der in der Lage ist, sich von einem Tag auf den anderen in eine andere Person zu verwandeln, sodass man glaubt, diese Person vor sich zu haben, dass so jemand normal ist!

Allerdings hatte sie das Glück, in gewisser Weise vollkommen natürlich zu sein. Niemand war so natürlich wie sie. Und sie war nicht im geringsten versnobt.«

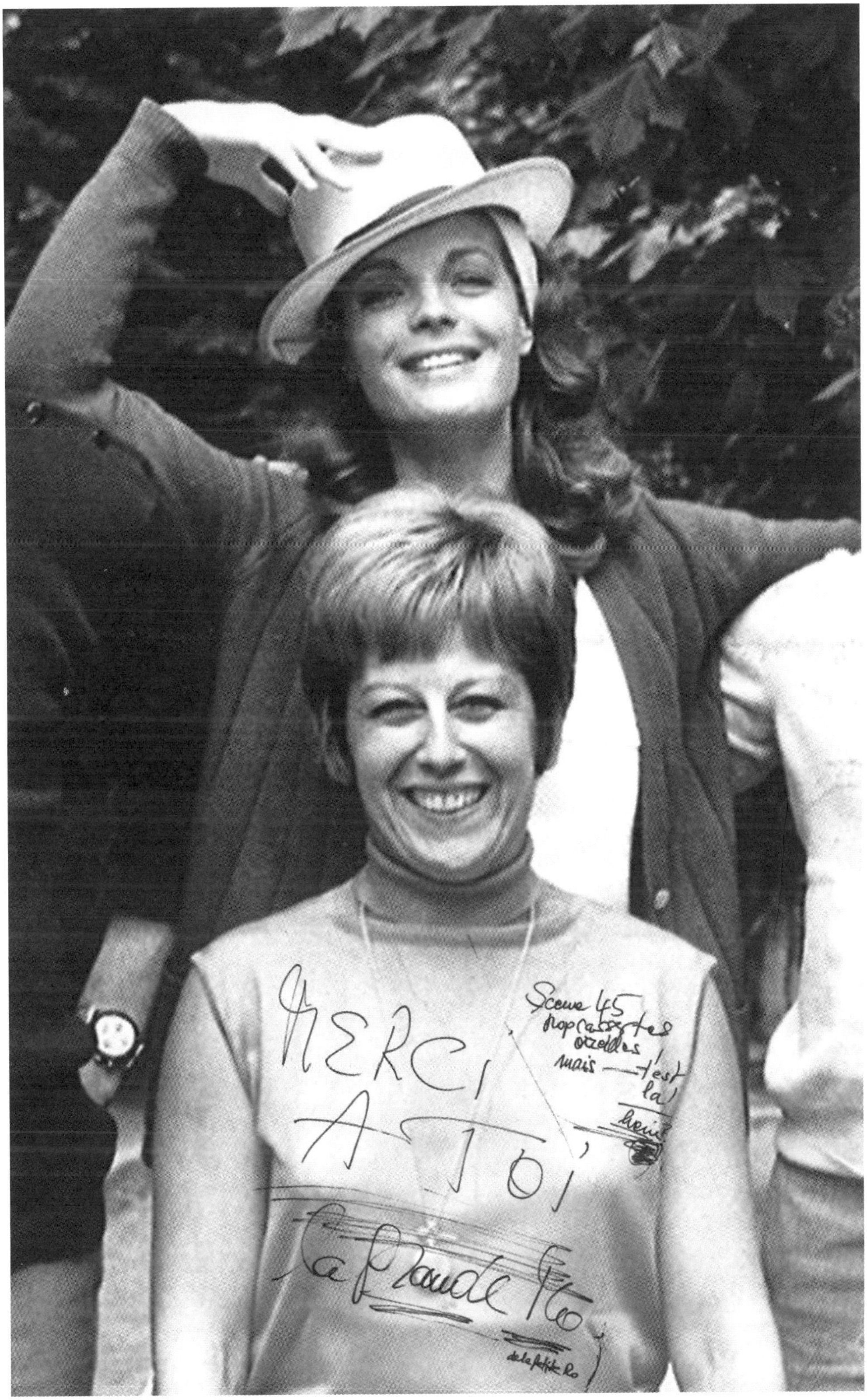
MERCI A TOI
Scene 45
mais
la!

Romy sah sich frontal konfrontiert mit der Stärke der Frauen, denen sie Odem gegeben hatte, es muss schmerzvoll gewesen sein, irgendwann zu wissen, selbst nie diesem Ideal, das sie ja herstellen, spielen, beseelen konnte und das sie für die anderen ja war, nahe zu kommen.

All das bringt sie in jenen luftleeren Raum, auf diesen schmalen Grat, wo alle Kapricen, die später immer wieder von den Gazetten beschworene Exaltiertheit, die Allüren eines »Stars« geboren sind – *»ich … hielt mich nie für einen ›Star‹ – für eine Schauspielerin vielleicht, die besser werden will …«* (was sie so vollkommen unterscheidet zu heutiger »Urwald-Polit-und Küchenherdprominenz«). Extreme Selbstsicherheit, extreme Schüchternheit, Leben und Filmen, der größte Mut, die größte Angst – alles existierte gleichzeitig. Durch ihre Zweifel, aber mehr noch ihre Intelligenz war sie immer zweisam, gespalten, ratlos, janusköpfig.

Gleich neben der Exzentrik, dem ganz und gar gelebten Super-Narzissmus, traf man auf ihre absolut vorhandene Bescheidenheit. Da ist die große Künstlerpersönlichkeit Romy Schneider tatsächlich über die Maßen erstaunt, dass der Präsident der Republik, wirklich *sie* meint, tatsächlich *ihr* schreibt, und das auch noch *»eigenhändig«: »›Stell Dir vor‹, sagte sie, ›der Staatspräsident hat mir geschrieben!‹ «* François Mitterand hatte einen gefühlvollen Brief zu Davids Tod geschrieben und Romy Schneider sprachlos gemacht. *»Das nahm ihr natürlich nicht ihren Schmerz«*, sagt Monique Dury. *»So war Romy. Vollkommen naiv. Sie hielt sich nicht für sonst wen. Obwohl sie durchaus wusste … Aber zugleich hatte sie immer Selbstzweifel. Sie hatte immer das Bedürfnis, erst beweisen zu müssen, dass sie eine große Schauspielerin war. Und ich denke, sie hatte Recht. Man muss so etwas erst einmal beweisen. Er war wirklich ein großer Bewunderer von Romy Schneider, und er bekundete ihr sein großes Mitgefühl für die Mutter, die ihren Sohn verloren hat. Und ich weiß noch, wie Romy bass erstaunt war.«*

Trotz dieser heute ausgestorbenen Tugenden kann sie in einem nächsten Moment schon wieder das ganze Gegenteil sein, und da ist wieder das Leuchten der Königin. Romy wäre nicht Romy, wenn sie nicht fast gleichzeitig »Star« und »Anti- Star«, oder *»zu glücklich«, »zu unglücklich«* war, dazwischen gab es nichts. *»Sie lehnte es nicht ab, ein Star zu sein«*, sagt Jean-Max Guérin, der in 32 Filmen mit Romy zusammengearbeitet hat, der sie nach allen Seiten schützte. *»Romy war von Natur aus ein Star. Das kam aus ihr. Es war ihr nie wirklich bewusst, dass sie ein Star war. Sie war an sich schon Star. Ihr Leben* *hat sie dazu gemacht; aber sie hatte keine Star-Allüren. Sie war einfach Romy Schneider, alles andere war unwichtig.«*

Es war nicht diese simple Angst eines Superstars vor dem Älterwerden, der Raum der Angst war bereits gefüllt. Trotz der öffentlich erklärten Ängste ging sie so weit, wie sich kein anderer gewagt hätte. Romy stand immer schon auf der Klippe. Allein. Solitär. Frei.

»Sie lief haarscharf neben dem Abgrund«, sagt die Frau, die nicht selten dabei zuschaut und allein durch ihre Anwesenheit Halt verströmt, die unsichtbar aber eloquent verlässlich Rettungsringe auswirft, selbst wenn ihr so manches Mal schwindlig wird, beim Zusehen. Monique Dury präzisiert und sagt wortwörtlich, dass Romy allzu oft »neben Messers Schneide« wandelte. *»Verstehen Sie, was ich meine? Romy lag nie ganz genau in der Spur … Sie war wie sie war.«*

Als es Romy Schneider im Prinzip schon fast egal war, was sie sagte, was sie wem sagte, formulierte sie Phrasen über ihr Leben, wie in dem berühmten, letzten »stern«-Interview von Michael Jürgs (wo sich dann ohnehin niemand mehr an die mit ihr getroffenen Vereinbarungen hielt, da sie ja zwischenzeitlich gestorben war). Dieses Abkippen in eine selbstvernichtende Demontage war wie ein Sprung in die Leere ohne Angst. Wenigstens die Deutungshoheit behalten über ihr Bild, das allen gehörte. Sogar fähig zu dem berühmten Lächeln, als wäre es nichts. Wenn schon, dann das Gedächtnismal selber stürzen. Die Sage kippen, das Märchenbild blutrot bersten lassen. Aber allein, selbstbestimmt, wie sie es immer war. Zerspringen lassen, den gläsernen Engel, die Porzellanfigur aus Sissi und Rosalie, das heilige Porzellangesicht.

Sie musste sich erst von uns entfernen, damit wir sie ganz sahen! Nur am Ende ihres Lebens geriet sie außer Atem, während 43 Jahren war sie mit diesem Over-Herzschlag und Over-Drive gänzlich anders als in allen Tränen-Projektionen.

»Ach, und was hatten wir für einen Spaß mit Tinti (Gabriele Tinti, Drehpartner aus »Die Geliebte des Anderen«/1970, Anm. d. A.). *Er war reizend! Die beiden fuhren mit dem Auto durch die Bretagne. Fast schon an der Pointe du Raz, wir waren da wirklich im Schlund des Löwen – oder besser gesagt: des Drachen. Sie fuhren in einem kleinen Cabriolet … die beiden im Auto – wenn das Auto auf dem Gras ins Schlingern geraten wäre, hätten sie die Klippen hinunterstürzen können. Der Film wäre da aber zu Ende gewesen! … Stellen Sie sich vor, diese beiden Pappnasen …«*

Die Szenen ihres Überflugs, ihrer halbgöttlichen Leichtigkeit, inklusive ihrer Atemlosigkeit, Heiterkeit, die hatten die Deutungsberechtigten aus den Redaktionsstuben, die sie außer Landes getrieben hatten, wegen denen sie nicht wiederkam, scheinbar so gar nicht auf dem Schirm. Ihr Funkeln, ihre Abtrünnigkeit und ihr Leuchten dabei, ihre Provokation, ihren Anti-Kollektivismus, den spart der Feminismus in seiner Betrachtung und Vereinnahmung völlig aus, endet doch die Betrachtung seines Opfers, seiner Kunstfigur, immergleich, immertragisch.

Nahe am Abgrund, nahe der Pointe du Raz, bekommt Tinti Romy dazu, »Momo« zu rufen, er müsse ihr etwas sagen. Für ihn wäre sie nicht gerannt, aber wenn Romy sagt »Komm!«, dann setzt sich Monique sofort in Bewegung: *»Wenn sie mich rief, war mir klar, irgendwas war los. Ich also nichts wie hin. Und was macht dieser Schelm, der wirklich lauter Flausen im Kopf hatte – von wegen: sie wäre immer nur traurig gewesen, das stimmt nun wirklich nicht! ›Guck mal hier‹, sagte Romy ..«.* Monique beugt sich tief und nichtsahnend in das Cabrio hinein. *»Tinti schnappt mich an den Schultern und drückt meinen Kopf zwischen Romys Beine, sodass meine Füße in die Luft ragten* (LACHT, LACHEND:) *– wir alle drei in dem Auto, die beiden drückten mich nach unten, ich konnte nicht hoch, mir tat alles weh – Permanent trieben wir solchen Unfug.«* Zu dritt fahren sie an den Klippen vorbei. Auch diesen Heartbeat, diesen vollen Einsatz im freien Flug, hat der Enthüllungsjournalismus kaum je registriert.

So nachtwandlerisch furchtlos war sie schon als Kind. An einen Sommerabend in der Schönau im Jahre 1948 hatte sich Sissy, die erste Mädchenfreundschaft, erinnert, als sie zusammen mit Romy Albach in selbstgestrickten Badeanzügen in Schönau im Schwimmbad am Beckenrand sitzt: *»Das Schönste für sie war, wenn Gewitter war ….«.* Es krachte schon ganz fürchterlich, aber Rosemarie blieb, sie wollte nicht gehen. *»›Du, lass uns ins Wasser gehen, wenn der Blitz kommt!‹, sagte sie. Und das hat sie auch gemacht.«*

Sie preschte einfach vor, wie ein Kamikaze, furchtlos, in einem nächsten Moment ist sie haltlos, voller Zweifel, der schüchternste Mensch, den man sich vorstellen kann. Ihre Verfolger, die Romy bei voller Fahrt verlor, die sie im Rausch ihrer Freiheit längst abgeschüttelt hatte, phrasierten: *»Romy zerbrach an ihrer Weiblichkeit!«* (Alice Schwarzer in »Ein Abend mit Romy«/ arte/2018) Zerbrochen ist sie, aber ganz sicher nicht an ihrer *Weiblichkeit.* Die

Kameliendame, die das Unglück liebte, die Kaiserin, die im schwarzen Rüschenfummel in ihren Tränen badete, die manche glauben gesehen zu haben, die war sie nie. *»Nein, das war nicht wirklich sie.«* (Monique Dury) Wie bitte geht das? Wie kann man an seiner Weiblichkeit zerbrechen? Wortgeschenke, wie aus der »Emma«-Redaktionsstube.

Natürlich inszenierte sie sich auch, aber sie macht sich keinerlei Gedanken, wie etwas wirkt, sie ist dann eher pur, human, anrührend, mit aller Konsequenz. *»Sie war nicht wie ich jemand, der sich ständig selbst analysiert. Ich hatte immer eine Außensicht auf mich, während Romy …«* (Monique Dury) Diese ihr immanente Echtheit, Freiheit, ist Teil dessen, was bleibt. Mitten in der Verlorenheit von Echtheit und Freiheit, wirkt Romy also mit Mut und Anmut, in 2018/2020, wie ein Erinnerungslicht, funktioniert fast als Sehnsuchtsort. Außerhalb aller Zeit. Es bricht etwas auf, wenn ihr Name fällt, die Menschen erinnern sich an sich selbst.

In ihrem exorbitanten Anspruch an sich selbst zieht sie alle mit, *» … man bekam bei ihr nichts geschenkt. Aber es war natürlich wunderbar, sie spielen zu sehen und an ihrer Seite zu sein.«* (Jean-Max Guérin) Auf die Frage, ob Romy sich benutzt fühlte, wenn ein Regisseur sie etwa über die Maßen forderte, bis an die Grenzen brachte, obwohl sie vielleicht sogar schon vor ihm durchs Ziel gelaufen war und trotzdem noch mehr vor der Kamera geben wollte, sagt Didier Lavergne: *»Nein, ich denke – Nein, sie war nie über so etwas erbost. Sie war niemals böse, wenn man sie bis ins Äußerste trieb. Vielleicht war das letztlich sogar etwas, was sie mochte: Dass man einen Weg maximal geht, egal ob in der Freude oder im Schmerz.«*

Dieses radikale Verschwenden verhindert natürlich jegliches Zurückfinden in einen Alltag. David erdet sie. *»Sie himmelte ihn an, er war ihr kleiner Gott. Es war wie Zauberei, sobald er bei ihr war – Möglicherweise schaffte David es tatsächlich, sie ein bisschen aus dem Film herauszuholen«*, sagt Didier Lavergne, sich ganz sicher dessen, dass ihr Sohn der Einzige war, der sie tatsächlich in diese *»Verschnaufpausen«* vom Film ins Leben brachte, der ihr *»ein Stück Normalität«* schenkte. Monique befindet zwar, dass Schauspieler nicht wirklich gut sind, Eltern zu *spielen,* doch sie findet auch: *»Aber Romy hatte zum Glück genug Mutterinstinkt.«* Oft holt sie sich Rat und Tatkraft bei ihrer »französischen Großmutter«: *»Ich erinnere mich, wenn David in ihrem Bett eingeschlafen war, rief sie mich manchmal nachts um zwei Uhr an und sagte:*

›Mémèrere, was soll ich machen, David liegt noch in meinem Bett!‹ Ich bin dann hin, und wir beide – er quengelte ein bisschen – trugen ihn an Händen und Füßen in sein eigenes Bett. Dann konnte sie versuchen zu schlafen.« LACHT Da ging es Romy nicht viel anders als ihrer Mutter. Beide Frauen waren Showakteure, Actricen, Stars, bei genauerer Betrachtung nicht wirklich absolut begabt für Familie und ein Familienleben.

Bei »César und Rosalie« 1972 fühlte sich die Drehzeit wie Ferien an, *»Sie war fröhlich, weil der Film fröhlich war, weil die Figur fröhlich war«*. Romy – Rosalie, war absolut entspannt, hat keine Eile das Set zu verlassen. *»Romy sprühte vor Leben und war ausnehmend schön. Weil sie glücklich war.«*

Das Glück, ihr Glück, findet sie immer in den kleinen, flüchtigen Dingen, immer gibt es etwas, dass sie entwaffnet, das sie in Heiterkeit ausbrechen lässt. In den »Dingen des Lebens«, darin steckte sie, Komisches, Trauriges, oft lag es nah beieinander. *»Weck mich eine Stunde vorher ...« »Et bien, réveille-moi une heure avant ...« – »Das sind diese kleinen Notizen, die ich aufbewahrt habe, warum auch immer.«* (Monique Dury) ... »11. Februar. *Ich umarme Dich fest, Deine Romy.« (»11 février. Je t'embrasse fort, ta Romy«) »Das sind Briefchen, in denen es nicht um viel geht, aber ...«* (Monique Dury)

Aber gerade das, »wo es nicht um viel geht«, ist allen in Erinnerung geblieben, diese »kleine« Menschlichkeit – umarmen, verzeihen. Einmal hatte *»ta vieille Schneider Rosa Maria«* (»die alte Schneider Rosa Maria«) ihre Garderobiere Madame Dury sogar rausgeschmissen, *»aber dann bin ich halt ein bisschen später wiedergekommen. In der Tat waren wir manchmal wie ein eingespieltes Ehepaar«*, sagt Monique Dury. Schnell kommt ein hingekritzelter Schnipsel, *»Tendresse + Respect – LOOOOOVE de ta Rosémarie«*.

Pausen, Brüche, Atemholen, innerhalb von Stunden, Tagen, konnte sie sich vollkommen generieren, strahlen vor Glück.

»Romy war ein ständiger Wandel«, sagte Jean-Max Guérin. *»Es konnte ihr unheimlich gut gehen, und dann ganz plötzlich änderte sich die Stimmung – wir hatten keine Ahnung, warum. Sie war eine Furie, und immer in alle Richtungen in Bewegung. Und für Leute wie uns, die sehr eng um sie herum waren – viele der Assistenten und Mitarbeiter zum Beispiel trauten sich nicht einmal in ihren Campingwagen, in den sie sich zurückzog, wenn sie müde war. Sie fragten mich, ob nicht ich nachschauen könne, wann wieder mit ihr am Set zu rechnen sei. Niemand wagte hinzugehen – LACHT – und nach ihr zu sehen.«*

Auch das ist wieder nur ein Bild von Romy. Ein Bild, wie eine Spiegelung im Wasser. Kontrastiv ist irgendwie alles, was sie sagt, was sie macht. Jeder bekommt eine nur für ihn gemachte, nur für ihn zutreffende Wahrheit. Es ist immer die *absolute* Wahrheit, aber es ist die Wahrheit eines Kindes.

Romy Schneider brachte es fertig, ihrer Mutter Liebeserklärungen zu schicken, die sie hundertprozentig auch so meint, die zum Inhalt hatten, *»wir beide«*, ihr ihre Liebe zu versichern, gleichzeitig erzählt sie ihrer Garderobiere und Vertrauten, sie habe keine Mutter gehabt. Wenn man sie verstehen will, kommt ein Satz Helmut Bergers zur Hilfe: *»Romy ist geflogen im Kopf!«* Es war ihre Art mit sich selbst zurecht zu kommen, es war auch die Chance, ihr kindliches Kalkül, für den nächsten Moment bei ihrem Gegenüber an zweihundert Prozent *Liebe* zu kommen, mit sanftester Stimme und diesem Romy-Charme bettelte sie um absolute Gegenwart, sie wusste das ihrer Offensive niemand widerstehen konnte.

»Sie war sehr fordernd, sie hat alles eingefordert, die Leute mussten ihr das geben und sie wussten das.« (Werner Bokelberg)

Das betraf ihre Anforderung an sich selbst, in der Arbeit, ihre Leistung gegenüber einem Regisseur, aber auch das Zwischenmenschliche, das Private. Diese Perfektion, Strenge und Dominanz trotz gleichzeitiger Sanftheit, Unsicherheit, dieses Konglomerat der Widersprüche in allzu größter Geschwindigkeit, Intensität, das erlebte jeder als einmalig. Und wenn sie dann noch dieses kleine Lächeln lächelte, bekam sie alles, was sie wollte. *»Ich wüsste niemanden, der sich nicht in Romy Schneider verliebt hätte. Dem zu widerstehen war unmöglich«*, sagte ihr französischer Film-Coiffeur Jean-Max.

Jene Mädchenhaftigkeit, Zartheit, die schon Sautet rührte, ihn traurig machte, diese »Seele eines jungen Mädchens«, die durch alles durchschimmerte, auf der Leinwand einen Teil ihres irrsinnigen Charmes ausmachte, war etwas, das Romy Schneider an sich selbst wiederum gar nicht mochte. Vielleicht hat es auch etwas mit »Sissi« zu tun? Das lebenslang Romantische endet für Romy persönlich tragisch. Dieses Kleine, dieses Liebliche, das aber liebten die Franzosen, die Italiener, auch die Deutschen. Dieser Komplex bei ihr ging sogar so weit, dass sie im letzten Film »Die Spaziergängerin von Sans-Souci« rigoros aufpasste, dass kein Drehpartner sie körperlich stark überragte, erinnerte sich die damalige Regieassistenz Sabine Eckhard, das hatte sie sogar im Vertrag stehen.

Im letzten Film ist sie fast ätherisch, durchscheinend, unwirklich. Es sind weniger Diäten, Abmagerungskuren, die Romy Kamera-like machen, es ist oftmals eher so, dass sie einfach »keinen Hunger« hat. Ob das ihre Disziplin, ihr Tribut und Geschenk an die Kamera war, denn bei normalem Essen hätte sie tatsächlich zugenommen, da sie die Gene ihrer Mutter Magda geerbt hatte, oder ob sie tatsächlich keinen Appetit verspürte, das bleibt ihr Geheimnis. Horst Fehlhaber erinnerte sich immer, dass Romy schon mit einem guten Brot, ein wenig Aufstrich, Antipasta, praktisch den Vorspeisen im Restaurant, ein bisschen Wein – restlos glücklich war.

»Manchmal ließ ich die Tür knallen, weil ich wollte, dass sie aß«, ihre »Mémère« greift oft zu drastischen Mitteln und Maßnahmen, hält Gardinenpredigten. *»Aber da sie nicht aß und eine Flasche Wein bestellte … – Mir war zwar klar, dass sie die nicht trinken würde, aber sie bestellte eben doch diese Flasche. Sie war in der Lage, als einziges Abendessen vor dem Schlafengehen zwei Gläser Wein zu trinken. Romy aß einfach nicht. Ich habe keine Ahnung, wie sie es schaffte, trotzdem ein bisschen Fleisch auf den Knochen zu haben … Sie hatte keinen Appetit. Ich glaube, dass das noch von ›Sissi‹ herrührt.«*

Auch im Restaurant genießt sie eher das Zusammensein, das Glück mit den anderen, die Späße, das Wiedersehen. *»Den Teller rührte sie kaum an. Grundsätzlich mochte sie alles, d.h. sie hätte alles gegessen, aber sie hatte eben keinen Hunger. Und außerdem aß sie schlecht.«*

Die Batterien von Alkoholflaschen, die in Szene gesetzten Schampuskühler und Magnum-Bottles, die der Enthüllungsjournalismus zählte, die Eingang in Fotosessions, oder schlechtklassige Biopics über die deutsch/französische Filmikone fanden, waren eher Inszenierung, Staffage, Herzstück und Seele, der seelenlosen Illustriertendramen und deren Verfilmungen. Auf die Frage, ob Romy den Alkohol *flaschenweise* konsumierte, reagiert Madame Dury echauffiert: *»Nein, die Leute irren sich!«* Wurde der »scheue Star« irgendwo von Paparazzi mit einem Glas Wein in der Hand oder auf dem Tisch entdeckt und »abgeschossen«, konnte man sich sicher sein, dass am nächsten Tag ein »Romy trinkt« durch die bunten Blätter der Presse rauschte.

Bei Dreharbeiten schickt Romy Schneider manchmal kleine »Gute-Nacht-Zettel« durch die Tür. *»Ich nehme noch ein bisschen Vino, aber nur ganz wenig.« (»Je prends encore du vino, très peu.«),* Monique berichtet allerdings, dass oft ein einziges Glas Wein ausreichte, dass man ihr diese kleine Menge Alkohol bereits anmerkte: *»Es ärgert* mich, *wenn immer gesagt wird, Romy habe dauernd getrunken. Das stimmt nicht. Sie aß halt nicht. Und wenn man nicht isst, verträgt man keinen Alkohol. Und sie vertrug keinen Alkohol. Wenn man ihr ein Glas Wein einschenkte, konnte man drei Stunden später wiederkommen, und da war noch soviel drin. – Deshalb stand immer ein Glas Wein auf ihrem Schminktisch. Ja, sie trank. Aber sie vertrug es nicht. Aber leider trank sie das Glas dann trotzdem aus.«*

Manchmal gibt es Diskussionen, Romy versucht dann Monique weiszumachen, dass sie außerhalb der Dreharbeiten ganz normal essen würde. Doch Monique kennt die kleinen Beschwichtigungen, die hübschen Ausreden. *» … Romy hatte nie Hunger. Zunächst sagte sie immer: ›Oh, das riecht aber gut!‹ Aber dann … Und wenn sie dann noch einen kleinen Schluck trank …«*

Wenn Romy bei ihrem Freund und »Papá«, Jean-Claude Brialy, in dessen Restaurant L'Orangerie in Paris zu Abend isst, meist ein wenig separiert von »Tout Paris«, dann hofft Monique auf gute Nachrichten, wird aber prompt enttäuscht.

»Denn wie oft habe ich mit Jean-Claude Brialy gesprochen, wenn sie in ihr Restaurant ging, und habe ihn gefragt: ›Ist es Ihnen gelungen, dass sie wenigstens ein bisschen isst?‹ Und dann hat er gesagt: ›Wie immer.‹ Man servierte ihr das Essen, sie war zufrieden, trank ihr Glas Rotwein – und aß wieder nichts.«

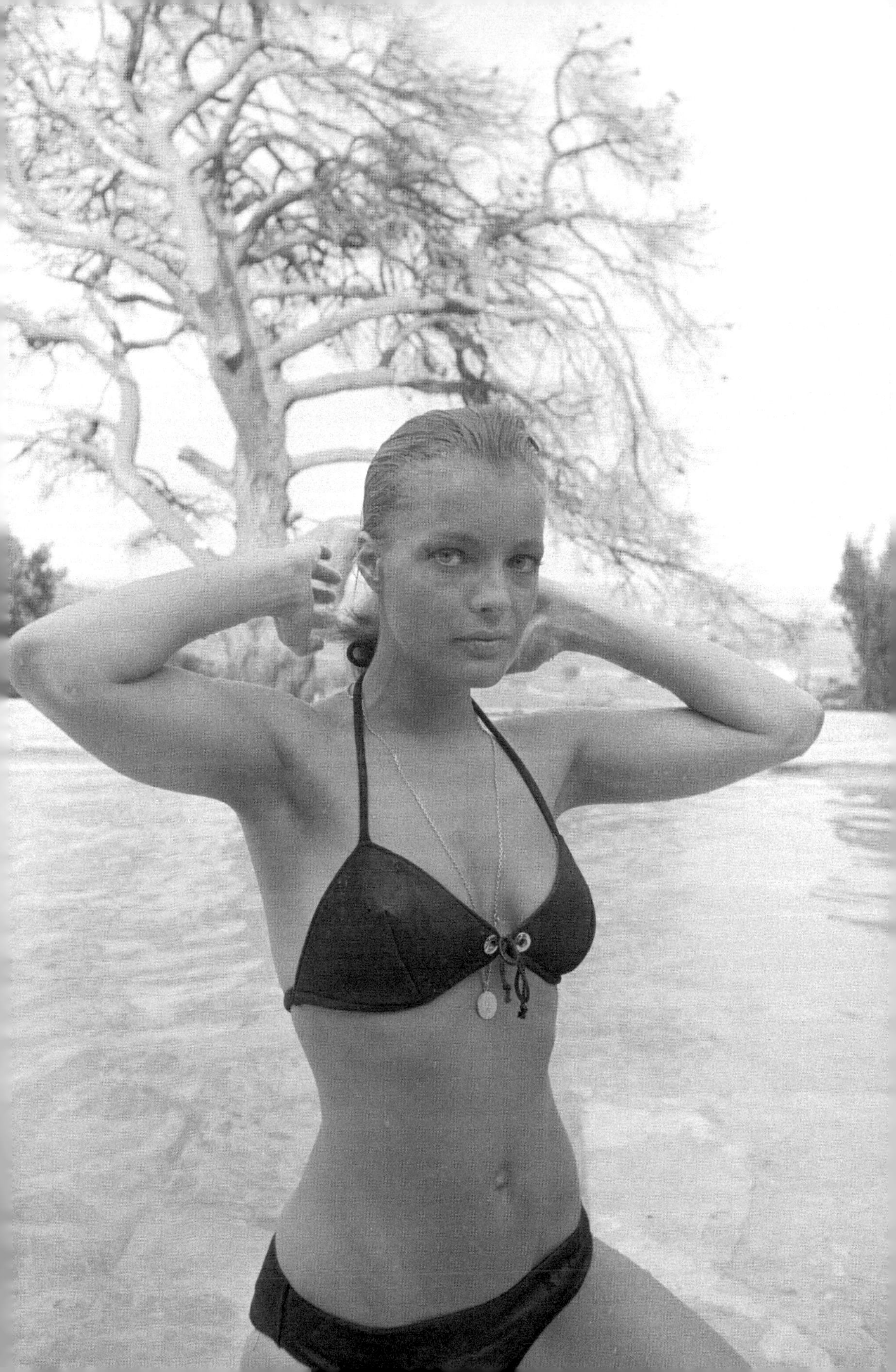

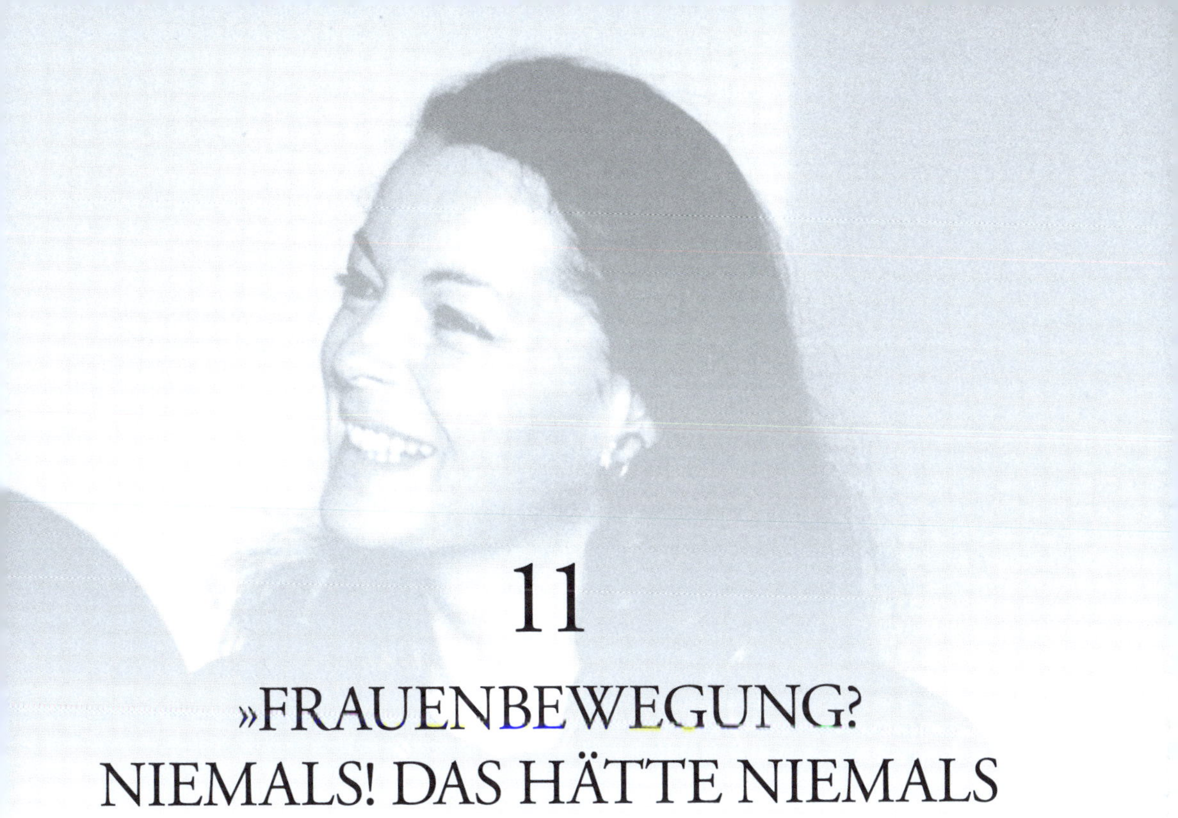

11

»FRAUENBEWEGUNG? NIEMALS! DAS HÄTTE NIEMALS MIT EINER ROMY SCHNEIDER FUNKTIONIERT!«

Madame Dury antwortete auf die Frage, was Romy von der Frauenbewegung hielt: *»Nichts!«* In den zwei Jahrzehnten, die sie zumeist in Romys Atemnähe verbringt, hätte sich ihr das ja irgendwie mitgeteilt, zumal es sich um die Glanzzeit des Frauenkampfes handelte. *»Überhaupt nichts. Ich habe mich damit beschäftigt, aber Romy war losgelöst von allem.«*

Keine Silbe von Romy zum Klassenkampf, zum Feminismus, im Schatten des stummen Dings, das Tonband schweigt, aber auch das morsende Unterbewusstsein des Mediums sendet nichts aus dem Untergrund des Nichtgesagten.

In den Siebzigerjahren ist Romy abgeklärt, frei, libertin – trotzdem bleibt sie oder gerade deswegen ist sie eine unheilbare Romantikerin. Sie wagt nicht den Aufbruch, sie ist der Aufbruch. Bei ihr ist alles echt, sie betreibt keine Falschmünzerei. Sie hatte den bürgerlichen Boden ihrer Starwelt, auf dem sie sicher und triumphal gestanden hatte, gegen eine ganze Welt getauscht, die sie erobern wollte – quelle courage! Sie war bereit, alles zu verlieren, alles auf Anfang zu setzen, um sich selbst die essenziellen Fragen zu stellen.

Sie hatte weinend auf dem Boden der Garderobe der »Möwe«- Tournee gesessen, allein, im fremden Frankreich. Volker Schlöndorff, der damals noch als kleiner Regieassistent von Sascha Pitoëff den deutschen Star trifft, erinnert sich beim Namen Romy Schneider vor allem an einen für ihn bedeutenden Moment, wie Romy im Theater *»in der Gasse stand«,* sich auf ihren Auftritt vorbereitete, vorher noch gescherzt hatte und *»dann minutenlang abgeschaltet, sich sehr sehr konzentriert hat, das war eine magnetisierende Stimmung, regelrecht, also so intensiv war das um sie herum und dann eben das Lächeln aufgesetzt, Kopf hoch und raus sozusagen … Auf die Bühne und sich dann dem Publikum stellen, da hat man gemerkt, wie ernst sie das genommen hat, wie wichtig ihr das war, als ernsthafte Schauspielerin wahrgenommen zu werden … Und das war wirklich sehr sehr beeindruckend … Le petit Soldat – der kleine Soldat … sozusagen …in Stiefel und Hose, also nicht unbedingt mit den Waffen einer Frau, nicht als Verführerin hat sie sich feiern lassen, sondern sie ist da rein mit dem Selbstbewusstsein einer Schauspielerin, die wegen ihrer Schauspielkunst anerkannt werden wollte.«*

Eine kleine Möwe aus Porzellan, ein Geschenk ihrer Mutter, ist ihr Talisman in diesem Augenblick. Die kleine Möwe ist bei ihr, das Leben stellt ihr einen Engel an die Seite, »Madame Clergerie«, so hieß Monique zum damaligen Zeitpunkt noch, *»… die gesamte Truppe gab auf sie acht, man merkte, wie alle dieses kleine zerbrechliche Wesen irgendwie zu beschützen versuchten«.* »Le petit soldat« steht auf, erhebt sich wie Phönix, mit kraftvollen, schönen Schwingen. Romy – ihre Flügel haben sie getragen, sie ist aus eigener Kraft geflogen. Die Verletzlichkeit trug sie wie einen Schild vor sich her. Ideologen wie Alice Schwarzer, oder die Ideologen des Chors der meinungsbildenden Medien, haben Romy Schneider gar nicht verstanden.

Sie blieb immer dieses freie Wesen, das Kind auf der Akelei-Wiese, unzähmbar. *»Ihre Wahrhaftigkeit war sehr dominant. Sie war sehr bemüht, bis zum Exzess eigentlich bemüht«,* sagt Horst Fehlhaber. *»Sie wollte absolut – wie man heute sagt – p e r f e k t* sein, *als Mensch.«*

Auch Claus Wilke ist befreundet in genau jener Sturm-und-Drang-Zeit der Bewegung, in einer Zeit, in der eigentlich alles politisch war, hätte sie sich sicher dahingehend geäußert, oder Interesse bekundet für die Frauenbefreiung.

»Undenkbar für sie! Undenkbar! … das war eine kurze Modeerscheinung, und das war etwas Neues, wo sie keinen – für sich noch für ihre Freunde – keinen Sinn sah. Das hätte niemals mit einer Romy Schneider funktioniert. Niemals. Sie war viel zu offen und viel zu weltlich eingestellt und viel zu romantisch, das muss man auch sagen. Nein! Niemals!«

Es sieht so aus, als hätte Alice Schwarzer bei der Falschen angedockt. In einer ihrer unzähligen Auslegungen zum Thema »Ich und Romy« beklagt, das heißt kokettiert sie damit, dass sie für die Auswahl Romy Schneiders als Interviewpartner für die erste Ausgabe der Zeitschrift »Emma« vom Kölner Frauenzentrum *»äußerst herb gerügt wurde«*: *»Statt mit so einem ›Star‹ zu sprechen, hätte ich gefälligst mit Fließbandarbeiterinnen zu reden (Was ich natürlich auch schon längst, und nicht nur einmal, getan hatte). Damals war eben im Feminismus die Reflexion über die Funktion von Idolen noch nicht angesagt. Hinzu kam die dogmatische Ausblendung der so genannten ›bürgerlichen Frau‹ «.* (29.8.2013 Romy Schneider – Bis heute ein Frauenidol, Alice Schwarzer)

Rührend, da hatte Romy Schneider ja richtig Glück gehabt, noch an die Reihe zu kommen, nicht nach totalitär-fundamentalistischen Gesichtspunkten ausgemustert zu werden, von der Feminismusidolreflektionsausblendungsbeauftragten. Angeheftet an die Fersen der »Fabrikarbeiterin« wäre das weiß Gott nicht ganz so aufregend, nicht ganz so glamourös und nicht ganz so lukrativ gewesen. Und zu jedem runden Geburtstag bzw. Todestagjubiläum von Frieda Palischke vom »Fließband« hätte Alice auch nicht diese wahnsinnige Wolke eines Medienrummels erzeugen können, die sie nun mal erzeugen wollte.

Noch vielsagender ist die Schwarzer-Antwort im Deutschlandfunk vom 29.05.2012 (wo sie mal wieder als Expertin zu einem der Todestage des Stars ihr Fachwissen zum Besten geben darf), aktueller Titel: »In Deutschland war sie eine gehetzte Frau«. Die Reporterin *»Ich wollte nämlich überhaupt fragen, die allererste Ausgabe der ›Emma‹ mit einem Porträt von Romy Schneider. Also da gab es einmal wegen des Stars überhaupt, wegen des Star-Seins überhaupt, Kritik. Aber warum startete die ›Emma‹ tatsächlich mit einer Frau, von der auch der Satz zitiert wird aus ihrem Tagebuch: ›Ich brauche Stärke, einen Mann, der mich in die Knie zwingt. Mich müsste ein Stärkerer in die Hand nehmen, mich zurechtbiegen, mich bis in die Knochen zerstören.‹ Das klingt nicht sehr emanzipiert.«* Nach alter Holzfällerart antwortet Alice: *»Ja, das ist natürlich ein tra-*

gischer Satz, den ich auch in meinem Buch zitiere. ›Emma‹ interessiert sich ja nicht nur für Frauen, die politisch korrekt leben …«

Das ist es also! Auch hier, was für ein Segen, dass »Emma & Alice« sich für sie interessiert haben, obwohl sie nicht nach den Regeln des dogmatischen und strengen Feminismus lebte, in *»tragischen«* Sätzen redet, darf sie als »politisch Unkorrekte« trotzdem vor die »Emma«-Mikrofone und rauf auf die Tonbänder.

In der Werbung für die Neuauflage ihres Buches verfasst Schwarzer am 29.8.2018, in »Emma« unter dem Titel: »Alice und Romy«: *»Am 12. Dezember 1976 hat Romy Schneider sich einen Abend und eine Nacht lang Alice Schwarzer anvertraut. Sie wollt endlich verstanden werden! Und gerächt, von Alice.«* Romy Schneider wollte von Alice Schwarzer gerettet werden? Ist das nicht (ein wenig zumindest) vermessen? Gerettet und gerächt? Schwarzer halluziniert das Bild einer kleinen Doofen, weil das ihr Thema ist! Die sexuelle Unterdrückung der Frau und die Befreiung der Frau durch Alice Schwarzer!

Romy Schneider war nie politisch im eigentlichen Sinne, aber durch ihre Wirkung, durch ihre Wahrhaftigkeit, ihre absolute Ehrlichkeit, viel politischer als Schwarzer. Sie war kein Krampf, sie war nur jemand, der sich alles selbst sehr schwierig machte: *»Ja – man wird auch zum Krampf oft –«* schreibt sie auf dem hauseigenem blauen Edelpapier, im Hause des Prinzen zu Liechtenstein von jenem Skiurlaub in Kitzbühel, bei dem auch die Syberberg-Dokumentation »Porträt eines Gesichts« entsteht – *»weil ich oft eben nur krampfhaft, fähig bin ruhiger (z. B.) zu sprechen – weniger enerviert zu scheinen – freundlicher zu sein – etc. – usw – Ja glaubst Du denn ich weiß das nicht, mir ist's nicht am meisten bewusst wie verkrampft ich oft bin? Wie lästig es mir ist, wie sehr ich mich bemühe ›gelöster‹ – oder simpel gesagt ›natürlicher‹ zu sein – Vor allem wie schwer es mir fällt das + Vieles zu erklären! Ich kann oft Fragen – die mich persönl. betreffen – nicht ertragen, also nicht beantworten … ›Diese ›Routine‹ kenne & besitze ich nicht, nicht einmal beruflich – Gott sei Dank! Mammi – …«* Sie empfindet sich als Krampf, oft, aber im Angesicht derer, die tatsächlich ein Krampf sind, ist sie im eigentlich Wesentlichen ziemlich *entkrampft.*

Sie hat das Selbstverständnis der Frauen des neuen Jahrhunderts bereits gelebt. Anders als die verrannten, fundamentalistischen, drakonischen Frauen schuf sie ein Antlitz voller Anmut, das Frauen inspirierte, beflügelte. Etwas Erlöstes. Stark und wirklich weiblich. Wenn Romy Schneider in der Dirndl-Metropole Salzburg in den später legendären Chiffonblusen, die freie Sicht gewährten, in die Bar vom »Goldenen Hirschen« hineinrauschte (es ist möglich, dass sie das mit leicht zittrigen Knien tat, aber sie tat es), wie sich der damalige Lehrbursche des Hauses noch heute verzückt erinnert: *»Romy Schneider war die erste Frau, die ich oben ohne gesehen habe«*, dann war das mehr Mut und brachte in der Sache mehr durchschlagende Wirkung für die Emanzipation in den Siebzigerjahren, als alle Feministinnenkongresse zusammen, oder wenn die Damen wie die Kesselflicker wetterten.

Diese Überlegenheit über den Mann, die die Ikone des Feminismus nur zu gern gehabt hätte, die hatte Romy per se. Trotzdem lässt Schwarzer Romy wie ein Naivchen aussehen, in ihrer Kompilation aus Texten gibt sie Romy den Anstrich einer Mondsüchtigen, mit einem angehalten Tonband schickt sie bis auf die britischen Inseln Stuss. Da, wo Alice Schwarzer die Gesellschaft spaltete, Männer gegen Frauen und Frauen gegen Männer aufbrachte, praktisch die Urspaltung unserer Gesellschaft einläutete, da vereint Romy Männer und Frauen mit ihrem Zauber, ihrer menschlichen Wärme. Wenn man sich ein bisschen unterhalb der Oberfläche der »Bild«-Zeitungsklischees mit Romy Schneider beschäftigt, wenn man ihre Verzweiflung, ihre Suche, ihre *»Unruhe im Herzen«* (Claus Wilcke) nur ein wenig versteht, kann man nicht übersehen, Romy hatte immer etwas Einendes, eine über den Dingen stehende Autorität, etwas Erhabenes, eine gewaltige Aura. Ihr Freigeist ist noch immer ihr Passierschein, ihr Bahnsteigbillett.

Aber kein Pseudo-Gutsein, im Sinne, ich bringe Segen für die ganze Welt (allein durch mein Geschwätz, meine Dogmen, meine Political Correctness, meine profitable Angepasst- und Gerissenheit), ich weiß was ihr zu denken und zu machen habt, sondern eher in der Art »liebe deinen Nächsten … ich fange ganz klein bei mir an.« Eine Bescheidenheit, Zurückgenommenheit, aber letztendlich Wirkung und Echtheit, die allen wirklich Großen innewohnt. Etwas sehr Seltenes. Nicht zuletzt deshalb ist sie so präsent, eine Persönlichkeit, eine Frau, eine Künstlerin, die sich in das Menschengedächtnis von zwei Jahrhunderten tief eingebrannt hat.

»Privat wäre ich ihr nicht gewachsen gewesen«, sagt Volker Schlöndorff, der es heute noch unendlich bedauert, nie mit Romy Schneider einen Film ge-

dreht zu haben. Erstaunlich, ja frappierend ist, dass die *Starken* von Romys Stärke sprechen, während die anderen anstandslos, verdorben, sich an ihren Schwächen reiben.

Werner Bokelberg beschreibt es so: *»Ja, es war eben ihre Kraft ... Sie hat mit unterschiedlichen Partnern zu tun gehabt und die einzigen, mit denen sie sich wohl gefühlt hat, waren die Starken. Wenn das nicht möglich war, dann konnte sie eben auch nicht gut sein.«*

»Die Starken«, das waren bei Romy Frauen und Männer. Das war ihr schon längst gelebtes Selbstverständnis. Sie hatte es nicht nötig, in künstlichen Kriegen zu streiten, Spiegelfechtereien auszutragen, Opfer zu stilisieren, um überhaupt irgendeinen ideologischen *Kampf* und Krampf zu legitimieren. Anregungen, Aufklärung, Hilfestellungen, Domestikation, Erziehung aus der Welt von: *»Sie träumt von der großen Liebe, einem Menschen fürs Leben, dem zweiten Kind und selbst gestrickten Pullovern. Das eine schließt das andere aus. Heute. Aber sie will beides. Hier! Heute! Sofort! Alles! Oder nichts ...«* (Alice Schwarzer in der »Emma« Nr. 1/1977, über Romy Schneider) – brauchte sie nicht.

»Ne me trahis pas ...« das ist ein Fanfaren-Tusch, mit dem es sich gut tingeln und psalmodieren lässt. Die offenen Türen der Sendeanstalten braucht man damit nicht mal einzurennen, die stehen für dererlei weit auf. Aber dieses *»Verrate mich nicht ...«* Romys, das war nur für den Moment gedacht, dass nicht passiert, was Romy laufend, oder fast immer, mit Journalisten passierte, was ja dann auch passiert ist. Schwarzer will daraus ein großes, pathetisches, ewiges »Verrate mich nicht ... (Alice)« machen, obwohl gerade *sie* Romy Schneider verraten hatte wie kein Zweiter.

»Sie war verzweifelt und sehr verletzt über den Umgang der deutschen Medien mit ihr ... Und mir hat sie dann wirklich vertraut, hat gesagt: ›Du darfst mich nicht verraten!‹ Will sagen: Wenigstens du musst mich verstehen. Das hängt mir nach.« (Alice Schwarzer/Frankfurter Rundschau, 14.09.2018)

Ohne die Imagination wäre gar nichts drauf auf dem Tonband, jedenfalls nichts, was noch nach 42 Jahren für die »Bild«-Seite-Eins genügt. Spektakulär ist einzig und allein die Souffleuse.

»Es ist nicht für dich schlimm, nur für mich!«, hatte Rosemarie Albach, dieses seismografisch fühlende Wesen (vorausschauend) in Bezug auf einen möglichen journalistischen Verrat gesagt (»Ein Abend mit Romy«/arte/2018).

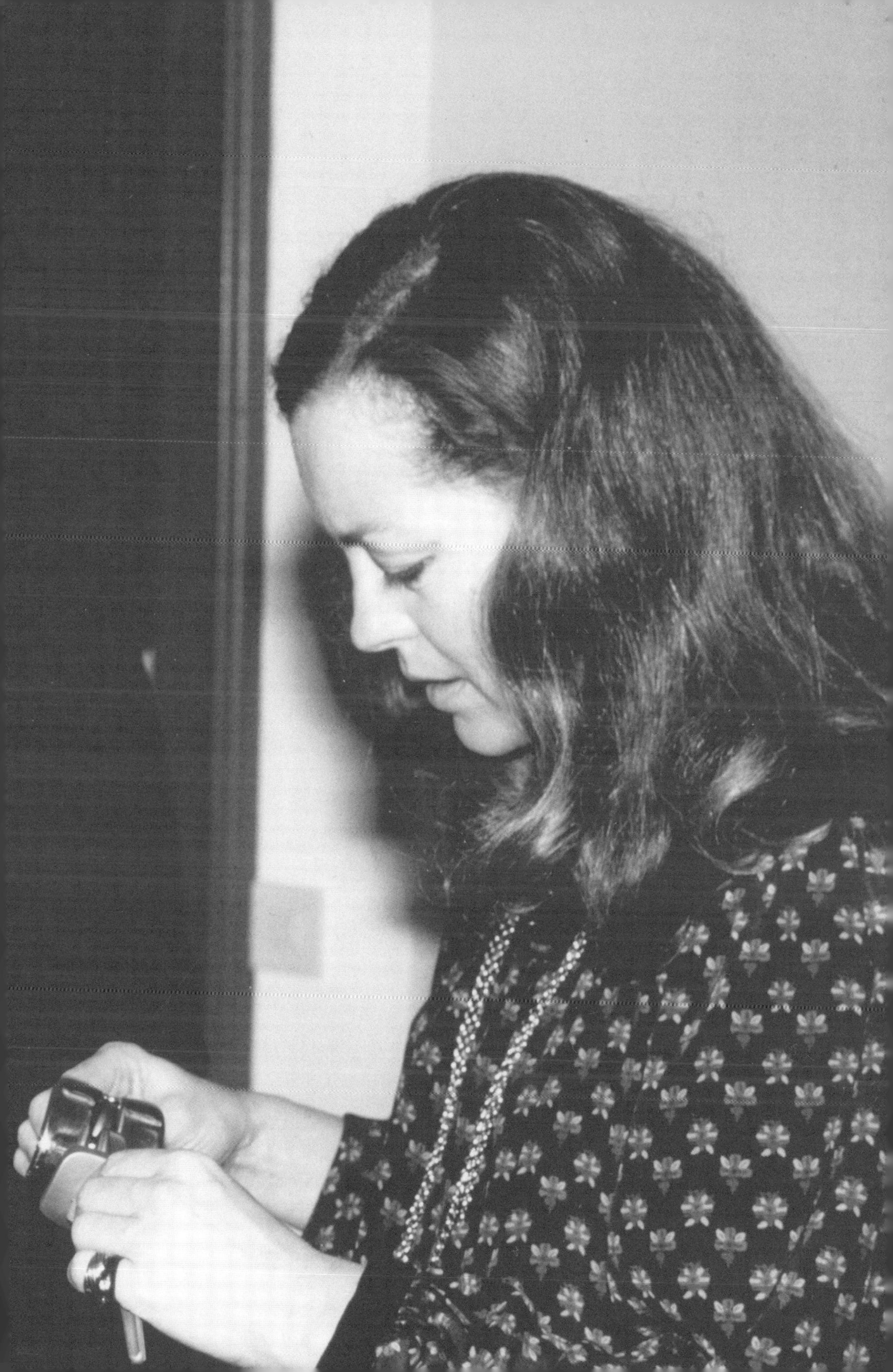

Das klingt eher wie eine Warnung: »Mach das nicht!«, das große, angebliche »Vertrauen«, ist das nicht ein bisschen viel Eitelkeit?

Noch immer erscheint Theatralisches, Peinliches, es beginnt meist mit »Ich« oder wie am 29.08.2018/»Emma« mit »Alice & Romy«. So manch einer hat gelernt, der Esel nennt sich immer zuletzt? Aber shit happens. Merde, merde, merde …! Erneut wählt Schwarzer die lyrische Form einer Vereinnahmung, benutzt Romy, und das beispiellos: *»Kein Zweifel: In der #MeToo-Debatte wäre sie eine der ersten gewesen, die ihre Stimme erhoben hätte«*, orakelt des Feminismus' klügstes Kind. Auch hier eröffnet sich viel Quassel-Plapper-Gesinnungs-Potenzial.

»Alice & Romy«, als wäre das eine Marke, eine verschworene (Leidens) Gemeinschaft – es gibt da aber gravierende Unterschiede. Während die eine ›Koffer voller Scheine‹ in die Schweiz transferierte, als »Gewissen der Nation« *vorbestraft* ist, starb die andere mittellos. Während die eine fest im Gefüge des Mainstreams etwas produziert, das niemals in Frage gestellt wird – hat Alice Schwarzer doch die Umstände, die sie neuerdings beklagt, selbst geschaffen – hat die andere jedes und alles in Frage gestellt, allem voran sich selbst.

Während die eine ihr Leben gab, einen gigantischen Film an den anderen reihte – selten hat sich jemand so verausgabt, sich so radikal erschöpft, als Mensch, als »Schauspielerin des Jahrhunderts«, gibt sich ihre eifrigste Verfolgerin, die Wahrerin der Betroffenheit, angesichts des von ihr getätigten Schadens cool und ungerührt, legt neu auf.

Romy ist verglüht, sie hat ihr Innerstes nach außen gekehrt, sie hat sich tief in die Seele blicken lassen, wie keine vor ihr und keine nach ihr. Sie ist von einer Schönheit, die sie selbst beseelt hat, ihr Mut, ihre Synergien, ihre Schöpferkraft waren gigantesk. Ihr Lohn ist die Unsterblichkeit, gestorben ist sie nicht in Armut, aber arm.

»Bei der ›Spaziergängerin von Sans-Souci‹ konnte sie absolut nichts mehr bezahlen, da sie kein Geld mehr hatte. Die Bank ließ ihr nur noch ein ganz klein wenig Geld … Ich kann Ihnen sagen … Selbst hinter Laurent Pétin war man her, weil er ihr Freund war. Darum hab ich manchmal Geld vorgestreckt, um die Rechnungen … – Sie lebte ja genauso weiter, wie sie es gewohnt war. Ihre Telefonrechnungen zum Beispiel waren manchmal exorbitant. Und wenn ich mit ihr Essen ging, habe ich die Rechnungen von meiner Gage vorgestreckt. Pétin hat

mir das dann später erstattet. Aber ich musste es vorstrecken, weil Romy ganz und gar kein Geld mehr hatte. Nichts! Nicht das geringste bisschen!«

In Frankreich ist Romy umgeben von Courage. Von loyalen Charakteren. In gewisser Weise, besser noch, im Wesentlichen, ähnelt sie jenen, die sie umgeben. *»Nichts hatte sie mehr!«* sagt Monique Dury. *»Seit ihrem 14. Lebensjahr hat Romy Geld verdient, das sie aber nie zu sehen bekam. Darum wurde ihr die Bedeutung von Geld nie bewusst. Dass sie kein Geld mehr hatte, störte sie deshalb nicht weiter. Sie sagte: Tja, ich hab keinen Centime mehr – Aber glauben Sie etwa, das störte sie? Nein, nicht im geringsten! Am Tag vor ihrem Tod – oder wahrscheinlich war es der Tag davor, hat sie mir eine Nachricht auf dem Anrufbeantworter hinterlassen, die ich übrigens noch immer habe, denn damals wurden die Nachrichten ja noch auf Band aufgenommen, deshalb habe ich die Nachricht noch – Sie sagte: ›Momo, Du musst mal vorbeikommen. Ich muss unbedingt ein bisschen Knete verdienen.‹ So sprachen wir nämlich unter uns. ›Du weißt ja, wie ungern ich mich fotografieren lasse, aber ›Jours de France‹ will eine Reportage machen, und das würde mir immerhin ein paar Kröten bringen. Denn es wär ja sicher nicht schlecht, ein bisschen Geld zu haben, oder?‹ Aber sie sagte das belustigt! Total außerhalb jeder Realität. Das war, nachdem wir von der ›Spaziergängerin‹ zurückgekommen waren.*

Nein, das war nicht traurig! Wir lachten sogar darüber. Man muss sagen … – Ich habe zum Beispiel nie viel Geld gehabt, deshalb war es für mich unerheblich, ob jemand reich war oder nicht. Da kann man nichts machen. Und Romy war in dieser Hinsicht genau wie ich. Sie hat nie Geld gesehen … Zum Beispiel fragte sie mich manchmal: ›Was heißt das denn, kein Geld mehr zu haben? Heißt das, man hat so 10.000 Francs?‹ Und ich sagte: ›Aber nein, Romy!‹ Ich verdiente nämlich zu Beginn meines Berufslebens kaum genug für meinen Lebensunterhalt. Allerdings habe ich das auch immer eher mit Humor gesehen, denn Geld ist mir nie wichtig gewesen. Das hat mich nie interessiert. Ich glaube sogar, dass ich es ein bisschen verachte.

In dieser Hinsicht waren Romy und ich genau gleich. Obwohl sie ungeheuer reich war, ging es ihr mit Geld genau wie mir – Geld war nie etwas Konkretes für sie. Aber ich finde nicht, dass das traurig ist. Für Romy war es das jedenfalls nicht, denn sie hat nie darunter gelitten. Sie wusste einfach nicht, was Geld war, verstehen Sie? Sie hatte nie welches in den Händen gehabt und hatte keinerlei Begriff davon, was Bargeld war. Sie konnte gerade mal einen Scheck ausstellen, aber selbst das machte sie nur ganz selten. Es wurde immer alles für sie erledigt. Sie lebte, als ob stets jemand anderes für sie aufkam. Und wenn einer immer für Sie aufkommt, dann ist Ihnen der Wert, sagen wir mal eines Eisbechers, einfach nicht bewusst. Sie wusste so etwas wirklich nicht! Wenn Romy mit mir zusammen war, war ich es, die sich um alles kümmerte. Da sie es gewohnt war, dass sie sich um nichts selber kümmerte, musste ich das dann eben für sie übernehmen. Ich erinnere mich, dass ich ihr manchmal sagte … – Damals gab es ja noch keine Handys usw., man schickte noch Telegramme. Und unsereins schickte nur ganz wenige Worte, denn Telegramme waren teuer. Wohingegen sie Telegramme schrieb, als seien es Briefe! Das überstieg jedes Mal … – Ich war jedes Mal völlig entsetzt und rief dann immer ihre damalige Sekretärin an, die übrigens ziemlich gut war. Die sagte dann: ›Keine Sorge, Monique, das macht nichts. Ich kümmere mich darum.‹ Wie sollte Romy auch begreifen, was Geld wert ist! Das war ihr vollkommen egal.« … Wie gesagt, es gab da Unterschiede! Ihr und den Ihren (auch Monique) bleibt Sternenstaub.

Wie ein träumender Falter ging sie in das heiße Kameralicht und verglühte. Jeder hat ein letztes Bild von ihr, der französische Regisseur François Ozon hatte auch so eins, in »8 Frauen«/2002, einem Film voller cineastischer Klischees und Zitate, schickt er Romy ein »Salute«, einen winzigen Wink gen Himmel, zwischen den größten französischen Schauspielerinnen fehlt Romy Schneider (*»Die aber ist schon lange tot, und niemand mag das mehr bedauern als François Ozon.«* FAZ 13.08.2003), seit er als Kind »Sissi« sah, liebte er Romy Schneider, und virtuos gelingt ihm eine Sekunden-Hommage, als dem Dienstmädchen Louise (Emmanuelle Béart) vor der Hausherrin Gaby (Catherine Deneuve) ein Bild ihrer früheren Herrin auf den Boden fällt, ein Bild von Romy.

So wie Emmanuele Béart im Film das Porträt ihrer Meisterin hütete, so bewahrte der Filmpartner Philippe Noiret (»Das alte Gewehr«/1975, Regie Robert Enrico) voller Traurigkeit das letzte, das strahlende Bild Romys: *»Wie hat er an sie gedacht, mein lieber Freund – ich spreche von Philippe Noiret, der ebenfalls nicht mehr unter uns ist. Ja. Wir haben versucht, uns gegenseitig ein bisschen zu trösten«*, sagt Monique Dury, die auch einige Filme mit Noiret gedreht hat: *»Ihn hat Romys Tod wirklich sehr getroffen. Er mochte sie sehr. Er fragte mich immer: ›Und? Wann wird die junge Dame sich dazu entschließen, mal einen Film mit mir zu machen? Ich warte auf sie. Ich möch-*

te wirklich gern wieder mit ihr drehen.‹ Und ich habe gesagt: ›Na ja, bei ›Das alte Gewehr‹ haben Sie das zunächst auch gesagt, obwohl sie Sie drei Stunden lang in der ›Closerie des Lila‹ hat warten lassen (MD LACHT) *und sie einfach nicht kam … Darauf sagte er: ›Stimmt. Als sie dann da war, hatte ich keine Lust mehr, sie zurechtzuweisen und ihr vorzuwerfen, dass sie zu spät war.‹ ›Ja‹, habe ich gesagt: ›So geht es uns allen.‹* (LACHT) *Wenn Romy dann völlig zerknirscht vor einem stand, verzieh man ihr alles. So war das mit Romy. Und dann sagte er: ›Glauben Sie, Fifi Dury* (er nannte sie Fifi, weil es da diesen Film mit Gabin gab »Du rififi …«, der wörtlich übersetzt etwas mit »Schlägereien« heißt und Monique für ihre Durchsetzungskraft, ihren Mut bekannt war, Anm. d. A.) … *›Glauben Sie Fifi Dury, dass wir es fertiggebracht hätten, sie alt werden zu sehen?‹ Ich finde, das ist sehr hübsch gesagt. Und das ist auch nicht grausam. Denn es bedeutete soviel wie: ›Glauben Sie, dass eine Romy alt werden kann?‹ Noiret sagte: ›Ich glaube nicht. Und das dürfen wir nicht vergessen, Fifi Dury.‹ Und er hatte wahrscheinlich nicht unrecht. Ich glaube … Die Vorstellung einer alten Frau voller Falten im Gesicht … ›Nein‹, sagte er, ›das wäre nicht gegangen.‹ Deshalb ist sie letztlich dort, wo sie ist, besser aufgehoben* (MD WEINT). *Fifi Noiret.«*

Das sind die Menschen mit den Bildern, welche sich unterscheiden von den Menschen mit den Koffern. Die Koffer, die die anderen so schwer tragen, müssen sie am letzten Grenzstein ohnehin stehen lassen …

»Schwarzer hatte laut Bild am Sonntag seit den 80er Jahren mit Zins und Zinseszins knapp vier Millionen Euro bei der Züricher Privatbank Lienhardt & Partner angehäuft«, vermeldet »Zeit online« am 10.07.2016 unter der Überschrift: »Strafbefehl gegen Alice Schwarzer«. *»Dabei handelte es sich vor allem um Honorare für ihre Bücher und Vorträge.«* … Monique, diese unbestechliche, kleine Frau, die ihr ganzes Leben lang den Filmgöttern in deren Schatten die Hände und manchmal auch die zitternden Knie hielt, lebt bescheiden, eigentlich in Armut, wie viele, die Großes und Unsterbliches hervorbrachten. Aber das stört sie nicht, sie ist eine fröhliche alte Dame voller Würde. An ihren Spazierstock hat sie eine Eigenkreation aus Samt und einer Blume angebracht, damit sie den Stock nicht verliert, wenn sie spazieren geht. Auch sie findet ihr Glück »in den kleinen, flüchtigen Dingen«. Sie stand an der Wiege großer Filme, pünktlich, zuverlässig, couragiert mit Bügeleisen, Nadel und Zwirn … Chapeau Monique!

»Der Fall Alice Schwarzer« begann 1971. Am 6. Juni veröffentlichte der »stern« die berühmte Titelstory: »Wir haben abgetrieben«. Das Spektakel war von Alice Schwarzer kopiert in Frankreich, wo das Manifest zur Legalisierung der Abtreibung im »Nouvel Observateur« erschien, zusammen mit einem feministischen Text der Simone de Beauvoir.

Wie erst spät bekannt wurde, hatten in Wahrheit viele dieser Prominenten gar nicht abgetrieben, es handelte sich um eine Art Medienschwindel, eine Ente, die Frauen »hätten« es nur gegebenenfalls. Das heißt also, Alice Schwarzers ganze Haudegenschaft, das Momentum, auf dem ihre Berühmtheit fußt, sind Fake News? Selbst Schwarzer, die sich in ihrer eigenen Geschichte selbst des Schwangerschaftsabbruchs bezichtigt hatte, gab zu, gar nicht abgetrieben zu haben.

Horst Fehlhaber hat zu dieser Zeit oft nächtelang mit Romy geredet, wenn sie mit ihrem Sohn David, oder allein bei ihrer Mutter, Tage auf »Mariengrund« weilte. Über Alice Schwarzer hat Romy nicht gut geredet.

»Romy hat sich schon nach kurzer Zeit völlig abgewendet von diesen politischen Ideen und Vereinnahmungen. Romy Schneider mochte diese sich organisierenden ›Weiberhorden‹ nicht, machte sich lustig über die ›Mannsweiber‹ und das Politisieren. Es war nur eine ganz kurze Phase bei Romy, ein Experimentieren, Romy durchschaute viel zu schnell das fundamentalistische System hinter der Frauenbewegung, gab in Interviews immer antifeministische Thesen zum Besten: ›Eine Frau muß eine Frau bleiben‹, ›Ich schaue gern auf zu einem Mann!‹ – was Schwarzer aber nicht abhält mit dem Namen Romy Schneider seit 20 Jahren durch die Lande zu ziehen, wofür sie bereits sehr viel Kritik erntete.«

Das abrupte Ende spricht für sich, eine Art Begeisterung über die Begegnung mit der Frau aus Köln hat sich niemandem mitgeteilt, mit keiner Silbe taucht die Feministin aus Köln in dem Konglomerat ihres schriftlichen Nachlasses auf, das wird dann wohl doch etwas Einseitiges gewesen sein, denn auch Romy Schneiders einzige Freundin in Deutschland, Christiane Höllger, hat die Dinge in einem fast identischen Kontext erlebt: *»Romy hat all diese politisierenden und feministischen Deutungen gehasst, weil sie bevormundend waren. Sie hat zwar genickt, aber sie hat sie wie Geiselnahmen empfunden. … Es hat sie maßlos verletzt, erinnert sich Höllger, wie sarkastisch Alice Schwarzer und andere diese zarten Technicolor-Lügen in Aufklärungsgesprächen mit ihr später zerfetzten.«* (»Der Spiegel« Nr.21/21.05.2007)

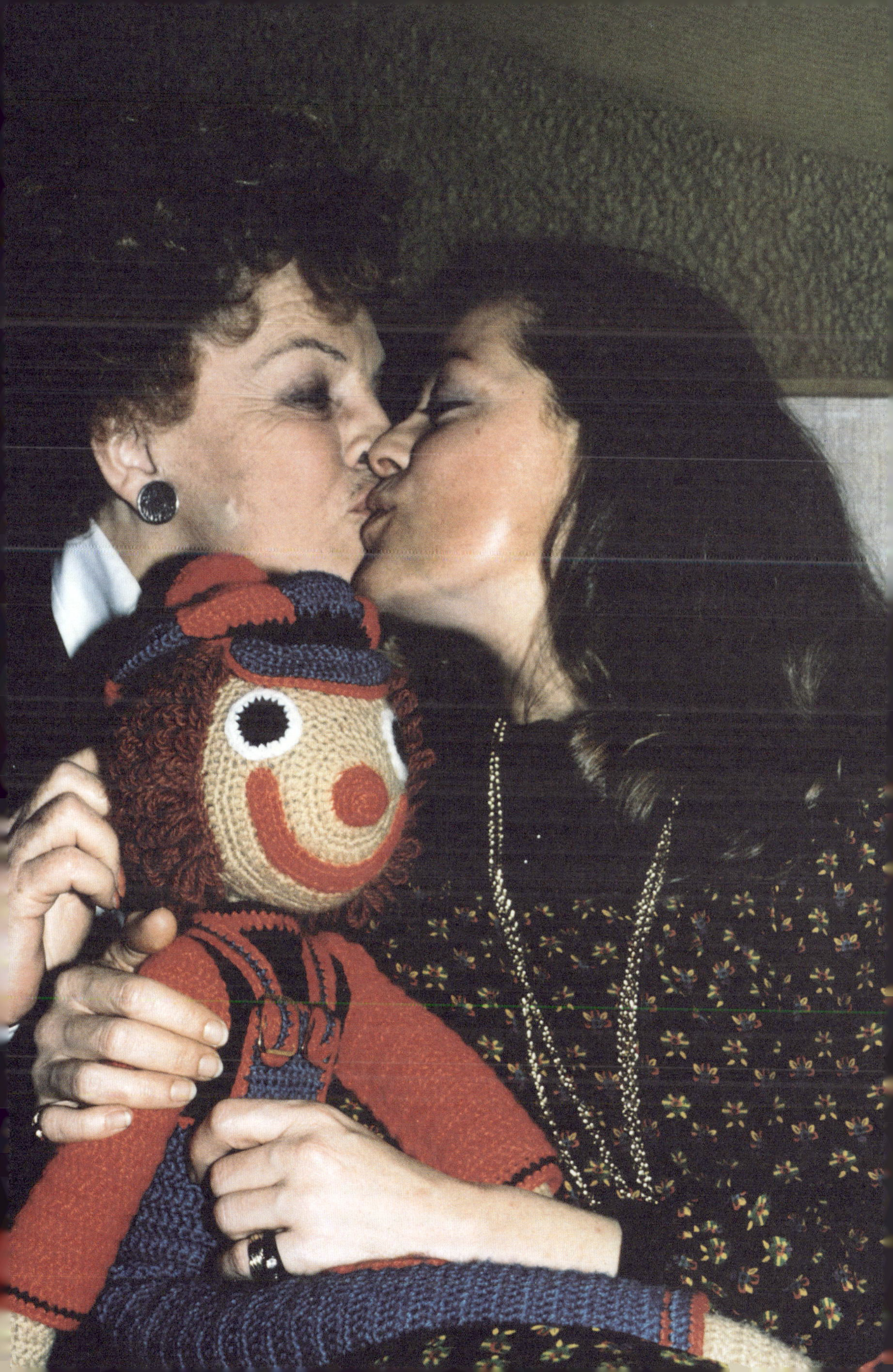

Die Utopisten, die Trickser, die Totalitären der 68er-Bewegung nahmen sich den Nimbus eines Götterkindes, schrieben ihn auf ihre Fahnen, zogen damit in die Grabenkämpfe. Noch heute rühmen sich die Profiteure mit der Lüge eines Covers »Wir haben abgetrieben«, der große Name »Romy Schneider« ist noch immer das Zugpferd der plagiierten Kampagne in Deutschland.

Romy, die ja vor, während und nach den Dreharbeiten wie in einer Filterblase lebte, wusste im Wesentlichen nicht wirklich, wem sie da mal wieder einen Gefallen getan hatte. Was sie trieb, mit der Journalistin Alice Schwarzer zu reden, war nicht unbedingt ihr politischer Wille, es war eher eine Art falsche Höflichkeit, Ahnungslosigkeit, aber auch ein zaghafter Versuch Kontakt mit der Außenwelt aufzunehmen, denn oftmals war sie isolierter als jede Klosterfrau. *»Romy war auf einer einsamen Insel. Was darüber, darunter oder daneben war, bekam sie nicht mit. Sie war über solche Dinge nie auf dem laufenden.«* (Monique Dury)

Tagelang bereitete sie sich auf Interviews vor, sie empfand sich als ganz und gar unfähig, über sich zu reden, befand auch eher, in ihren Filmen sei doch alles gesagt, so ein Interview konnte tatsächlich in einem großen Schweigen enden. Meist spielte sie dann mehr eine Rolle als je in ihren Filmen. In ihren raren Interviews ist sie immer eine komplett Andere, erfindet sich neu, mit stets anderer Stimmlage, erscheint fast künstlich, begreift man demgegenüber doch ihre Natürlichkeit im Film. *»Mon amie Mo«* ist oft Zeuge, wenn sie in Sprachlosigkeit fällt: *»Romy verweigerte Interviews. Romy war keine öffentliche Frau. Sie konnte keine Interviews geben, sie hat das nie gelernt. Denn mit Journalisten zu reden, auch das will gelernt sein. Sie fürchtete sich davor, weil sie glaubte, ungeschickt zu sprechen und kein gutes Französisch. Es gab mehrere Gründe. Jedenfalls hatte sie Angst, sich doppeldeutig auszudrücken, dass man sie missversteht – was ja in der Tat auch häufig geschehen ist – und dass man ihr Dinge in den Mund legte, die sie nicht gesagt hatte.«*

Romy Schneider war keinesfalls eine Braut des Frauenkampfes, ihr schöner Kopf schaute auch nicht in die Richtung, die die selbst ernannte Sachverständige des Feminismus uns weiszumachen versucht, nämlich in ihre. Nein, an erster Stelle war da die Kamera, die wenigen Menschen, die ihr nah waren, der Rest, das war ein sehr privates Zurückgezogensein, das sie während der Filmmonate oft mit ihrer Kostümbildnerin und Garderobiere teilt: *»Sie* *steckte in ihren Büchern, ihren Notizen, ihren Telefonaten, ihrer Lektüre … denn sie las enorm viel. Verrückt, wie viel sie las! Sie hörte Musik …«*

Diese Neugier auf das Leben, ihre Unkompliziertheit, wenn Romy Feuer fing, sich verliebte, dann war das alles andere als nach den Statuten und Grundsatzprinzipien des Feminismus. Romy nahm sich einen verheirateten Mann – Harry Meyen – zu einer Zeit, als das noch mit einem offenstehendem Mund quittiert wurde, Romy heiratete ihren Sekretär Daniel Biasini, der elf Jahre jünger war, auch ihr letzter Lebensgefährte Laurent Pétin war elf Jahre jünger. Romy war so frei, zu keinem Zeitpunkt musste sie sich hier einen Passierschein oder eine Gebrauchsanleitung der Frauenbefreiung einholen.

Ist Schwarzer gar nicht aufgefallen, dass Romy nur zu gern in die Haut der »Freudenmädchen« schlüpft, als Lily in »Das Mädchen und der Kommissar«/1971, unter Claude Sautet, ist sie eine Nutte mit Halsschleifchen, in ihren Rollen eine Umklammernde, Romantische, das gurrende Weibchen. Romy Schneider hat gar nicht nötig, was der Feminismus ständig betonen, bekämpfen, beschreien muss, damit es was zu kämpfen gibt! Romy steht hoch oben, ohne Netz, allein ihr Blick verrät ihre Überlegenheit.

Der Schauspieler Claus Wilcke erinnert sich an *»das Spinnennetz«* Romys: *»Da saßen aber schon einige drin … wo auf deutscher, auf österreichischer, so wie auf französischer Seite einige gefangen waren! … Sie hat es entschieden! Immer! Sie hatte eine wahnsinnige Macht in ihrer Ausstrahlung und in ihren Gefühlen. Man hat sich total ausgeliefert. Die Männer waren bereit dafür zu sterben!*

Sie hat das gar nicht mal bewusst gemacht. Na ja. Das wollte sie bestimmt nicht. Dass die Männer für sie sterben. Gestorben wäre gern sie … in der Liebe.«

Romy, die verlassene Braut. Auch das ist ja Versatzstück des heiligen Opferbildes. Aber genauso, wie Romy gegenüber Hans-Herbert Blatzheim Worte fand, von dessen Schubkraft die gesamte Frauenbewegung seinerzeit noch nicht mal ahnte, dass es sie gab, ist auch der Mythos der verlassenen Prinzessin nicht ganz so tränenumflort wie »Alices Welt«, oder dort, wo der »Fall Romy Schneider« spielt.

Es ist weniger eine Entzauberung als eine Korrektur. *»Romy würde es hassen, wenn sie wüsste, dass ›er‹ als trauernder Geliebter herumzieht«*, da ist sich Moniqiue Dury ganz sicher, sie liebt sie nicht, diese Gesten gen Himmel, wenn Alain Delon seine Preise in die Höhe hebt: »Für mein Puppele«. Monique Dury hat nicht einmal einen Fernseher, aber irgendwer, aus irgendeinem Film, ruft sie immer irgendwann an und erzählt ihr das Neueste vom Film.

Zwar stimmt auch das absolute Gegenteil der Aussage Monique Durys, und trifft immer noch genau ins Mark dieser Liebe: *»Diese ›Alain-Geschichte‹, ist glaub ich bis zum letzten Atemzug geblieben!«*, wie eine Freundin es ausdrückte, aber Monique ist sich ziemlich sicher: *»Für sie war er jemand, den sie in der Vergangenheit mal gekannt hatte. Sie trauerte ihm nicht nach. Er war halt Delon. Mehr nicht.«*

Christiane Höllger, die deutsche Freundin, gab der Zeitschrift »Woman«, 2013 ein Interview, unter dem Titel: »Niemand konnte so lachen wie Romy«, darin äußert sie sich zu den Befindlichkeiten zehn Jahre nach Delon, kurz nach der Scheidung mit Meyen, das heißt genau zeitgleich zu Romys angeblichen Bekenntnissen zur Feminismuswelle: *»Wir lebten nach Trial and error. Das was war, wollten wir nicht, aber wie wir es machen sollten, wussten wir auch nicht. Für uns ging es um die neue Freiheit, ohne zu wissen, was sie ist. Wir gehörten zu den ersten Scheidungskandidatinnen, und Emanzipation war unser Thema. Wie machst du das? Wie kriegst du das hin? Zum ersten Mal der Versuch, dass Frauen sich austauschen, sich suchen, nachdem sie vorher nur Rivalinnen waren. Von feministischen Ideologien hielten wir beide nichts.*

Romy und ich wollten den Männern nicht die Rübe abhacken, wir proklamierten nicht, mein Bauch gehört mir«. Romy Schneider habe dann immer gefragt, wem ihr Bauch denn sonst gehören solle, sie hätte ihn ja nicht vermietet. *»Wir fanden Männer toll,«* sagt Christiane Höllger, *»auch wenn Alice Schwarzer das anders schildert.«*

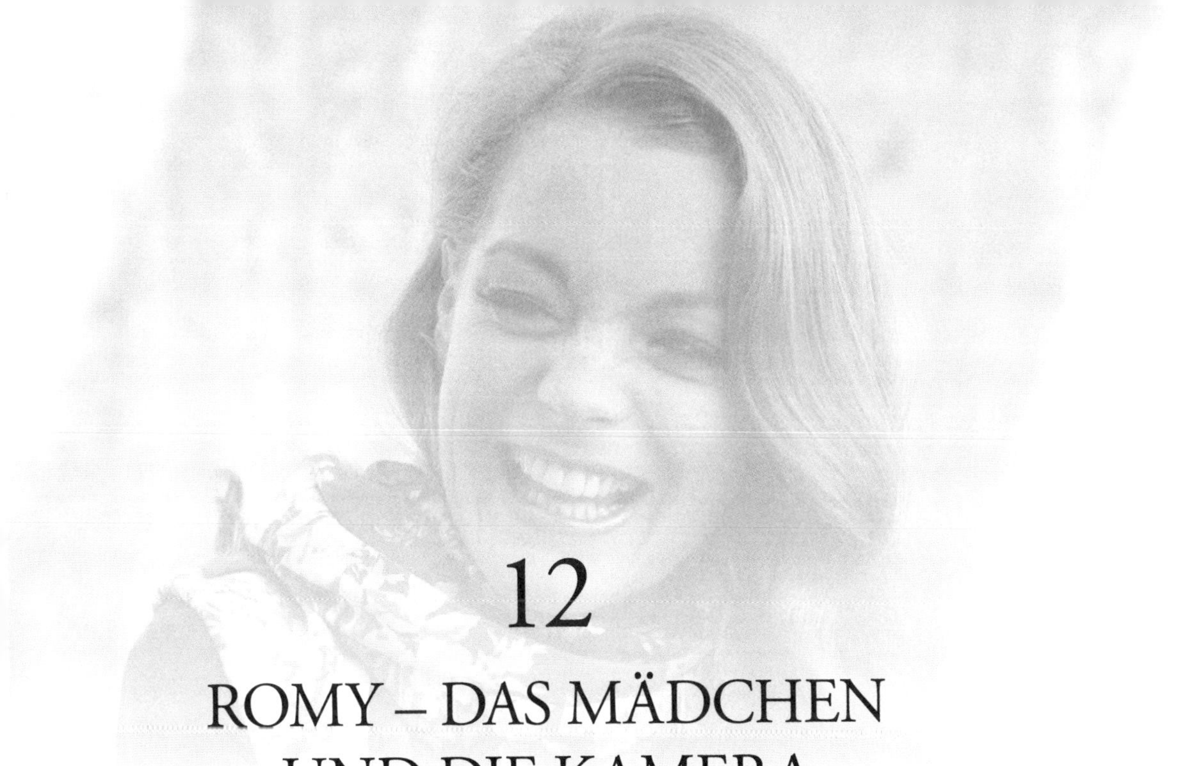

12

ROMY – DAS MÄDCHEN UND DIE KAMERA

»Die Romy ist eigentlich in Wirklichkeit ein ganz normales Menschlein gewesen. Und es gab da eben diese Magie. Wenn die Kamera lief, dann senkte sich so eine vierte Dimension auf sie nieder.« (Mathieu Carrière)

Sie war das Kind von Filmgöttern. Ihre DNA ist Film.

Als gäbe es in ihrem Leben keine Nebenwege, auch der Anfang ihres Seins ist Film. Die erste Kamerafahrt endet auf ihrem Gesicht, da ist sie erst wenige Tage alt. Ein Außendreh im Garten »Mariengrund«, eine Explosion der Farben und Bilder. Großaufnahme: Rosemarie Magdalena Albach. Es ist der unbekannteste Film, der Film ihres Lebens, ihr echtester Film. Der Film des Menschenkindes Rosemarie. Wie auch immer man das nennen will: Zufall, Versprechung, Sinnbild, Pakt?

Eilig herbeigelaufene Nachbarn fungieren wie Statisten, betrachten ehrfürchtig das »Filmstarkind«. Magda strahlt übers ganze Gesicht, schreitet mit dem Kinderwagen durch die Blumenrabatten und Wege ihres Anwesens. Rosemarie schläft. Solange die Augen noch geschlossen sind, ist sie unkenntlich, kurze Zeit später ist sie allein schon durch die Augen unverwechselbar. Die sekundenhafte Wandlung ihres Gesichtes, der Fluss, die Abfolge, und kontrastierend, unerwartet, plötzlich, ein gänzlich unvorhersehbarer Ausdruck, oder einfach dieses Lächeln. Wenn man so will, schaut sie bereits aus ihrem »elfenbeinfarbenen Promenadewagen« heraus mit den Gesichtern der Romy Schneider.

Die beeindruckendsten Filmszenen, die jemals von ihr gedreht wurden, sind die Bilder des Laufenlernens, stumme, aber orchestrale Aufnahmen in Agfa-Sommerfarben. Rosemarie, sonnengebräunt, nackt, in einer leuchtend roten Windelhose, tänzelt und stapft sie in ersten Schritten, barfuß zwischen Gänseblümchen im Gras. Sie fliegt, sie purzelt, steht auf, ist furchtlos und nah am Glück.

Die späteren Sinnbilder, Chiffres ihrer französischen Filme tauchen wie flüchtig in den privaten Schmalfilmen ihrer Kindheit auf, etwa aus dem Sautet-Film »Les choses de la vie«, das kraftvolle Beißen in einen Apfel, oder der Swimmingpool, der ein Signet der Wiederkehr war.

Die ersten Proben zum Prinzessinnen-Dasein fanden einst auf »Mariengrund« statt, Romy Schneider hat sich später in Interviews an dieses Verkleiden erinnert. Sissy, die Freundin, teilt den Tüll und die Illusion mit Romy: *»›Mariengrund‹ war für mich immer eine Art verwunschene Welt, man merkte, das war ein Künstlerhaushalt. Sie hat sich was ausgedacht, und dann musste man mitziehen. Sie war immer eine kleine, energische Person der Tat. Sie war entweder die Prinzessin oder die Königin, und dann war man eben die Hofdame.«*

Das Warten auf ihre filmende Mutter hatte sie die letzten Jahre mit (beschwörenden) Gängen ins Kino verkürzt, Sissy: *»Wir haben ständig Schuhe angezogen, Stöckelschuhe, wo man gar nicht gehen konnte und haben uns furchtbar amüsiert … Dann haben wir uns geschminkt«.*

Wie hätte es anders sein können, ihre Kindheit endet im Film, dieses Ankommen in der Filmwelt ist wie das Ankommen überhaupt. Als Kind von Schauspielern hat sie selbstverständlich enorm gelitten, so wie dieses Kind von Schauspielern genauso seine äußerst privilegierte Situation liebte und lebte. Die Schichtung von Extremen ist ihr Leben, von Anfang an *ihre* Normalität. Rosemarie Albach, das Kind, hatte sich eingerichtet, aber diese empfindliche, innere, fantastische und reiche Welt kollidierte irgendwann mit der äußeren, realen, knallharten Welt. Um ihre Einsamkeit verstehen zu können, muss man ihre Beziehung zur Kamera verstehen. *»Sie sprach von der Kamera wie von einer Person«,* das sagte Monique Dury, die sie später in diesen Ausnahmesituationen erlebt, Film um Film, am Abend hört sie den Text ab, es wurde kein Komma, kein Punkt bei Romy geändert, *»ich gab ihr die Stichwörter wie in einer Lesung«*. Moniques Aufgabe ist es, darauf zu achten, dass sie über kein Wort, das sie aus dem Gleichgewicht gebracht hätte, stolperte, manchmal gab es diese Wörter, die ihr unsäglich missfielen. *»Sie unterstrich in Ruhe manchmal ein Wort, sie überschrieb es in deutsch …«* Romy hat niemals die Szenen gespielt, allen Sensus bewahrte sie für den Moment vor der Kamera. *»Die Leute haben keine Vorstellung – Romy hatte nur den Film im Kopf, bei ihrer Arbeit wollte sie sich nicht stören lassen. Wir waren nur noch Schattenbilder, sie sprach niemanden, zog sich in ihre Muschel, wie man in ein Gefecht geht.«*

Die Film-Familie, die Crew, ist gegenwärtig, immer erreichbar. Ohne diese bescheidenen, stillen, opferbereiten Menschen hätte sie die Kraft vor der Kamera in Frankreich nicht gehabt. *»Wenn Sie wüssten, die Angst, die Panik die sie fühlte, in dem Moment in dem sie vor der Kamera stand. Von der sie verzaubert und eingeschüchtert war.«*

Nachts stellt sie die Fragen. Monique bleibt dann wach, besiegt die Gespensterschatten und die Auguren, Romy trifft auf Stärke und fühlt sich in Liebe geborgen. Sie redet Stunden von ihrer Angst, Monique lenkt ab, macht Witze, bringt den neuesten Klatsch von den Dreharbeiten, *»… alles um zu verhindern, dass das Unerklärliche gesucht wird und manchmal funktionierte es, wenn sie mir mit einem ausbrechenden Lachen sagte: ›Mémère! Du bist eine echte Hexe!‹ Ich bin oft gegen morgen in mein Zimmer, glücklich, dass sie endlich schläft und morgen ein anderer Tag und vielleicht ein besserer sein wird.«*

So sind alle die großen Filme in Frankreich entstanden, auf der Leinwand ist von all dem nicht viel zu sehen, aber dieser Kampf mit sich selbst war ein Kraftakt für sie und die Menschen, die ihr beistanden, die sie im wahrsten Sinne des Wortes getragen haben.

»Man musste sie sehr schnell auf etwas Anderes bringen, mit kleinen Tricks: ›müde‹, ›es geht morgen besser‹, ›man muß schlafen … essen‹ und ›wir sind daran einen schönen Film zu machen‹. Ich wurde für meine Lüge mit einem kleinen Lächeln belohnt«. Die Angst vor der Kamera bleibt, ist immer anwesend vor jedem Drehtag, steigert sich ins Unermessliche, ins Korperliche. Romy sieht die Kamera als *»jemand Schamloser, der sie einschloß in die kleinste Ecke ihrer selbst, die ihr keinen geheimen Gedanken ließ.«* (Monique Dury) Es gab nur we-

nige Menschen, die in der Lage waren, ihre Gefühle kippen zu lassen, ihre Stimmung zu brechen, dazu zählten eindeutig ihre Freunde, Michel Piccoli, Jean-Claude Brialy, Claude Sautet. Monique mit ihrer Stärke und Strenge gelingt es stets bravourös, während die beiden Männer der Equipe, Jean-Pierre (Eychenne) und Jean-Max (Guérin), manchmal leichte Startschwierigkeiten hatten, ließen sie sich doch von der Chefin allzu oft betören.

»Jean-Max lässt sich leichter um den kleinen Finger wickeln. Er war natürlich auch noch jünger. Aber mich konnte sie nicht einschüchtern … dafür kam sie bei mir auf eine andere Tour: – Das war Mater Dolorosa. ›Mémère, mir geht es schlecht, ich brauche Dich. Sei so nett und besuch mich doch bitte.‹ «

Ihrer Crew fühlt sich der Star nah, es gab ein gemeinsames Ziel und das war der Film, es waren Menschen, die auch der Kamera gehörten, die ihr gehörten, auch wenn die Kamera aus war.

»Nein, man konnte ihr nicht böse sein. Irgendwie ging das nicht … Sie brauchte uns einfach. Sie brauchte es zu merken … Wir sollten … Sie wollte, dass sie unser Universum war. Voilà.« (Monique Dury)

Wird die Zeit zwischen zwei Filmen zu lang, dann wurde Romy nicht nur hinsichtlich einer neuen Arbeit, eines neuen Films, unruhig, die Lieblingsschauspielerin der Franzosen vermisste auch ihren engen Kreis, ihren Mitarbeiterstab. Besonders drastisch wurde das in der Einsamkeit ihres Landhauses in Südfrankreich, in Ramatuelle. Monique Dury wohnte damals etwas außerhalb von Paris, ganz in der Nähe von Jacques Rouffio in Meudon. Es kam vor, dass Romy Schneider ihre Filmcrew drei, vier Monate nicht gesehen hatte, ganz plötzlich ihr Leben als französische Hausfrau, Mutter und Ehefrau en moment nicht mehr aushielt und spontan zum Hörer greift: *»Momo mir reicht's jetzt, Dich nicht zu sehen. Besuch mich mal.«* Madame Dury, die immer wieder versichert, dass sie nicht mit Romy hätte zusammenleben können, da Romy jeden und alles komplett vereinnahmte, hat ihren Schützling ihrerseits auch vermisst: *»Sie kam übrigens immer sehr gern mit zu mir. Ich hatte damals ein kleines Auto. Sie liebte es, mit mir zu fahren, und sagte immer: ›Wenn wir in deinem Auto sitzen, habe ich immer das Gefühl, wir fahren zusammen in die Ferien.‹ «*

Herbst 1953. Da bewegt sie sich vollkommen selig und ohne Angst vor der Kamera. Es sind die lebenslang einzigen Dreharbeiten, bei denen sie keine Angst hat, da sie sich nicht selbst übertreffen muss. Das stehengebliebene Bild ihres Kindergesichts am Ende ihres ersten Films, der letzte Blick, das ist kein Zufallsgesicht oder Talent, das ist bereits der Abdruck, den sie hinterlässt, das Gesicht eines außergewöhnlichen Menschen, einer außergewöhnlichen Schauspielerpersönlichkeit, ein erstes Doppelereignis von veritablem und dargestelltem Schmerz. Dieses Ankommen in der Filmwelt ist genuin und schlicht, völlig konträr zur Gerissenheit und Hohlheit heutiger Blendkörper der Medienwelt. So wusste Romy Schneider tatsächlich nicht, dass sie für dieses *»schöne Gefühl«* vor der Kamera auch noch Geld bekommt.

Die Produzenten griffen nach dem »Kind«, aber zeitgleich ist es auch Romy Albach-Schneider (wie sie noch im ersten Film heißt), die das himmlische Prickeln der Scheinwerfer auf ihrer Haut unvermittelt nicht mehr missen möchte, schon sehr bald zieht sie diesen Schweif an Titelseiten, Postkarten, Traumbildern, Illusionsbildern, Abziehbildern ihrer Jugend, ihrer Schönheit in den Himmel. Aber nicht weil ihre Mutter das so wollte, sondern sie selbst: *»Mama, ich weiß, dass du nicht möchtest, dass ich Schauspielerin werde … aber jetzt ist es zu spät, jetzt weiß ich, wie es ist!«* (Magda Schneider)

Als kleiner Narziss liebt sie all das, was die Bilder auslösen, von Foto zu Foto, von Film zu Film wird sie mehr süchtig nach Wirkung. *»Sie wollte ja nur das. Sie hat ja <u>nur</u> vom Film geträumt«,* resümiert die Internatsfreundin Margit. *»Sie war schon sehr Ich-bezogen«.* Als Margit Hofer sogar von Ernst Marischka gefragt wird, ob sie die Nené in »Sissi« spielen möchte, folgt prompt die Reaktion der damals sechzehnjährigen Romy: *»Du Margit, wenn Du zum Film gehst, dann bist Du nicht mehr meine Freundin! … Da hat sie Angst gehabt, obwohl sie ja vor mir überhaupt keine Angst zu haben brauchte. Da wäre sie, glaub' ich eifersüchtig gewesen. Sie war schon exklusiv.«*

»… aber du, du gehörst mir« – ihr Ausschließlichkeitsanspruch, der galt nicht nur für alle in ihrer Nähe, der galt auch für die schwarze, kalte Kamera. Das Filmrad dreht sich, und Romy, sie geht atemlos in die Hitze, das Licht, das sie verbrennen wird. Jedem Mahner hätte sie mit diesem leisen Spott in den Mundwinkeln, diesem kurzen Heben der Brauen, das leichthin wie ein sorgloser Windzug ihr Gesicht überflog, sie zum Lächeln brachte, halb melancholisch, halb over-glücklich – eine Pose, die in ihren Filmen wiederkehrt, wenn sie sie selbst war – das Gegenteil geschworen. Romy selbst gibt Gas.

»Feuerwerk«/1954, »Mädchenjahre einer Königin«/1954, »Die Deutschmeister«/1955, »Der letzte Mann«/1955, heißen die Zwischenstopps und cineastischen Generalproben.

Und dann kam »Sissi«. Die Objektive der Kameras sind bereits unbeirrbar auf sie gerichtet. »Sissi«, das war die magische Sekunde, »Sissi« ist wie der Umweg, der Fetisch, um die Eigentliche zu lieben. Es ist die reale Person Romy Schneiders, die in »Sissi« alle Liebe auf sich zieht, aus »Sissi« kam sie heraus wie der Schwan aus der Eierschale. Der Sockel allen Ruhms war »Sissi«.

Didier Lavergne, Oscarpreisträger und französischer Hair-Stylist Romy Schneiders in über zehn französischen Film-Produktionen, unter anderem in »Nachtblende«, versinnbildlicht zwar die Zeit der gefeierten Heldin französischer Leinwand, aber seine Beschreibung trifft auch schon auf die kleine bayerische Reifrockprinzessin zu: *»Romy Schneider hatte etwas Magisches. Im realen Leben war sie vielleicht gar nicht so sehr diese strahlende Schönheit, die man in Zeitschriften und im Kino sah. Sie war eine Person, die eine unglaubliche Alchemie mit der Filmrolle und dem Licht hatte. Sobald sie im Licht der Scheinwerfer stand, sobald man sie filmte, wurde sie zu einer anderen Person. Es gibt Leute, die sind fotogen, aber nicht unbedingt cinegen. Sie aber hatte beides. Das heißt: Selbst in ihren Bewegungen lag etwas Magisches. Das Licht liebte sie. Das nennt man Photogénie und Cinégénie. Und natürlich Charisma. Charisma, das aus dem Innern einer starken Persönlichkeit kommt und sich auch auf die jeweilige Rolle übertrug. Was mich am allermeisten erstaunt hat war diese unmittelbare Magie, die – um den Satz abzukürzen: sich zwischen Schatten und Licht abspielte. Ja. Sie wurde zu etwas Unglaublichem. Zu einer wunderbaren Frau, die man mit Freude betrachtete und spielen sah.«*

Mit »Sissi« potenzierte sich in Romy Schneider etwas und sie wurde *»zu etwas Unglaublichem«*, etwas, das außerhalb von »Sissi« lag, aber immens durch »Sissi« hindurchleuchtete. Ihre stärksten Momente waren immer die, wenn die Rolle von ihr Stummheit verlangte, wenn alles in ihrem Blick lag.

Es ist immer ihr Erscheinen, ihr Anblick. Intensitäten, Eruptionen ihres Gesichts. Es sind nicht die Dialoge, auch keine allzu große Schauspielkraft Romy Schneiders in »Sissi«. Eher ist es atmosphärisch. Eine Art physikalischer Prozess in »Sissi«, ein Eintauchen, ein Flimmern. Unabhängig vom Regisseur, von Filmpartnern ging Romy Schneider (für andere unsichtbar) in eine andere Spur, in ein Abseits, wo niemand war.

Sie gibt sich den Objektiven, Kollektoren, Kameras, den heißen Scheinwerfern, berauscht sich in einer illusionären Welt aus Schein und Nahaufnahmen, wo die Dinge und Blicke eine Tiefe haben, die es im »normalen« Leben nicht gibt. Ihr Verlangen zu bleiben, zu überleben, war so groß, dass es ihr gelungen ist. Sie ist da. Dafür war alle Mühe, sie hat ihr Leben gegeben, um zu bleiben!

Wenn ein Film zu Ende ist, lebt sie schon für den nächsten. Vor der Kamera scheut sie kein Risiko mehr, im Privaten hat sie immer mehr Angst. Fast gewaltvoll forderte sie Liebesbeweise ein!

Dieses irdische kleine Haus, mit dem ihm innewohnenden kleinen Glück, das sie meinte, das sie vorgab zu suchen, auf der Herzlinie zwischen Deutschland und Frankreich, das fand sie nicht, oder übersah es auf Erden, weil ihr strahlend schöner Januskopf längst unabwendbar auf die andere Seite gerichtet war. Direkt in die Kamera.

»Ja, sie verlor ein bisschen ihre Familie. Ihren Schutz«, das hat Madame Dury zwischen allen Filmen des Stars so erlebt: *»Aber das gilt nicht nur für Romy. Schauspielern geht es immer ein bisschen so: Sobald sie die Bühne verlassen, sind sie verloren. Stellen Sie sich mal vor, was man um sie herum alles macht, nicht nur für sie natürlich – da ist eine riesige Maschinerie, in der jeder Moment durchgetaktet ist. Und wenn man will, dass sie (die Schauspieler) beim Dreh funktionieren, brauchen sie Abschirmung. Man muss das wirklich verstehen, und Romy war da keine Ausnahme: Sie kam (nach dem Dreh) ins normale Alltagsleben zurück, was sie überhaupt nicht beherrschte. Man konnte nicht von ihr verlangen, Spiegeleier zu braten, das ging schief, das war nicht ihr Job. Das durfte man einfach nicht von ihr verlangen.«*

Das mit den Eierspeisen muss irgendwie prägnant gewesen sein, denn auch Harry Meyen beklagte sich seinerzeit spottreich am Telefon gegenüber seiner Schwiegermutter Magda Schneider über die misslungenen Rühreier, scheinbar symptomatisch für das, was Romy auf einen kurzen Nenner bringt: »Ich kann alles im Film, aber nichts im Leben.«: *»Aus der Küche, muss man sie möglichst fernhalten! … man muss ja auch nicht alles können … Wenn Romy Rühreier gemacht hat, dann sieht es aus, als ob in der Küche ein Essen für zwanzig Personen gemacht worden ist … Es interessiert sie nicht … ich kann das auch verstehen, und es gibt ja auch Begabungen, die man hat, und sie hat für die Küche absolut keine … es ist ihr auch langweilig!«*

Sie fühlte sich im Leben unvollständig, da ein Teil von ihr noch in der letzten Rolle steckte und ein Teil von ihr schon in der nächsten Rolle war. Filmen ist nun für sie körperlich notwendig. Eine Art Grundbedürfnis, ohne das sie aufhören würde zu existieren.

»Sie liebte Aufmerksamkeiten … weil es nun einfach in ihrer Geburt lag und in ihrer Entwicklung … und in ihrer Schönheit, einfach da war und vorhanden war, die Aufmerksamkeit anderer Menschen auf sich zu ziehen«, sagt Claus Wilcke, der Romy vor allem in den Sechziger- und Siebzigerjahren traf, als Romy bereits pathologisch schwankte, zwischen Sucht nach und Furcht vor Aufmerksamkeit.

Es war eine Filmkamera, die sie und ihre Mutter ganz eng zusammenbrachte, *»neues deutsches Filmliebespaar«* resümiert die Tochter, amüsiert und romylike, in einem Muttertagsbrief von 1965, nach immerhin dann acht gemeinsamen Filmproduktionen Tochter und Mutter (1953 bis 1958), genauso, wie auch eine Filmkamera sie für einen Moment, für einen Film lang, ganz nah dem Vater bringen würde, durch die Dreharbeiten »Der Kardinal«/1963.

Wenn man sich fragt, wann war ihre Mutter am meisten für sie da? Dann war das genau der Moment, als Romy Schneider der ersten Kamera begegnet, als sich Gleichaltrige eher emotional von der Mutter lösten. Es passierte in einem Moment, wo das Mädchen ganz ungeschützt, emotional ganz allein war und große Abwesenheit sehr abrupt ersetzt wurde mit totaler Nähe. Es wäre falsch, daraus zu schlussfolgern, dass die Tochter in dem Moment für die Mutter interessant wurde, als beide zusammen vor einer Kamera standen, das war in der Tat eher das schicksalhafte und heftige Zusammenprallen der Lebensfäden, aber der Moment der Gleichzeitigkeit hat unauslöschbare Gefühle hinterlassen. Unbewusst. Romy hat das genau so wahrgenommen. Es gab nur ganz wenige Andeutungen Romy Schneiders, aber diese Empfindlichkeit hat sie behalten, das vage Gefühl, erst ab dem Zeitpunkt etwas wert gewesen zu sein, seit sie Erfolg vor einer Kamera hatte. Das war eine Irritation, eine Verletzung, eine Narbe.

Monique Dury, die nur wenig später in Romys Leben treten wird, weiß, dass Romy als Kind ständig das Gefühl hatte, ihre Mutter sei »wie auf Besuch« in ihrer Kindheit gewesen. *»Romy war extrem von ihrer Kindheit geprägt. Sie hat natürlich* (in ihrer Kindheit Anm. d. A.) *nicht gelitten, das nicht. Aber sie mit ihrem Temperament brauchte viel Liebe – nach der sie später ihr ganzes*

Leben lang auf der Suche war. Sie hat sich in Menschen oft getäuscht, weil sie permanent auf der Suche nach Liebe war. Ich habe manchmal versucht, ihr das klar zu machen – denn sie hatte immer wieder neuen Liebeskummer. Man sollte nie zu viel erwarten. Aber Romy erwartete immer gleich alles … Bei Romy lief alles über den Instinkt. Den Instinkt eines kleinen Tieres. Sie versuchte nicht immer, sich zu verstehen.«

Diesen »Instinkt«, diese schlafwandlerische Sicherheit, die hatte sie auch vis-à-vis und in Tuchfühlung mit der Kamera. Aus einer ganz großen inneren Stärke heraus, die Romy leider selbst gar nicht so bewusst war, nahm sie bereits am Anfang ihrer Karriere Einfluss, schöpfte mit, bei großen Autoritäten wie Orson Welles zum Beispiel. Dieses Irritieren von Filmpartnern geschah ja nicht um des Irritierens wegen, sondern um alle anzustecken mit Höchstleistung. Sie diskutiert hart und war tough, ein Profi, was Licht und Einstellungen betraf.

»Es war … nicht wirklich, ein Romy-Problem. Alle großen Stars haben die Kamera manipuliert, den Kameramann manipuliert und das Licht«, Werner Bokelberg zieht den Vergleich zu Marlene Dietrich, die diese Kunst ebenso bravourös beherrschte: *»Romy … hat einfach die Kamera … dahin gezwungen. Ohne das jemals auszusprechen, das macht man mit Theatersprache … da wird nicht geredet. Ein Star kann das eben. Heute macht das keinen Sinn mehr. Erstens gibt's keine Stars mehr und zweitens gibt's auch nicht mehr die Kameramänner. Es ist eine völlig andere Technik. Heute muss alles vom letzten ausgeleuchtet sein und es ist ja fast egal wie die Leute aussehen.«*

Die Stummheit der Rolle ist ihr größter Augenblick, etwa in »Le train«, wenn sie in diesem schaukelnden Zug sitzt. Man verweilt auf ihrem Gesicht, würde Stunde um Stunde mit ihr weiterfahren. Die Sprachlosigkeit des Simenon-Romans »Le train« summiert sich auf organische Weise mit ihrer eigenen Sprachlosigkeit. Das Gesicht ist nicht Projektionsfläche des Stoffes, des Regisseurs, sondern immer ureigenes Terrain. Und da ist ihr Blick. Ein Blick, der sich auch nach all der Zeit nicht auflöst!

Der Reiz, ihr mit den Augen zu folgen, besteht in den garantierten Momenten, kurzzeitig die reale Romy Schneider, oder diejenige, die die Leute für die reale Romy Schneider halten, in einer Art Zwischenraum zu erblicken. Um diesen Voyeurismus, der in jedem Film bedient wurde, wusste und kokettierte auch Romy Schneider. In jedem Film gibt es kryptische Botschaften, Filmsätze, 1:1 aus ihrem Leben. Diesen Appetit auf Leben, den sie verströmt, atmet ihr Publikum förmlich mit ihr ein. Die Leute konnten gar nicht anders, als sie anstarren.

Sie »erlösen« von (Film)Begegnung zu (Film)Begegnung, dieses galt für Frauen wie für Männer. Gefühle, die kein anderer Star jemals so bei seinem Publikum auslöste und zeitlos auslöst, die gehalten sind von unüberwindbarer Distanz zu ihr, parallel dazu aber ebenso von unergründlicher Intimität. Sie verströmte eine Nähe, so als meinte sie jeden einzelnen Kinogänger persönlich.

Sich Abend für Abend vor diesen Abgrund eines Theatergrabens zu stellen, Erwartungen erfüllen, unter anderem auch die »Sissi-Leibhaftig« zu geben, mit dieser Angst, mit all dem Lampenfieber, diesen großen Wunsch hatte sie längst aufgegeben. Es ist auch so, wie Mario Adorf sagte, dass dieses Bild, das sie von sich und das die anderen von ihr hatten, das »Theaterbild«, das vielleicht *»nur so eine Projektion war, ein Wunsch, ein reiner Wunsch …«.*

Scheu flüchtend vor Menschenmassen, das ist sie ihr ganzes Leben lang. Bezahlt hat sie alles mit Dauerbeobachtung, mit Starrummel, das fing schon an, als sie kindlich, noch mit bayerischem Zungenschlag, erste Verzückung auslöst, die ersten Interviews gab.

»Für Romy waren die Blicke der anderen eine Last. Einerseits war es Neugier, anderseits Bewunderung, aber die Neugier überwog, und das ist das Schlechte daran. Mit 14 Jahren, das ist schrecklich … « (Monique Dury)

»Am glücklichsten war ich immer, wenn ich allein war.« – Das war einer ihrer präzisesten Sätze, denn vor der Kamera war sie wirklich allein. Romy ist doppelt. Mit gleicher Intensität, mit dem gleichen Glück drängt es sie ins Licht, brennt, hungert sie nach Aufmerksamkeit, reißt sie die Situation an sich. Ihr Doppelsein, ihre Zweiheit, immer beides wollen – Ja und Nein, Leben und Filmen, die Prinzessin und die Antiprinzessin sein, der größte Mut, die größte Angst – diese Reibung brachte ihr die nötige Geschwindigkeit. Und denen, die zusahen, brachte sie den ungehinderten Blick auf Romy selbst. Die Zweifel dieser hochfragilen Person, ihr Glück, ihr Unglück (wobei Letzteres konstant in den Fokus rückte) interessierte die Leute weit mehr als die filmische Entwicklung der Schauspielerin. Alle wurden zu Voyeuren ihres Lebens. Sie lebte vor der Kamera. Dieser Zwischenraum fungierte wie der *»kleine geheime Garten … der nur ihr gehörte und jedem von uns für sich. Geheim. Unvergänglich. …«,* das in etwa muss Jacques Rouffio in seinem Brief vom 23. Juli 1982 gemeint haben.

Warum eilt sie von Kamera zu Kamera, sucht ihr Glück nicht stärker in ihrem eigenen Leben? *»Vielleicht hat sie dem Bild von sich immer mehr vertraut, als sich selbst …«,* sagt Volker Schlöndorff – Filmemacher des »Neuen deutschen Films«, der einzige Deutsche seinerzeit, mit dem Romy Schneider sich hätte vorstellen können, zu arbeiten (neben Rainer Werner Fassbinder, dessen Projekte mit Romy Schneider nicht zustande kamen):

»Nicht nur, dass sie an der Kamera hing, sie hing ja auch am Fotoapparat! Das Reproduziert werden in Bildern oder Filmen, also das, was dann auf der Leinwand oder im Fotodruck war, das war sozusagen die eigentliche Romy. Und sie war ja nur das Abbild. Also, dass sie sich selbst nie angenommen hat, so ein bisschen im Sinne von: Erkenne dich selbst! Weil sie ja … dem Spiegelbild konnte sie immer vertrauen. Das Spiegelbild war immer makellos und war schön und tragisch und lustig und alles, was sie sich selbst sozusagen gar nicht zugetraut hat.«

In einer Zeit, in der sie alles vor der Kamera wagt, aber fast nichts mehr im Leben, kommt es zu einer Projektion, Verschiebung, Kompensation.

Die Kamera transportiert ihre nicht abgerufene Intensität, das Private auf die Leinwand. Cinema verité! Da agiert ein Narziss, der seinen Sensus, seine intime Sinnlichkeit, das Ungelebte, seine Sehnsucht wie in Trance vor den Augen eines Millionenpublikums zulässt, der sich, wie in einer Pirouette, für seinen ureigensten Taumel von den Augen eines Millionenpublikums lieben lässt, fast in einer Art Kopulation mit der Kamera. Sie ist Seele des französischen Kinos, ganz genauso, wie sie die Seele des deutschen Nachkriegs-Kinos war. Dieses Glück oder dieses Leid, das die Filmfigur empfindet, das war dann Romys Glück oder Leid, in dem Moment war alles real. Ihr provozierender Alleinanspruch an einen Regisseur machte ihr übrigens unter den französischen Stars nicht nur Freunde. Während der Dreharbeiten zu »Eine einfache Geschichte«/1978 gab es zwei Darstellerinnen, die Romy sogar *»hassten«,* Monique erinnert sich, wie sehr Romy getroffen war, als man ihr in den Rücken fällt. *»Deshalb hat sie sich isoliert. In solchen Fällen isolierte sie sich.«* Wie immer ringt sie in der Arbeit um die ganze Aufmerksamkeit von Claude Sautet, wie immer ist sie ihrer Film-Familie, den normalen Leuten des Drehstabs, ihrem festen Umfeld näher als den anderen Schauspielern oder Stars, und dann ist sie ja sowieso ganz in der Rolle. Monique begleitete Romy auch dann zu den Dreharbeiten, reist als Garderobiere mit dem Star, wenn sie nicht offiziell zum Filmstab gehörte, wenn Verträge mit anderen Kostümbildnerinnen existierten. In dem Fall wurde sie von Romy persönlich engagiert und bezahlt.

»Es hat mich ziemlich beeindruckt, dass sie tatsächlich die Figur aus dem Film wurde, die Figur, so wie sie im Drehbuch stand«, sagt Jean-Max Guérin nach so vielen Jahren. *»So jemanden wie sie, kannte ich nur einmal.*

Sie war einfach nicht mehr Romy Schneider: Sie war zum Beispiel Hélène – von Anfang bis Ende der Dreharbeiten, ließ sie sich dann auch nur noch beim Namen der Figur rufen. Sie war nicht mehr Romy. – So etwas habe ich nie wieder erlebt. Ich bin nie wieder auf eine Schauspielerin getroffen, die wirklich die Figur des jeweiligen Films war. Ich möchte jetzt keine französische Schauspielerin kritisieren. Aber so jemanden wie Romy wird es nicht noch einmal geben. Es wird in meinem Leben nie mehr diese Schauspielerin geben, die es sich herausnahm, wirklich in eine Rolle zu schlüpfen, die wir Hélène … oder wie auch immer nannten. – Sie war dann eben nicht mehr Romy Schneider, sondern von morgens bis abends in der jeweiligen Rolle!

Jede Rolle war anders und jede Figur war anders. Das heißt: wir hatten nicht mehr Romy vor uns, sondern jemand anderes. Das war nicht immer ganz einfach für uns, sie tat uns damit keinen Gefallen – sich selbst übrigens auch nicht unbedingt.«

Ihre französische Filmfamilie hatte das dutzendfach erfahren, mit Romy durchlebt. Romy war ein Nachtmensch. Sie war eine Schauspielerin, die selbst nach einem Arbeitstag sehr in der Nacht lebte, die gerne las, diskutierte, mal nichts tat. Manchmal geht sie um 4 Uhr morgens zu Bett, drei Stunden später sitzt sie in der Maske. *»Ich würde also nicht gerade sagen, dass es besonders toll war, sie an solchen Tagen ankommen zu sehen. Didier oder andere und ich haben gelegentlich erlebt, dass sie im Sessel einschlief, während wir sie schminkten oder frisierten«*, sagt Jean-Max Guérin, Romys Film-Coiffeur. *»Ja, ich habe sie schlafen sehen, während Didier … oder wer auch immer – sie schminkten. Es war eben nicht immer jeden Tag ganz einfach …«.*

Der kleine Mitarbeiterstab ist diskret und trägt Romy Schneider auf Händen: *»Ich denke, sie brauchte das …«*, so hat Didier Lavergne das in Erinnerung *»aus ihrem tiefsten Inneren heraus, weil – sobald Romy in einer Rolle war …, jeder hat da seine eigene Technik, aber sobald Romy in eine Rolle schlüpfte, war sie ganz in dieser Rolle, und zwar rund um die Uhr. – Andererseits kostete es sie manchmal vor einer Szene viel Überwindung, auf die Bühne zu gehen, weil sie sich noch nicht zu hundert Prozent in der Rolle fühlte. Es war sehr schwierig, sie auf die*

Bühne zu bekommen, wenn sie sich nicht bereit fühlte, ein Maximum in der jeweiligen Szene zu geben. Das ist eine Art zu arbeiten, die – ich kann auch hier nur spekulieren – möglicherweise schädlich für einen selbst ist. Denn aus einer belastenden, gar heftigen Rolle nicht herauszukommen, und das vielleicht 12 Wochen lang – Ich weiß nicht, aber mit Sicherheit kann einen das auch kaputtmachen.«

Ein spezieller Ort, fast so etwas wie ihr erstes Wohnzimmer, ist für Romy das Maskenstudio. Während eines Drehs befindet es sich in einem eigens dafür hergerichteten Wohnwagen, in den Filmstudios hat man spezielle Räume. *»Das ist ein vertraulicher Ort, hier arbeitet nur das engste Team der Schauspielerin, d.h. der Friseur, der Maskenbildner, die Kostümbildnerin.*

Im Maskenstudio werden sie für ihre Rolle zurechtgemacht, es ist also so etwas wie eine Schleuse zwischen dem realen und dem Filmleben, d.h. der bevorstehenden Rolle, ein Durchgang, in dem sie im Kopf noch einmal ihre Texte durchgehen und sich auf den weiteren Tag konzentrieren können. Wir sind sozusagen die Umschaltstelle«. (Didier Lavergne)

Oftmals verlässt Romy die »Umschaltstelle« gar nicht. Es ist der geschützte Raum, in den sie sich zurückzieht, der ihrer Empfindung entspricht. Der Absprung passierte in der Schleuse. Es ist der Ort der ungeteilten Aufmerksamkeit, ein Raum voller Liebe, nur für sie. Hier erfährt sie den Schutz, den sie braucht.

Im Herbst 1981 erlebte auch Michael Melzer als junger Set-Aufnahmeleiter Romy Schneider in »Die Spaziergängerin von Sans-Souci« in Berlin und erinnert sich an eine Romy Schneider, die keine Angst hatte, ungeschminkt zum Drehort zu kommen, sich nicht wie andere Schauspielerinnen versteckte. *»Dass sie also sehr natürlich war und sich da auch nicht scheute und ja … wenn sie da raus kam, da war sie halt die Romy Schneider, die im Film auftrat … wenn sie rein kam, war 'ne Aura da. Und das erfasste auch alle und das verursachte Respekt, verursacht auch Freundlichkeit, weil sie ja auch freundlich war …«*

Im Kontext dessen, dass ihre größte Liebe eine Kamera war, dass sie selbst sehr viel mehr Sendungsbewusstsein hatte (und zwar von Anfang an), als das bisher in ihrer Biografie wahrgenommen wurde, kann man verstehen, wie sehr sie in ihren Rollen war.

Jahrzehnte nach ihrem Tod, erst in der Draufsicht auf ihr Leben, sieht man mehr und mehr, dass sie *nur* gearbeitet hat, dass sie ihre Filmpausen, das heißt ihr Leben, mit Foto-Shootings füllte, unveröffentlichte, nie gesehene Bildstrecken scheinen schier endlos aufzutauchen. Was als erstaunlicher Ehrgeiz begann, endete dann in einer nicht mehr ausfüllbaren Leere, nämlich nicht wirklich privat sein zu können, süchtig nach Arbeit, nach der Kamera, nach Film und Fotos zu sein. Durch die Bilderflut, die sie hinterließ, sieht es so aus, als wäre ständig jemand anwesend gewesen in ihrem Leben. Die Summe und Tiefe der Bilder lässt sie medial überleben, hebt sie aus der Zeit, sodass ihr Dauerbild mit heutiger Technik kommuniziert, es ist wie das Wasserzeichen einer Unsterblichen.

»Ja, sie hing an der Kamera, wie an der Nadel!« (Mathieu Carrière, Drehpartner aus »Die Spaziergängerin von Sans-Souci«). Romy Schneider, das sind viel mehr Gesichter, Romy Schneider und die Medien, das sind noch mehr Gesichter.

Werner Bokelberg illustriert in etwa dasselbe, dieses tiefenscharfe Sehen des Ziels und Romy Schneiders präzises Ankommen. Die meisten Fotografen, die mit Romy arbeiteten, glaubten, dass sie Regie führten, Foto für Foto, in Wirklichkeit entstand durch ihre manipulative Urgewalt das Foto, das sie, Romy, in ihrem Kopf hatte. *»Absolut! Sie hat das übersetzt. Sie hat schon die fertige Zeitung geblättert. Definitiv.«* Das heißt, sie wusste alle Zeit sehr genau, was sie tat, und höchstwahrscheinlich war sie allezeit mehr Manipulateurin, als das bis heute wahrgenommen wird.

Immer wenn man glaubt, dies sei der Moment, wo man Romy ganz nah kommt, sie erkennt, wo man sie ganz klar sieht, löst sich alles auf, wie ein Bild von ihr im Wasser, und man steht am Anfang und weiß überhaupt nichts über sie.

Es ist die Schichtung von Extremen, der totale Widerspruch. Sie ist die, die Anfängern Hilfe gewährt, die ihre Liebe am Set bis hin zum kleinsten Beleuchter verströmt, etwas, das ihr Seelenverwandter Helmut Berger von ihr gelernt hat. Aber im entscheidenden Moment verlangt sie unmissverständlich, auf Stärke zu stoßen, und das war vor der Kamera. *»Sie brauchte es nämlich, geleitet zu werden, das sagte sie sogar selbst«*, sagt Monique Dury, die bei den meisten Dreharbeiten nur ein paar Meter entfernt von Romy steht. *»Wenn ihr die Regie zu schlaff war, konnte sie das in der Tat zur Weißglut bringen, und sie machte keinen Hehl daraus, und es konnte vorkommen, dass sie sagte: ›Willst Du etwa, dass ich Deinen Job übernehme? Ich führe Regie und Du spielst.‹ Das habe ich sie tatsächlich sagen hören, ich werde allerdings nicht verraten, zu wem.« (LACHT)*

Romy lebt in der »Schleuse« einen Alltag, den sie verteidigt, eine Normalität, die sie braucht. Die »Schleuse« existiert dann nicht nur in eine Richtung, diese »Umschaltstelle« wird zum Exil, zum Pol, der sie erdet. Er gibt nicht nur rund um die Uhr Geborgenheit, da sich jeder bemüht, dem Superstar eines wichtigen Films jeden Wunsch von den Augen abzulesen, er ist auch ein Ort außerhalb der Realität. Im metaphysischen Sinn ist es *ihr* Ort. Fast eine »Raumstation«, eine Kapsel für Rouffios Kometen.

Hier lebt sie sich aus. Kindliches, Witziges. Hier entspannt sie, sammelt Kräfte. An den verschiedenen Drehorten, in Hotels mit dem Filmstab, fühlt sie sich wohl, wenn es was zu lachen gibt, ist sie meist dabei. Auch Didier Lavergne erinnert sich an das Vertauschen der Schuhe in den großen Hotels, oder dass sich die Filmcrew untereinander sehr früh am Morgen ein *»Fake-Frühstück«* auf das Zimmer bestellte, *»das allerdings sollte man bei Romy lieber nicht machen, um sie zu wecken« (LACHT),* oder es wurden Dinge geschickt, die der andere nicht ausstehen konnte. Romy Schneider kennt nichts anderes, als diese Filmset-Atmosphäre, wie ein Zirkushund, der immer schon zum Zirkus dazugehörte, ist sie seit Kindheit an Teil des Filmmilieus. Diejenigen, die ihr »gehören«, stellt sie oft auf harte Proben: *»Wenn wir zusammen drehten, konnte es passieren, dass wir abends um halb acht fertig waren – aber um zwei Uhr morgens war ich noch immer mit ihr im Wohnwagen oder in ihrem Hotelzimmer oder wo auch immer. Sie ging nicht nach Hause, sie wollte nie zurück nach Hause. Egal mit wem sie gerade zusammen war, Romy wollte einfach nicht zurück nach Hause. Warum sie nie nach Hause wollte, habe ich bis heute nicht verstanden. Sie tat alles, nur um nicht nach Hause zu müssen. Sie war nicht nur bei mir so. Auch Max hat sie Szenen gemacht, das hält man gar nicht für möglich. Man gehörte ihr!«* (Monique Dury)

Romy Schneider hat deutlich gespürt, dass sie etwas ändern muss. Aber haltlos, als Alleinverdiener der Familie, macht sie das, was sie am besten kann, Filme drehen. Dem Unentrinnbaren entrinnen? Die Rollen tauschen? Leben? Sie geht weiter und weiter, folgt der vor ihr gleitenden Kamera.

Als sie längst in Schwarz leuchtet, als ihre Ausnahmezustände, Ängste, eine Art Persönlichkeitsveränderung, immer gewaltiger und offener zutage treten, verirrt sie sich im wahrsten Sinne im Spiel ihres Lebens. Unverantwortliche Ärzte, diesseits und jenseits des Rheins, hatten dem Leinwandstar über Jahre Mittel zur Ruhigstellung, zum Einschlafen, zum Aufwachen, gegen die Schmerzen, zum Funktionieren verschrieben. Auch hier ist sie doppelt, sie besitzt eine unerschütterlich-robuste Seite, gleichzeitig ist sie von einer Feinnervigkeit und schwachen Konstitution. Romy Schneider, die seit ihrem fünfzehnten Lebensjahr zwischen Film und Leben hin- und hergependelt war, findet sich nicht mehr zurecht beim Überschreiten der Grenzen, verrennt sich zwischen Kino und Leben.

Madame Dury hat viele dieser Kameramomente hautnah erlebt, in Frankreich die großen Triumphe, vor allem unter der Regie von Claude Sautet, aber sie war auch da, als die schwarzen Wellen irgendwie begannen, über Rosemarie Albach hereinzubrechen, sie mitrissen, wie in einem Sog aus Strömung und Gischt. Während der berühmten »Ball-Szene« in Francis Girods »Die Bankiersfrau« (»La Banquière«/1980), Romy Schneider verkörpert Aufstieg und Fall der bisexuellen Bank-Präsidentin Emma Eckert, gibt es eine Szene, in der Romy mitten durch die Ballgesellschaft hindurchgehen und auf ihren Filmpartner Jean-Louis Trintignant zugehen sollte. Dabei musste sie den ganzen Saal durchqueren. Dinge wie diese hatten dem Weltstar im richtigen Leben oft Angst gemacht, im Film hatte sie immer den Absprung gewagt und die Situation gemeistert, doch diesmal ist alles anders. Vor den Dreharbeiten hatte es privat einen kleinen, unbedeutenden Zwist mit Trintignant gegeben, beide begegneten sich nun in dieser Szene das erste Mal wieder: *»Romy war ein bisschen nachtragend, und Trintignant war auch nicht gerade immer nett – aber das ist unwichtig, er ist ein großer Schauspieler. Wir drehen direkt … Romy hatte den Regisseur gebeten, die Szene ohne Probe zu drehen.«*

In der prachtvollen Eingangshalle des Hotels »Régina« muss Emma Eckert durch Menschenmassen hindurchschreiten, ein Meer aus Komparsen, in Ballkleidern und Fracks, säumt ihren Weg. *»Laut Drehbuch bringen sich die Bankiersfrau und ihr Gegner beinahe gegenseitig um. Die Menge wartet also nur darauf, dass sich die beiden in Stücke rissen. Alle waren zugleich voller Bewunderung für die schöne und mächtige Bankiersfrau. In der Szene tritt, als die Bankiersfrau kommt, einer nach dem anderen zur Seite und wartet, dass sie das Feuer eröffnet. Der ganze Saal war still. Romy kommt also rein, aber wir hatten vergessen, dass Romy instinktiv spielte. In dem Moment also, in dem sie die Szene spielte, war es für sie echt. Trintignant und sie begannen … die Szene, er blickte genauso düster wie sie, vermutlich kamen bei beiden dabei ein bisschen die Erinnerungen durch. Wir drehten also die Szene, es wurde großartig, und Girod sagte: ›Das haben wir so gut wie im Kasten. Wir haben Lichtproben gemacht, alles war bestens, und die Szene ist so toll, dass wir sie nicht zu wiederholen brauchen.‹ «*

Im Anschluss stand ein Kostümwechsel an. Doch Monique Dury sieht Romy *»wie einen Pfeil davonschießen«*. Sie vermutet, dass sie auf ihr Zimmer gehen würde, in den oberen Etagen des Hotels, das auch gleichzeitig als Garderobe diente. Aber dort ist Romy nicht. Die Kostümbildnerin und Garderobiere des Films sucht voller Sorge das große Hotel ab, läuft durch die Gänge. Zum Schluss landet sie in den *»herrschaftlichen Toiletten«*, auf der Suche nach Romy. *»Und plötzlich höre ich ein kleines Stimmchen: ›Mémère, hier bin ich.‹ Ich öffne eine Toilettenkabine und sehe meine kleine Romy in ihrem herrschaftlichen Kleid und ihrer tollen Frisur zusammengekrümmt auf dem WC hocken. Sie sagt: ›Ich habe schon gedacht, Du kommst überhaupt nicht mehr.‹ «*

Das Getuschel und die Blicke der Menge hatte sie für die Realität gehalten, sie glaubte tatsächlich, diese Menschen in ihrer Ansammlung, die Statisterie, wären ihr feindlich gesinnt, würden sie hassen.

Monique Dury erlebt die große Romy Schneider in purer Angst vor den vielen Leuten, auch vor der Kamera. Am Set müssen alle warten, Frankreichs gefeierter Star, sonst von unsterblicher Courage, verfällt in tiefste Schüchternheit, Unsicherheit.

»Hast Du denn nicht all die Leute gesehen, als ich reinkam? Sie sind mir ausgewichen, als hätte ich die Pest! Und er (gemeint: Trintignant) *war noch abscheulicher zu mir als sonst, ich dachte, er würde mich umbringen!«*, sagt Romy zu ihrer Garderobiere. *»Sie sehen, so war das mit Romy … Sie hatte sich auf diesem Klo verkrochen, wo sie mutterseelenallein war. Wenn man mir mit dem Star ankommt …: Man muss sich diesen Star nur mal anschauen, zusammengekrümmt auf dem WC, sie hat nicht einmal gewagt, den Aufzug zu nehmen, um in ihr Zimmer zu gehen.«* (Monique Dury)

Dieses Verschmelzen mit der Filmfigur bedeutet am Ende ihres Lebens zunehmend eine sichtbare Verlorenheit, die Königin – *»haarscharf neben dem Abgrund«* (Monique Dury) – hat sich verlaufen, in Obsession und Passion, wandelt in ein und demselben Unglück. Wie immer ist der Boden zweigeteilt. Aber sie wird überleben, wird unsterblich sein. *»Sie hat dabei vollkommen vergessen, dass es sich um ein Spiel auf der Bühne handelte und sie war völlig verschreckt, weil sie dachte, dass alle den Kopf drehten, um sie anzuschauen.«*

Madame Dury wird zwischen den Momenten der Heiterkeit, der Unbesiegbarkeit, der manischen Hochs, immer wieder Zeuge des Absturzes, der Selbstzerstörung und der einhergehenden Erschöpfung: *»Romy war mit ihrem ganzen Wesen authentisch bei der Sache. Das war echt! Man fragt sich letztlich immer, selbst in den Filmen frage ich mich bis heute: Spielte sie? Oder begab sie sich nicht ganz plötzlich in eine andere Welt und w a r dann dort? Das ist erschütternd, wenn es soweit geht, wissen Sie?«*

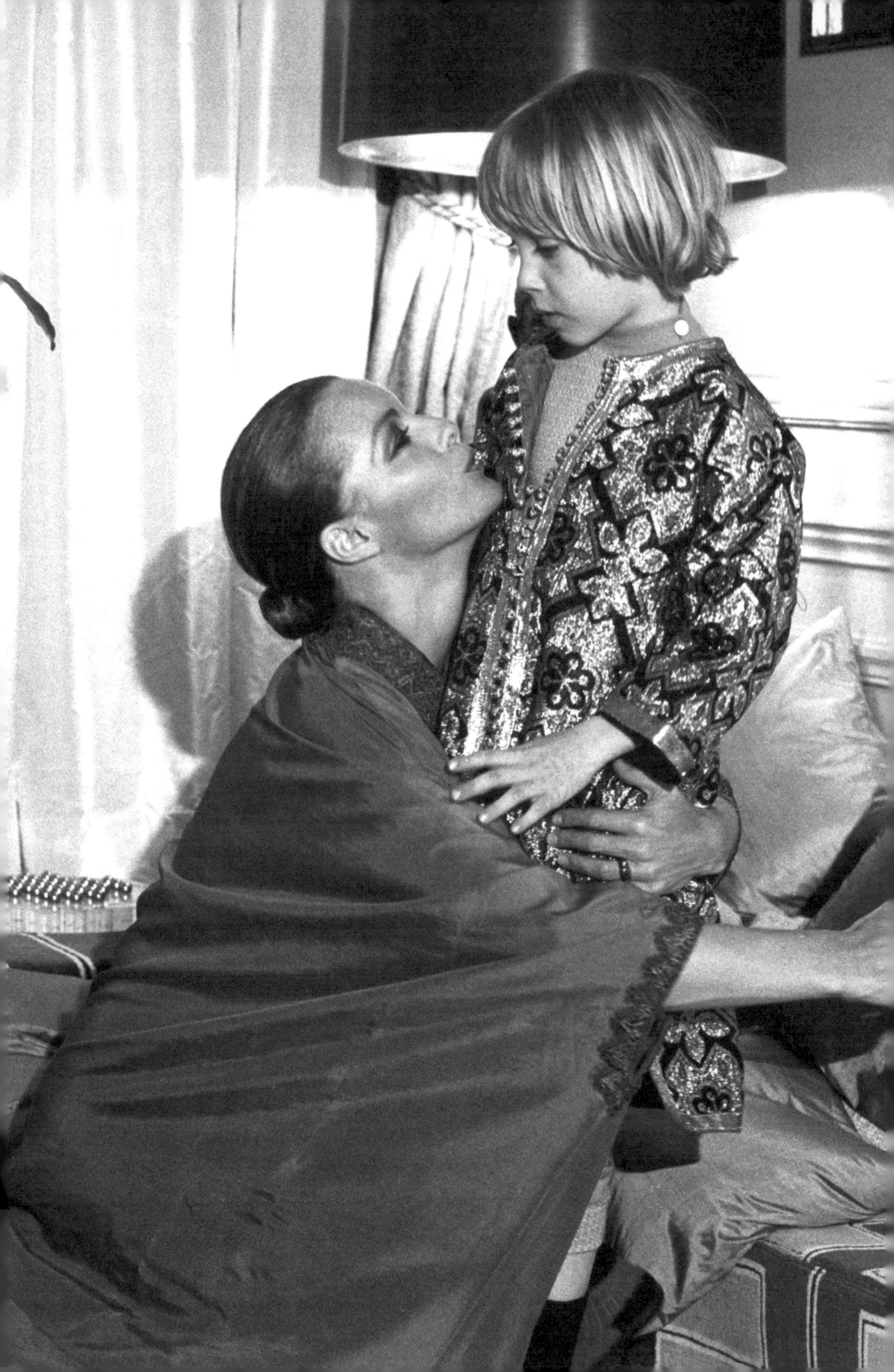

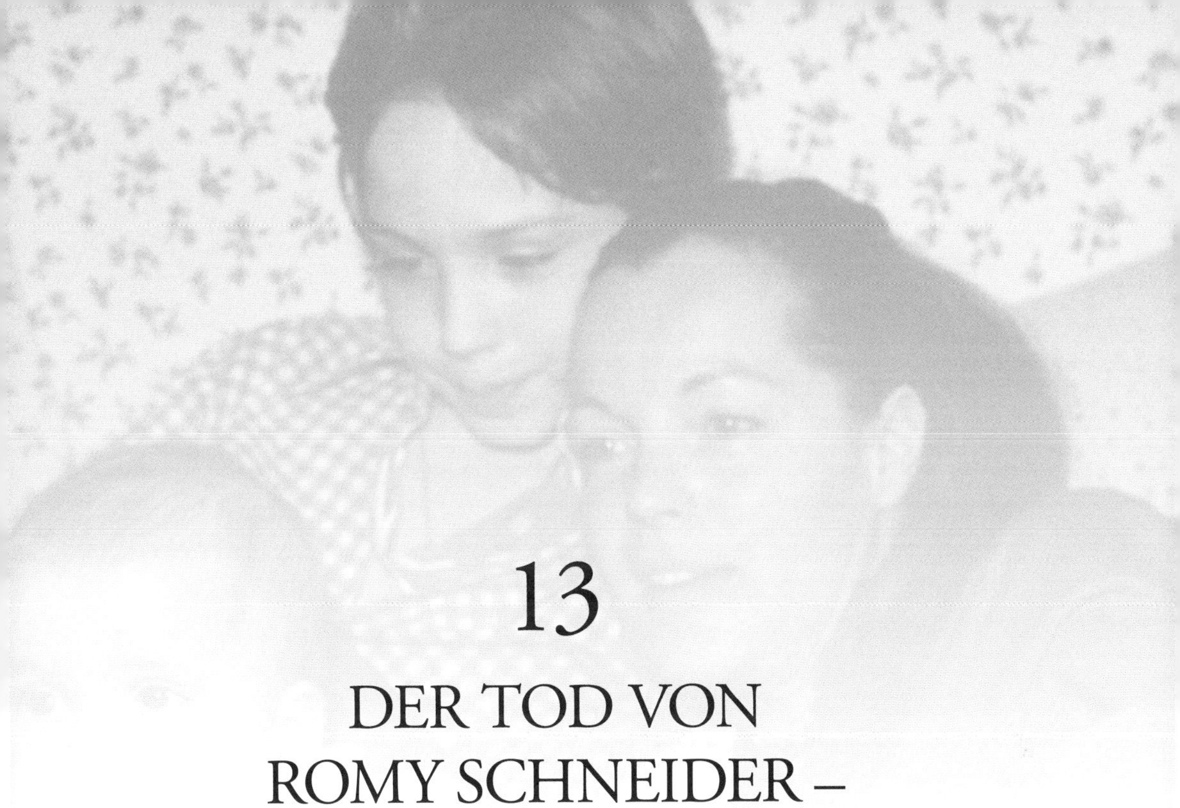

13

DER TOD VON ROMY SCHNEIDER – »Adieu mon petit soldat«

»Wie gesagt hatte sie dieses ›germanische Wesen‹, das sie sehr weit gehen ließ und zu einer Person machte, die viel aushalten konnte.« (Jean-Max Guérin)

Der Suizid ist immanentes Versatzstück der Legende. »War es doch Selbstmord?«, so titelt der Boulevard selbst nach Jahrzehnten noch ab und zu die bunten Blätter, seit »France Soir« am 29. Mai 1982 Stunden nach ihrem Tod behauptete: »Romy Schneider s'est suicidé«, Romy Schneider hat sich umgebracht. Hartnäckig hält sich das Gerücht. Der Selbstmord ist nichts anderes als das zu Ende erzählte Märchen der unglücklichen Kaiserin, das makabre Zuckerl der Sensationspresse, das Offenhalten der Presse-Tür für das fortdauernde Geheimnis. Selbst der Rechtsbeistand von Alice Schwarzer spricht, in seiner Verteidigungsschrift vom 30.6.2009, von 1982 als *»dem Jahr, in dem Romy Schneider an einer Überdosis Tabletten gestorben ist«*.

Auch 1964 gab es in der veröffentlichten Biografie des Stars einen Selbstmordversuch als Schlussstrich der ewigen Romanze, *»nach vier Jahren, acht Monaten, 24 Tagen Dauer, nach Bekanntgabe von einem Dutzend verschiede-*

ner Hochzeitstermine und nach genauso vielen Zerwürfnissen und Absagen endete die turbulenteste und am heftigsten publizierte Brautzeit der Jahrhundertmitte …« (»Der Spiegel«, 25.12.1963) Als diese Liebe endet, schneidet sich Romy Schneider die Pulsadern auf, ihr blieben zwei kleine Narben am Handgelenk, so ist es überliefert.

»Die Pulsadern? Nie und nimmer! Ich kann Ihnen bestätigen, dass sie nirgends eine Narbe hatte. Romy hat niemals versucht, sich umzubringen«, ist sich Madame Dury ganz sicher. Monique bezieht sich hier sowohl auf das Jahr 1964 als auch auf den 29. Mai 1982. Narben hatte die Frau – die es nie gelernt hatte, sich zu schützen, zu distanzieren, die sich Zeit ihres Lebens, romantisch wie ein junges Mädchen, nach tiefer Liebe sehnte, dabei immer wieder *»ohne Frühling«* über *»die Kluft«* im Innern stolperte, *»haarscharf neben dem Abgrund«* – viele. Jedoch waren die meist unsichtbar, die sichtbaren, die kamen zum Ende ihres Lebens. Seit Jahren hatte sie starke Schmerzen im unteren Rücken, doch sogar Monique glaubte, das Romy etwas übertrieb, schon lange nahm sie das Schmerzmittel »Optalidon«. Mitten in den Proben der »Spaziergängerin« beendete plötzlich ein Schrei die Arbeit, im Beisein ihrer französischen Filmcrew stürzte sie unter unerträglichen Schmerzen. Man fuhr sie mit Blaulicht ins Amerikanische Krankenhaus Neuilly, dort wurde sie sofort operiert. *»Niemand hatte gemerkt, dass sie einen Nierentumor hatte«*, Monique erinnert sich an die riesigen OP-Narben, im Krankenhaushemd machte Romy sich aber bereits mit unvergleichlicher Ironie lustig, das sie wegen der Narben nun wohl keine Nacktszenen mehr drehen könnte, auch sonst ist sie völlig unprätentiös, wenig sentimental, sie bittet den behandelnden Arzt, den Tumor in einen Glasbehälter zu packen, damit sie ihn jedem zeigen kann, *»und darauf war sie stolz«*, so nimmt Monique das gleich beim ersten Besuch nach der OP wahr. Schon vor langer Zeit hatten sich Laurent und Monique (ganz im Gegensatz zu den behandelnden und verschreibenden Ärzten) in Sachen Schmerzmittel gefragt, *»ob das nicht eine Art Droge für Romy geworden war. Naja, klar war es eine Droge, weil sie ohne* (Medikamente) *ja Schmerzen hatte.«*

Monique Dury, die Romy in der fraglichen Zeit, das heißt von 1962 bis 1982, nah war wie ein Schatten – im eigentlichen Sinn, war sie ein Lebensmensch Romys, der länger mit ihr lebte, als alle Männer im Leben des Stars zusammen –, hat zu deren Lebzeiten niemals über Romy gesprochen. Sie ist es nun, die unter anderem mehrfach Beispiele anführt, warum Romy nicht einmal im Entferntesten an Selbstmord dachte. Die Gründe sind simpel: *»Das kann ich Ihnen sagen: Wenn Romy eine Narbe am Handgelenk gehabt hätte, dann hätte ich die aber gesehen. Das können Sie mir glauben.«* Bei den Dreharbeiten zu »Die Spaziergängerin von Sans-Souci« hilft Monique dem langjährigen Maskenbildner Romys Jean-Pierre Eychenne. Bei Produktionen in Frankreich gehört ihr der langjährige Freund und Make-up-Mann ganz allein (*»Unsere kleine Truppe Jean-Pierre, Maxou und ich. Ja, wir waren eine richtige Bande«* – Monique Dury). Bei dieser Produktion in Berlin in den CCC-Studios muss sich Eychenne auch um die anderen Stars des Films kümmern: *»Romy trug ein Kleid mit einem großen Ausschnitt. Wir mussten aufpassen, dass es im Rücken nicht zu weit ausgeschnitten war und auch vorne nicht, denn … – Ja, ihr armer kleiner Körper war voller Narben. Und, eigentlich durfte ich das nicht, deshalb haben wir auch nie darüber gesprochen, aber ich half Jean-Pierre ein bisschen … Und Sie können sicher sein, beim Schminken habe ich ihre Arme und Hände genau gesehen.«*

Monique, die ja auch nach der Entlobung des Traumpaares Schneider/Delon, in der Zeit der Trennung, ständig in unmittelbarer Nähe war, hätte doch ein so einschneidendes Ereignis wie einen Selbstmordversuch 1964 mitbekommen. Hinzu kommt, da ist sich Madame Dury ganz sicher, *»dass genau solche Narben die sichtbarsten sind«*. Aus welchem Grund hätte Romy gerade dazu schweigen sollen? Bei Dreharbeiten lebten beide oft auf engstem Raum, das Hotelleben, das Anprobieren der Filmgarderobe etc., es hätte sicher hunderte Momente gegeben, etwas zu bemerken.

»Irgendwelche Narben hätte ich aber auf jeden Fall gesehen, denn wie gesagt: Narben lassen sich nicht schminken. Ich habe ihre Arme und Hände geschminkt … – Und sonst hätte sie es mir sicher auch gesagt. Ich bin sicher, dass sie es mir gesagt hätte. Denn erstens war es Vergangenheit, und zweitens muss man sich ja nicht dafür schämen, wenn es mal einen Moment gibt, in dem man den Boden unter den Füßen verliert.«

Während der Filmarbeit musste beim Star jeder Makel kaschiert werden, genau erinnert sich Monique an die winzige Narbe an der Nase, während der Dreharbeiten »Was gibt's Neues, Pussy?«/1964/65 ist Romy ein Scheinwerfer auf die Nase gefallen. *»Und Narben lassen sich nicht verstecken«*, Monique ist meist anwesend, wenn die kleine Narbe bei allen Dreharbeiten besondere

Aufmerksamkeit erfordert: *»Aber je älter sie wurde, desto mehr ging die kleine Narbe auseinander. Dort konnte man dann nicht so gut schminken. Wir mussten ein bisschen von diesem Kunststoffzeug, das man bei Verbrennungen anwendet, draufkleben. Weil die Schminke auf der Narbe sonst nicht gehalten hätte. Da bleibt immer ein kleiner weißer Streifen. Deshalb mussten wir ihr dieses kleine Stück zweite Haut, wie man sie in Verbrennungskliniken findet, ankleben, damit die Maskenbildner sie schminken konnten. Ich kann Ihnen wirklich sagen … – Glauben Sie nicht, dass sie so etwas vor mir hätte verbergen können. Ich sehe allerdings auch keinen Grund, warum sie es vor mir hätte verbergen sollen. Sie versteckte nichts vor mir. Ein Selbstmordversuch? Nein, nein. Niemals!«*

Madame Dury ist sich ganz sicher auch aus folgendem Grund: Wäre Romy jemals auf *»Selbstmord-Gedanken«* gekommen, dann wäre es jener Zeitpunkt gewesen, als sie ihren David verlor. Da Romy aber sehr an ihre Tochter dachte und für Sarah leben wollte, wäre auch das niemals passiert, *»sich umzubringen, wäre überhaupt nicht Romys Art gewesen«*.

Romy Schneider war nie zimperlich, wer sich so verschwendet, wer sich so verschenkt, verbraucht, wer so schonungslos sich selbst gegenüber ist, der spielt nicht, der setzt den Punkt. Sie hätte sicher mit ganzer Konsequenz *gehandelt.*

»Romy ging aufs Ganze. Das war furchterregend, selbst bei Dreharbeiten. Man konnte ihr nicht sagen: ›Romy, los! Aber nicht volle Pulle.‹ Denn bei ihr war alles volle Pulle.«

Auch während der Vergewaltigungsszene in »Das alte Gewehr« – in der Rolle der Clara an der Seite Philippe Noirets wird sie von mehreren SS-Männern vergewaltigt, für diese Szene wurden Stuntmänner engagiert – erlebt Monique alles hautnah: *»Sie hatte ihnen vorher gesagt: ›Wenn Ihr mir nicht wehtut, werde ich Euch wehtun.‹ Und sie hat gerungen, wie es im echten Leben nicht echter hätte sein können. Romy spielte solche Situationen nicht. Sie handelte. Und deshalb kann ich Ihnen sagen: Sie hätte sich eher aus dem Fenster gestürzt, aber niemals hätte sie sich die Pulsadern aufgeschnitten. Das wäre ihr viel zu kompliziert gewesen.«*

Zu den Dreharbeiten »Die Spaziergängerin von Sans-Souci«/1982 in den CCC-Studios reist eine gebrochene Frau an. Durch den deutschen Co-Produzenten, eine Klausel im Vertrag, ist der Drehort: *Berlin.* Aber Berlin ist ein Menetekel, ein Ort, an dem ihr ganzes Leben zusammenkommt, ein Ort, den sie kaum überleben kann – Berlin, das ist David. Hier in Berlin wurde ihr Sohn geboren, hier hatte sie die *»drei glücklichsten Jahre meines Lebens«* verbracht, jedenfalls hatte es sich im Rückblick so angefühlt.

Oktober 1981. Romy hat ihre enge Filmfamilie um sich. Unter anderem ihren Hair-Stylisten Max Guérin, der für sie durchs Feuer gehen würde, noch 2007 muss er seine Worte, seine Erinnerung mehrfach unterbrechen, als er von Romy und David spricht: *»DAVID! Es waren also seine Ankünfte bei den Dreharbeiten, --* (Pause) *-- ja, wie er am Set ankam. Das waren besondere Momente. Der Film stoppte dann erst einmal. Wir unterbrachen für eine Stunde --* (Stimme versagt) *-- es war unglaublich. Denn es zählte nur noch er.«*

David ist tot! Am Nachmittag des 5. Juli 1981 kommt David vom Spielen nach Hause zu den Großeltern Biasini in die Rue Lorraine in St. Germain-en-Laye. Er hat einen eigenen Wohnungsschlüssel, trotzdem, wie so oft vorher und auch aus Übermut, will er über das Tor klettern. Er war der sportliche Junge seit Harry Meyen, seinem Vater, der Sieger, der alles schafft. Doch er rutscht ab, fällt in eine schmiedeeiserne Speerspitze, die seinen Körper durchdringt, eine Arterie zerfetzt. Ein Rettungswagen bringt David mit schweren inneren Blutungen ins nächste Krankenhaus, ins »Centre Hospitalier«. Romy, die das Wochenende im Landhaus der Familie Pétin verbracht hatte, eilt zu ihrem Sohn. Romy Schneider stirbt mehrfach, von nun an überlebt sie nur. Sie lebt durch die Anwesenheit, die Verfolgung der Kamera, ernährt sich von den kleinen Gesten des Flüchtigen, des Lichts, des Umarmens, der Arbeit … sie ist gestorben, gescheitert in der Sekunde des Todes ihres Kindes.

Betäubt durch einen namenlosen Schmerz, der ins Unermessliche geht, ist sie der Meute der Journalisten ausgesetzt, nach Davids Tod setzte weltweit ein noch nie dagewesener Wettlauf ein. Jeder Zufluchtsort wird entdeckt, die Art der Verfolgung gemahnt an die eines verletzten, gejagten Tieres. *»ta Ro – toujours tracquee«,* schreibt sie Monique auf einen Zeitungsschnipsel den sie aus einer deutschen Illustrierten ausgeschnitten hat: »Deine Ro – werde immer verfolgt«. Im Hotel »Steigenberger« ist sie als »Frau Albach« eingecheckt.

Berlin ist voller Erinnerung, aber wie Rouffio im Juli 1982 Tage nach ihrem Tod in seinen Brief in den Äther an Romy schreibt: »Berlin n'existait pas …« – »Berlin existierte nicht …«, denn Romy war an einem anderen Ort.

Betritt sie die CCC-Studios, ist die beklommene Stille aller gnadenlos, wenn die Regieassistenz mit einem »Ruhe, bitte!« Romys Kommen ankündigt. Manchmal verschiebt sich ihre Ankunft, wenn es zu hart ist, die Nacht schlaflos war. Dann steckt der Portier des »Steigenberger« ihrem letzte Regisseur, Jacques Rouffio, einen Brief zu, mit einer Entschuldigung an alle, besonders an Jean Penzer, dem Chefkameramann. Im Schlosshotel Gerhus wird die Szene des Weihnachtsessens gedreht, an Romys Seite der Filmjunge Wendelin Werner. Sabine Eckhard, die junge Regieassistenz, die nach einer längeren Anlaufphase langsam Romys Vertrauen gewann, sagte über diese Schwierigkeit, die Anwesenheit des Jungen zu ertragen, mit ihm, dem Lebenden zu spielen und dabei an das eigene tote Kind zu denken: *»Sie war einfach kühl, das ist ja unbewusst. Na ja, ich glaub, sie hat's auch schon gewusst.«*

Wie immer telefoniert Romy Schneider viel, wenn sie aus dem Atelier kommt, ruft sie oft ihre Mutter an, Horst Fehlhaber hat das nie vergessen: *»Sehr lange waren die Gespräche nachts über den ›Jungen von Sans-Souci‹. Dieses Filmkind. Das hat die Romy sehr bewegt. Es gab unendliche Gespräche … Sie hatte vorher große Einschränkungen gemacht, ob sie es schafft – dass sie mit einem Kind spielt, das genau im Alter von David ist.«*

Die anfängliche übergroße Scheu und Unsicherheit dem deutsch/französischen Filmstab gegenüber wandelte sich allen gegenüber in ein zartes Vertrauen. Bei den ersten Aufnahmen im Studio hatte man durchgesetzt, dass alle »Herumstehenden« beim eigentlichen Dreh rausgehen mussten. Sie war allein mit Rouffio und den Beleuchtern, in jeder Drehpause hatte Romy sich sofort in großen Schritten Richtung Garderobe zurückgezogen. *»Madame Dury schirmte sie nach allen Seiten ab und war wirklich wie eine Mutter um sie«*, so konnte das die deutsche Kostümbildnerin Ingrid Zoré beobachten. *»… circa zwei Wochen nach Drehbeginn ist sie dann irgendwann in der Kantine aufgetaucht und ›rausgekommen‹. Sie fing an zu sprechen, sich wieder für Menschen zu interessieren. Und wollte auch wieder etwas über Menschen wissen. Romy Privates zu fragen, hat sich keiner getraut …!«*

Es ist schmerzensreich, wenn der Wagen der Produktion sie vormittags ins Studio fährt, durch Berlin. Sie war die einzige Überlebende. Jacques, Max und Monique im Auto existieren, die Stadt fliegt an den Fenstern vorbei, Berlin registriert sie nicht, nicht im Entferntesten. Madame Dury erinnert sich an das Schweigen, an die bloße Anwesenheit eines jeden, dass niemand sprach, dass jeder nur da war. Sie erinnert sich deutlich an Romy, neben ihr im Wagen: *»Sobald sie jemanden neben sich hatte, war das nämlich so: Sie nahm deine Hand. Aber ihre durftest du auf keinen Fall nehmen! Du hast einfach reglos dagesessen; sie nahm deine Hand und drückte sie. Und dieser Kontakt war so etwas wie ihre Steckdose. Das brauchte sie.«*

Der Wagen existierte, und Romy im Wagen, das ist für Rouffio wie ›Romy auf der Reise‹, Jacques Rouffio sah sie für Momente glücklich, entspannt. Für Minuten in Frieden, in Hoffnung: *»Sie trug einen alten Regenmantel, der in der Vergangenheit sehr schick war, Saint Laurent, glaube ich? … Sie existierte auf dem Rücksitz, ich neben ihr oder vor ihr und Monique Dury, ihre Freundin aller Filme, so lange … Und in diesem Auto benahm sie sich, als gäbe es so etwas wie Lampenfieber nicht …«* (Brief, Jacques Rouffio, 23. Juli 1982)

Romy wird selbst zu dieser »Spaziergängerin«, ihre Existenz, das ist jetzt die »Reisende« von Sans-Souci, manchmal hat Mathieu Carrière sich gewundert, wie streng, wie unerbittlich Jacques Rouffio war, aber das war der »Vertrag«. Auf diesem existierte der Tod bereits, wie Rouffio sich einmal ausgedrückt hatte. Ohne diese Liebe der Kamera, der Menschen, die auch die Kamera liebten, dieses Spiel mit den Spiegeln, bei dem das Publikum bereits in den zerbrochenen, privaten Spiegel schaut, wo Romy sich oftmals gar nicht mehr wahrnimmt, wäre dieses Leben vielleicht hier schon an seinem Ende gewesen. Sie lächelt, wie man nur zum Abschied lächelt, etwa in der Liebe, wenn es wehtut. Sie ist am Ende der Kameraeinstellung …

Eines Morgens hat die Crew ein Zimmer im Schlosshotel Gerhus bezogen, das als Garderobe diente. An diesem Tag ist die Szene mit Wendelin Werner geplant, wie der Junge auf der Geige spielt und Romy ihrem Filmsohn dabei zuschaut. Die französische Garderobiere Monique Dury war zusammen mit den Kostümen schon ein wenig eher da. Monique beschleicht bei ihrer Ankunft sofort ein komisches Gefühl, als wäre sie schon einmal dort gewesen.

»Und dann kam Romy. Sie betrat das Zimmer – und plötzlich war das nicht mehr meine Romy. Das war nicht mehr meine Romy. Sie sagte nichts. Ihr Schweigen machte mich ganz betroffen. Das Team kam herein, Jean-Pierre und dann all die anderen. Romy schwieg noch immer, niemand lachte. Nichts. Maxou raunte mir zu: ›Ohla, das wird nicht einfach, ich habe den Eindruck, sie …‹ Es war wirklich befremdlich. Denn wenn sie mit schlechter Laune ankam, ließ sie das sofort alle sehen. Aber diesmal war sie eisig. Mich hat das natürlich … – Ich

habe versucht, mich zu erinnern, denn ich sagte mir: ›Das darf doch nicht wahr sein, ich habe das Gefühl, dass wir an einem Ort sind, an dem wir nicht sein dürften.‹ «

Es ist, als bliebe ihr nichts erspart, selbst der Zufall war noch gnadenlos grausam. Beide Frauen waren schon einmal in genau diesem Zimmer, damals wohnte Romy frisch verliebt mit Harry Meyen hier. Irgendwann kommt bei Monique die Erinnerung an die Nacht im Jahr 1966: » – *genau hier hat sie erfahren, dass sie mit David schwanger war. Und jetzt waren wir bei der ›Spaziergängerin von Sans-Souci‹ auf einmal genau in demselben Zimmer … Romy sagte nichts, und auch ich sagte den ganzen Tag kein Wort … Genau hier hatte Romy erfahren, dass sie mit ihrem Sohn David schwanger ist … und hier hatte sie mich mitten in der Nacht zu einem Apotheker geschickt, der im übrigen schon auf mich wartete.*«

Trotzdem bringt sie an diesem Tag, an genau diesem Ort eine übermenschliche Stärke auf, das gesamte Team hatte Angst vor der Szene mit dem Jungen. Ingrid Zoré entwarf innerhalb von zwei Tagen den silbergrauen Organzamantel mit dem großen Kragen: »*Sie sah unglaublich elegant und schön damit aus. Sie hatte dadurch so eine Würde. Der Kragen gab ihr noch mal Halt.*« Als der Junge anfängt auf der Geige zu spielen und Romy die Tränen in die Augen schießen, weiß jeder, dass es keinen Unterschied mehr zwischen Leinwand und Leben gibt … Romy ist bei David, jeder denkt in diesem Moment an ihren toten Sohn. Am Schluss dieser Szene bricht sie zusammen, weint. Niemand wusste, welche zusätzliche Probe sie zu bestehen hatte, dass dieser Ort mehr war als ein normaler Drehort, hier hatte sich David angekündigt. Dazu kommt, dass sie am 18. Dezember 1975 im Wintergarten des Hotels Daniel Biasini geheiratet hatte, das Kind, das sie damals erwartete, hatte sie in Paris bei einer Fehlgeburt verloren. Ingrid Zoré: »*Sie musste weg. Jacques Rouffio hinterher … Nach zwei Stunden kam Jacques Rouffio mit Romy die Treppe herunter. Das ging drei Mal so … Sie wurde immer wieder komplett neu geschminkt.*«

Monique bekommt einen Weinkrampf fernab von Romy, die in der Maske ist. Michel Piccoli und seine Frau versorgen sie (das heißt, sie halten ihren Kopf unter einen Wasserhahn, »*Ich habe das Gefühl, seine Hände noch auf meinen Schultern zu spüren. Er schüttelte mich wie einen Pflaumenbaum. Ich habe alles mit mir machen lassen wie ein Kind.*« Monique Dury), sodass Romy nichts davon mitbekommt. *»Normalerweise behielt ich die Nerven. Aber diesmal … – Ich konnte keinen Schritt gehen … Ich konnte nicht mehr … ich konnte mich nicht mehr zurückhalten und konnte nur noch weinen.«* (MD WEINT)

Romy geht sehr weit, ein ganzes Filmset beschützt sie. Max und die anderen glauben nicht mehr an die Fertigstellung des Films. Bereits im Vorfeld wurde der Drehbeginn, aus jeweils dramatischen Gründen, drei Mal verschoben. Das erste Mal, als sie für den »stern« voller Übermut für die Reporter des »stern« und Robert Lebeck in Quiberon leichtfüßig über die Felsen am Meer springt, sich beim Sprung für ein besonders tolles Foto den Fuß bricht. Nach der Nierenoperation war Romy Schneider ohne jegliche Versicherung.

Als man ihr noch im Krankenhaus mitteilte, dass die Produktion mit dem Gedanken spielt, sie austauschen zu wollen, gab sie Rouffio und den französischen Produzenten Danon unmissverständlich die Auskunft: *»Niemand … außer mir wird diesen Film machen!«* (Max Guérin) Der Produzent Artur Brauner hatte längst Ersatz für den Star des Films, hätte sie ohne weiteres fallen lassen, es waren die Franzosen, es war Jacques Rouffio, der wie Mathieu Carrière sagte, *»einen Pakt mit Romy«* geschlossen hatte. »Die Spaziergängerin von Sans-Souci« würde nur mit Romy Schneider gedreht, die diesen Film initiiert hatte, oder er würde niemals gedreht. Rouffio, der Freund sagte: *»Der Film … <u>nur</u> mit ihr.«* (Sabine Eckhard)

Romy bewohnt mit Monique Dury ein Doppelzimmer im Hotel »Steigenberger«. Das Essen wird auf dem Zimmer serviert, oft geht alles fast unangerührt zurück in die Küche, oder sie hat allenfalls ein wenig im Essen gestochert. Romy war zum Zeitpunkt der Dreharbeiten ganz schmal, sehr zart, zerbrechlich, fast durchscheinend. Eines Tages schiebt sie durch die Tür einen kleinen Brief mit großer Schrift: *»Deine Spaziergängerin hat eine ganze Banane gegessen. Ist das nicht doch ein bisschen zu viel?«* (»Ta passante a mangé une banane entière. Ce n'est pas trop, hein?«)

Manchmal erlebt der Star der Produktion Normalität. Fast. Diese Abende, an denen es sie hinauszieht ins Leben, an denen sie mit den anderen mitgeht ins Restaurant, sind selten. Sabine Eckhard hat noch genau vor Augen, dass Romy immer mit dem Rücken zum Hauptraum sitzen wollte, *»dass niemand sie fotografieren kann … dass keine Journalisten ran kamen.«* Es gab unendlich viele Absprachen zu ihrem Schutz, auch hier erinnert sich die damalige Regieassistenz: *»Wir mussten aufpassen, wer Statisterie um sie herum machte …*

sie z. B. auch in Lokalen begleiten, Claire (Claire Denis, die französische Regieassistentin) *und ich, bis vor die Toilette, weil sie nicht wollte …, dass sie erkannt wird … sie fürchtete sich vor der Presse … sie wollte mit den deutschen Medien, explizit mit der ›Bild‹ – Zeitung nichts zu tun haben …«.* Der Zusammenprall mit dem realen Leben konnte sie erheitern oder auch erschrecken. Natürlich erkennen alle Romy Schneider und ihr legendäres Gesicht, begegnet sie diesen normalen Leuten auf der Straße. Sollte doch einmal jemand bis zu ihr vorgedrungen sein, war sie freundlich und gab auch schon mal ein Autogramm, erinnert sich Sabine Eckhard: *»Das war sehr lustig, da sprach sie dann deutsch, das vergess ich nie, wenn man in so 'nem deutschen Lokal war, sie kam dann raus und irgendjemand guckte dann so … dann sagte sie: ›Ich bin's nicht!‹ Und weg war sie!«*

Jacques Rouffio hatte fünf-, sechsmal zum Essen geladen, *»sie hat es schon teilweise auch genossen, da zu sein. Wenn sie Vertrauen hatte … und sie saß immer neben Jacques … das war immer klar sozusagen … auf der einen Seite Jacques, auf der anderen Seite Jean-Max oder Monique«.* (Sabine Eckhard)

Eines Abends waren alle zum Essen im »Exil«, am Paul-Linke -Ufer. Die jungen Leute der Filmcrew wollen sich irgendwann *»verdrücken«*, denn in der WG der Regieassistentin, in einer Fabrik-Etage war eine Party angesagt. Auf einem Bierdeckel gibt sie der jungen Claire Denis Nachricht, dass sie nun geht. Das bekam dann der ganze Tisch mit, *»und dann sagte plötzlich Romy: ›Ich will auch mitgehen!‹ «*

Im Tross, zu Fuß, nachts über die Brücke, geht der Filmstar Romy Schneider nach Kreuzberg. Plötzlich steht sie unter lauter Fünfundzwanzigjährigen, ca. hundertfünfzig Leute, auf einer Geburtstagsparty, *»und sie fand das göttlich … sie saß mit Rouffio und ich glaub' dem Chefkameramann und Guérin … so auf dem Sofa und hat es toll gefunden, so unerkannt unter diesen Leuten zu sein, die tanzen usw«.*

In der Fabrikhalle, zwischen den vielen Leuten, wird Romy bereits gemustert, aber das kann ja nicht sein, Madame Schneider zwischen diesen jungen Szene-Leuten, 80er-Punks, Westberlin … natürlich denkt man nur an Verkleidung, einer denkt sogar an einen verkleideten Transvestiten, als da der Deutschen »Sissi« zwischen den Punks rumsteht.

Manchmal bahnt sich Heiterkeit kleine Schneisen durch die Traurigkeit, vor allem wenn Sarah mit ihrem Kindermädchen da ist. *»Wir drehten bereits* *in den Studios. Sie hat ein paar Tage im Hotel mit uns verbracht, und ich kann Ihnen sagen, wir haben uns köstlich amüsiert. Wir haben Verstecken gespielt. Womit soll man sonst eine kleine Vierjährige unterhalten, wenn nicht mit Versteckspiel?«* (LACHT). Monique erinnerte sich ebenso, dass oben im Hotel, wo sie wohnten, mit Sarah Fußball gespielt wurde.

Die letzten Szenen »Der Spaziergängerin von Sans-Souci« werden in Paris und am Strand von Trouville gedreht. Paris im Dezember, Außenaufnahmen. Jacques Rouffios Wagen hält oft morgens vor dem Hotel Royal Monceau, Romys aktueller Bleibe, nach Davids Tod ist sie dutzende Male umgezogen, nicht nur weil Paparazzis in der Meute vor ihren Häusern warteten, aber auch das war ein Grund.

Sie widmet den Film den Toten, »Für David und seinen Vater«, so steht es im Abspann. Jacques Rouffio blieb die Kälte, das fehlende Sonnenlicht, die vielen Zigaretten Romys und die Pariser Staus in Erinnerung. *»Sie hatte den gleichen Regenmantel an … auf dem Schoß lag das blaue Drehbuch, das Szenario, ein lebendes Museum, mit Grafitti befleckt, Notizen … Glanzpunkten, Beschwörungen, Ausrufen …«* und es gab *»nicht einen Quadratzentimeter ohne Gedächtnis für den kleinen vermissten Mann«*. (Jacques Rouffio, Brief vom 23. Juli 1982)

Rouffio ist derjenige, der sie am deutlichsten sieht, der sie sofort erkannt hat, meist sind beide in Sprachlosigkeit verbunden. Seine Härte ihr gegenüber hilft ihr.

»Unzerstörbare Romy … So sagt man. Am Ende des Tages trennten sich unsere Wege. Ich ging zu den Filmmustern da wollte sie lieber nicht hin, um sich nicht die Flügel zu verbrennen. Sie kehrte später nach Hause zurück.

Aber manchmal öffnete ich vor dem Gehen sachte die Tür ihrer Garderobe, ich umarmte sie und wünschte ihr eine gute Erholung, eine lächerliche Wegzehrung für eine Schlaflose, sie saß vor ihrem Tisch, die Hände zwischen den Knien. Eine Kassette spielte Brel. Sie wartete, sie ließ ihre Muskeln sich entspannen, die Nerven sich beruhigen, sie kam wieder zu Kräften am Ausgang ihres Tages. Das konnte eine Stunde dauern … Sie war heiter, zufrieden, solange man sie nur nicht drängte und zur Eile antrieb, solange sie nur ihren eigenen Rhythmus, ihren eigenen Atem wiedereinsetzen konnte … Niemals war dies anders, niemals hätte dies anders sein dürfen … Ich schloss geräuschlos die Tür.«

Jacques Rouffio schenkt uns den warmen Pulsschlag der letzten Dreharbeiten, den Blick durch die Tür, wie ein Beweis ihrer Existenz. Die Augenblicke und die Blicke, die letzten Farben und Geräusche. Niemand hat je ähnliche oder wehmütigere Bilder erzeugt wie ihr letzter Regisseur Jacques Rouffio, ihr letzter Freund, in seinem Brief vom 23. Juli 1982, Rouffio kannte sie nicht lange, aber er kannte sie gut.

Als die letzte Szene gedreht ist, kehrt Romy Schneider in ihr Leben zurück. An ihrer Seite in Paris, ihr neuer Lebensgefährte Laurent Pétin, den sie als Produktionsassistent während der Dreharbeiten »Die zwei Gesichter einer Frau« kennengelernt hatte. *»Er war der beste Mann, der ihr im Leben begegnet ist. Das ist schon komisch, manchmal dachte ich: ›Den wird sie wohl nicht lange behalten …‹«* Monique sieht, dass da endlich eine Schulter zum Anlehnen ist, dass da endlich einer Ordnung ins Chaos bringt, nachhakt, nachforscht, wo eigentlich die vielen Millionen hin sind, die die Kino-Göttin Romy Schneider in 58 Filmen verdient hat, und von denen nichts mehr übrig ist. Schon im Vorfeld hatte er Jacques Rouffio angefleht, dass Romy in ihrer schlechten Verfassung unbedingt drehen müsse, sonst würde sie sterben.

Monique sieht dieses neue Leben, diese neue Liebe, pragmatisch: *»Der hat ihr ganzes Leben organisiert … Von Organisation verstand er etwas. Und Romys Leben hat vollständig er in die Hand genommen. Die Kinder maulten manchmal, denn … Das muss man natürlich auch mal sagen: Biasini war eher darauf aus, Spaß zu haben und eine ruhige Kugel zu schieben. Laurent hingegen war ein seriöser Mensch. Schule schwänzen kam bei ihm nicht in Frage. Er brachte Sarah jeden Morgen hin. Jeden Morgen brachte er Sarah in die Schule. Er arbeitete Vollzeit, und manchmal kam er erst spät nach Hause, zum Beispiel, wenn er mit anderen Produzenten zusammen war. Aber immerhin arbeitete er mit Claude Berri. Er konnte richtig ranklotzen. Er war nicht so ein Bruder Lustig wie Biasini – und er ließ sich auch nicht von anderen aushalten. Man muss halt mal sagen, was Sache ist* (MD LACHT). *Ich habe nichts gegen Biasini. Er konnte wirklich unterhaltsam sein. Und David hatte seinen Spaß mit ihm. Dem Jungen wurde natürlich klar, dass, wenn er bei Laurent war … – Sie führten dort ein geordnetes Leben. Er konnte da nicht einfach mit ›Mami, ich habe Kopfschmerzen‹ ankommen. Bei Laurent musste er dann nämlich trotzdem in die Schule. Zugleich war Laurent aber auch sehr liebevoll. Oh ja, das war er!«*

Die Dreharbeiten sind beendet, die letzten Filmmeter sind auf eine Filmspule gerollt, die Kamera, die sie immer wie eine Person gesehen hatte, niemand kannte sie so gut wie die Kamera, hat aufgehört ihr zu folgen.

»La passante« … der Kreis ist geschlossen … Sie ist am Ende des Kreises, das heißt, an seinem Anfang … alle Grenzen sind zerflossen, es gibt nicht mehr die Trennung von Rolle und Leben … Sie hat keinen Vorsprung mehr …

In Interviews spricht sie von Frieden und von Ruhe, von den Bäumen, unter denen sie sitzen werde, dass sie sich nun um ihr kleines Mädchen kümmern möchte. *»Dabei war sie auf dem richtigen Weg. Sie suchte bei Sarah Zuflucht und sagte: ›Ich habe noch meine kleine Tochter.‹ Manchmal scherzten wir sogar, und sie sagte: ›Eines Tages, werden wir als zwei alte Frauen Sarah unsere ganzen Dummheiten erzählen.‹ … Haben Sie das Foto von Romy gesehen? Das war nach dem Tod von David, sie hält ihre Tochter im Arm und drückt sie an sich. Sie fand sie schön und gut genährt … Und sie strahlt vor Freude!«*

Sie redet von Filmangeboten, plant einen Film an der Seite Alain Delons, sie ringt um Fassung. Und da gibt es noch die Magie der Worte: »Ein Haus auf dem Lande«. Der französische Staat hat hohe Steuernachforderungen an Romy Schneider gerichtet, etwa neun Millionen Francs, seit 1973 wurden ihre Filmgagen über die Schweizer Firma Cinecustodia verwaltet, dort kann leider niemand erklären, wo all die Gagen aus den letzten Film-Jahrzehnten geblieben sind, bzw. was aus diesen Gagen versteuert wurde und was nicht. Laurent Pétin nimmt einen Kredit auf für das Haus in Boissy, mit der Gage der »Spaziergängerin« wird ein Teil der Steuerschuld abbezahlt, Romy Schneider plant, ihre Memoiren zu schreiben, was sie nie vorgehabt hatte, aber mit irgendetwas muss der Traum, der zwischen Weizenfeldern, Trauerweiden und Apfelbäumen liegt, bezahlt werden.

»Wenn es zu viel wird, wenn der Tod kommt, wenn zu schwache Menschen kommen, wenn … Die Franzosen sagen ›fatigue‹, dann wird man müde, und sie ist irgendwann müde geworden und konnte nicht mehr.« (Werner Bokelberg)

Es ist der 28. Mai 1982, der Freitag vor Pfingsten. Durch die Biografien, die Bücher und die Dokumentationen mäandern die Variationen über die letzten Stunden im Leben des größten deutschen Stars. Auch der letzte Tag schien irgendwie allen gehört zu haben, jedenfalls hat jeder noch eine gemeinsame Erinnerung an diesen Tag. Fotografen, Agenten, Freunde, jeder hatte am letzten Tag mit ihr noch gesprochen, sie getroffen, sie noch gesehen, gemeinsame Pläne geschmiedet – aber Romy Schneider starb wie sie gelebt hatte: *»jeder allein!«*

Seit 1963 hatte sich da nicht viel geändert, als sie in einem Brief an ihre Mutter formulierte: *»Der Rest ist – wie immer – ›jeder allein‹ – und die Kraft – die Wahrheit – der Geist – und ›der‹ dort oben – und der Glaube daran!«* Die letzten Wochen hat Romy Schneider innerhalb ihres engsten Kreises verbracht, so scheint es plausibel, dass sie den Abend des 28. Mai 1982 zusammen mit der Familie ihres Lebensgefährten Laurent Pétin verbrachte. 2012 äußerte sich Claude Pétin, die Schwägerin von Laurent Pétin, gegenüber »Paris Match« dahingehend.

Es gab ein gemeinsames Abendessen »en famille«, zusammen mit Laurents Bruder Jérôme, im 7. Arrondissement, dem gleichen Bezirk, in dem Romy mit Sarah, dem Kindermädchen Bernadette, genannt Nadou, und Laurent Pétin in der Rue Barbet-de-Jouy Nr. 11 lebte. Danach gehen die Erzählungen auseinander. Laut Claude Pétin ist ihr Schwager Laurent vor Romy in die Rue Barbet-de-Jouy zurückgekehrt, Romy blieb zurück, weil sie den Dämonen ihrer Nächte, ihrer Schlaflosigkeit ausweichen wollte, sie ohnehin keinen Schlaf fand. Und es war noch immer so, wie Monique sagte: *»Sie tat alles, nur um nicht nach Hause zu müssen!«* Später gegen 3.30 Uhr sei sie dann nach Hause gegangen. Monique Dury berichtet, dass Romy an diesem Abend zu einem Essen eingeladen war, aber frühzeitig dann zurückkehrte in die Rue Barbet-de-Jouy. *»Sie hatte sich, schlaflos wie immer, in ihren Sessel zurückgezogen, mit ihren Zettelchen und dem Telefon, denn Romy telefonierte zu jeder beliebigen Uhrzeit – Am Abend vor ihrem Tod habe ich immerhin noch mit ihr gesprochen.«* Laurent hatte ein Treffen mit Filmleuten, er würde erst spät nach Hause kommen.

Monique erinnert sich, wie die Sprache immer wieder auf den anstehenden Film »L'un contre l'autre«/»Einer gegen den anderen«, mit Alain Delon als Partner kam. *»Sie war wirklich wütend … und dann hat sie noch gesagt: ›Tja, jetzt wird er nicht gedreht, weil Herr Delon unter allen Umständen das Drehbuch umschreiben will. ……….‹ «*

Jean-Max Guèrin erinnert sich an diesen Abend, den Freitag vor Pfingsten: *»Zwei Stunden vor ihrem Tod, glaube ich. Sie hatte mich angerufen, ich ging hin. Wir haben gesprochen – wir sollten einen Film von Pierre Granier-Deferre machen, als nächsten Film nach der ›Spaziergängerin‹.* (HOLT LUFT). *Sie rief mich an, sie war allein, verfasste Briefe zu Interviews, die sie nicht mehr geben mochte. Der Film war abgeblasen worden, weil Alain Delon so vieles im Dreh-*

buch geändert hat. Sie hatte also erfahren, dass der Film zurückgestellt werden sollte, es ging ihr damit nicht so gut. Ich bin daher zu ihr gegangen. Ihr damaliger Freund, Laurent Pétin, sollte gegen vier Uhr nach Hause kommen. Es musste etwa halb eins, eins gewesen sein, als sie mir sagte, ich könne jetzt gehen. Wir haben ungefähr eine Stunde lang gesprochen. Etwas später am Abend starb sie dann.«

Romy sitzt in dem antiken Voltaire-Sessel. Allein. Sie schreibt. Sie ist inmitten ihrer Gedanken, ihrer Schmerzen, ihrer Fotos, ihrer Pläne, ihrer gescheiterten Pläne. Inmitten der Musik, die sie hörte, wenn sie allein war. *»Ohne Musik wäre das Leben ein Irrtum«*, das hatte sie bei einem der letzten Besuche im Haus ihrer Kindheit auf einen kleinen Zettel geschrieben und wie immer durch eine Tür geschickt, um sich mitzuteilen. In »Mariengrund« stand der Zettel all die Jahre in einem schönen Rahmen.

»Mariengrund«. War das alles nur ein Leben? Ein bayerisches Bauernhaus aus Steinen und Holz, mit grünen Fensterläden und Wurzeln tief in der Erde, im Winter einem Kamin, im Sommer einem riesigen Garten. Ein Haus, das ein Zuhause ist, inmitten von Wiesen und Feldern, Bäumen. Aber bald würde sie zurückkehren, auf's Land, zurück zum Ursprung,

»Je suis seule«. Die Beteuerungen eines neuen Lebens, eines neuen Kampfes, eines neuen Films, einer neuen Liebe, sind wie Stimmen aus einem sich weiter und weiter entfernenden Off. Und dann verstummen sie.

»Wie gern wäre ich wie Du, Mémère. Wind, Kälte, Hitze – das verursacht Dir ja nicht mal eine Gänsehaut«, das hatte sie gelegentlich voller Bewunderung zu Monique gesagt, die so oft mit ihr zusammen in den Stürmen stand und sie hielt. *»Qu'est-ce qu'on a dû trembler là haut – et toi derrière« – »Was haben wir gezittert – ich da oben und du hinter mir!«*

Der Rücklauf der Bilder … Es war 1962, in Tschechows »Möwe«, Romy auf einem Podest, einem Sockel, in Angst vor den vielen Menschen des Theaters, es sollte so aussehen, als hinge sie mitten über der Bühne, *»Romy wurde es auf diesem Sockel immer furchtbar schwindelig. Und jedes Mal fiel sie dabei beinahe runter.«* Monique, die als Kind Trapezturnerin war, die Romy zu diesem Zeitpunkt noch kaum kannte, war schnell klar, *»dass ich unter Romys Kleid kriechen musste … Ich hielt mich also hinter Romy versteckt und stützte von hinten ihre Knie. Deshalb also ihre Worte: ›und du hinter mir‹ (›et toi derrière‹) Das ganze dauerte mehrere Minuten, ich bekam fast einen*

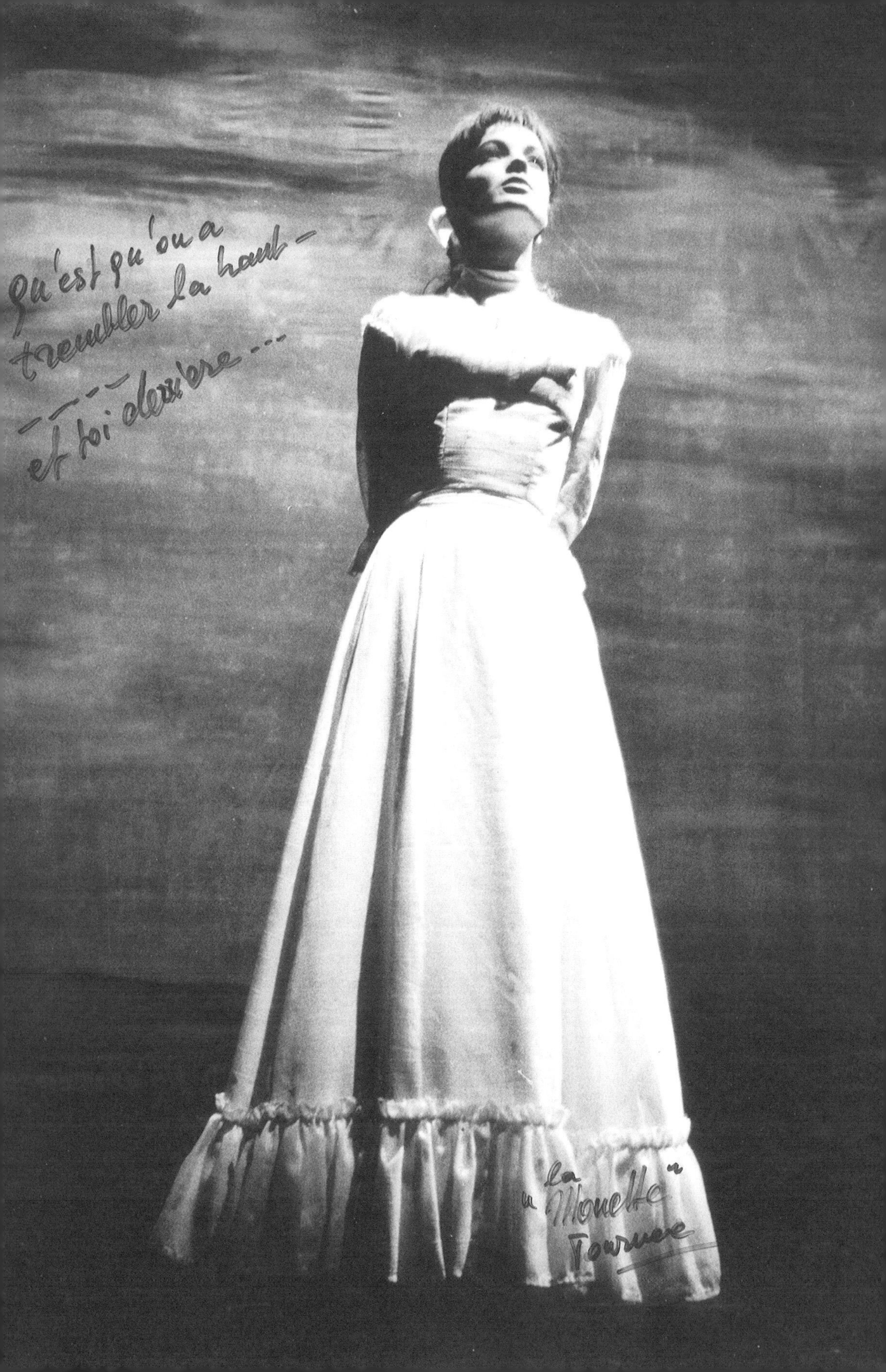
Qu'est qu'on a
trembler la haut –
– – –
et toi derrière ...
la
« Mouette »
Tournée

Krampf, durfte aber auf keinen Fall zittern, damit Romy nicht auch anfing zu zittern. Es versteht sich von selbst, dass wir am Ende des Stücks ein absolutes Vertrauensverhältnis hatten. Vorher hatte Romy gesagt: ›Dann wirst Du ja meine Unterhose sehen.‹ Ich meinte nur: ›Na, Hauptsache, Sie tragen überhaupt eine.‹ (LACHT) *Ich versuchte, alles ganz locker anzugehen, damit sie entspannt war.«*

Und plötzlich stand die kleine »Möwe« nun fest im Leben … mit starken, schönen Schwingen und konnte hoch über dem Theaterboden schweben, fliegen. Das war alles, was die kleine Möwe wollte. Ohne Angst. Träumen und durch die Träume der anderen gehen … Zwei Hände haben sie gehalten. Das allein hatte zum Fliegen gereicht. Die kleine Möwe war selig: *»Ich bin glücklich, ich habe den schönsten Beruf der Welt!«*. (Romy Schneider, 1962, Brief aus der Zeit der Theatertournee »Die Möwe«) Niemand ist so hoch geflogen, niemand war von dieser Anmut dabei. Niemand war von diesem Mut.

»… et toi derrière« – »du hinter mir«! – Wann in ihrem Leben stand einer hinter ihr? Rosemarie Albach 1938–1982?

Der Rücklauf der Bilder schmerzt, es ist nach Mitternacht. Der 29. Mai 1982. Draußen ist die Luft lau und warm, Frühling in Paris. Sie sitzt in ihrem Sessel und schreibt. In wenigen Wochen würde sie mit Sarah und Laurent aufs Land ziehen, nach Boissy-sans-Avoir, 50 km westlich von Paris. In Boissy hatte sie eine Grabstelle für ihren Sohn gekauft. *»Mon David dort, le cheri!« … »David schläft, der liebe.«* David – ihre Liebe … *»Sogar sein schrecklicher Tod passte zu seiner Art zu leben … er fürchtete sich nicht.«* (Horst Fehlhaber) Auch David, ihr Sohn, der ihr so ähnlich war, David der sportliche Junge, in seinem Übermut war er hoch hinaus über die Spitzen des Zauns. Nur eine kleine Sekunde, in seinem Flug, dieser Kapriole und alles wurde in ein Unglück verkehrt. Er war vom gleichen Blut wie seine Mutter. Er war die Liebe ihres Lebens. *»Und manchmal war es wirklich so … wie Romy oft erwähnt hatte … David war der Mann ihres Lebens. Es stimmt schon, manchmal kümmerte sich David wie ein kleiner Galan und ›Liebhaber‹ um seine Mutter, in Art der Aufmerksamkeit, die er aufbrachte. Auch bei Magda benahm er sich so: ›Oma brauchst du dies, brauchst du das?‹ Und jetzt mit Vierzehn hatte er natürlich eine gewisse Macht über seine Mutter!«*

David. *»… et toi derrière« – du hinter mir«*! David stand hinter ihr, das wurde immer deutlicher, je älter er wurde. In den letzten Wochen, er hatte

Laurent mit ganzer Entschiedenheit abgelehnt, war er nicht nach Hause gekommen. Mutter und Sohn wollten eigentlich das Wochenende zusammen verbringen, aber David hatte den Tag bei den Großeltern Biasini verbracht. Als David fiel, als er in die Speerspitzen des hohen Zaunes stürzte, waren ihre Hände nicht da, die ihn bewahrt hätten. Das würde sie sich nie verzeihen. …

»Im letzten Akt hat die arme kleine Möwe alle ihre Träume und Illusionen verloren« … Die kleine Möwe … ist müde, ihre Flügel werden nicht mehr fliegen … werden sie nicht mehr tragen. »La mouette« stand in einem weißen Kleid, zart und blass. Auch der Filmstar Romy Schneider trägt an diesem Abend weiß. Eine weiße Hose, ein weißes Mieder.

Laurent Pétin kommt in den frühen Morgenstunden des 29. Mai nach Hause in die Rue Barbet-de-Jouy. Romy bleibt noch auf, allein mit ihren Briefen, der Musik, in ihren Nächten *»jeder allein«*, spricht sie mit David. Sarah hat sie einen Kuss gegeben. Laurent legt sich schlafen. *»Er ist also wie immer irgendwann zu Bett gegangen, und gewöhnlich stand er früh am Morgen auf und trug sie, die im Sessel eingeschlafen war, in ihr Bett. Und diesmal, als er kam, war sie im Sessel mit ihren kleinen Zetteln und so weiter … Dass sie, auch wenn es spät war, noch nicht in ihrem Bett schlief, das war nichts Ungewöhnliches – genauso wie ihr Telefon und die Papiere, die herumlagen, nicht ungewöhnlich waren. – Sie hatte nicht einmal Schlaftabletten genommen, das haben sie alles überprüft.«* (Monique Dury)

Als Laurent Pétin in diesen frühen Stunden des Pfingstsamstags merkt, dass etwas nicht stimmt, bringt er Romy vom Sessel auf die Couch im Salon, weckt in Verzweiflung, im Schock, Nadou, Sarahs Kindermädchen, die zusammen mit Sarah im Nebenzimmer schläft. *»Sie rief die Feuerwehr – aber es war schon zu spät. Romy hatte einen Herzstillstand, während sie schlief. So war das.«* Monique Dury sagt: *»Sie ist eingeschlafen, das Herz hat seinen Rhythmus verlangsamt …, und als ihre Körpertemperatur anfing zu sinken … – Denn als Laurent nach Hause kam, fand er, dass sie sich anders anfühlte als sonst …«*

Die Ärzte des Notarztwagens der Feuerwehr und der eintreffende Arzt Dr. Depogne versuchen Romy Schneider mit einer Herzmassage ins Leben zu holen, aber sie können nichts mehr für sie tun. Rosemarie Albach hat dieses Leben verlassen. »Natürliches Ableben infolge Herzversagens«, so steht es im Totenschein.

»Nichts an ihrem Körper wies auf eine Vergiftung hin. In der Regel wird in solchen Fällen eine Autopsie gemacht … Ihr Magen war leer. Wie immer hatte sie nichts gegessen, und ausnahmsweise hatte sie nicht einmal ihr Schlafmittel genommen. Der Arzt sagte: ›Nein! Der Körper von Romy Schneider wird nicht angerührt.‹ (MD SPRICHT MIT GERÜHRTER STIMME) *Der Arzt hat die Autopsie verweigert. ›Ihr Körper wird nicht angerührt!‹, hat er gesagt. ›Auf keinen Fall! Das steht uns nicht zu.‹* (MD SEHR GERÜHRT, MIT TRÄNEN IN DEN AUGEN) *Respekt, Herr Doktor! Die Erinnerung bewegt mich.«* Allerdings war es der Pariser Staatsanwalt Davenas und nicht der Arzt, der eigenständig diese Anordnung traf.

Ein neuer Morgen in Paris. Draußen beginnt das Leben. Doch in der Wohnung in der Rue Barbet-de-Jouy lastet Stille, unendlicher Frieden. *»Sterben – schlafen – Nichts weiter! – und zu wissen, dass ein Schlaf – Das Herzweh und die tausend Stösse endet.«* Nichts kommt diesem leisen Tod näher, als diese Zeile aus »Hamlet«, den Romy so gern zitierte: So oft hatte sie sich mitgeteilt, bei denen, die ihr am nächsten waren, mit Worten der Dichter. Heine, Shakespeare … *»Du hast Dir ein sehr simples Kind ausgesucht«* so hatte sie 1966, mit David unter dem Herzen, an ihre Mutter in einem Brief verfasst: *»– das oft noch gerne vor sich hinträumen möchte & an ›Hamlet‹ denkt: ›We are stuff are made on, and our little lifes roundet with a sleep‹ … wie schön und wie traurig und wie Recht er hat ›schöntraurig‹ mein ich – positiv bitte! …«*

»Weihevoll, friedlich, ganz ohne Schmerz …«, so war ihr erstes Heimkommen im Herbst 1938, auch dieses Heimkommen im Frühling 1982 ist weihevoll, friedlich und ohne Schmerz.

»Ich habe ihr ›Auf Wiedersehen‹ gesagt. Nicht ›Adieu‹. Und dann: das kam mir so in den Sinn, als ich sie betrachtete – ich habe nicht geweint dabei – sie wirkte zuversichtlich, sanft, fast ein wenig verjüngt. Sie schlief.« (Monique Dury)

Auf dem Trottoir der Rue Barbet-de-Jouy stehen die Menschen, verharren, seit sie die Meldung in den Frühnachrichten dieses Pfingstsamstags gehört haben, schweigend, manche mit Blumen, fassungslos. In der engen Straße außerdem Unfallwagen, Polizei, Feuerwehr, Fotografen, Journalisten.

»Unsere Freundin ist heute Nacht gestorben«, das sind die Worte Jacques Rouffios, als er Mathieu Carrière und die anderen, die sie die letzte Zeit begleiten durften, anruft. *»… niemand hat vorausgesehen, dass es so plötzlich*

kommt. Aber dass sie an beiden Enden brannte, das wussten wir alle!« (Mathieu Carrière)

Jean-Max, der ihr in 15 Jahren durch alle Filme gefolgt war, der gerade noch bei ihr war, ist unendlich getroffen. Monique Dury muss ihn immer wieder beruhigen. *» … er hat sich auf einmal ganz dumme Vorwürfe gemacht, als seien wir nicht in der Lage gewesen, sie zurückzuhalten. Doch es ging ja nicht darum, jemanden zurückhalten. Es war das Leben, das so spielte! Der Tod gehört zum Leben, das darf man nicht vergessen. Und jenes Leben sollte an dieser Stelle aufhören. Punkt. Daran hätten wir nichts ändern können. Aber er machte sich Vorwürfe, dass er nicht da war, dass … – «*

Es waren ihre nahen französischen Freunde, die sich an diesem 29. Mai 1982 auf den Weg machten, um ihren Schlaf zu bewachen. Jean-Claude Brialy, Jacques Rouffio, Michel Piccoli, und dann kommt Alain Delon, bahnt sich einen Weg durch die Menschen. Monique betritt zusammen mit Rouffio das Haus im 7. Arrondissement. Zunächst begegnet sie Laurent Pétin und ist ergriffen von seiner Verfassung: *»Ich hatte den Eindruck, er würde selbst sterben … Und als Laurent mich sah … schob er Wolfi* (Romys Bruder Anm. d. A.) *zur Seite, und ich fragte mich, was er wohl vorhätte, bis Laurent dann rief: ›Sie liebte Sie! Vergessen Sie nicht, Monique: Romy liebte Sie! Sie liebte Sie!‹ … ›Ich weiß, Laurent, ich weiß.‹ Das war das einzige, was ich herausbrachte. Ich wusste nichts weiter zu sagen. Ich konnte in dem Moment nichts sagen.«*

Die Polizei hat die gesamte Straße abgesperrt, es wird penibel darauf geachtet, dass nicht ein einziger Journalist in die Nähe der toten Romy kommt. Monique Dury verweilt am Totenbett. *»Als ich mich von ihr verabschiedete … instinktiv hatte ich meine Hand über Romys Wange streifen lassen und ihr zum Abschied gesagt: ›Salut, mein kleiner Soldat‹ … Ich wollte ihre Wange streicheln, wie ich es als ihre Mémère immer getan habe. Als ›Mo‹ ging das nicht, aber als ›Mémère‹ durfte ich mir erlauben, ihr die Wange zu streicheln. Immerhin war sie dann ja meine Enkelin …Ich habe sie bis zum Ende begleitet … Sie schlief. Man hatte nicht den Eindruck, dass sie nicht mehr da war.«* (WEINT – SEHR LEISE)

Diese Menschen, diese in gewisser Weise »Unsichtbaren« (des Films), sind noch immer auf einzigartige Weise mit Romy verbundenen, und etwas fehlt in ihren Leben, und das ist Romy.

Das Foto, das der Fotograf Franz-Xaver Lederle von der neunzehnjährigen Romy Schneider im Garten des Hauses »Mariengrund« machte, mit den geschlossenen Augen und dem seltenen Frieden im Gesicht, das wollte Madame Dury nicht annehmen, da es sie zu sehr an Romys Gesicht auf dem Totenbett erinnert.

»... wenn Sie im Schlaf sterben, dann sind die Augen bereits geschlossen – ich nenne das ›verfitzte Wimpern‹. Da bleibt keine Lücke. Dessen wollte ich mich vergewissern. Damit man nicht behaupten könne, sie habe sich das Leben genommen, obwohl das gar nicht stimmte. Und sie h a t t e die Augen vollständig g e s c h l o s s e n, wie es bei Schlafenden der Fall ist. Und darum habe ich gesagt: Ihre Wimpern waren verfitzt, wirklich, wie bei einem schlafenden Kind.«

Monique hat tatsächlich Romys Wunsch erfüllt, nur ganz selten war sie für eine andere Frau am Filmset da, aber selbst das hätte sich Romy wohl nicht einmal vorstellen können: *»Sie sagte mir: ›Du darfst Dich niemals um eine andere Frau kümmern.‹ Das ist natürlich witzig. Aber nachdem sie fort war, habe ich mich wirklich nicht um viele andere Frauen gekümmert. Ich habe immer versucht, nur noch für Männer zuständig zu sein. Das ist durchaus bemerkenswert.«*

»Und dann war da auch noch Delon. Er meinte: ›Ich werde den Journalisten sagen, dass der Staat Romy so viel Geld abgeknöpft hat, dass ihr nichts mehr zum Leben blieb.‹ Zu dem Zeitpunkt dachten alle, dass Romy sich umgebracht hätte. Aber das ist nicht wahr! Das stimmt nicht! Wir wussten seit langem, dass Romy gesundheitliche Probleme hatte. Wir sagten nur wegen der Versicherungen nichts, denn sonst hätte Romy nicht mehr arbeiten können.«

Monique empfand den Zeitpunkt einer solchen Debatte unpassend im Angesicht der Tragödie, aber in der Tat war es tatsächlich so, dass Romy trotz einer miserablen Gesundheit gezwungen war weiterzudrehen. Sie denkt an die kurzen Drehtage mit Lino Ventura »Das Verhör« (»Garde à vue«), 1981, während des Drehs ging es Romy Schneider sehr schlecht. Romy wurde heimlich in eine Klinik gebracht *»Sie wissen, wie das ist im Kino? Es gibt diese Versicherungen. Dieser kleine Herzinfarkt ist nie erwähnt worden. Weil Laurent sie direkt zu seinem Vater gebracht hat.«* Bei den laufenden Dreharbeiten werden kleine Geschichten erfunden, warum der Star der Produktion ein paar Tage Pause benötigt, *» ... wenn man einen Herzinfarkt angibt: Niemand hätte sie dann mehr versichert! Wegen ihrer Niere gab es bereits Schwierigkeiten, sie* *zu versichern – und das war jetzt wirklich nicht der Moment. Deshalb haben wir geschwiegen.«*

Bereits während der Dreharbeiten in Berlin war die körperliche Verfassung Romy Schneiders so, dass sie, so lange es ging, durch ein Lichtdouble ersetzt wurde, durch den Zusammenhalt des Teams, in dem jeder auf Romy Schneider aufpasste, sie erst in letzter Minute vor die Kamera geholt wurde, um sie zu schonen.

… Was Romy Schneider in der Summe ertragen hat, ist kaum vorstellbar. Zum Ende ihres Lebens kam Etliches zusammen, ihre Gesundheit, ihre körperliche Verfassung war mehr als angegriffen. *»Bei Romy verheilten Narben schlecht, weil sie ein bisschen Diabetes hatte. Das kam nämlich auch noch dazu.«* Vieles aus dem letzten Lebensjahr des Stars ist gar nicht bekannt, weil gegenüber den Versicherungen, aber auch gegenüber den Filmgesellschaften absolutes Stillschweigen herrschte. *»Aber es hatte bereits erste Anzeichen gegeben. Öfter als man denkt. Und das wurde dann auf etwas anderes geschoben. Und der Betriebsarzt (le medecin du travail) unterschrieb, was sie wollte. Tja. Kino ist ein großes Unternehmen.«*

Romy brauchte es, vor einer Kamera zu stehen, es war ihr Leben und viele, die diesen letzten Film mit ihr gedreht haben, sagen, dass sie ohne diesen Film schon eher gegangen wäre. Nach Davids Tod gab es nur einen einzigen Therapieansatz für Romy Schneider, und das war die Kamera. Die Kamera war so etwas wie eine lebensverlängernde Maßnahme.

»Ich glaube, es war ein Herzstillstand. Es kann nichts anderes sein … Ich denke, sie war sehr erschöpft vom Film ›Die Spaziergängerin von Sans-Souci‹, und sie war zweifellos sehr überrascht und niedergeschmettert von der Nachricht, dass sie den Film mit Alain Delon nicht machen sollte.« (Jean-Max Guérin)

Es kamen zu viele Faktoren zusammen: Nikotinkonsum, Alkohol, Schmerzmittel, die Nierensache, Medikamente, Trauer, Stress, Wut, Depression, Steuerschulden, Lebensangst, ihre Essstörung. Ein Myokardinfarkt, ein Herzversagen also, ereignet sich oft in den frühen Morgenstunden.

Dass sie vollkommen mittellos war, machte ihr nicht wirklich Sorgen, denn sie hatte keinerlei Vorstellung, was es bedeutet, da ist sich Madame Dury ganz sicher: *»Sie hat nicht darunter gelitten, ich kann Ihnen schwören, sie hat nicht darunter gelitten, dass sie nichts mehr hatte! … Laurent, als ihm die Situation klar war, hat er nicht unbedingt mit ihr darüber gesprochen. Was* *sollte das auch helfen, mit ihr darüber zu sprechen! Er hat alles auf seine Schulter genommen und sich bis zur letzten Sekunde um sie gekümmert. Deshalb wurde sie auch dort beigesetzt, denn er hat alles für Romy bezahlt.«*

Am 2. Juni 1982 wird Romy in Boissy-sans-Avoir (*»Ein ganz kleines Dorf, mit einem Friedhof hinter der Kirche.«* (Monique Dury)) im Département Yvelines 50 km westlich von Paris beigesetzt. Moniques fährt aufs Land, nach Boissy, an den Menschenmengen und Polizeiabsperrungen vorbei. *»Es war alles ganz nüchtern gehalten. Statt den Priester auf den Friedhof zu holen und dann all die Segenswünsche und das ganze Zeug … Nein! Ich glaube wirklich, dass sie das vorher so besprochen hatten. Der Priester war zwar anwesend, er hielt aber keine Rede. Nichts. Nur Rouffio hat gesprochen und vor den Anwesenden seinen Text verlesen.«*

Wie sagte ein Freund … »Gestorben wäre gern sie … in der Liebe.«

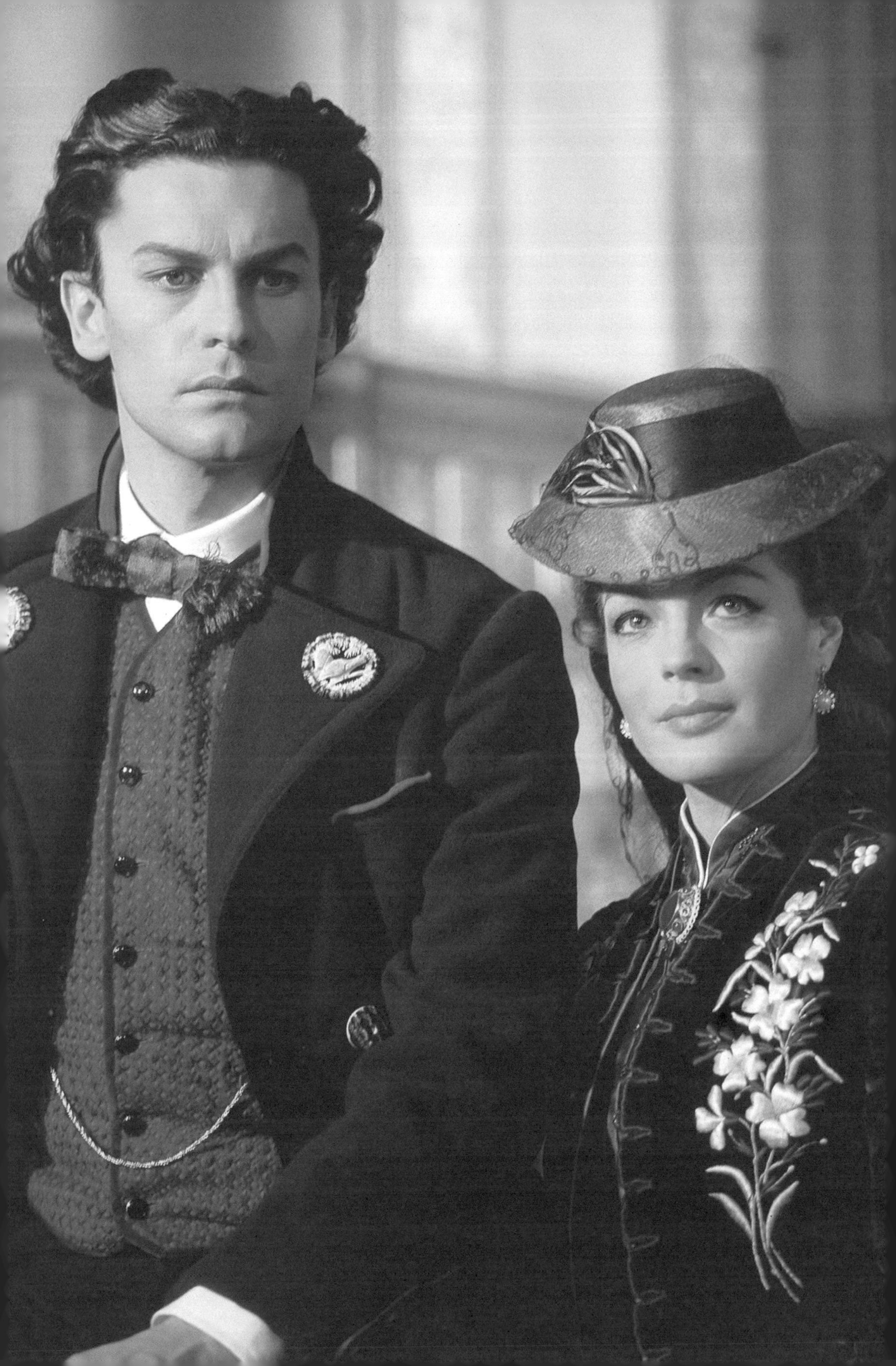

14

ROMYS (UNBEKANNTE) SEHNSUCHT NACH DEUTSCHLAND

»Ihr Wesen. Sie war Deutsche – das heißt, sie war natürlich Österreicherin – aber das Deutsche war: Sie war ein Mensch der Taten. Eine Art Draufgängerin deshalb weil sie in ihrer Arbeit bis zum alleräußersten ging. Sie schreckte vor nichts zurück. Ich glaube, das ist etwas, was wir Franzosen nicht haben. Sie hatte vor nichts Angst. Sie warf sich hinein, griff von vorn an. Sie hatte eine naturgegebene Kraft, in jeder Hinsicht.« (Jean-Max Guérin)

Das ist das Salutieren der Franzosen. Ihr Honneurs, das Antippen an die Schläfe. Eine Ehrenbezeugung. Für die Franzosen war sie »Romiii«, mit einem akzentuierten, französischen »I«, das wie ein zarter Violinstrich klingt. Mit unendlichem Respekt vergötterten und vergöttern die Franzosen »Madame Schneidärrr«. Jean-Max Guérin, den Romy zärtlich-vertraut Maxou nannte, musste während des Interviews seine Worte unterbrechen, weil ihn die Erinnerung noch nach über 29 Jahren, die seit ihrem Tod vergangen waren, übermannte. Er weinte, während er von ihr sprach. Ein Verrat à la Schwarzer, der wäre in Frankreich zwischen diesen Charakteren nicht möglich gewesen. Das hätte niemand gewagt, auf die Idee wäre keiner gekommen.

»Grundsätzlich haben die Leute in Deutschland schlecht über sie geschrieben. Wir wohnen seit vielen Jahren auch in Paris und da war immer eine völlig andere Stimmung.« (Werner Bokelberg)

Man kann aber die schreibenden Leute, die »Kulturressorts« der Leitmedien, die schneidigen Feuilletonisten von »Bild« & Co, oder wie im Fall Schwarzer, »die wichtigsten Intellektuellen« der Bundesrepublik, nicht in einen Topf mit des Volkes Stimme werfen, nicht gleichsetzen mit »den Deutschen«. Die Deutschen wählten Romy Schneider 2006 bei einer Zuschauerumfrage des ZDF zur »beliebtesten Schauspielerin der Deutschen«, die Deutschen haben ihr ihre Liebe zu Lebzeiten nur sporadisch zeigen können – aber wie hätte sie sich gefreut.

In ihrer deutschen Heimat hat man nie aufgehört, sie zu lieben, anders als die Franzosen, aber mit dem gleichen Herzklopfen. Eine Art Hilflosigkeit, Wehmut, Sprachlosigkeit, aber auch eine Art Trauer, diesen »Schatz« an Frankreich verloren zu haben, gehört den Deutschen bis heute. Man muss verstehen, welche Bedeutung sie nach dem Krieg für die Deutschen hatte. Ein paar Unschuldsrollen hatten ausgereicht und sie war die Tochter, sie war die Unschuld eines ganzen Landes, einer ganzen Zeit. Für den Rest Europas war das einfacher als für die Deutschen selbst, die vor allem für immer etwas verloren hatten, nämlich Romy Schneider. Romy Schneider, als »Sissi« – in unbefleckten, weißen Traumkleidern – schickte man voraus. Dieser Testlauf wurde ihr schon bald von der deutschen Presse übel genommen, sie konnte dann eigentlich machen, was sie wollte, cineastische Höchstleistungen bringen oder auch nicht, die deutsche Presse der Bundesrepublik war nicht in der Lage, die Bedeutung von Romy Schneider zu erfassen. Monique Dury ist noch im Jahr 2014 fassungslos: *»Haben die Deutschen nie ›Mädchen in Uniform‹ gesehen?«*.

Wie sollte Romy mit siebzehn, achtzehn Jahren jene Hassliebe verstehen, Karikatur und Königinnenstatus, niemals zuvor hatten die Deutschen einen Star so emporgehoben wie die junge Romy Schneider, nie zuvor und niemals danach hatten die Deutschen einen Star so fallen gelassen, diese Mischung aus Liebe und Ablehnung verunsicherte sie maßlos.

»Sie war Deutsche. Ich finde es merkwürdig, dass sich die Leute in den Kopf gesetzt haben, dass sie ihr Land aufgegeben hätte.« Monique Dury erinnert sich

an viele Situationen, Diskussionen mit Romy in Frankreich. Die Feindseligkeit eines gewissen Klientels, diese diffusen Gesten ihrer Landsleute, die ihr bei Deutschlandbesuchen etwa entgegenschlugen, eine schamlose Presse, sprach ja nicht für die breite Masse. Auch diese Beziehung war voller Missverständnisse.

»Aber sie liebte ihr Land! Wenn man von Deutschland sprach – … sie brachte mir zum Beispiel Platten mit von Eurem großen Karajan, und sie sagte: ›Hör nur, die Sprache von Goethe … – Ihr äfft das jetzt alle immer nach. Aber die deutsche Sprache ist wie Gesang!‹ Und das stimmte, denn wenn ich sie mit Harry oder jemand anderem deutsch sprechen hörte – ja, es stimmte!« … so hatte Monique das in Erinnerung (da Romy oft davon sprach in Wien geboren zu sein, wurde der deutsch/österreichische Hintergrund ihres Lebens von den Franzosen oft vermengt). Die lausigen Kolumnen, die ausnahmslos melodramatisch, melotragisch aber immer markig übertitelt, sich pflichterfüllt verloren, zu Jahrestagen, »zwischen Tragik, Tränen, Ruhm und Mythos«, sie waren nicht die Platzhalter für die »nichtvorhandene Liebe der Deutschen«. Erst in den letzten Jahren änderte sich der Ton, drei, vier Redakteure haben sich auch im Mutterland des Stars auf den Weg gemacht, die berührendste kleine Hommage schrieb einst der viel zu früh verstorbene Roger Willemsen als Vorwort zu einem Bildband.

In Frankreich sagt ein 1967 geborener Kultregisseur wie François Ozon einfach mal so: *»Ich habe Romy Schneider schon immer geliebt, seit ich in meiner Kindheit SISSI gesehen habe.«* So schlicht vom Herzen her spricht keiner in deutschen Feuilletonstuben, gilt es doch hierzulande unsichtbare Demarkationslinien nicht zu übertreten, sich sauber abzugrenzen bzw. abzustoßen: *»Ich komme aus einer kinosüchtigen Familie, in der Mutter und Großmutter am liebsten zwei-, dreimal die Woche ins Kino gingen. Und ich eiferte ihnen nach. Doch Romys Sissi-Filme gehörten nicht zum Familien-Repertoire, die fanden wir ›kitschig‹.«* (Alice Schwarzer, »Romy – bis heute ein Frauenidol«, 29.08.2013) Standortbestimmung muss sein.

Romy Schneider war jedoch nicht immer nur glücklich, in der Rolle der Exilantin, des französischen Superstars, der Französin. Einer Französin, die sie ja nicht wirklich war. Oft hat sie auch Fremdheit gespürt. Es ist wenig bekannt über jene Wunden, die zweifelsfrei existierten, sprechen konnte Romy nur in wenigen Momenten darüber, denn an wen sollte sie einen Klagegesang richten?

Dinge dieser Art erreichten niemals Deutschland. Für Deutschland war Romy einfach für immer gegangen, das, was sie mit sich selbst ausmachte, blieb ja unsichtbar, dabei hat sie diese Fremdheit, diese Wehmut und Ambiguität, oft sehr deutlich gespürt, in Frankreich hat sie das alles auch benannt.

»Man musste immerzu auf der Hut sein. Romy war nicht schwierig, aber extrem empfindlich«, Monique Dury hat alle diese Botschaften ihrer Freude oder Zerrissenheit aufgehoben. Briefe, beschriebene Fotos, Zeitungsschnipsel mit Nachrichten darauf. *»Es ärgerte sie immer, wenn wir sagten, sie hätte keinen Humor. Dann entgegnete sie: Tut mir leid, ich habe MEINEN Humor, und zwar einen deutschen Humor. LACHT Sie sagte das, in der Tat, ziemlich humorvoll! Aber sie war eben wirklich sehr empfindlich und man musste immer drumherum reden und nicht – Wenn man sie ein bisschen kannte, war das gar kein Problem.«*

Immer im Raum stand ihre extreme Verletzlichkeit, was mühelos aussah auf französischer Leinwand, wo sie doch ganz französischer Superstar, das raue, französische du rififi – Kino à la Gabin, in ein Romy Schneider Kino verwandelt und alle restlos verzaubert hatte, war für Romy auf dem Filmset, zwischen all den Franzosen, manchmal einfach schwierig. Für die anderen blieb sie im Übrigen »die Deutsche«.

»Sie … hatte eine Fragilität, die ich sehr schätze. Und man musste damit natürlich zurechtkommen, so gut es ging als Franzose.

Sie konnte einen damit sowohl zum Weinen als auch zum Lachen bringen. Aber dadurch war es für sie manchmal auch schwer … Ihre Zerbrechlichkeit machte sie natürlich verwundbar. Dazu kam, dass es ihr schwerfiel, den Humor von uns Franzosen zu verstehen, der sie sehr häufig verletzte. Wir versuchten, alles wieder zu gut zu machen, indem wir ihr sagten: ›Das ist nicht gegen Dich gerichtet!‹ – Es war wirklich nett – LACHT – wenn wir es schafften, ihr klarzumachen, dass das alles nur ein Spiel war. Aber sie tat sich schwer, das zu verstehen.

Diese Sensibilität mochte ich sehr an ihr. Aber zugleich hielten wir uns auch etwas zurück. Denn sie hatte wirklich Schwierigkeiten, Dinge zuzulassen, wie eben zum Beispiel unseren französischen Humor, den sie nicht immer verstand. Aber nicht zuletzt deshalb mochte ich sie.

Doch aufgrund eben ihres Wesens war es manchmal nicht ganz einfach, ihr klarzumachen, dass etwas nur spielerisch gemeint war – Wir haben uns darüber ein bisschen amüsiert, aber sie fand das meist weniger lustig. Das ist sehr schwer zu beschreiben. Ich habe es nie genau verstanden. Aber ich glaube, wie ich vorhin schon sagte: Sie mochte den französischen Humor nicht besonders. Sie verstand nicht immer alles, oder zumindest nicht so, wie es gemeint war. Ich glaube, das war auch schwierig für sie selbst und machte sie ein bisschen aggressiv. Aber dieser alberne Humor war überall – sogar bei der César-Verleihung. Aber sich daran zu stoßen, gehörte zu ihrem Charakter. Auf jeden Fall war sie eine Frau mit ausgeprägtem Charakter, die man nur sehr, sehr schwer fassen konnte. Und zugleich war sie als Schauspielern so derart überzeugend …«

In ihren Bewegungen war das Deutsche, das Ernsthafte. Den Nacken trug sie irgendwie steif, den Kopf gerade und stolz. Der Gang war der kleine Soldatenschritt, dieser Gang, die Silhouette hob sie immer aus der Menge hervor. Sie war getrennt von den anderen, auch in einer Gruppe war sie immer der Solitär, der alle Aufmerksamkeit anzog.

Sie brachte diesen echten Pathos mit. Der alt war, der aus den Genen kam, mit dieser Tiefe, schillernden Zerrissenheit und Unergründlichkeit. Sie besaß viel von der Leidensfähigkeit der Deutschen. Ihr Himmelhochjauchzend, ihre Romantik, ihre Courage und Disziplin, die ewigen Zweifel, ihr Mühsal. Und sie war absolut, es gibt niemanden, der so absolut war. Etwas, das tatsächlich sehr deutsch ist.

Wenn Sie, »Sissi«, overdressed im 70er-Jahre-Stil *»cool provozierte«*, nur angedeutet, minimalistisch, dann war das ereignisreich, virtuos à la second beherrscht sie den Augenaufschlag, die Geste, die genau in der Sekunde unvorhergesehen bis ins Mark trifft. In der banalen Pornografie, Wegwerfprominenz und Leere der 2010er Jahre unvorstellbar.

Und dann ist da der Romy-Blick. Von einer Unmittelbarkeit und Direktheit, die schmerzt. Visconti zeigt viel von ihr. In Luchino Viscontis »Ludwig II.«, als Kaiserin Elisabeth, da ist sie zusammen mit Helmut Berger gespenstisch und deutsch. Unendlich deutsch. Schwermütig, romantisch, todestriebartig. Wie zwei Schwäne, beide in gleißendem Schwarz, nachts, in Melancholie. *»Sie war wie meine Schwester, und sie hatte ein schönes Lachen gehabt, ein wunderschönes Lachen.«* Für Romy ist Helmut *»mon petit frère«*. Helmut Berger zerstörte sein Bild in »Dorian Gray«, Romys Bild war unzerstörbar. Ihr leibhaftiges Bild war schon da, als sie als Kaiserin den Spiegelsaal in Herren Chiemsee betritt. Ihr Lachen klingt klirrend durch Viscontis Welt, Romy schreitet durch den leeren Saal, in dem ihre Wiedergänger sie bereits erwarten. Auf der Leinwand ist sie eine schwarze unantastbare Blume. (Berger: *»Sie musste gehen wie ein Pfau …«*) Mit Helmut Berger verbindet sie die Unmöglichkeit ihrer Existenz in der Realität. Beide konnten die Wirklichkeit nur betäubt ertragen, waren scheu Flüchtende und provozierten doch immer wieder absolutistisch. Gelebte, nicht gespielte Szenen des Größenwahns. Sie haben sich beide zerstört, verzehrt, haben alles gegeben.

Die Franzosen gingen viel unbefangener mit »Sissi« um, was im engeren Sinn heißt, dass Romys nächstes, ihr sensibelstes, ihr tägliches Umfeld das Thema komplett mied und so tat, als hätte es noch niemals von »Sissi« gehört, als gäbe es »Sissi« mit seinem Schweif an weltweitem Glitzer gar nicht. Sobald sie deutschen Boden betrat, war das Beteuern, nicht »Sissi« zu sein, Teil ihrer Personality.

Und hier fing sie dann regelmäßig die Presse ab: *»Als wir ›Gruppenbild mit Dame‹ drehten, habe ich zunächst nicht geglaubt, dass diese Feindschaft, die man in Deutschland angeblich gegen sie hegte, tatsächlich existierte. Es war das erste Mal, dass ich mit ihr in Berlin drehte. Ich habe dort dann tatsächlich eine ziemlich beklemmende Atmosphäre gespürt. Ihr machte das sehr zu schaffen«*, so schildert ihr Maskenbildner Didier Lavergne, der sie durch etliche Filme begleitete, die Situation vor Ort.

»Es gab da Leute, Paparazzi – für uns war das nicht immer ganz offensichtlich, aber die um uns herumkreisten, um das Set, um Romy – und die sie belästigten, sobald sie aus dem Haus oder dem Auto kam, die permanent versuchten, sie zu fotografieren und die sie auch ein bisschen provozierten, um sie zu einer Reaktion zu veranlassen … Und wenn wir sie wegscheuchten, standen sie am nächsten Tag mit Leibwächtern da. Die Konfrontation ging also schon recht weit.

Sie war in dieser Sache eher zurückhaltend und trat es nicht sehr breit. Aber wir spürten es alle. Man dachte ja manchmal, sie bilde sich das alles nur ein und fragte sich, ob es nicht irgendwie in ihr selbst steckte und sie etwas auf bestimmte Weise deutete, also – ja, eine Einbildung. Aber das war ganz und gar nicht so! Denn das Team, wir alle haben die Beklemmung um sie herum gemerkt.«

Für ihr Leben wählte sie endgültig die Distanz zu Deutschland, eher eine Konsequenz des Instinktes. Zwar sagen auch ganz nahe stehende Personen über die Wahl ihres Aufenthaltsortes Frankreich, dass sie jederzeit nach Deutschland zurückgegangen wäre, hätte man ihr denn die entsprechenden

Rollen angeboten, jedoch durch ihre gelebte Entwicklung, ihren Habitus, der eher ihre allgemeine Abseitigkeit, ihre Fremdheit war, wäre die Frage gewesen, *wo* in Deutschland sie jemals hätte leben können? Dieser Ort in Deutschland existierte nicht.

Werner Bokelberg, der Romy über viele Jahre immer wieder für den »stern« fotografierte, berichtigt ein weitläufiges Missverständnis, das irgendwann in Umlauf gebracht und schon bald als unumstößlicher Fakt ihrer Biografie galt und zwischen dem deutschen Star und seiner deutschen Heimat stand: *»Dass sie eben ein paar Mal gesagt hat: ›Paris ist meine Lieblingsstadt!‹ Das wurde dann eben ein bisschen breiter getreten, dann kommen Rückfragen … nächste Frage: ›Ja warum magst du denn Berlin nicht so gerne?‹ Hat sie aber gar nicht gesagt. Sie hat nur gesagt, dass Paris … und so entsteht's, dann kriegt das jede Zeitung mit, und dann sagen die Romy Schneider spricht im Ausland schlecht über Deutschland. Das sind ja alles Inszenierungen. Sie hat Deutschland nie gehasst, aber sie wurde hier wirklich so behandelt und dann wurde sie in die Rolle gedrängt.«*

Monique Dury beteuert, dass Romy unbedingt in Deutschland Filme drehen wollte, abgesehen davon, dass Romy wie sie es nannte *»ein bisschen in der Tränen-Schublade steckte«* und gern auch mal eine leichte Komödie angenommen hätte, sie bewunderte da die amerikanischen Schauspielerinnen *»eigentlich schade, weil sie nämlich ziemlich witzig sein konnte«*, machte ihr der Zeitgeist einen Strich durch die Rechnung.

In Frankreich versichert sie die anderen, sie habe einen deutschen Humor, aber im ihr fremdgewordenen Deutschland gibt es für sie nichts zu lachen. Der Bierernst im deutschen Herbst, als der Selbsthass einzog, das war nicht ihr »cup of tea«, das verkopft Proletarische, Improvisierende, das intellektuelle Getue erst recht nicht. Als den Deutschen die deutsche Romantik und ihr Idealismus nicht mehr gehörte und durch das Hässliche, das Scheinheilige ersetzt wurde, als die 68er den Zauber gegen den faulen Zauber tauschten, da bewahrte sie sich ihren Kinderglauben.

Die falsch klingenden Dialoge des bundesdeutschen Erziehungskinos, des Neuen Deutschen Films, die wären ihr niemals über die Lippen gekommen. Da ist sie viel zu sehr bei sich selbst, da ist sie »die Französin«, zu deutsch, zu wahrhaftig. Instinktsicher beseelt sie französische Leinwände, verzaubert mit deutscher Tiefe, mit ihrer Absolutheit, verführt mit ihrem Wesen. Romy, »le star«, wärmt die Franzosen mit Menschlichkeit, in »Die Dinge des Lebens«,

»Das Mädchen und der Kommissar« oder unter der Regie des seelenverwandten Träumers und Romantikers Pierre Granier-Deferre, mit ihrer eigenen Humanität in »Le train«.

Romy Schneiders Flower-Power, das war nicht à la APO, das war à la France, à la Bardot, à la bourgeois, à la liberté, à la individuel. Immer wieder klopft der Weltstar leise und bescheiden beim deutschen Kino an, liest Drehbücher, gibt aber jedes dieser Aufklärungs- und Haltungsepen zurück, mit der Randnotiz »Intellektuelle Scheiße«.

Betritt sie deutschen Boden, beginnt das *»Katz-und-Maus-Spiel«,* ihre französische Film-Familie bekommt das hautnah mit, wenn Romy nur den Klick eines Fotoapparats hörte, war sie dermaßen enerviert, *»das nervt«* kommentiert sie meist mit Augenrollen. Die Presse jagt je nach Redaktion »Madame Schneider« oder »Ex-Sissi«. *»Sie begriff nicht, dass sie subtiler mit ihnen (den Journalisten) hätte umgehen müssen. Statt sie einfach ein paar Bilder machen zu lassen, um dann ihren Frieden zu haben, ist sie geflüchtet.«* Die, die ihr während einer Produktion am nächsten sind, erleben die Szenen einer Treibjagd durch deutsche Paparazzi. *»Manchmal schlugen sie auf die Karosserie. Ich fragte Romy, was sie riefen. Und Romy sagte: ›Sie sagen Furchtbares.‹ Die haben sie beschimpft. Romy hat es mir nicht übersetzt, aber es waren Beleidigungen.«*

Ihr französischer Habitus verdeckt ihre Unsicherheit, ist oft nicht viel mehr als ein Schutz, die Meute, die sie jagt, macht er noch aggressiver. *»Bei den Journalisten war es Hass. Ich wollte kein Öl ins Feuer gießen, deshalb habe ich mit Romy nicht darüber gesprochen.«* Madame Dury schirmt den Superstar ab, wenn's sein muss auch körperlich. Diese Resolutheit, Autorität, hat Romy Schneider oft gerettet, hat so manches Erstarren, Versteinern in einen Witz umkehren lassen können: *»Aber das war der (eigentliche) Grund, warum sie nicht gern nach Deutschland zurück wollte. Dazu kam, dass man ihr in Deutschland gemeinerweise vorwarf, Frankreich mehr als Deutschland zu mögen. Das stimmte einfach nicht! Wohl mehr aus Trotz wollte sie bald keine Interviews mehr führen und fing an, sich nicht mehr fotografieren zu lassen. Von da an wurde es wirklich höllisch, denn man ließ sie nicht mehr in Ruhe. Deshalb mied sie Deutschland etwas. Aber eigentlich vermisste sie Deutschland. Wissen Sie, sie hat mich oft mit hingenommen. Ich kenne die Berliner Oper (nur) deshalb so gut, weil wir öfter zusammen dort waren.«* (Monique Dury)

Romy Schneider hat sich ja auch nicht von den Deutschen verfolgt gefühlt, sondern von der Presse Deutschlands, oder was man so Presse nennt! Aber dieses Sentiment, diese Liebe zu Deutschland, die hat sie nie begraben, Monique Dury hat das hautnah erlebt: *»Manchmal schrieb Romy (ihre kleinen Notizen) auf Französisch, manchmal auf Deutsch. Wenn es um etwas sehr Spezielles ging, schrieb sie auf Deutsch. Ich kann Ihnen wirklich sagen: Sie hat ihr Land und ihre Sprache nie vergessen. Im übrigen hat sie auch nie die französische Staatsangehörigkeit angenommen.«*

Die Presse hat nie erfahren, wenn sie Tage in Schönau, im Haus ihrer Kindheit »Mariengrund« verbrachte, mit David konnte sie unbehelligt auf dem Grundstück spielen, spazieren geht sie dann oft ganz allein, weil sie die Ruhe brauchte. Es hat sie ergriffen, auch traurig gemacht, dass sie fast heimlich, unsichtbar über die vertrauten Wege läuft. Nachts liest sie, beschreibt in steiler Schrift die kleinen Zettelchen. Einer ihrer Notizzettel fällt noch Jahrzehnte nach ihrem Tod aus einem Buch im Regal ihres Mädchenzimmers, erzählt zwischen den Zeilen von ihrer Verletztheit, davon wie es tief in ihr aussieht: *»Ich gehe- ›geistre‹ hier rum – hier zu Hause – nach so vielen Jahren – und würde so gerne lange hier bleiben!!«*

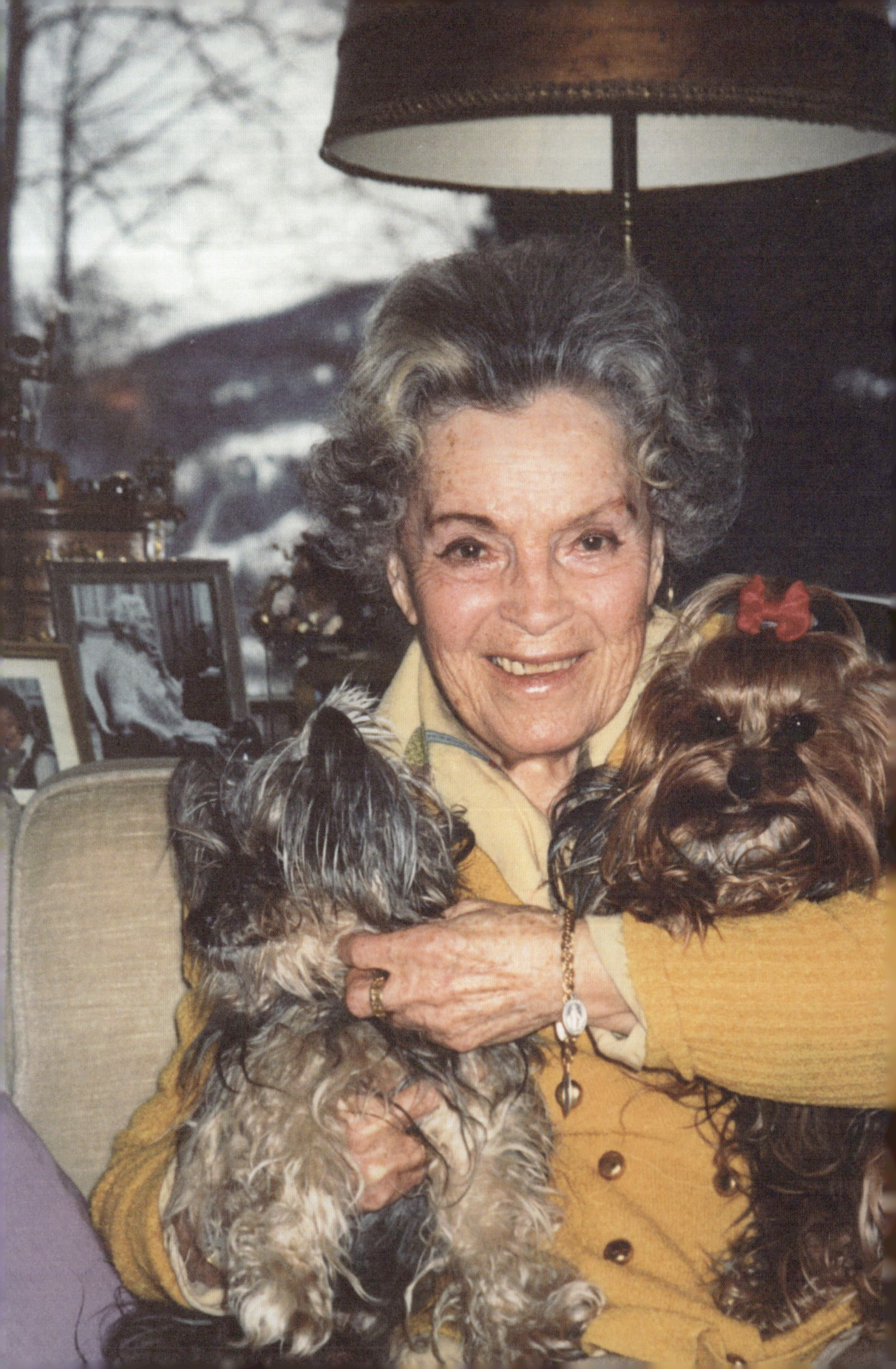

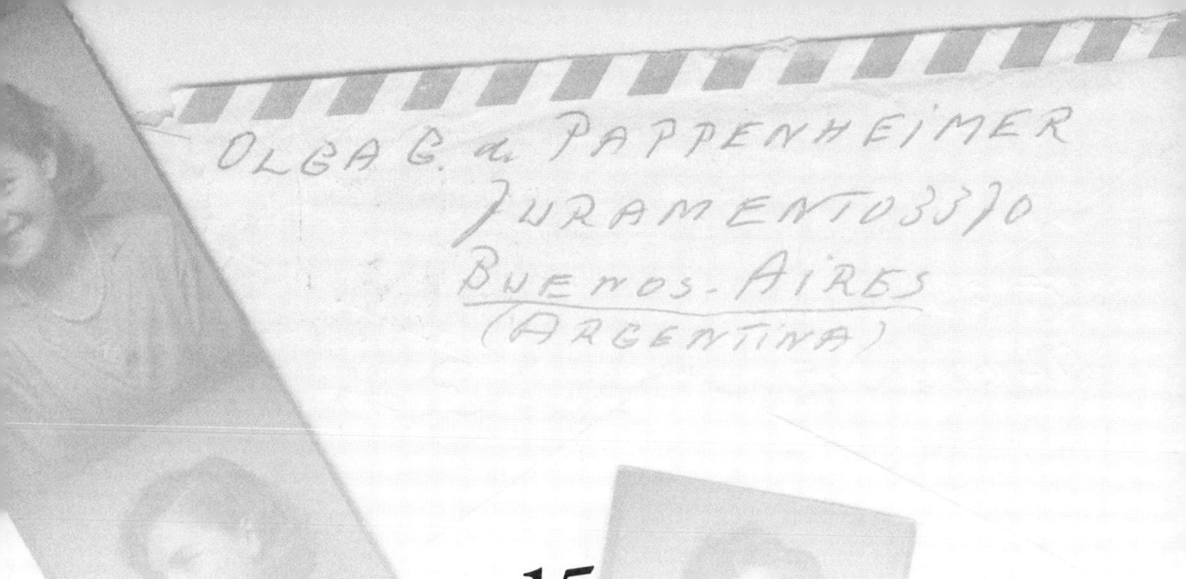

15
LIEBESBRIEFE AN MAGGIE

» … es befällt mich Wehmut, Sehnsucht u. allerlei … Dein Brief kam wie ein Sonnenstrahl, kannst Dir nicht denken …«, diese Zeilen schreibt am 20. April 1964 auf Luftpostpapier Olga Boy-Pappenheimer aus Buenos Aires, Argentinien, *»Meine liebe Maggie …«* so beginnt der lange Brief der Jüdin Olga Boy-Pappenheimer an Magda Schneider.

Magda beschäftigte Anfang der Dreißigerjahre zwei jüdische Sekretärinnen, Frau Olga Boy und Frau Elise Bluman. Die drei Frauen verband bis zu ihrem Lebensende eine innige Freundschaft. Frau Olga Boy-Pappenheimer emigrierte nach Argentinien, blieb aber trotzdem mit ihrer Freundin »Maggie« in Kontakt. Am 11. Mai 1964 schrieb sie: *»… Schreib mir Maggie, ich warte, ich möchte wissen, wo Du bist und was Du an guten Theatern siehst. Mein Maximo und alle Granaten* (hier in humorvollem Bezug auf den vollständigen Namen der Familie Olgas, Pappenheimer Olga Leja Granat De, Anm. d. A.) *denken gern an Magda und lassen Dich herzlich grüßen. Sei umarmt Liebes, Deine Olga.«* Aus dem Brieftext vom 20. April 1964 geht hervor, dass es einige Treffen gegeben haben muss, Olga Pappenheimer schreibt: *»Maximo sagte neulich, die paar Tage bei Magda waren die schönsten. Meine Wiedersehensfreude war gross Maggie, Dich u. die Stätte noch einmal zu sehen, die ich im Werden und Entstehen sah, es ist wunderschön bei Dir in Schönau …«*

Sie endet: »*Ich aber hoffe Dich noch einmal in die Arme schliessen zu können und bin unverändert und stets, Deine Olga.*«

Schreibt so eine emigrierte Jüdin über Jahrzehnte an die Geliebte Hitlers? Warum setzt Maximo Pappenheimer so herzliche Worte – handschriftlich – unter den Brief seiner Frau Olga an die Frau, die eine unheilbare Nazigesinnung haben soll, die »Nazi-mère«? Warum hat er sich so wohl gefühlt bei Magda, laut Schwarzer soll Magda Schneider »*gut braun*« gewesen sein?

Magda Schneider legte den Grundstein für »Mariengrund« 1934, das Haus wurde 1935 gebaut, wenn Boy-Pappenheimer von der »*Stätte in Schönau*« schreibt, die sie »*im Werden und Entstehen sah*«, dann legt das sogar ziemlich nahe, dass Magda Schneider ihre Sekretärin auch noch nach der Machtübernahme der Nazis 1933 traf und in ihrem Zuhause »Mariengrund« empfing, mindestens etwa 1934/35. Selbst dieser Fakt spricht gegen Schwarzers Falschmeldungen, ihr Nazi-Surrogat.

Die Fotos eines anderen, sehr familiär wirkenden Treffens von Olga und »Maggie« in »Mariengrund« sind vom September 1981, sie sind voller Zärtlichkeit, Olga und Maximo müssen mehrere Tage auf »Mariengrund« gewohnt haben. Magda hat diese Briefe und Fotos aufgehoben, sie müssen ihr also etwas bedeutet haben. Diese Briefe haben die Zeit überlebt, sie sind der Nachlass, das Zeugnis. Briefe und Fotografien strafen die mit den »Führer-Sichtungen« in perpetuum Lügen.

Auch mit Elise Bluman, die nach Australien emigriert und dort eine berühmte Malerin wurde, blieb Magda in Freundschaft verbunden. Als Horst Fehlhaber 2007 gegen die Behauptungen Alice Schwarzers gerichtlich vorgeht, als er auch Prozesse gegen die Trittbrettfahrer, die die Visionen kopiert, vervielfältigt und weitergesponnen haben und damit groß rauskommen wollten, in gleicher Sache gerichtlich vorgeht, lassen diese »Autoren« anwaltlich verlautbaren, dass sich »*manche Leute im Nachhinein extra jüdisches Personal zu ihrer Verteidigung zulegten*«! Es mag sein, dass sich manche Leute im Nachhinein extra jüdisches Personal zu ihrer Verteidigung zulegten, es mag aber auch sein, dass manche Leute, die eigentlich nichts zur Sache zu sagen haben, ganze Scheinwelten produzieren und damit hierzulande wahrhaft ernstgenommen werden, es mit Gespinsten zu Ruhm und Ehre bringen.

»*Romy verfolgte mich übrigens über dieses Buch hinaus*«, so Alice Schwarzer in »Ne me trahis pas«, »Emma«, 2008. Das darf bezweifelt werden! Man kann

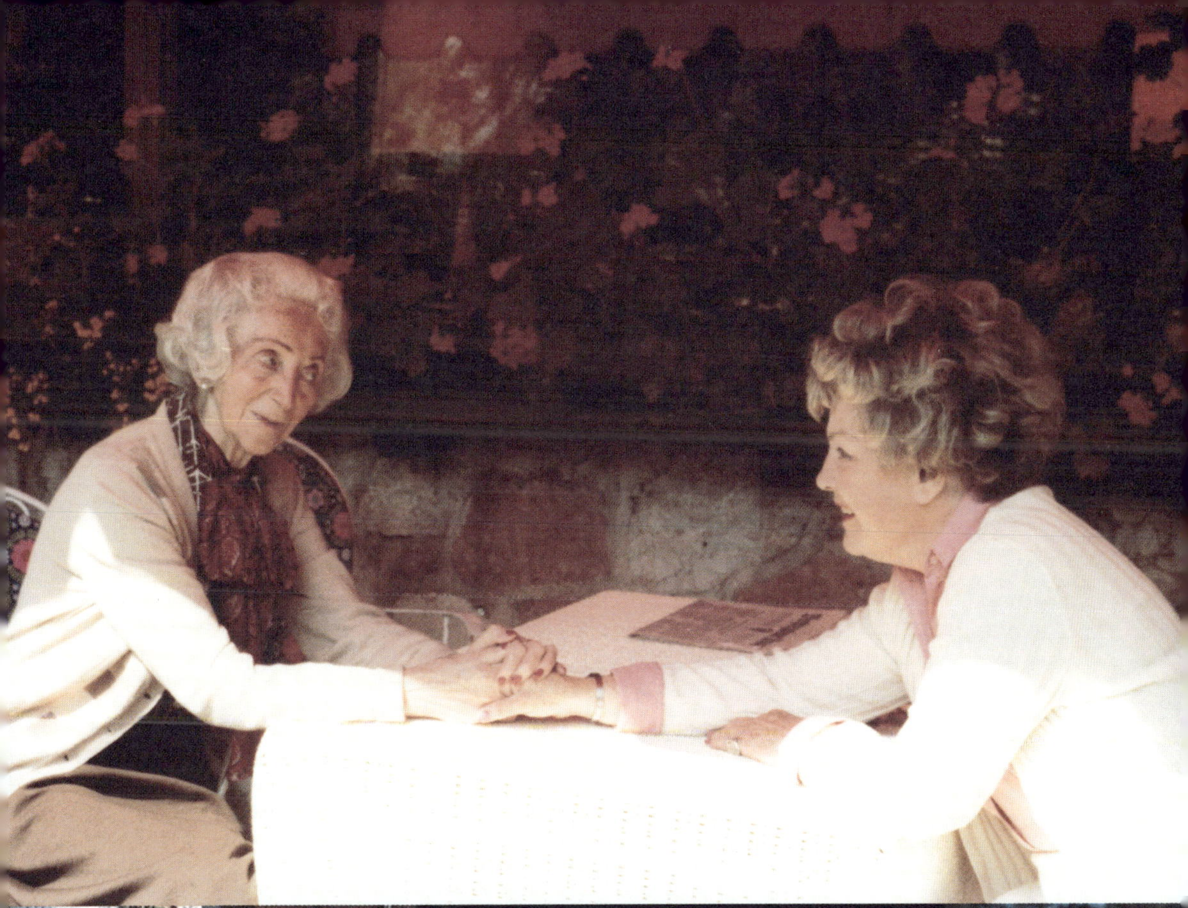

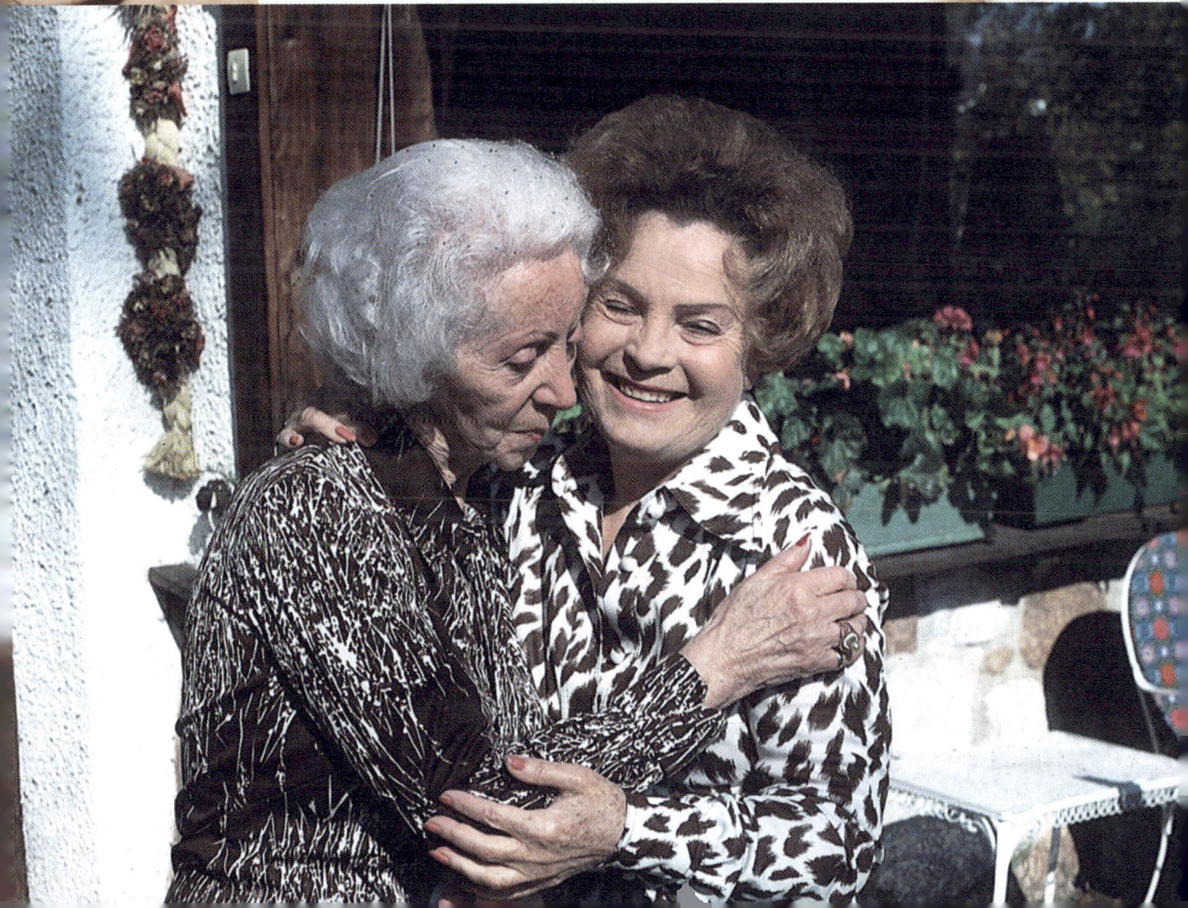

sich das auch schönreden. Und war es nicht eher umgekehrt? Vielleicht steht Schwarzer auch einfach nur stellvertretend für den Umgang Deutschlands mit Romy Schneider?

Olga Boy-Pappenheimer und Elise Bluman waren Menschen aus Fleisch und Blut, sie existierten! Im Hause Magda Schneider gab es *nachweislich* gleich zwei jüdische Sekretärinnen, es liegen sowohl Gehaltsabrechnungen von Frau Boy und Frau Bluman aus den Jahren 1934 vor. Aus einem Schreiben ihres Berliner Anwalts Dr. Hans L. Somborn, Kurfürstendamm 200, vom 9. Oktober 1934, geht inhaltlich hervor, dass »Frl. Boy« auch zu diesem Zeitpunkt noch für Magda Schneider tätig war.

Wäre Magda Schneider die geschilderte glühende Verehrerin Hitlers gewesen, wäre eine Freundschaft seitens der beiden jüdischen Damen sicher nicht möglich gewesen. Ebenso wenig hätte Magda Schneider sich Sekretärinnen jüdischer Herkunft gesucht und wäre mit diesen bis zu ihrem Tode befreundet gewesen, wenn sie die beschriebene nationalsozialistische Haltung besessen hätte.

16

GERICHTLICHER VERGLEICH (Horst Fehlhaber./.Alice Schwarzer) – WAS ZU BEWEISEN WAR!

Am 10. Dezember 2009 kam es vor dem Landgericht Frankfurt am Main zu einem Beschluss. Im »Vergleich«, Fehlhaber ./. Schwarzer, unter dem Aktenzeichen Az.: 2-03 O 182/09 heißt es: *»Die Beklagte verpflichtet sich, es ab sofort zu unterlassen zu behaupten, Magda Schneider sei mit Adolf Hitler befreundet gewesen, wie in dem Kulturmagazin ›Lebensart‹ des Fernsehsenders 3Sat am 14.09.2008 geschehen.«*

Alice Schwarzer lehnt sich nun mit verwandten Behauptungen und deren Steigerung *weit* aus dem Fenster, nachdem nun auch der Kläger Horst Fehlhaber tot ist, reanimiert sie bereits relativierte und zurückgenommene persönliche Schlüsse wieder zum Leben.

2009 konnte sie keinen *Beweis* für das Existieren der »Freundschaft« zwischen Magda Schneider und Adolf Hitler erbringen. Deshalb hat sie sich ja auch zur Unterlassung verpflichtet. Wenn schon die Behauptung, Magda Schneider sei mit Hitler befreundet gewesen, nicht haltbar war, wie wahrscheinlich ist dann die Behauptung, Magda Schneider schlief mit Hitler?

Das Potenzieren einer absurden, einer richterlich zu unterlassenden Idee, das hat dann doch irgendetwas von einer leichten bis schweren Sinnfreiheit. Dabei ist die *Wahrheit* nicht weniger interessant.

Als Schlagzeilenkönigin für einen Moment lässt uns Alice Schwarzer via Qualitätsmedien den Atem anhalten, aber den aufgeregten Sensationsfreund erwartet nach dem Aufheizen via »Bild«, »stern«, »Spiegel« – nur ein angehaltenes, verstaubtes Tonband.

Romy Schneider hasste die Presse, sie hasste »Bild« & Co, wenige Tage vor ihrem Tod verbuchte sie einen juristischen Sieg gegen die deutsche Presse, in der Sache der Veröffentlichung der Fotos ihres toten Kindes, die ein als Krankenpfleger verkleideter Journalist vom Totenbett Davids geschossen hatte, die in Deutschland veröffentlicht wurden, als einen der größten Triumphe ihres Lebens. Sie konnte sich gar nicht sattfreuen, immer wieder blätterte sie in der Akte bei einem letzten Besuch ihres Filmkollegen Mathieu Carrière in ihrer Pariser Wohnung. Auf blauem Briefpapier hatte sie schon am 14.9.1977 in Paris, in der Rue Berlioz, einen Rat an ihre Mutter verfasst: *»Bild – Springer usw. – + Burda dürfte nicht auf Mariengrund sein!«* Nach der Pressekonferenz »Der gekaufte Tod« hatte sie in Berlin *»vor 250 Leuten Applaus bekommen als ich ›Bild‹- Zeitung, ›BZ‹ und ›Bunte‹ cool attackierte«,* das schreibt sie stolz noch während des Fluges Berlin – Paris am 25.11.80, auf »Air-France«-Papier, an ihre Mutter. Noch stolzer ergänzt sie: *»also endlich ich selber!«*

Wie wäre sie aus den Wolken gefallen, die Romy von 1976, hätte sie gewusst, dass die Frau aus Köln, der sie freundlicherweise ein Interview gab, im Jahre 2018 als »Bild«-Reporterin ausgerechnet ihrem Feind »Bild« Visionen und Gespinste unter dem Namen »Romy Schneider« verkauft. Sie hatte in einem Brief ihre Mutter geschimpft, die eine noch größere Naivität an den Tag legte denen gegenüber, die Romy meist *»Schweine«, »Dreckspresse«* nannte, (*»... Ich kann nicht aus meiner Haut! Und bin zu stolz um ein »A...kriecher« zu sein!«,* hatte sie ergänzt), denn Magda war oft genauso reingefallen, hatte den Telefonhörer nicht schnell genug wieder auf die Gabel bekommen, wenn am Telefon meist eine freundliche Presse-Stimme war und die Fragerei ganz harmlos und schmeichelnd anfing. Am 8. August 1977 schickt Romy ihrer Mutter sogar eine ganz genaue »Klageanleitung«, wie man gegen nicht autorisierte Interviews vorgeht. Oft waren das die Auslöser für leidenschaftlich gelebte Tochter-Mutter-Differenzen, die nach dem großen Gewitter jedoch wieder bereinigt waren, unbedingt wünscht sie sich das Vertrauen, *»das Wichtigste, zusammen mit ganzer Offenheit und Ehrlichkeit zu + miteinander! leben. Das ist kein ›zu absolut‹ sein von mir – wozu ich neige – das ist Erkenntnis!«*

»Noch ein P.S.« schickt Romy wie immer hinterher: *»Weisst Du, es ist auch nicht so ›angenehm‹ zu erfahren, dass diese Schweine, denen Du auf den Leim gehst, sich sagen: ›na bei der Tochter und deren Mann können wir nicht mehr ran, aber die gute doofe Mutter Magda, die quasselt uns schon was auf's Blatt oder Tonband!‹ – So geht's nämlich! Ja wohl leider! Das soll einen nicht mehr als ärgern?«*

Das war 1977, ein Jahr, nachdem sie selbst *was* auf's Tonband »gequasselt« hatte, ihr Glaube wäre restlos gesprengt worden angesichts der schweren Lebensbildverzerrung, der Geschichtsfälschung, die Jahrzehnte später daraus entstehen würde. Fassungslos wäre sie gewesen, hätte sie damals gewusst, dass die 68er-Ikone sich 2007 sogar für eine Image-Kampagne von »Bild« als Werbeträgerin zur Verfügung stellt, nun Pirouetten dreht, und ausgerechnet mit dem einstigen »Feind« der Szene kollaboriert, ins Print-Bett steigt.

Ihre Verteidigung sprach während des Prozesses immer vom *»Forschungsstand«*, als hätte es den jemals gegeben. Hätte nicht spätestens hier erstmalig eine Auseinandersetzung mit dem Thema, den Fakten und ein Widerruf durch Schwarzer stattfinden können und müssen? Doch auch in den aktuellen Interviews zu Romy Schneider 2018 nimmt Alice Schwarzer erstaunlich oft das Wort »Nazi« in den Mund, fast tourettehaft, ohne Punkt und Komma, erklärt sie vieles in der Biografie der großen Schauspielerin noch immer simpel und trivial mit »Nazi«, mit »Hitler«, mit »nazi-mère«, mit »Hitler-Liebe«.

Romy Schneider schloss die Kreise. Sie hätte auch diesen Kreis geschlossen, so wie jene Kreise, die sie als junges Mädchen mit bloßem Augenmerk malte. Diese irgendwie Urszene ihrer Biografie, ein sie durchzeichnender Moment, findet in ihrem Kinderzimmer statt, Magda, die selbst malt, steht manchmal im Rücken Romys und schaut restlos fasziniert über die Schulter ihrer Tochter, wenn diese rohe Holzteller bemalt, eine Leidenschaft, die sie im Internat begann. Aus Fraktalen entsteht ein Kreis, ein Kreisgemälde, ohne jeglichen Grundriss. Sie begann mit einem bloßen und fantastischen Auge, malte geometrische Figuren, Ornamente, in kaleidoskopischer Ganzheit, in perfekter Harmonie. Gesichter, Muster, Masken, die an die mykenische Kunst erinnern, fließen ineinander, obwohl es keinerlei Skizzierung gibt.

So ging sie in Filmszenen, so stand sie vor der Kamera der Fotografen. Sie hat immer den Kreis geschlossen. Selbst dieses viel zu kurze Leben war in seiner Vollendung letztlich ein geschlossener Kreis. Die Ganzheit, die Harmonie der Kreise, die Zusammenfügung von allem, äußerlich auf jenen Holztellern, innerlich projiziert auch auf sich selbst. Das Suchen, das Zweifeln, das Kämpfen, das Perfektionsstreben, das punktuelle Ankommen … *»Je weiter sie pinselte«*, erinnerte sich Magda, *»desto näher rückte der Augenblick, wo das Ende des Musters mit dem Anfang zusammenstoßen muss … und zum Schluss stimmte es einfach …«*

Hätte sie sagen wollen, was Alice Schwarzer so gern gehört hätte, und nun mit einer Art Magie hochkochen, entzünden möchte, sie hätte es gesagt. Aber nicht weil Schwarzer es gern gehört hätte, sondern weil Romy Schneider sich nicht scheute, im Gegensatz zu ihrer »Biografin«, die Dinge auszusprechen.

Romy Schneider, die alles sehr genau benannte, weil es ihr ein Bedürfnis war, hätte auch das benannt! Alice Schwarzer erbrachte in ihrem Werk nicht einen einzigen *sachlichen* Anhaltspunkt, nicht ein klitzekleines Indiz, was ihre schwersten Anschuldigungen betrifft.

Bei ihrer Rechtsverteidigung berief sich Schwarzer oft auf jene Autoren, die ihre eigenen Trittbrettfahrer waren. D.h., sie zitierte jene Biografen, die den ganzen Talmi ausgerechnet bei ihr abgeschrieben hatten, die den Hokuspokus übernommen und weitergestrickt hatten. Weiterhin berief sich Alice Schwarzer durch ihre Rechtsverteidigung ausgerechnet auf die »Meinungsfreiheit«.

»Der Begriff ›Nazi‹ wird im allgemeinen Sprachgebrauch schon seit Ende des Krieges und gerade auch von der ›68ern‹, zu denen auch die Beklagte gehört, auch als Schlagwort zur Unterscheidung zwischen solchen Personen gewählt, die im Dritten Reich verfolgt wurden, also, wie auch von der Beklagten in derselben Äusserung schlagwortartig gegenübergestellt, ›Nazi-Opfer‹ waren, und solchen, die im Dritten Reich aktiv mitgewirkt haben.«

Selbst die Existenz der Juden im Leben der Magda Schneider hat Alice Schwarzer über ihre Anwälte geleugnet: *»Es besagt deshalb nichts, wenn der Kläger nun die vorsorglich mit Nichtwissen bestrittene Behauptung aufstellt, Frau Schneider habe im Dritten Reich jüdische Mitarbeiterinnen gehabt, eine Behauptung übrigens, die geradezu typisch war im Deutschland der Nachkriegsjahre.«*

Horst Fehlhaber wird jede Berechtigung abgesprochen, etwas über die Gesinnung, den Charakter seiner Frau, mit der er achtundzwanzig Jahre seines Lebens verbrachte und nicht einen einzigen Tag getrennt war, auszusagen, da er gar nicht zugegen war während der fraglichen Zeit. Hier vergaß Schwarzer jedoch, wie bereits erwähnt, dass auch sie nicht zugegen war. *»Aber auch die Aussagen zu den angeblich jüdischen Sekretärinnen Frau Bloy und Frau Blumann* (beide Namen werden hier scheinbar absichtlich falsch geschrieben Anm. d. A.) *besagen gar nichts, da der Kläger hierüber nichts bekunden kann, weil er selbst Magda Schneider erst 1968 kennengelernt hat.«*

Schwarzer lagen Briefauszüge der jüdischen Sekretärinnen vor, aber sie leugnete einfach vehement und lapidar und phrasenhaft die Existenz dieser Menschen!

Schwarzer beruft sich ausgerechnet auf das Grundgesetz Art 5 GG. *»Die schlagwortartige Zusammenfassung, dass Magda Schneider mit Hitler befreundet war, ist angesichts der bekannten Fakten eine von Art. 5 GG noch gedeckte Meinungsäußerung. Eine auch überzogene oder gar ausfällige Meinung stellt für sich genommen nämlich noch keine Schmähung dar.«*

Eine ganze Nation war hineingebannt in den Beischlaf-Blockbuster, es hatte gewaltige Wellen geschlagen – Magda Schneider und der Führer in den weißen Laken, eingerahmt von zwölfarmigen brennenden Kerzenlüstern mit Runen und Reichsadlern, den bekannten Initialen darauf, inmitten eines roten Fahnenmeers. Die Alliierten konnten nicht eins und eins zusammenzählen, die waren einfach »stupid«, aber Alice, die stand wacker mit dem Grubenlämpchen, schwenkte die Laterne, ihr gelang die große geschichtliche Sensation. Jetzt soll das alles nur eine *»noch gedeckte Meinungsäußerung«* gewesen sein? Eine schnöde *»schlagwortartige Zusammenfassung«?*

War das große Nazi-Märchen der Alice Sophie Schwarzer nichts anderes als ein Hütchenspielerzauber? Liegt da nicht tief verborgen etwas in der Geschichte der Alice S., was sie zu diesen Geschichten treibt? Als Kind in der Schule wurde sie gehänselt, da sie ein uneheliches Kind ist. Ausgerechnet auf dem Hochzeitsfoto ihrer Mutter entdeckt sie, dass dieser Fakt der Wahrheit entspricht. Sie radiert, sie korrigiert, sie überschreibt, setzt auf dem Foto das Datum der Hochzeit von 1943 auf 1942, dem Jahr ihrer Geburt. Nun ist sie kein uneheliches Kind mehr, denn sie trumpft mit dem geänderten Dokument vor ihren Widersachern auf. Nachdem sie das getan hatte, war alles wieder gut.

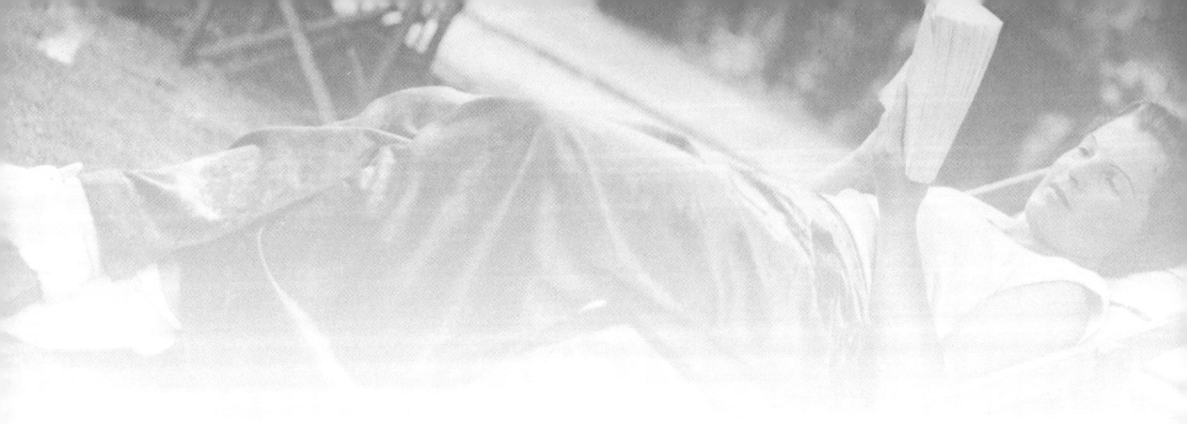

So verständlich und anrührend dieser kindliche Wunsch und die daraus folgende Handlung war – auch in den Leben der anderen hat sie *radiert,* korrigiert und überschrieben. Sie hat Lebensleistungen gestrichen, umgemünzt, um selbst zu glänzen. Wenn ihre Bücher, auf die sie so gern verweist, verkauft werden, dann ist alles wieder gut.

Sie wollte Ruhm und Glamour für »Geheimnisse«, die keine »Geheimnisse« waren. Alice Schwarzer brachte Schimären und Wiedergänger auf's Papier. Es waren ihre eigenen.

Und Romy? Wahrscheinlich ist sie – Romy – dieser Komet von Rouffio … *frei* und umgeben von anderen Kometen, der uns in *Liebe* umkreist …

Le secret de Romy Schneider, c'est qu'il n'y en avait pas!
Das Geheimnis von Romy Schneider ist, dass es kein Geheimnis gibt!

(Monique Dury)

Was zu beweisen war!

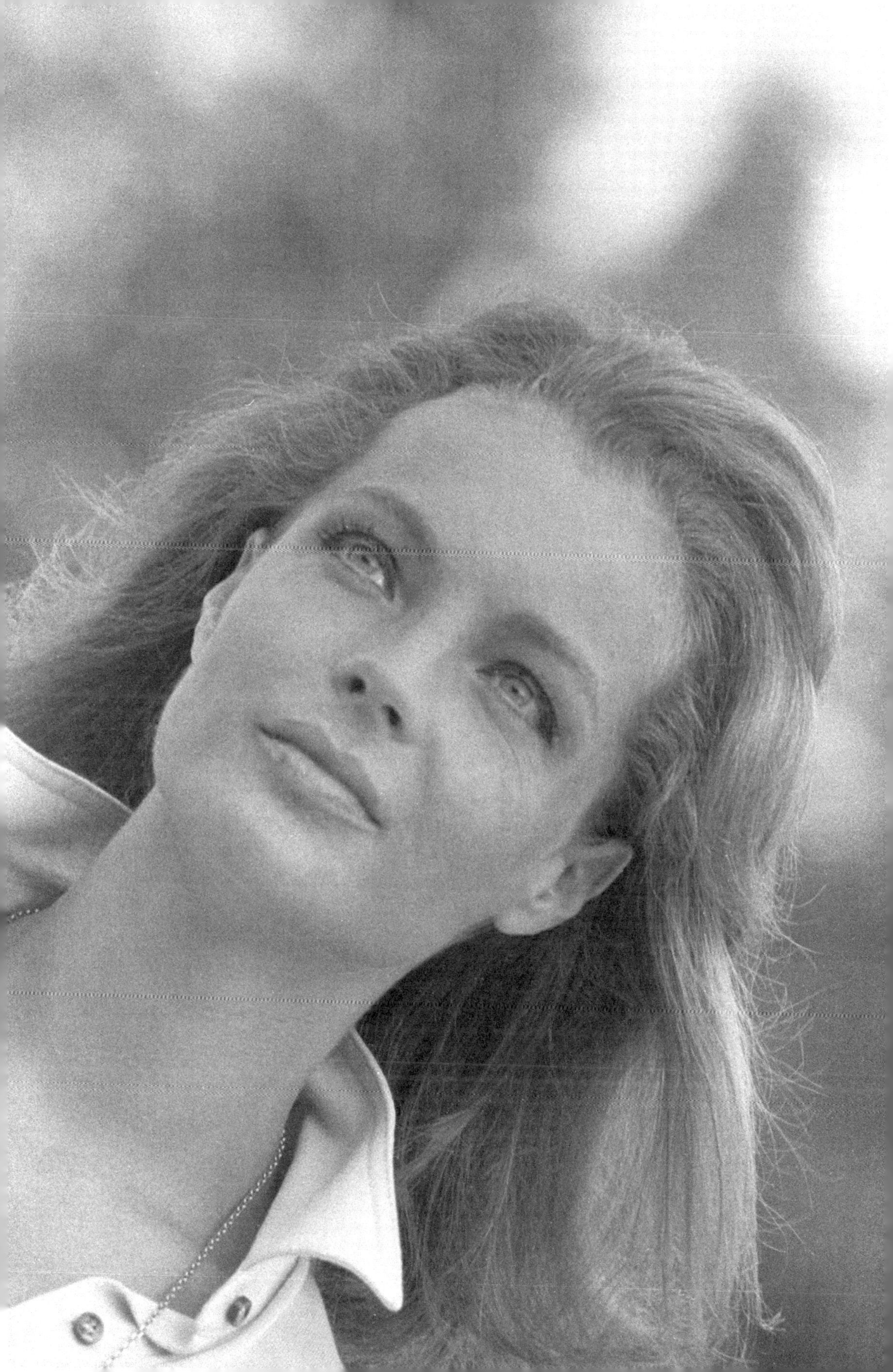

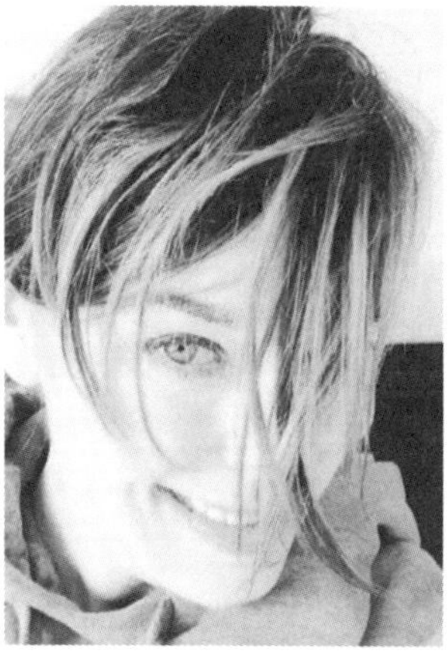

Bettina Dahse wurde 1967 in Anklam, Mecklenburg-Vorpommern, geboren.
Sie ist Biografin Romy Schneiders, ihr Buch Romy »Ich hätte Ihnen so gern noch was gesagt …«/Hoffmann und Campe, 2002, wurde ein Spiegel-Bestseller.

Seit Jahren arbeitet sie an der Realisierung einer Hommage Romy Schneider, einer großen Ausstellung mit Teilen des Privatnachlasses der Schauspielerin, den sie aus den Händen der Mutter Magda Schneider für eine Ehrung ihrer Tochter Romy erhielt.

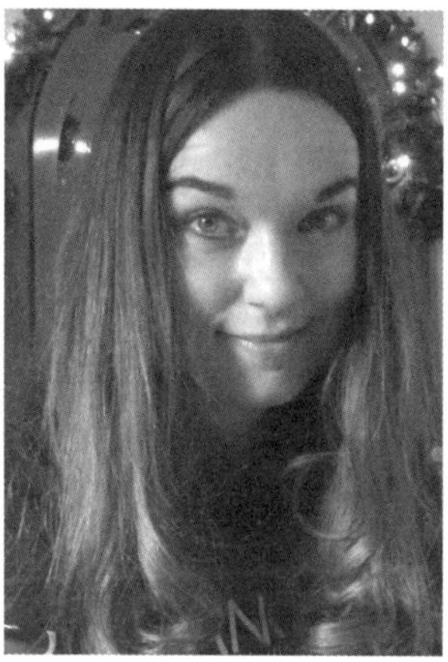

Bildquellenverzeichnis

S. 16 Baby Rosemarie und Mutter vor der Bergkulisse im Garten »Mariengrund«
S. 20 »Mariengrund«, 1935
S. 21 28. Mai 1939, Romy mit Kinderschwester »Deda« im Garten »Mariengrund«
S. 24 Rosemarie mit ihrem Vater im August 1939 auf »Mariengrund«
S. 26 Romy mit den Großeltern Maria und Franz Xaver Schneider auf »Mariengrund«
S. 27 Romy mit den Großeltern Rosa Albach–Retty und Karl Albach
S. 32 Mutter und Tochter in der Schönau
S. 46 Romy Schneider 1979, Erding bei München
S. 77 Magda in ihrem Schlafzimmer »Mariengrund«
S. 79 Oma Magda und Enkel David-Christopher, 1977 auf »Mariengrund«
S. 82 Heilige Kommunion, 1949
S. 101 Romy, Nizza, 1958
S. 107 Romy & David-Christopher, 3. Dezember 1966, Berlin, Virchow-Krankenhaus
S. 120 Hans-Herbert Blatzheim und Magda Schneider
S. 125 Magda Schneider, Romy Schneider, Wolf Albach-Retty, Weihnachten 1964, »Mariengrund«
S. 127 Magda Schneider, Hans-Herbert Blatzheim, Romy Schneider, Rosa Albach-Retty, Wolf Albach-Retty
S. 141 Horst Fehlhaber, Magda Schneider, Romy Schneider 1979, 70. Geburtstag Magda Schneider, München
S. 171 Romy Schneider, Monique Dury, 1966, Dreharbeiten »Halb elf in einer Sommernacht«, 1965
S. 177 Romy Schneider, Monique Dury, 1969, Dreharbeiten »Die Dinge des Lebens«
S. 199 Mutter und Tochter, 1979, Hotel München
S. 220 Romy und David, 1975, Wohnung in der »Rue Berlioz«
S. 236 Romy, Theatertournee »Die Möwe«, 1962
S. 254 Magda Schneider mit »Toni« und »Mapetite«, Februar 1996, »Mariengrund«

Giancarlo BOTTI / GAMMA RAPHO / laif: S.5 GAMMA / laif: S. 186, 220, 265
Monique Dury / Privatarchiv Bettina Dahse: S. 107, 171, 177, 236
Franz Xaver Lederle: S. 259
mauritius images / Sportsphoto / Alamy: S. 244, Alamy Stock Foto: S. 98
Privatarchiv Bettina Dahse: S. 9, 10, 12, 13, 16, 17, 20, 21, 23–27, 32, 33, 46, 47, 64, 65, 77, 79, 82, 90 (Erma/Herzog/Grimm) 99, 101, 120, 121, 125, 127, 141, 143, 147, 160, 187, 193, 199, 221, 223, 245, 254, 255, 257, 264, 266

Interviews der Autorin

Magda Schneider, Horst Fehlhaber, Monique Dury-Tholy, Jean-Max Guérin, Didier Lavergne, Mario Adorf, Helmut Berger, Mathieu Carrière, Werner Bokelberg, Volker Schlöndorff, Claus Wilcke, Götz George, Sabine Eckhard, Michael Melzer, Ingrid Zoré, Roger Fritz, Mady Rahl, Trude Martin, Doris Gecmen-Waldeck, Inge Steuer, Schwester Augustina, Martin Borman Jr., Gisela Wiedemann, Michael Springl, Dr. Wolf Calebow, Franziska Lipp, Schwester Bernadette, Margit Perrin, Monika, Dr. Ralf Georg Reuth